KB049858

INTERNATIONAL BUSINESS TRANSACTIONS

국제거래법 강의

윤성승
Sung – Seung Yun

박영사

서 문

본서는 법학전문대학교의 국제거래법 강의교재로 사용하기 위하여 저술하였다. 국제거래법은 변호사시험의 선택과목이며, 그 시험범위는 국제물품매매에 관한 국제연합 협약과 국제사법이다. 짧은 법학전문대학원 재학기간에 방대한 국제거래분야를 모두 공부하면서 이해하기는 어렵다. 따라서 본 교재는 변호사시험 선택과목으로서 국제거래법 시험범위에 포함되는 논점을 중심으로 기술하면서, 학생들이 별도의 다른 추가 교재가 없어도 이 책에서 다루는 내용만으로 충분히 시험을 준비할 수 있도록 하는 것을 목표로 작성되었다.

이러한 목적에서 객관식으로 출제되던 기존의 사법시험과 달리 사례형으로 출제되는 변호사시험의 출제경향에 맞추어 본서를 작성하면서, 국제계약법과 함께 기존 국제거래법 교과서에는 일반적으로 포함되지 않았던 국제사법의 내용까지도 서술의 범위에 포함시켰다. 기존 교과서를 개정하는 것만으로는 이러한 목적을 달성할 수 없다고 생각하여 새로 국제거래법 강의를 저술하게 되었다.

변호사시험의 국제거래법의 시험범위 중 국제계약법 부분은 국제물품매매에 관한 국제연합 협약(이하 '협약')만으로 그 범위를 한정함으로써, 국제계약법의 출제범위를 대폭 축소하였다. 이는 실무경험이 없는 학생들이 방대한 국제계약법을 한 학기 동안의 수업으로 모두 이해하기가 매우 어렵다는 점에서 환영할 만한 일이나, 실무상 매매계약보다 중요한 다른 유형의 계약들이 시험범위에서 배제되고 있어서 향후 국제무대에서 활약할 학생들에게 실무상 활용도가 높은 다른 계약 유형에 대해서는 교육이 소홀하게 될 수도 있다는 점이 우려된다.

본서의 제1편에서는 국제물품매매계약과 관련하여 국제물품매매에 관한 국제연합 협약의 구조와 내용에 대한 정확한 이해를 할 수 있도록, 조문 순서에 따라 관련 법적 쟁점에 대하여 상세한 설명을 하였다. 제2편에서는 국제사법과 관련하여 조문 순서에 따라 쟁점과 중요판례를 중심으로 설명함으로써,

사례형 문제에 대비할 수 있도록 하였다. 또한 중요 영문계약서와 자료를 부록으로 수록하였으므로, 시간상 가능하다면 교과서 본문의 내용을 설명하면서 부록에 수록된 계약서의 관련 조항과 첨부자료들을 참조할 수 있도록 한다면 실무와 연결된 현실적인 교육도 가능할 것으로 생각한다. 국제화된 사회에서 앞으로 활동하게 될 학생들의 지적인 욕구를 자극하고, 현실감 있는 강의교재로 본서가 활용되었으면 한다.

2021년 12월

저자 씀

차 례

제 1 편 국제계약법

제 2 편 국제사법

부 록

제 1 편

국제계약법

국제거래의 특징과 유형

Ⅰ. 국제화와 국제거래

국제거래는 국제화와 밀접한 관련이 있는데, 국제화의 유형은 내부적 국제화(internal internationalization)와 외부적 국제화(external internationalization)로 구별할 수 있다.[1)]

1. 내부적 국제화

내부적 국제화란 각종 국제적인 거래 활동이 이루어지는 장소가 **국내시장**인 경우를 말한다. 해외로부터 국내로 원자재 또는 인력의 도입, 국내시장에서 외국기업을 대리하거나 수입된 물건을 판매하는 것, 해외에서 수입된 부품을 국내에서 조립 또는 생산하는 계약을 체결하는 것, 외국 기술을 국내에 도입하는 것, 국내에서 외국회사에 대하여 각종 서비스를 제공하는 것, 해외로부터 국내로 자본투자 또는 금융을 유치하는 것 등이 내부적 국제화에 해당한다.

2. 외부적 국제화

외부적 국제화란 각종 국제적인 거래 활동이 이루어지는 장소가 국내가 아니라 **외국시장**인 경우를 말한다. 국내에서 생산된 물품을 해외에서 판매하는 것, 해외에서 대리인이나 공동 판매자를 구하는 것, 해외 대리상을 구하는 것,

1) Lawrence E. Koslow, Business Abroad, 5－9 (Gulf Publishing Company, 1996).

지적재산권이나 노하우를 해외에 라이센스하거나 프랜차이즈하는 것, 해외기업과 전략적 제휴나 합작투자등 지분을 투자하는 것 등이 외부적 국제화에 해당한다.

3. 국제화와 국제거래의 관계

이와 같이 국제거래와 관련된 각종 계약은 내부적 국제화 또는 외부적 국제화에 수반되어 이용되는 것이다. 내부적 국제화보다 외부적 국제화가 보다 더 적극적인 국제화의 활동이라고 볼 수 있다. 국제거래의 구조와 특징을 제대로 이해하려면 국제거래를 하는 각 당사자들의 거래가 내부적 국제화 또는 외부적 국제화의 연관되어 있음을 고려하여, 계약에서 국제화를 달성하려는 거래당사자들의 동기나 목적을 감안하여야 한다.

II. 국제거래의 범위와 특징

1. 국제거래의 범위

국제거래의 범위에 대하여 다양한 의견이 있을 수 있으나[2], 본서에서 국제거래(International Business Transactions)는 국제적 성격을 가진 사법적 거래(私法的 去來)로 한정하여 사용하고자 한다.[3] 사법적 국제거래를 다루는 국제거래법과 달리, 국제통상법(International Trade Law)은 그 성격이 공법이어서 거래법(transactional law)인 국제거래법과 성격이 다를 뿐 아니라 그 분량도 방대하므로 국제거래법에서 다루는 것 보다는 별도의 과목으로서 취급하는 것이 바람

2) 윤광운 · 박정기 · 김인유, 국제거래법, 삼영사 (2005), 3면.

3) Daniel C.K. Chow and Thomas J. Schoenbaum, *International Business Transactions: Problems, Cases, and Materials*, 1 (Aspen Publishers, Inc.,2005). 최준선, 국제거래법, 삼영사 (2005), 6면에서도 "국제거래법은 국제상거래에 공통적으로 적용되는 私法的 法規의 總體"라고 정의하고 있다.

직하다.[4] 다만 실무에서는 국제거래와 관련된 분쟁이 관세부과 등 정부조치로 인해서도 상당수 발생하므로, 국제거래와 관련된 법적문제를 종합적으로 이해하기 위해서는 국제거래법뿐만 아니라 국제통상법에 대한 이해도 요구된다.

2. 국제거래의 특성

국제거래를 국제적 성격을 가진 사법적 거래로 한정할 때, 특정 거래가 국제적 성격을 갖게 되는 원인은 여러 가지이다. 거래가 국제적 성격을 갖게 되는 원인으로는 ① 거래 당사자의 영업장소가 상이한 국가에 있는 경우, ② 거래가 재화 · 용역 · 자본 또는 기술의 국가간 이동을 수반할 경우, ③ 동일한 국가에 소재하는 당사자간의 거래가 다른 국가에 직접적인 영향을 미칠 경우 등을 생각할 수 있다.[5]

국제거래는 거래의 국제적 성격으로 인해서 국내거래에서는 존재하지 않는 여러 가지 특성이 있으므로, 국제거래를 위한 협상과 계약을 체결할 때 이러한 특성을 고려하는 것이 매우 중요하다. 국제거래의 특성 중에는 그 특성이 국내거래와는 차이가 있기는 하지만 국내거래와 질적인 차이가 있는 것이 아니라 단지 정도의 차이에 불과한 경우와[6] 국내거래에는 존재하지 않는 특성으로서 국내거래와 질적으로 차이가 있는 특성으로 구분할 수 있다.

(1) 국내거래와 정도의 차이만 있는 특징

국내거래와 정도의 차이에 불과한 특징은 매매의 당사자의 소재지가 떨어져 있는 격지매매에서 일반적으로 생기는 특징에서 기인한다고 볼 수 있다. 예컨대, 서울과 제주도에 있는 당사자간의 매매계약의 경우, 격지자간에 물건의 인도, 운송, 대금지급을 처리해야 하는 문제가 발생한다. 이 경우 매매계약의 체결과 이행에 매매당사자의 소재지가 떨어져 있음으로 인해 매매당사자가

---

4) Chow & Schoenbaum, *supra* note 3, at xxviii 참조.
5) *Id.* at 1 참조.
6) Ralph H. Folsom et al., *International Business Transactions*, 48 (West Group, 2002).

동일한 소재지에 있는 경우에 비하여 시간과 노력 또는 비용이 상대적으로 더 증가할 수 있다. 국제거래에서도 이러한 문제가 발생하지만 그것은 국내거래보다 당사자의 소재지가 더 멀리 떨어져 있으므로 시간과 노력이나 비용이 상대적으로 더 증가할 수 있다는 정도의 차이에 불과하다.

(2) 국제거래에 고유한 특징

그러나 국제거래시 고려해야 할 중요한 사항은 주로 국내거래에는 존재하지 않는 국제거래의 특성에서 기인한다. 국내거래에서 존재하지 않고 국내거래와는 질적으로 다른 그러한 국제거래의 특성으로는 법적용의 불확실성, 주권적 간섭, 환율변동에 따른 불확실성, 국제관습의 발달, 영미법원칙의 우세 등과 같은 것이 있다.

가. 법적용의 불확실성

첫째, 법적용에 있어서 불확실성을 들 수 있다.[7] 국제거래는 동일한 법률관계에 여러 국가의 법이 적용될 수 있는 경우에, 어느 국가의 법을 적용하여야 할지 명확하지 않은 경우 발생할 수 있다. 또한 각 국가의 법은 일반적으로 그 내용과 체계가 서로 상이하므로, 어느 국가의 법이 적용되는지 여부에 따라 관련 당사자의 권리 및 의무에 대한 판단이 달라질 수 있다. 거래의 당사자는 자신이 잘 알지 못하는 외국의 법체계에 따라 소송이나 분쟁을 해결하기를 원치 않는 것이 일반적이다.[8] 따라서 국제거래에 있어서는 항상 관련 당사자간의 법률관계에 어떠한 법이 적용될지 여부에 대하여 미리 검토하여, 당해 거래와 관련하여 불리한 국가의 법이 적용될 것이 예상될 경우에는 사전에 계약서의 준거법 조항에 이를 회피하는 규정을 둘 필요가 있다.

나. 주권적 간섭

둘째, 주권적 간섭이 있는 경우가 많다.[9] 각국은 자국의 경제질서를 보호

7) 이태희, 국제계약법, 법문사 (2001), 6면.
8) Folsom et al., *supra* note 6, at 48.
9) 이태희, 전게서, 6면.

하기 위하여 구체적인 수준과 방법에 있어서는 차이가 있을 수 있으나 이에 대한 규제를 하고 있는 것이 일반적이다. 특히 지급수단인 외환거래와 관련한 규제와 각종 중요한 기술에 대한 기술수출에 대한 규제 등은 주권적 간섭의 전형적인 형태로 볼 수 있다. 주권적 간섭은 국제거래를 제한하는 측면에서만 있는 것이 아니라, 국제거래나 투자를 조장하기 위하여 각종 조세상의 특례를 규정하는 경우도 생각할 수 있다.

다. 환율의 변동과 불확실성

셋째, 환율변동 및 불확실성에 대한 고려가 필요하다. 국제계약의 경우 계약의 이행과 관련하여 약정된 금액을 지급하여야 하는 경우가 많다. 그러나 계약체결 시점에 즉시 지급하는 경우보다는 일정한 기간 후에 대금을 지급하는 경우가 대부분이다. 특히 거래를 위한 계약시점과 지급 또는 결제시점이 차이가 있는 경우에는 그 사이의 환율변동으로 인한 손해가 발생할 수 있는 만큼, 거래협상시 환리스크를 고려하여 지급통화의 결정하고 환율변동에 대비할 수 있는 규정을 둘 필요가 있다.[10]

라. 정형화 추세

넷째, 정형화 추세[11]를 반영하는 국제관습이 발달되어 있는 경우가 많다. 다수의 반복적인 국제거래시 신속한 계약체결과 당사자의 분쟁의 예방을 위하여 정형적인 거래조건을 계약서에 인용하여 계약하는 경우가 많다. 신용장거래와 관련한 신용장통일규칙(Uniform Customs and Practice for Documentary Credits: UCP), 거래조건해석에 관한 규제규칙(International Rules for the Interpretation of Trade Terms: INCOTERMS) 등은 국제관습이 조문으로 정형화되어 있으며[12], 계약체결시 이러한 규칙을 계약서에 인용하는 방법으로 이용되는 것이 대표적인

---

10) Folsom et al., *supra* note 6, at 49.

11) 이태희, 전게서, 7－8면 참조.

12) UCP의 가장 최근 버전은 2007년 UCP600이며, 2019. 7. 1.부터 eUCP Version2.0 (Uniform Customs and Practice for Documentary Credits (UCP 600) Supplement for Electronic Presentation (eUCP) Version 2.0)이 시행되고 있다. INCOTERMS의 가장 최근 버전은 Incoterms 2020이다.

예라고 할 수 있다. 또한 국제거래와 관련된 다자조약이 체결되어 있는 경우에는, 그러한 다자조약에 다수의 국가가 가입되어 있는 경우에는 체약국 상호간에는 조약의 효력이 미치게 되는데, 국제물품매매에 관한 국제연합 협약(The U.N. Convention on Contract for the International Sale of Goods: CISG)은 국제동산매매계약에 적용되는 중요한 다자조약이다. 특히 국제물품매매에 관한 국제연합 협약은 체약국이 협약의 이행을 위한 국내 입법을 별도로 하여야 하는 일반적인 조약과는 달리, 별도의 국내 이행입법이 없어도 체약국 내에 있는 매매당사자간에 바로 적용될 수 있는 협약이다.

마. 영미법 원칙의 우세

다섯째, 영미법 원칙의 우세를 들 수 있다.[13] 국제거래에 있어서 영미법계 국가의 변호사와 대형 로펌이 계약의 협상이나 체결에 관여하는 경우가 많다. 이들이 사용하는 정형화된 계약서식 또는 문구는 매우 실용적이라는 측면에서 국제계약상 널리 사용되는 경우가 증가하고 있는데, 이로 인하여 사실상 영미계약상 원칙이 국제계약을 주도하는 현상이 나타나고 있다. 이들이 사용하는 계약서조항의 내용은 영미판례나 법원칙의 법리에서 유래된 것이 많은 것이 사실이다.[14]

바. 기타 특징

이 밖에도 국제거래의 특수상황으로서 거리와 시간의 원격성과 상이한 언어, 문화, 풍습 등이 있다.[15] 그러나 거리와 시간의 원격성은 통신기술의 발달과 인터넷의 등장으로 계약의 협상과정에서 이메일을 통한 계약서 초안의 상호교환 등으로 상당히 극복되고 있다. 다만, 계약상대방에 대한 실사(due diligence)를 실시하는 경우와 같이 현장에서 직접 수행하여야 하는 절차에 대해서는 거리와 시간의 원격성은 계약체결 과정에 영향을 미치게 된다. 또한 언어나 문화 또는 풍습의 차이로 인해 계약서상 동일한 문구에 대해서 상대방이 예상

13) 이태희, 전게서, 7면.
14) 상게서, 7면 참조.
15) 상게서, 5면.

치 못한 상이한 해석이나 이해를 할 수 있기 때문에, 계약체결 과정에서 상대방이 계약서상 문구에 대해서 이해하는 바를 확인하고 이를 분명히 하기 위해서 국내계약과 달리 계약서에 용어의 정의나 문구에 대해서 상세히 규정하는 경우가 많다.

3. 국제거래상 위험에 대한 대응방법

이러한 국제거래의 특성으로 인한 거래상 위험과 불확실성에 대응하기 위하여 두 가지 방법이 주로 사용된다.

첫째, 예측 가능한 거래위험에 대해서는 그 분배방법에 관하여 계약서에 가능한 한 명확히 기재하는 방법이다.16) F.O.B, C.I.F 등의 거래조건을 계약서에 명시하고 그 거래조건을 INCOTERMS 등의 정의에 따르도록 명시하는 것이 그 예이다.17)

둘째, 규모가 큰 불확실한 위험에 대해서는 관리 가능한 소규모의 위험으로 분할하는 방법을 안출해 내는 것이다.18) 신용장을 이용한 서면에 의한 거래(documentary transaction)에서 계약을 매매계약, 신용장계약, 선하증권계약 등으로 구분하여 국제매매계약에 수반되는 매매, 대금지급, 운송과 관련된 위험을 각각 세분하여 별도의 계약으로 체결하는 것이 그 대표적인 예다.19)

Ⅲ. 국제계약의 유형

1. 계약의 유형

국제거래는 매우 다양한 형태로 나타날 수 있으나, 국제거래와 관련된 대

---

16) Folsom et al., *supra* note 6, at 49.
17) *Id.* at 49－50 참조.
18) *Id.* at 50.
19) *Id.*

표적인 계약유형은 세가지로 구분할 수 있다. 첫 번째 계약유형은 국제물품매매계약(Contract for Sale of Goods)이며, 두 번째 계약유형은 기술사용허락계약(Technical License Agreement)이고, 세 번째 계약유형은 해외직접투자(International Direct Investment)와 관련된 계약이다.

(1) 국제물품매매계약

첫 번째 유형인 국제물품매매계약은 동산에 관한 국제매매를 말하며, 주로 물품의 수출과 수입을 하기 위하여 체결하게 되는 계약이다. 국제물품매매거래는 거래의 당사자가 반드시 국경을 왕래하지 않아도 되며, 직접적인 해외의 자본투자도 필요하지 않은 거래 형태이다.[20] 국제물품매매계약에 대해서는 국제물품매매에 관한 국제연합 협약(이하 '국제물품매매협약')이라는 매우 중요한 다자조약이 있는데, 우리나라도 동 협약에 가입하여 2005년 3월 1일부터 협약의 효력이 발생하였다.

(2) 기술사용허락계약

두 번째 유형인 기술사용허락계약은 직접 물품의 수출입에 관한 것은 아니지만, 기술이 산업에서 차지하는 비중이 커지면서 각종 기술의 도입과 관련하여 빈번하게 체결되는 계약 유형이다. 특히 지식재산권의 침해와 관련한 분쟁을 예방하는 것이 중요하게 됨에 따라 기술사용허락계약의 중요성이 커지고 있다.

(3) 해외직접투자 관련 계약

세 번째 유형과 관련된 해외직접투자는 개방경제하에서 기업은 전세계를 무대로 가장 효율적으로 생산 또는 판매가 이루어질 수 있는 곳이 있다면 그 곳에 회사를 설립하거나 기업을 인수하는 경우에 사용되는 투자방식이다. 이를 위하여 합작투자회사를 설립하기 위한 합작투자계약이나 영업양도를 위한 영

---

20) Folsom et al., *supra* note 6, at 40.

업양도계약이 체결되기도 한다.

2. 계약 상호간의 관계

주의할 점은 이러한 유형의 거래가 독립적으로 이루어지기도 하지만, 다른 유형의 거래와 결합되어 일어나는 경우도 많다. 예컨대, 해외직접투자로서 **합작투자회사를 설립**하면서, 부수되는 관련 계약으로서 그 합작회사의 생산에 필요한 기술을 확보하기 위하여 기술을 보유한 합작당사자로부터 합작회사가 기술을 도입하는 내용의 **기술사용허락계약**을 체결하는 한편, 합작회사의 생산에 소요되는 부품 또는 원재료를 합작당사자 일방으로부터 구입하기 위한 매매계약이나 합작회사에 생산한 상품을 합작당사자 일방이 구입하는 내용의 **국제물품매매계약**을 함께 체결하는 경우가 있다. 이 경우에는 일련의 계약들이 합작투자회사의 설립과 운영이라는 하나의 목적을 위해 상호 연관되어 있는 만큼 패키지로 체결되는 경우가 많고, 그 경우 각 유형의 계약이 다른 계약에 미치는 상호영향까지 고려하여야 하므로, 계약서에도 관련 계약 중 하나의 계약이 그 이행이나 효력에 문제가 발생하거나 해지될 경우 다른 계약에 미치는 효력과 관련된 규정을 두게 된다.

Ⅳ. 국제거래와 변호사의 역할

1. 변호사의 주도적 역할

국제거래에는 국내거래와 다른 특성이 있을 뿐 아니라 거래유형에 따른 국제관습 등에 관한 전문지식이 필요하다. 이러한 이유로 국제거래에 대하여 전문성이 있는 대형 로펌, 특히 여러 나라에 지점이 있는 다국적 로펌이 대규모 거래에 관여하는 경우가 많을 뿐 아니라[21], 다국적 기업들은 회사 내부에서

21) Chow & Schoenbaum, *supra* note 3, at 5-6.

국제적 거래에 대하여 법률자문을 하는 다수의 사내변호사를 두어[22] 거래와 협상을 하게 된다는 점에서 전문 변호사의 역할이 매우 중요하다. 변호사들은 국제거래와 관련하여 거래의 구조를 설정하고, 협상을 진행하며, 계약을 체결할 뿐만 아니라 국제거래와 관련된 지역, 국가, 국제적인 규범을 형성하는데 있어서도 주도적인 역할을 하고 있다.[23]

2. 변호사의 전문성과 윤리성 문제

국제거래와 관련한 변호사의 역할을 고려할 때, 국제거래를 자문하는 변호사에 대해서는 변호사의 전문성과 윤리성이라는 두 가지 사항이 중요한 문제가 된다.

첫째, 변호사의 전문성과 능력(competence)에 관한 것으로서 변호사가 해당분야 또는 해당 국가의 법률에 대해서 전문지식 등 충분한 자문 능력을 가지고 있는가 하는 점이다. 변호사가 충분한 전문성이 없이 국제거래 업무를 처리할 경우, 업무처리 미숙으로 인해 의뢰인에게 손해가 발생하게 되면 변호사 과오소송 등에 의한 책임이 문제될 수 있다.

둘째, 윤리적인 문제로서 부패의 정도가 심하고 정부 관리에 대한 뇌물이 일상적인 국가에 대해서 변호사가 법적 자문을 하기 위한 윤리기준은 무엇인가 하는 점이다.[24] 변호사가 해당 국가에서 업무를 처리하기 위해서 뇌물을 제공하는 등 부패행위에 관련된 경우, 해당 국가에서의 형사처벌뿐 아니라 본국에서 국내법상 부패방지법 위반으로 처벌될 수 있다. 해외에서의 부패행위에 적용되는 각국의 국내법으로는, 미국의 경우 해외부패방지법(Foreign Corrupt Practices Act(FCPA, 1977)이 있으며, 영국의 경우 Bribery Act 2010(2011. 7.1. 시행)이 있다.[25] 해외에서의 외국공무원에 대한 부패방지를 위한 우리나라의 국

22) Chow & Schoenbaum, *supra* note 3, at 6.
23) Folsom et al., *supra* note 6, at 22.
24) Chow & Schoenbaum, *supra* note 3, at 6.
25) 영국의 Bribery Act는 국내 및 해외에서의 부패행위에 모두 적용되는 법으로서, 특히 제6조에서 Bribery of foreign public officials에 대해서 규정하고 있다.

내법으로는 「국제상거래에 있어서 외국공무원에 대한 뇌물방지법」(법률 제5588호, 1998. 12. 28. 제정, 1999. 2. 15. 시행)이 있다.[26] 동법은 내국인 또는 내국법인이 국제상거래와 관련하여 외국공무원등에게 뇌물을 제공하는 행위에 대하여 형사처벌을 규정하고 있다.

이러한 문제점 등을 고려할 때, 국제거래의 협상에 있어서 자문하는 변호사가 모든 국가의 법률과 그 해석에 대해서 전문성을 갖추는 것은 사실상 불가능하므로, 거래 상대방 국가의 법률에 대해서 잘 알지 못할 경우 그 국가에 소재하는 현지 변호사나 다국적 로펌의 지점을 이용하게 된다.

---

26) 동법의 가장 최근 개정은 2020. 2. 4. 일부개정(법률 제16909호)이며, 개정법은 2020. 5. 5. 시행되었다.

제 2 장 국제물품매매계약

Ⅰ. 국제매매계약의 특징

국제물품매매계약은 매도인과 매수인의 영업장소가 각기 서로 다른 국가에 있는 경우에 체결되는 물품의 매매계약을 말한다.[1] 국제물품매매계약에서 매매 당사자의 영업소가 서로 다른 국가에 소재하고 있기 때문에, 계약의 이행과 관련하여 운송, 보험, 대금지급 방법 등이 문제된다.

1. 운송 및 보험 관련 특징

먼저, 이러한 계약은 매매의 대상이 물품이라는 점에서, 계약이행상 매도인이 매수인에게 물품을 인도하려면 당해 물품에 대한 국제운송이 필연적이다. 따라서, 운송 중 각종 사고나 위험에 대비하여 보험이 필요하게 된다. 국제물품매매계약은 그 이행과 관련하여 국제운송계약 및 보험이 관련되므로 운임 및 보험료를 매도인과 매수인중 누가 부담하도록 할 것인지를 분명히 명시할 필요가 있다.

---

1) 국제매매계약을 각기 다른 나라에 존재하는 매도인과 매수인 사이에서 물품을 대상으로 체결되는 매매계약이라고 하는 견해가 있다(이태희, 전게서, 225면). 그러나 이러한 견해에 의하면 매도인과 매수인이 각기 다른 나라에 존재하더라도 사실상 주된 영업소가 동일한 국가에 존재하고 있는 경우에도 국제계약이라고 보아야 하는데, 그 경우에는 상이한 국가로의 물품의 운송 및 대금결제라는 국제물품매매계약의 전형적인 특색이 나타나지 않기 때문에, 매도인과 매수인의 '영업장소'가 상이한 국가에 있는지 여부를 기준으로 국제매매계약을 판단하는 것이 보다 적절하다고 본다. 국제물품매매에 관한 국제연합 협약(CISG) 제1조 제1항도 영업소가 상이한 국가에 있는 것을 기준으로 동 협약의 적용범위를 결정하고 있다.

2. 대금지급 관련 특징

또한 대금지급 시기와 관련하여 매도인은 대금 수령이 확실하지 않은 상태에서 물품의 운송을 위탁하지 않으려 할 것이며, 매수인도 물품을 수령하거나 하자를 확인하기 전에는 대금지급을 주저할 수밖에 없다.[2] 매도인의 주된 위험은 물건을 매도인에게 운송한 후에 매매대금의 지급을 받지 못하게 되는 것인데,[3] 매도인은 매수인의 지급능력이나 신용상태에 대한 위험을 회피하고 매수인은 물품수령의 권한이 확보된 후에 대금의 지급하도록 하기 위한 수단으로서 상업신용장(letter of credit)을 이용하여 대금을 결제하는 방법을 사용하게 된다. 특히 과거의 거래관계가 전혀 없는 매매 당사자 사이에서는 대금지급과 관련한 상대방의 신용상태가 그 이전에 검증된 바 없으므로 상업신용장이 매우 유용한 제도가 된다. 또한 신용장을 이용하게 되면 물품의 운송도중에 자금이 묶이는 문제도 해결할 수 있게 된다.[4]

대금지급 방식으로 상업신용장을 이용할 경우에도 신용장 사기나 부당한 지급거절 등을 방지하기 위해서는 국제적으로 신용있는 은행을 개설은행과 통지은행이 되도록 하여야 할 필요가 있다. 대금지급방법으로 신용장을 이용하지 않고 무신용장 거래를 하는 경우도 많은데, 이 경우에는 대금지급과 관련한 위험이 신용장을 이용하는 경우보다 더 클 수 있다. 국제거래와 관련한 대금지급의 위험을 담보하기 위하여 무역보험을 이용하는 경우가 많다.[5]

국제매매계약은 대금지급과 관련하여 외환의 상대적 가치가 계속 변동하고, 대금지급시 비용을 고려하면 대금지급 통화 및 지급장소에 있어서 매도인과 매수인의 이해관계가 상반되는 것이 일반적이므로, 계약서에 지급통화의 종류와 환율변동에 따른 위험을 누가 담당할지에 대하여 명시하는 것이 필요하게 된다.[6]

---

2) 이태희, 국제계약법, 법문사(2001), 225면 참조.
3) Ralph H. Folsom et al., *International Business Transaction*, 49 (West Group, 2002).
4) 이태희, 전게서, 225－226면 참조.
5) 우리나라의 경우 수출, 수입 등 무역 관련한 위험을 담보하기 위한 보험을 제공하는 금융기관으로서 한국무역보험공사(1992년 설립)가 있다.
6) Folsom et al., *supra* note 3, at 49.

Ⅱ. 국제물품매매계약 체결과정

국제매매계약이 체결되는 과정은 과거에 거래가 전혀 없었던 당사자간인가 아니면 과거에 매매거래가 있었던 당사사자간인 경우가 차이가 있다.

1. 최초 거래의 경우

과거에 전혀 거래가 없었던 당사자간인 경우에는 ① 매수인이 매도인에게 구매를 원하는 수량에 대한 가격제시를 요청하면(requesting pro forma invoice), ② 매도인은 매수인에게 가격조건(pro forma invoice)을 송부하게 된다. ③ 매수인이 가격조건에 만족하면 매도인에게 주문서(purchase order)를 보내고, ④ 매도인은 주문서를 수령한 후 확인서(order acknowledgement)를 매수인에게 보낸다.

2. 추가 거래의 경우

과거에 매매거래가 있었던 당사자간에는 이미 거래관계가 있어서 가격조건을 별도로 다시 요청할 필요가 없으므로 가격조건에 변동이 없는 한 ① 매수인이 바로 주문서를 발송하고, ② 매도인은 주문서에 대한 확인서 발송하는 것으로 간단하게 국제매매계약이 체결된다.

Ⅲ. 국제물품매매에 관한 국제연합 협약의 개요 및 특징

1. 협약의 개요와 구조

국제물품매매에 관한 국제연합 협약(CISG)은 UNCITRAL(United Nations Commission on International Trade Law)이 기초한 다자조약으로서, 1980년 비엔나 외교회의에서 서명을 위하여 개방되었고, 협약의 발효에 필요한 10개국 이상이 비준함으로써 1988년 1월 1일에 발효되었다.[7] 우리나라는 동 협약의 서명국은 아니지만 2004년 2월 17일에 동 협약에 가입하였고, 2005년 3월 1일부터 협약이 발효하여 국내법과 동일한 효력을 갖게 되었다.

2021년 7월 23일 현재 동 협약의 체약국은 94개국이다.[8] 우리나라의 무역거래 관계의 비중이 큰 미국, 중국은 일찍이 1988년부터 체약국이며, 일본은 2009년 8월 1일부터 체약국이다. 북한도 2020년 4월 1일부터 체약국이다.

협약은 크게 네 부분으로 구성되어 있는데, 제1편은 협약의 적용범위 및 총칙에 관한 규정이며, 제2편은 계약의 성립에 관한 규정이고, 제3편 매도인과 매수인의 권리의무에 관한 규정이며, 제4편은 최종규정으로서 각종 유보선언과 협약의 효력발생과 적용시점에 관한 규정이다. 이중에서 **제2편 계약의 성립**과 **제3편 계약당사자의 권리의무**에 관한 사항이 핵심적인 내용이라고 할 수 있다.

2. 협약의 특징과 적용

협약은 여러 측면에서 그 적용이 제한적이라는 특징을 갖고 있다. 첫째, 국제물품매매에만 적용된다. 둘째, 물품매매 중 상업적 매매에만 적용된다. 셋

---

7) Folsom et al., *supra* note 3, at 28.

8) 현재 국제물품매매에 관한 국제연합 협약(CISG)의 체약국은 총 94개국으로서, Albania, Argentina, Armenia, Australia, Austria, Azerbaijan, Bahrain, Belarus, Belgium, Benin, Bosnia and Herzegovina, Brazil, Bulgaria, Burundi, Cameroon, Canada, Chile, China, Colombia, Congo, Costa Rica, Croatia, Cuba, Cyprus, Czechia, Democratic People's Republic of Korea, Denmark, Dominican Republic, Ecuador, Egypt, El Salvador, Estonia, Fiji, Finland, France, Gabon, Georgia, Germany, Greece, Guatemala, Guinea, Guyana, Honduras, Hungary, Iceland, Iraq, Israel, Italy, Japan, Kyrgyzstan, Latvia, Lao People's Democratic Republic, Lebanon, Lesotho, Liberia, Liechtenstein, Lithuania, Luxembourg, Madagascar, Mauritania, Mexico, Mongolia, Montenegro, Netherlands, New Zealand, North Macedonia, Norway, Paraguay, Peru, Poland, Portugal, Republic of Korea, Republic of Moldova, Romania, Russian Federation, Saint Vincent and the Grenadines, San Marino, Serbia, Singapore, Slovakia, Slovenia, Spain, State of Palestine, Sweden, Switzerland, Syrian Arab Republic, Turkey, Uganda, Ukraine, United States of America, Uruguay, Uzbekistan, Viet Nam, Zambia 등이다. https://uncitral.un.org/en/texts/salegoods/conventions/sale_of_goods/cisg/status, 2021. 7. 23. 최종접속.

째, 매매와 관련된 모든 문제에 대해서 적용되는 것이 아니라 그 중에 협약에 규정된 일부 사항에 대해서 적용된다. 넷째, 당사자는 협약의 적용을 배제할 수 있으며, 협약 규정의 효력을 변경할 수 있다.[9] 협약이 매매계약과 관련된 모든 사항을 망라적으로 규정한 것이 아니므로, 협약이 적용되지 않는 사항에 대해서는 매매계약 당사자간에는 매매계약의 준거법이 적용된다. 따라서 협약의 적용에도 불구하고 당사자간의 준거법은 여전히 중요한 의미를 갖는다.

이 협약은 협약의 이행을 위한 국내입법이 없이도 협약의 적용을 받는 국제물품매매계약의 당사자간에 직접 적용되는 점에서[10], 협약이 체약국만을 구속하고 협약의 이행을 위한 별도의 국내법의 제정이나 개정이 필요한 일반적인 국제조약과는 다르다.

우리나라에서 국제물품매매계약에 관한 국제연합 협약이 발효됨으로 인해, 상사매매의 상당한 부분을 차지하는 수출입과 관련된 매매계약에 대하여 협약의 적용요건을 갖춘 경우에는, 당사자가 합의로 협약의 적용을 배제하지 않는 한, 협약이 적용된다. 따라서 수출입과 관련된 매매 중 매매 당사자의 일방의 영업소가 우리나라에 있고 매매상대방의 영업소가 협약의 체약국내에 소재하는 국제매매의 경우에는, 당사자가 합의로 다른 준거법을 정하거나 국제물품매매계약에 협약의 적용을 배제하지 않는 한, 협약의 적용범위에 속하는 동산 매매계약에 대해서는 우리나라의 상법이 아닌 협약이 적용되게 된다.

---

9) Vivica Pierre, *What Do Farmers Impliedly Warrant When They Sell Their Livestock: A Comparison of the Uniform* Commercial *Code, the Louisiana Civil Code, and the Vienna Convention on the Contracts for the International Sale of Goods*, 19 S.U.L.Rev. 357, 388 (1992).

10) Folsom et al., *supra* note 3, at 48.

Ⅳ. 국제물품매매에 관한 국제연합 협약의 내용

1. 협약의 적용범위

(1) 협약의 적용 요건

가. 국제성(internationality) 요건: 영업소가 서로 다른 국가에 있을 것

협약이 적용되기 위해서는 물품매매계약의 당사자의 영업소(place of business)가 상이한 국가에 있어야 하는 것이 전제되어야 한다.11) 계약 당사자의 국적이나 계약이나 당사자의 성격이 민사인지 상사인지 여부로 협약의 적용여부를 판단하는 것이 아니라,12) '영업소'가 상이한 국가에 있는지 여부만을 전제로 협약의 적용여부를 판단하게 되는 것이 협약적용에 있어서 중요한 특징이다. 동일한 국가에 그 영업소가 있는 당사자에게는 협약이 적용되지 않는다. 영업소가 서로 다른 국가에 있는지에 대해서는 협약 제10조(영업소가 복수인 경우 및 영업소가 없는 경우)도 적용해서 정해지는 영업소를 기준으로 판단하게 된다.

당사자의 영업소가 서로 다른 국가에 있다는 사실은 계약으로부터 또는 계약체결 전이나 그 체결시까지 당사자간의 거래나 당사자에 의하여 밝혀진 정보로부터 드러나지 아니하는 경우에는 고려되지 아니한다.13) 이는 국제계약이라는 인식 가능성이 없어서 당사자가 계약체결시 국제성에 따른 문제점을 고려하지 않았을 경우에는 협약을 적용하지 않기 위한 것이다. 그러나 이것이 당사자가 국제성을 실제로 인식할 것(actual knowledge)까지 요구하는 것은 아니다.14)

나. 쌍방이 체약국이거나 체약국법이 준거법으로 적용될 것

영업소가 상이한 국가에 소재할 것이라는 전제조건을 갖춘 경우에, ① 계

11) 협약 제1조.
12) 협약 제1조 제3항.
13) 협약 제1조 제2항.
14) Peter Schlechtriem & Ingeborg Schwenzer, *Commentary on the UN Convention on the International Sale of Goods (CISG)* (Ingeborg Schwenzer ed., 4th ed., 2016), at 29.

약당사자들의 영업소가 소재하는 국가가 모두 체약국이거나,[15] ② 국제사법 규정에 의하여 어느 체약국법이 적용되는 경우에 협약이 적용된다.[16]

1) **쌍방이 체약국인 경우**(제1조 제1항 가호)

협약은 매도인과 매수인의 영업소가 서로 다른 국가에 있고, **매도인과 매수인의 영업소가 있는 국가가 모두 체약국인 경우**에 적용된다. 매도인과 매수인인 쌍방의 영업소가 있는 국가가 모두 체약국인 경우 협약이 적용됨으로써 국제거래에서 발생할 수 있는 법적용의 불확실성을 두 가지 면에서 줄일 수 있게 된다.[17] 첫째, 국제사법 일반원칙에 따를 경우 생길 수 있는 법적용 여부에 대한 불확실성을 제거할 수 있으며, 둘째, 양당사자가 모두 그 체약국인 단일한 통일법이 적용되도록 함으로써 당사자에게 익숙치 않은 외국의 국내법 적용으로 인한 불확실성을 제거할 수 있다.[18]

2) **국제사법 규정에 의해 어느 체약국법이 적용되는 경우**(제1조 제1항 나호)

협약은 매도인과 매수인의 영업소가 서로 다른 국가에 있고, **법정지의 국제사법 규정에 의해 어느 체약국법이 적용되는 경우**에 적용된다. 본 조항은 당사자 일방의 영업소만이 체약국에 있는 경우나 당사자 쌍방이 모두 비체약국에 영업소가 있는 경우에도 적용된다.[19] 또한 법정지가 비체약국인 경우에도 그 법정지 국제사법 규정에 의하여 어느 체약국법이 준거법으로 적용되면 협약이 적용될 수 있다.[20] 이 조항은 협약의 적용여부가 법정지 국제사법에 의해서 결정되기 때문에 법적용의 불확실성이 발생할 수 있으므로, 협약은 제95조의 유보선언에 의하여 체약국은 제1조 제1항 나호의 적용을 배제할 수 있도록 하고 있다.[21]

---

15) 협약 제1조 제1항 가호.
16) 협약 제1조 제1항 나호.
17) John O. Honnold, *Uniform Law for International Sales under the 1980 United Nations Convention* (Harry M. Flechtner ed., Klumer Law International, 4th ed. 2009), at 34.
18) *Id.*
19) Schlechtriem & Schwenzer, *supra* note 14, at 29.
20) *Id.*
21) Honnold, *supra* note 17, at 36.

다. 물품매매계약일 것

협약은 물품매매계약 즉 동산매매계약(contracts of sale of goods)에만 적용된다. 다만, 협약은 물품매매계약에 해당하더라도 일정한 유형 또는 종류의 매매에 대해서는 예외적으로 협약의 적용을 배제하고 있으며(협약 제2조), 물품의 매매인지가 분명하지 않은 매매와 서비스가 결합된 계약에 대하여 협약을 적용하지 아니한다(협약 제3조 2항).

(2) 협약의 적용 배제

가. 당사자자치에 의한 적용 배제

협약의 적용 요건을 갖추면, 협약은 자동적으로 적용된다. 다만, 계약의 당사자는 협약의 적용을 배제할 수 있다.[22] 계약당사자는 특약으로 협약 전부의 적용을 배제할 수도 있고, 협약 제12조를 제외하고는 협약의 규정의 일부의 적용을 배제하거나 그 효력에 변경을 가할 수 있다.[23] 당사자의 합의에 의한 협약의 전부 또는 일부의 적용의 배제를 인정하고 있다는 점에서, 협약의 적용에 있어서 당사자 자치의 원칙이 인정된다.[24]

나. 제95조 유보선언에 의한 제1조 제1항 나호 적용배제

또한 협약 제95조는 체약국이 협약의 비준, 수락, 승인, 또는 가입시 '국제사법 규정에 의하여 어느 체약국법이 적용될 경우에 협약이 적용된다'는 협약 제1조 제1항 나호의 적용을 배제하는 선언을 할 수 있도록 허용하고 있다.[25] 이러한 제95조의 유보선언을 한 국가에 대해서는 계약당사자의 영업소가 모두 체약국에 소재하여야만 협약이 적용되며, 계약당사자 중 일방의 영업소가 체약국이 아닌 국가에 소재하는 경우에는 협약이 적용되지 않는다. 미국과 중국은 이러한 유보선언을 한 대표적인 국가이며, 우리나라는 이러한 유보선언을 하지

---

22) 협약 제6조.
23) 협약 제6조.
24) 최준선, 국제거래법, 삼영사 (2005)
25) 협약 제95조.

않았다.[26] 이러한 유보선언은 언제나 할 수 있는 것이 아니라 협약의 비준, 수락, 승인, 또는 가입시에만 가능하므로, 유보선언 시기의 제한을 받는다.

(3) 협약의 적용대상

가. 계약의 성립과 당사자의 권리의무에 관한 사항

협약이 적용되는 경우에도 협약은 **매매계약의 성립**과 그 계약으로부터 발생하는 **매도인과 매수인의 권리의무**에 관한 사항에만 적용된다.[27] 협약에 별도의 명시적 규정이 있는 경우를 제외하고는, 계약의 유효성이나 계약의 특정조항의 유효성 또는 관행의 유효성에 대해서는 협약이 적용되지 않으며[28], 계약이 매매로 인한 물품의 소유권에 미치는 효력에 대해서도 협약이 적용되지 않는다.[29]

일반적으로 계약의 유효성(validity)의 문제로 분류되는 것은 계약이나 특정조항의 무효 또는 취소와 관련된 사항으로서, 위법한 행위로서 무효가 되는 경우와 국가나 당사자에 의하여 법률행위를 취소하는 것 등을 포함한다.[30] 따라서 위법 무효 또는 착오, 사기, 강박 등에 의한 취소 등에 관한 문제는 협약의 적용대상에서 제외된다.

또한 유효성 문제는 협약에 별도의 명시적인 규정이 없는 경우에만 협약의 적용대상에서 제외된다. 협약은 일반적으로 계약이나 관행의 유효성에 대하여 직접 규정한 조항은 없으나 협약에 국내법의 규정과 관련하여 그 효력이 충돌되는 유효성 관련 규정이 있는 경우에는 협약의 규정이 우선한다.[31] 이러한 충돌 가능성이 있는 조항으로는 협약 제11조에 규정된 계약방식의 자유에 관한 규정이 있는데, 국가에 따라서는 서면성이 요구되는 계약에 관해서는 그것이 계약의 유효성 요건으로 보는 경우가 있을 수 있다.[32] 이 경우 협약의 규정

26) 본조의 유보선언을 한 그 외의 국가로는 Armenia, Lao People's Democratic Republic, Saint Vincent and the Grenadines, Singapore, Slovakia 등이 있다.
27) 협약 제4조.
28) 협약 제4조 가호.
29) 협약 제4조 나호.
30) Schlechtriem & Schwenzer, *supra* note 14, at 87.
31) Secretariat Commentary on article 2 of the 1978 Draft, comment 2.

과 국내법의 규정이 충돌되더라도 협약의 규정이 우선하므로, 제96조의 유보선언을 하지 않은 한 서면으로 체결하지 않은 계약도 유효하게 된다.

매매에 의한 소유권 이전시기는 법체계에 따라 계약체결시에 소유권이 이전되는 국가와 물품이 매수인에게 인도되는 때에 소유권이 이전되는 국가로 나누어지는 등 통일적으로 규정하기 어려운 사항이므로 매매가 소유권에 미치는 효력을 협약의 적용대상에서 제외하였다.[33]

나. 적용이 배제되는 매매

국제매매라고 하더라도 매매가 ① 개인용, 가족용, 또는 가정용으로 구매된 물품의 매매, ② 경매에 의한 매매, ③ 강제집행 기타 법령에 의한 매매, ④ 주식, 지분, 투자증권, 유통증권 또는 통화의 매매, ⑤ 선박, 소형선박(vessels), 부선(hovercraft), 또는 항공기의 매매, ⑥ 전기의 매매 등에는 협약이 적용되지 않는다.[34]

특히 개인용, 가족용 또는 가정용으로 구매된 물품의 매매의 경우, 계약의 체결전 또는 체결시에 매도인이 그러한 목적으로 사용되기 위한 사실을 알았거나 알았어야 한 경우에만 개인용, 가족용, 가정용 물품매매로서 협약이 적용되지 않는다.[35] 협약이 소비용 매매에는 적용되지 않고, 상업용 매매에만 적용되도록 하는 규정이며, 소비용 매매로서 협약의 적용이 배제되려면 매도인이 그러한 사실에 대한 주관적 인식 또는 인식가능성이 요구된다. 즉 매도인이 계약 체결시까지 개인적 용도 등으로 사용된다는 사실을 안 경우에는 협약이 적용되지 않지만, 개인적 용도 등으로 사용된다는 것을 몰랐고 또한 그러한 용도로 사용된다는 것을 알 수도 없었던 경우에는 협약이 적용된다. 결국 매도인이 개인적 용도 등으로 사용된다는 사실을 몰랐고 여러 가지 정황상 그러한 사실을 알고 있을 것이 기대되지 않는 경우에는 상업적 용도로 사용되는 경우와 동일하게 협약이 적용되는 것이다.

---

32) Secretariat Commentary on article 2 of the 1978 Draft, comment 3.
33) Secretariat Commentary on article 2 of the 1978 Draft, comment 4.
34) 협약 제2조.
35) 협약 제2조 가호 단서.

따라서 매도인이 매수인의 구매 목적이 상업용인지 소비자용인지 알지 못하거나 알 수 없었던 경우에는 '협약의 적용배제'가 적용되지 않는다. 소비자용 매매인지 여부는 늦어도 계약 체결시까지는 매도인이 알 수 있어야 한다. 그 이유는 이러한 요건에 따라 매도인은 자신의 의무가 협약의 적용을 받는 것인지 아니면 관련 국내법이 적용될 것인지를 판단할 수 있기 때문이다.[36)]

소비용 매매를 협약의 적용대상에서 제외한 이유는 각국의 국내법이 소비자 보호를 위한 규제를 하고 있으므로, 각국의 국내법상 소비자 보호 관련 규정의 효과적인 적용을 저해하지 않도록 하기 위하여 소비용 매매를 협약의 적용범위에서 제외한 것이다.[37)]

매도인이 소비용 매매라는 사실을 알지 못하였다면 그 경우 '소비용 매매라는 것을 알았어야 했는지 여부'가 협약의 적용여부 판단에 중요한 사항이 된다. 물품의 판매수량, 물품 수령 장소, 기타 거래의 측면 등을 고려할 때, 소비자용 구매로서는 이례적인 경우에는 매도인은 소비자용 매매라는 사실을 알 수 있었다고 볼 수 없다.[38)]

(4) 협약의 효력발생시기와 협약의 적용

계약당사자의 영업소가 있는 국가가 모두 체약국인 경우라도, 그 국가가 협약에 가입한 시점이 서로 다른 경우에는 협약의 효력발생시가 상이하게 된다. 이러한 경우에 협약의 적용여부는 '**계약의 성립문제에 관한 사항**'과 '**매매계약 당사자의 권리의무에 관한 사항**'인지 여부에 따라 다른 기준에 의하여 결정된다. 이 기준을 적용함에 있어서 특정 국가가 체약국인지 여부는 협약 제99조 제2항에 따라 결정되는데, 특히 협약의 효력이 발생한 후에 비준, 수락, 승인 또는 가입하는 국가에 대해서는 그를 위한 서면이 기탁된 날부터 12개월이 경과된 다음달의 1일부터 체약국이 된다.

---

36) Secretariat Commentary on article 2 of the 1978 Draft, comment 4.
37) Secretariat Commentary on article 2 of the 1978 Draft, comment 3.
38) Secretariat Commentary on article 2 of the 1978 Draft, comment 4.

가. 계약의 성립문제

계약의 성립문제에 관해서는 매매의 '**청약시**'에 국제매매계약의 적용요건인 당사자의 영업소가 있는 모든 체약국(협약 제1조 제1항 가호가 적용되는 경우) 또는 국제사법 규정에 의하여 적용되는 체약국(협약 제1조 제1항 나호가 적용되는 경우)에서 협약의 효력이 발생하여야만 협약이 적용된다.[39]

이러한 원칙에 따르면 매매계약의 성립문제에 대하여 협약이 적용될 수 있기 위해서는, 청약의 효력발생 시점에 체약국인지 여부가 중요하게 된다. 청약의 효력은 상대방에게 도달한 때에 발생하므로[40] 매매당사자 쌍방의 영업소가 서로 다른 체약국에 있기 때문에 협약이 적용되는 경우에는 청약이 상대방에게 도달할 때 양 체약국에서 모두 협약이 발효되어 있어야 하며, 국제사법 규정에 의하여 어느 체약국법이 적용되는 것에 근거해서 협약이 적용되는 경우에는 청약이 상대방에게 도달할 때 그 체약국에서 협약이 발효되어야 한다.

나. 당사자의 권리의무에 관한 사항

당사자의 권리의무에 관한 사항은 '**계약성립시**'에 당사자의 영업소가 있는 모든 체약국(협약 제1조 제1항 가호가 적용되는 경우) 또는 국제사법 규정에 의하여 적용되는 체약국(협약 제1조 제1항 나호가 적용되는 경우)에서 협약의 효력이 발생하여야만 협약이 적용된다.[41]

매매계약 당사자의 권리 의무에 관한 사항에 협약의 적용여부를 판단함에 있어서는 계약의 성립시점에 체약국인지 여부가 협약의 적용여부의 결정에 중요하다. 계약의 성립시점은 승낙의 효력이 발생한 시점이므로[42] 승낙의 효력이 발생하는 시점에 매매당사자 쌍방의 영업소가 서로 다른 체약국에 있기 때문에 협약이 적용되는 경우에는 승낙의 효력 발생시에 양 체약국에서 모두 협약이 발효되어 있어야 하며, 국제사법 규정에 의하여 어느 체약국법이 적용되는 것에 근거해서 협약이 적용되는 경우에는 승낙의 효력발생시에 그 체약국에서 협약이 발효되어야 한다.

---

39) 협약 제100조 제1항.
40) 협약 제15조 제1항.
41) 협약 제100조 제2항.
42) 협약 제23조.

승낙의 효력은 승낙의 의사가 상대방에게 도달하는 시점에 발생하므로(협약 제18조 제2항 제1문), 결국 계약의 성립시점인 승낙이 상대방에게 도달하는 시점에 양 체약국 또는 국제사법 규정에 의한 체약국에서 협약이 발효되어 있어야 당사자의 권리의무에 관한 사항에 협약이 적용된다.

(5) 주문생산계약 및 매매와 서비스가 결합된 계약

협약은 국제물품매매계약에 적용되므로, 물품을 거래하더라도 매매로 볼 수 없는 경우에는 협약이 적용되지 않는다. 매매인지 여부가 불분명할 수 있는 경우에 대해서 협약에서 명시적 규정을 두고 있다.

가. 주문생산계약

주문생산계약인 물품을 제조 또는 생산하여 공급하는 계약은 이를 매매로 본다.[43] 그러나 물품을 주문한 당사자가 그 제조 또는 생산에 필요한 재료의 중요부분(substantial part)을 공급하는 경우에는 매매로 보지 않는다.[44] 매수인이 매도인에게 제조 또는 생산에 필요한 재료의 중요부분을 공급하는 경우에는, 물품의 매매계약이라기보다는 서비스 또는 노무의 공급계약에 가깝기 때문에 물품매매계약에만 협약을 적용하려는 취지상 협약의 적용범위에서 제외한 것이다.[45]

나. 매매와 서비스가 결합된 계약

또한 물품을 공급하는 당사자의 의무의 주된 부분(preponderant part)이 노무 그 밖의 서비스를 공급하는 것인 경우에는 협약이 적용되지 않는다.[46] 이러한 문제는 하나의 계약에서 물품매매와 함께 서비스나 노무도 제공하기로 하는 경우에 발생하는데, 기계장비의 매매와 함께 기계의 설치나 설치의 감독까지 매도인이 하기로 하는 경우가 그에 해당하며, 이러한 경우에 매도인의 의무

43) 협약 제3조 제1항 본문.
44) 협약 제3조 제1항 단서.
45) Secretariat Commentary on article 3 of the 1978 Draft, comment 4.
46) 협약 제3조 제2항.

의 중점이(preponderant part) 매매보다 노무 기타 서비스의 제공에 있다면 협약이 적용되는 않는다.[47]

물품매매와 노무 기타 서비스의 제공이 동일한 계약서에 의해서 이루어진 경우에, 매매계약과 노무 기타 서비스 제공계약이라는 두 개의 별개의 계약이 체결된 것인지 하나의 계약 체결된 것인지에 대해서 협약에서는 규정하고 있지 않고 있으므로, 이 문제는 당해 사항에 대해서 적용되는 준거법인 국내법에 의하여 결정된다.[48]

(6) 사람의 생명 또는 신체에 대한 제조물책임의 적용배제

협약은 물품으로 인한 사람의 사망 또는 상해에 대한 매도인의 책임에 대해서는 적용되지 않는다.[49] 이는 제조물책임 중 중요한 부분인 사람의 생명 또는 신체에 대한 손해에 대한 책임에 대해서 협약이 적용되지 않는다는 것을 규정한 것일 뿐이며, 계약에서 예정된 용도로 물품을 사용하였으나 계약에 부합하지 않는 물품의 결함으로 인하여 매수인의 기대에 반하여 발생한 재산상의 손해에 대해서는 협약이 적용된다고 해석하는 것이 타당하다.[50]

그러나 물품의 결함으로 인한 재산상 손해에 대해서 협약이 적용되는 것은 계약관계의 당사자인 매수인이 매도인에게 손해를 청구하는 경우에 한하며, 매수인과 직접적인 계약관계가 없는 제조자 또는 유통업자를 상대로 제조물책임에 의한 손해를 청구하는 경우에는 협약이 적용되지 않는다.[51] 협약에 의한 청구와 경합하여 불법행위 소송을 제기할 수 있는지 여부는 준거법에 의해서 결정되어야 할 문제로 보는 견해가 있다.[52]

---

47) Secretariat Commentary on article 3 of the 1978 Draft, comment 2.

48) Secretariat Commentary on article 3 of the 1978 Draft, comment 3.

49) 협약 제5조.

50) Peter Schlechtriem, *Uniform Sales Law – The UN–Convention on Contracts for the International Sale of Goods* (Manz, Vienna, 1986), at 34–35. J. Honnold, *Uniform Law for International Sales*, art. 5, No. 73 (1982) 참조.

51) John O. Honnold, *Uniform Law for International Sales under the 1980 United Nations Convention*, 3rd ed. (1999), at 71. "협약은 … [매매]계약으로부터 발생하는 매도인과 매수인의 권리의무만을 규율한다"(협약 제4조).

52) Schlechtriem, *supra* note 50, at 35.

2. 총 칙

(1) 협약의 해석원칙

협약의 해석에는 다음 두 가지 사항을 고려하여야 한다. 첫째, 협약의 국제적 성격을 고려하여야 한다. 둘째, 협약의 '적용상의 통일과 국제거래상의 신의 준수'를 증진할 필요성을 고려하여야 한다.[53]

협약의 국제적 성격을 고려함에 있어서, 매매에 관한 각 국가의 국내법은 상이할 수 있으므로, 각 체약국 법원이 그 국내법 개념에 의하여 협약의 취지와 상이하게 해석하는 것을 피하여야 한다.

협약의 통일과 국제거래상의 신의 준수를 모두 증진하려면, 협약의 해석에 있어서 다른 국가에서 협약을 어떻게 해석하는지를 고려하여, 특정국가가 국제적 해석에서 벗어나는 독단적인 해석을 하여서는 아니된다. 자국의 국내법 근거한 해석이나 독단적인 해석은 국제적 성격을 고려하지 못하는 것일 뿐만 아니라 '적용상의 통일과 국제거래상의 신의의 준수'를 저해하기 때문이다. 따라서 협약을 해석함에 있어서, 다른 체약국 판례에서의 해석이나 협약의 체결과정에서 작성된 해당 조문에 대한 해설서 등을 참고할 필요가 있다.

협약에서 규율하는 사항으로서, 협약에서 명시적으로 해결되지 아니하는 문제는 ① 협약이 기초하고 있는 일반원칙, ② 그 원칙이 없는 경우에는 국제사법 규칙에 의하여 적용되는 법에 따라 해결되어야 한다.[54] 이 규정은 협약이 국제물품매매에 관한 모든 사항을 전부 명시적으로 규정하는 것은 사실상 불가능하므로, 실제 매매거래에서 협약에서 규정되지 아니한 상황이 발생할 수밖에 없다는 점을 고려한 규정이다.[55] 그러한 경우 협약에 명시되어 있지는 않지만 협약이 기초하고 있는 일반원칙을 먼저 찾아보아야 하고, 그러한 원칙이 없을 경우에만 국제사법 규칙에 의하여 정해지는 준거법에 의하여 해결하여야 한다. 따라서 협약에 명시적 규정이 없는 경우에 성급하게 국제사법 원칙에 따

53) 협약 제7조 제1항.
54) 협약 제7조 제2항.
55) Honnold, *supra* note 51, at 103 참조.

라 정해지는 준거법으로서 특정 국가의 국내법을 적용하려는 경향은 피하여야 한다.[56]

(2) 당사자의 의도 해석

협약이 적용되는 국제물품매매에 있어서, 계약 내용이 불분명하거나 불명확한 경우에는 당사자의 의도에 따라 그 내용을 해석하는 것이 필요하다. 그러한 경우를 고려하여, 협약은 당사자의 의도를 해석하는 원칙을 규정하고 있다.

첫째, 협약의 적용상, 당사자의 진술 그 밖의 행위는 상대방이 그 당사자의 의도를 알았거나 모를 수 없었던 경우에는 그 의도에 따라 해석되어야 한다.[57] 협약은 당사자의 의도를 알았거나 알 수 있었을 경우에는 그 의도대로 해석하도록 함으로써 당사자의 의도를 계약 해석의 최우선 원칙으로 하고 있다.

둘째, 그러나 당사자의 의도를 상대방이 알지 못하였거나 알 수 없었던 경우에는, 매매의 상대방이 아닌 일반인이 의도하였을 내용을 기준으로 계약을 해석하도록 하고 있다. 즉 그러한 경우에 당사자의 진술 그 밖의 행위는, 상대방과 동일한 부류의 합리적인 사람이 동일한 상황에서 이해하였을 바에 따라 해석되어야 한다.[58]

셋째, 당사자의 의도 또는 합리적인 사람이 이해하였을 바를 결정함에 있어서는 교섭, 당사자간에 확립된 관례, 관행 및 당사자의 후속 행위를 포함하여 관련된 모든 사항을 적절히 고려하여야 한다.[59]

당사자의 의도 또는 일반인의 의도 등을 결정하기 위하여 고려하여 할 사항에 포함되는 '**당사자간에 확립된 관례**'(practices established between the parties)는 매매계약의 당사자간에 당해 거래 및 그 이전 거래에서 **반복적으로 이루어진 관례**로서 당사자들이 계약에는 명시되지 않았지만 당연히 당해 거래에도 적용되는 것으로 신뢰하는 것이 적합한 경우를 말한다. 따라서 다수의 거래가 반복적으로 동일한 기준으로 체결 또는 이행되지 않은 경우에는 '확립

56) Honnold, *supra* note 51, at 102.
57) 협약 제8조 제1항.
58) 협약 제8조 제2항.
59) 협약 제8조 제3항.

된 관례'라고 볼 수 없으며, 당사자간에 확립된 관례가 되기 위해서는 동일한 당사자간의 거래이어야 하므로 유사한 거래 분야에서 다른 당사자들이 한 거래 내용은 '당사자'간에 확립된 관례가 아니다. 협약의 다른 조항에서 관례가 요건으로 되어 있는 것은 반드시 '당사자간에 확립된 관례'일 것으로 규정되어 있다.[60)]

당사자의 의도 또는 일반인의 의도 등을 결정하기 위하여 고려하여 할 사항에 포함되는 **'관행'**(usages)은 유사한 거래분야에서 일반적으로 준수되고 있는 관행을 의미하는 것으로서, 동일한 당사자간에서 확립될 필요는 없다. 즉 관행은 유사한 거래분야의 일반적인 거래관행(trade usages)을 의미하는 것이다.

(3) 관행과 관례의 적용

협약 제9조는 관행(usages)과 관례(practices)가 일정한 요건하에 계약 당사자에게 적용되는 것으로 하고 있으며, 그 적용 요건은 관행과 관례가 각각 다르다. 당사자 또는 일반인의 '의도'를 결정하는데 있어서는 관행과 관례를 단순히 고려하도록 하고 있지만(협약 제8조), 본조에서는 관행과 관례가 당사자를 구속하여 계약에 반드시 적용되도록 하고 있는 점에서 차이가 있다. 또한 관행과 관례에 각각 다른 요건을 적용하는 이유는 관행은 동종의 유사한 거래분야에서 성립되는 것이나, 관행은 동일한 거래 당사자간에서 이루어지는 것이라는 점을 고려한 것이다.

당사자는 합의한 관행과 당사자간에 확립된 관례에 구속된다.[61)] 첫째, **관행**은 원칙적으로 **당사자가 합의**하여야 그 관행에 구속된다. 둘째, **관례**는 **당사자간에 확립된** 것만 당사자를 구속한다.

관행은 원칙적으로 당사자가 합의하여야 계약에 적용되지만, 협약은 당사자간의 합의가 없어도 관행이 묵시적으로 적용되는 예외를 규정하고 있다. 즉 별도의 합의가 없는 한, 당사자가 알았거나 알 수 있었던 관행으로서 국제거래

---

60) 협약 제18조 제3항에서 '당사자간의 확립된 관례'의 결과로 행위에 의한 승낙을 할 수 있는 경우에 그 승낙의 효력발생시기를 규정하고 있다.

61) 협약 제9조 제1항.

에서 당해 거래와 동종의 계약을 하는 사람에게 널리 알려져 있고 통상적으로 준수되고 있는 관행은 당사자의 계약 또는 그 성립에 묵시적으로 적용되는 것으로 본다.[62] 묵시적으로 관행이 적용되기 위해서는 ① 당사자가 알았거나 알 수 있었던 관행이어야 한다는 주관적 요건이 필요하며, ② 그 관행이 국제거래에서 동종의 계약을 하는 사람들에게, 널리 알려져 있을 뿐 아니라 또한 ③ 통상적으로 준수되고 있을 것이라는 요건을 갖추어야 한다.

(4) 복수의 영업소 및 영업소가 없는 경우

'영업소'가 상이한 국가에 있는지 여부를 전제로 협약의 적용여부를 판단하게 되는 것이 협약적용에 있어서 중요한 특징이다. 당사자가 복수의 영업소를 가지는 경우와 영업소가 없는 경우에는 아래의 기준에 따라 영업소의 소재지를 결정하게 된다.

가. 복수의 영업소

당사자가 복수의 영업소를 가진 경우에는 계약 체결전 또는 체결시에 당사자들이 알고 있거나 고려한 사정을 고려하여 계약 및 그 이행과 가장 밀접한 관계가 있는 곳이 협약의 적용을 결정하는 영업소가 된다.[63]

나. 영업소가 없는 경우

또한 영업소가 없는 당사자의 경우에는 상거소(habitual residence)를 그의 영업소로 보게 된다.[64] 대부분의 국제매매계약은 영업소가 있는 당사자간에 체결되지만, 영업소가 없는 사람도 협약이 적용되는 계약 즉 소비용이 아닌 상업적 목적의 국제매매계약을 체결할 수 있다.[65] 이러한 경우 영업소가 없는 당사자에 대해서는 그의 상거소를 영업소로 본다.

---

62) 협약 제9조 제2항.
63) 협약 제10조 가호.
64) 협약 제10조 나호.
65) Secretariat Commentary on article 9 of the 1978 Draft, comment 8.

(5) 계약의 방식과 입증방법

가. 원칙: 계약방식과 입증방법의 자유

매매계약은 서면에 의할 것이 요구되지 않고 특별한 방식에 의할 필요도 없으므로[66] 원칙적으로 불요식의 낙성계약이다.[67] 계약의 입증에 있어서도 증인 기타 어떠한 방식에 의해서도 입증이 허용되며 제한이 없다.[68]

나. 방식의 자유 예외: 제96조 유보선언

그러나 체약국의 국내법상 매매계약은 반드시 서면으로 체결되거나 서면으로 입증하도록 요구하고 있는 경우, 계약의 체결, 변경, 종료나 청약, 승낙 기타 의사표시를 서면 이외의 방법으로 할 수 있도록 허용하고 있는 협약 제11조, 제29조, 또는 협약 제2편의 규정은 일방 당사자의 영업소가 당해 국가에 소재하는 경우에 그 국가가 이러한 조항은 적용되지 않는다는 협약 제96조에 따른 유보선언을 하면 적용되지 않는다.[69] 이러한 유보선언은 시기상 제한이 없으므로[70], 협약 기탁서를 제출한 이후에도 할 수 있다. 현재 제96조의 유보선언을 한 국가는 아르헨티나, 아르메니아, 벨라루스, 칠레, 파라과이, 러시아, 우크라이나, 베트남, 북한 등이다.[71]

이러한 유보선언은 방식의 자유를 제한하여 일정한 계약의 경우 서면성을 요구하거나 입증에 있어서 서면으로 입증하는 것만 허용하는 국내법 체계를 가지고 있는 국가의 경우에만 할 수 있으며, 국내법상 방식의 자유를 인정하는 법체계를 가지고 있는 국가는 이러한 유보선언을 할 수 없다. 계약에 있어서 서면성을 요구하는 법체계의 예로는 미국의 사기방지법 원칙(statute of frauds)

---

66) 협약 제11조.
67) 최준선, 전게서, 128면.
68) 협약 제11조.
69) 협약 제12조, 제96조.
70) 협약 제96조.
71) https://uncitral.un.org/en/texts/salegoods/conventions/sale_of_goods/cisg/status, 2021.6.23. 최종접속. 중국은 제96조의 문언과 동일한 유보선언을 하지는 않았으나, “협약 제11조와 협약 제11조의 내용과 관련된 협약의 규정에 구속되지 않는다”는 선언을 하였다가 2013년에 그러한 유보선언을 철회하였다(Pan Zhen, *China's Withdrawal of Article 96 of the CISG: A Roadmap for the United States and China to Reconsider Withdrawing the Article 95 Reservation*, 25 U. Miami Bus. L. Rev. 141 (2016)).

이 있으며, 입증에 있어서 당해 계약서 외에 구두 또는 다른 문서에 의한 입증을 배제하는 법체계의 예로는 미국의 구두증거배제의 법칙 또는 외부증거배제의 법칙(parol evidence rule)이 있다.

미국은 일정한 계약은 반드시 서면으로 체결하여야 그 이행을 강제할 수 있는 사기방지법 원칙과 외부증거배제의 법칙이 있음에도 불구하고[72], 제12조와 제96조에 따른 유보선언을 하지 않았다. 따라서 미국의 경우 국내법만 적용될 경우 사기방지법 원칙이 적용될 수 있는 매매의 경우에도, 국내법이 아닌 협약이 적용될 경우에는 서면에 의하지 않은 계약도 유효하게 된다.

제96조의 유보선언으로 배제할 수 있는 것은 '서면' 이외의 방식을 허용하는 협약의 규정에 한정되므로, 국내법상 서면 요건에 추가하여 그 계약을 정부기관에 등록하도록 요구하고 있는 경우에는 그 국가가 제96조의 유보선언을 하더라도 '서면에 추가하여 요구되는 등록'은 유보선언으로 배제되지 않는다.[73]

제96조의 유보선언을 한 경우, 계약 방식의 요건에 대해서는 법정지 국제사법에 의해 지정되는 준거법에 의하여 규율된다.[74] 그 경우 적용되는 준거법에 따라서, 계약에 서면요건이 필요할 수도 있고 그렇지 않을 수 있다.

당사자는 협약 제12조에서 허용하고 있는 96조의 유보선언을 할 수 없도록 배제하거나 유보선언의 효과를 변경할 수 없다.[75] 일정한 경우에 반드시 서면으로 하도록 요구하는 것은 당해 국가의 공서양속에 관한 문제가 될 수도 있으므로, 협약 제12조에 대해서는 당사자 자치의 원칙을 배제하고 있는 것이다.[76]

(6) 서면의 범위

협약의 적용상 서면에는 전보와 텔렉스가 포함된다.[77] 협약은 팩스나 이

---

72) UCC § 2-201 (1)에서는 $500이상의 물품매매계약에서는 서면으로 1) 당사자간에 계약이 체결되었다는 사실과 2) 계약이행을 요구받는 당사자가 서명을 하지 않은 경우에는 이행을 청구할 수 없도록 하고 있는 사기방지법(Statute of Frauds)에 관한 사항을 규정하고 있다.

73) Honnold, *supra* note 17, at 129.

74) Schlechtriem & Schwenzer, *supra* note 14, at 214. 이와 달리 방식의 자유를 배제한 유보선언을 한 국가의 법을 언제나 적용하여야 한다는 소수의 견해가 있다(*Id.*).

75) 협약 제12조.

76) Secretariat Commentary on article 12 of the 1978 Draft, comment 3.

77) 협약 제13조.

메일이 본격적으로 사용되기 전에 체결된 것이어서, 팩스나 이메일, EDI 등이 서면에 포함되는지에 대한 언급이 없다. 협약이 서면에 전보와 텔렉스가 포함된다고 한 것은 서면으로 인정할 수 있는 한계를 전보와 텔렉스로 제한한 것으로 볼 수 없다. 팩스나 이메일, EDI도 전보와 텔렉스처럼 그 작성여부를 확인하는 것이 어려운 일이 아니므로, 명시된 것은 아니지만 협약 제13조의 서면의 개념에 포함된다고 하여야 할 것이다.[78)]

3. 계약의 성립문제

(1) 계약의 성립요건

계약은 청약과 이에 대한 승낙이 있으면 성립한다. 계약이 성립하는 시점은 청약에 대한 승낙이 협약에 따라 효력을 발생하는 때이다.[79)] 계약의 성립에 영미법에서 요구되는 약인(約因, consideration)은 요건이 아니다.

협약은 계약이 성립하는 시기에 대해서만 규정하고, 계약이 성립하는 장소에 대해서는 명시하고 있지 않는데, 그 이유는 협약상 계약 체결지가 협약의 적용에 영향을 미치는 규정이 전혀 없기 때문이다.[80)] 그러나 실제로 법체계에 따라서는 협약 제23조에서 계약의 성립 시점을 명시한 것이 계약 체결지를 정하는데 결정적인 것으로 해석될 수도 있으나,[81)] 계약 체결지의 결정은 협약의 해석문제는 아니다.[82)]

(2) 청 약

가. 청약의 요건

청약이 되기 위해서는 1인 또는 그 이상의 특정인에 대한 계약체결의 의

---

78) Honnold, *supra* note 51, at 141 참조.
79) 협약 제23조.
80) Secretariat Commentary on article 21 of the 1978 Draft, comment 2.
81) *Id.*
82) E. Allan Farnsworth, in Bianca－Bonell Commentary on the International Sales Law, Giuffrè: Milan (1987), at 199.

사가 충분히 확정적이고, 그에 대한 승낙시 그에 구속된다는 청약자의 의사가 표시되어 있어야 한다.[83] 이러한 협약의 규정에 따르면 유효한 청약이 되기 위해서는 세 가지 요건이 필요하다.

첫째, 특정인에 대한 의사표시이어야 한다. 따라서 불특정인에 대한 의사표시는 원칙적으로 청약이 되지 않는다. 특정인이 아닌 불특정인에 대한 제안은 그 제안자가 반대의사를 명확히 표시하지 않은 한 청약의 유인으로 본다.[84] 따라서 불특정인에 대하여 광고나 제안을 하면서 그 제안자가 청약으로 바로 구속된다는 취지의 문구를 기재한 경우와 같은 예외적인 경우에만 불특정인에 대한 의사표시도 청약이 될 수 있다.

둘째, 계약체결의 의사가 충분히 확정적이어야 한다.

셋째, 승낙에 구속된다는 의사가 표시되어야 한다.

나. 청약의 확정성의 요소

이 세 가지 요건 중에서 계약체결의 의사가 충분히 확정적인지 여부가 가장 문제가 될 수 있다. 특히 관련 판례가 없는 상태에서는 어떠한 내용이 청약에 포함되어야 이러한 요건을 충족하는지 예측하기 어려울 수 있다.

협약은 청약의 대상인 **물품**(goods), **수량**(quantity)과 **가격**(price)을 청약이 충분히 확정적으로 되기 위하여 청약에 반드시 포함되어야 할 사항으로 명시하고 있다. 따라서 물품, 수량, 가격이 명시된 경우에는 청약의 내용이 충분히 확정적이라 볼 수 있다. 협약은 청약이 확정적으로 되기 위하여 필요한 요소들을 명시함으로써, 영미법상 판례를 통하여 제기된 것과 같은 청약의 확정성에 필요한 요소들에 대한 논란을 없앨 수 있다.[85]

83) 협약 제14조 제1항 전문.

84) 협약 제14조 제2항.

85) 보통법에서는 가격이 결정되지 않은 청약은 확정성을 결여하여 유효한 청약이 될 수 없으나, UCC에서는 가격이 결정되지 않은 open price term 계약도 유효한 것으로 본다. UCC에서는 가격이 결정되지 않은 경우에도 계약이 체결될 것으로 당사자가 의도하였다면 open price term 계약으로서, "인도시 합리적인 가격(reasonable price at the time of delivery)"에 의하여 가격이 결정되는 것으로 보며(UCC §3-305(1)), 당사자 일방이 가격을 결정하도록 되어 있는 경우 선의로(in good faith) 결정하도록 하고 있다(UCC §3-305(2)). 다만 당사자가 가격이 결정 또는 합의되지 않은 경우에 계약에 구속되지

협약은 이에서 더 나아가 청약의 대상인 물품의 수량과 가격에 대해서는 확정된 수량과 가격을 명시적으로 기재하는 경우 외에도 묵시적으로 지정하는 경우도 인정하고 있을 뿐 아니라, 수량과 가격을 결정하기 위한 기준에 대한 규정을 두고 있는 경우에도 청약의 내용이 확정적이라고 본다.[86]

따라서 품질과 가격을 일정한 범위로만 정하고 특정하지 않은 경우에도 품질과 가격을 결정할 수 있는 규정을 묵시적으로 둔 것으로 보아 청약의 의사표시는 충분히 확정적이라고 해석할 수 있다. 예컨대, 매수인이 물품을 주문하면서 주문서에 물품의 주문 수량은 명시하였으나 그 품질은 중급에서 상급, 가격은 35에서 65 마르크라고 표시한 경우에, 품질과 가격을 범위로 표시하였더라도 품질과 가격에 대하여 결정할 수 있는 묵시적 규정을 둔 것이어서 청약은 충분히 확정적이라고 본 외국의 사례도 있다.[87]

다. 청약의 효력발생 시기

청약은 상대방에게 도달한 때 효력이 발생하므로[88], 청약의 효력발생 시기에 대해서는 도달주의가 적용된다.

라. 청약의 회수

청약이 상대방에게 도달하기 전 즉 **청약의 효력이 발생하기 전**에 이를 철회하는 의사표시를 청약의 회수라고 한다. 이러한 청약의 회수를 하려면 청약이 도달하기 전 또는 도달함과 동시에 청약을 회수(withdrawal)하는 의사표시가 상대방에게 도달하여야 한다.[89] 또한 철회불가능한(irrevocable) 청약이라 하더라도 이러한 청약 회수의 요건을 갖추는 한 청약의 상대방에게 도달할 때까지는 청약을 회수할 수 있다.[90]

않을 의도를 가지고 있는 경우에는, 가격이 결정 또는 합의되지 않으면 계약이 성립되지 않는다(UCC §2−305(4)).

86) 협약 제14조 제1항 후문.

87) UNILEX Cases, Date: 10.11.1994, Country: Austria, Number: 2 Ob 547/93, Court: Oberster Gerichtshof, Parties: M. v. K.

88) 협약 제15조 제1항.

89) 협약 제15조 제2항.

90) 협약 제15조 제2항.

마. 청약의 철회

일단 **청약의 효력이 발생하였더라도**, 계약이 성립되기 전에는 청약의 상대방이 승낙의 통지를 '발송'하기 전에 청약자는 청약철회의 의사표시가 청약의 상대방에게 '도달'하는 한 청약자는 임의로 청약을 철회할 수 있는 것이 원칙이다.[91] 즉 협약은 청약의 효력이 발생한 후에도 청약의 구속력을 인정하지 않고 있다. 승낙의 효력이 발생하는 시기는 승낙이 청약자에게 도달하는 시점이지만(협약 제18조 제2항 제1문), 청약자가 유효하게 청약을 철회하려면 승낙의 효력발생 시기인 승낙의 도달시보다 훨씬 이전인 승낙의 발송 이전까지 이를 철회하여야 한다.

그러나 예외적으로 청약을 철회할 수 없는 경우로서 협약은 두 가지 경우를 명시하고 있다. 첫째, 청약에 승낙기간을 명시하거나 기타 방법으로 청약이 철회할 수 없는 것임을 청약에 표시한 경우[92]에는 청약을 철회할 수 없다. 승낙기간을 명시한 청약은 별도의 다른 의사표시가 없어도 승낙기간을 부가한 것만으로 철회할 수 없는 청약이 된다. 승낙기간을 명시하지 않은 경우에는 기타 방법으로 철회할 수 없는 청약임을 청약에 표시하면 그 청약은 철회할 수 없는 청약이 된다.

둘째, ① 청약이 철회불가능한 것임을 청약의 상대방이 신뢰하는 것이 합리적이라는 요건과 ② 청약의 상대방이 그 청약을 신뢰하여 행동하였다는 요건을 모두 갖춘 경우[93]에는 청약은 철회할 수 없다.[94] 단순히 청약의 상대방이 청약을 신뢰하는 것이 합리적이라는 주관적인 신뢰요건 만으로는 부족하고, 청약의 상대방이 그러한 신뢰에 의하여 계약이행을 위한 주문 또는 승낙을 하기 위한 사전 준비를 위한 비용을 지출하는 등 신뢰에 기한 행동을 하는 것이 필요하다.

이러한 협약의 규정과 달리 민법은 청약의 구속력을 인정하여, 청약이 효

91) 협약 제16조 제1항.
92) 협약 제16조 제2항 가호.
93) 협약 제16조 제2항 나호.
94) 협약 제16조 제2항.

력이 발생한 때에는 임의로 이를 철회하지 못하도록 하고 있다.[95] 다만, 청약의 철회가능성을 청약에 첨부해서 표시한 경우에는 청약은 처음부터 구속력이 없다고 해석되고, 불특정인에 대한 청약 또는 승낙기간을 정하지 않은 대화자간의 청약도 일반적으로 청약의 구속력이 없다고 해석한다.[96] 협약은 원칙적으로 청약의 구속력을 인정하지 않고 있으나 우리 민법은 원칙적으로 청약의 구속력을 인정하고 있으므로, 청약의 구속력에 대하여 협약과 우리 민법은 원칙적으로 반대의 입장에 서 있는 것이다.

바. 청약의 효력 상실

청약은 청약의 거절의 의사표시가 청약자에게 도달할 때 효력이 상실된다.[97] 이점은 철회불가능한 청약에 있어서도 동일하다. 청약 상대방의 청약거절의 의사표시에 의하여, 모든 청약은 철회가능한 청약인지를 불문하고 그 효력을 상실하게 된다.

(3) 승 낙

가. 승낙의 요건

청약에 대한 동의를 표시하는 상대방의 진술 기타 행위는 승낙이 된다.[98] 그러나 청약에 대해서 침묵하거나 아무런 행동을 하지 않는 경우에는 그 자체만으로는 승낙이 되지 않는다.[99] 즉 승낙은 청약을 받은 자의 적극적인 **의사표시에 의한 경우**와 **행위에 의한 경우**로 구분될 수 있으나, 소극적으로 아무런 의사표시나 행위를 하지 않은 경우에는 승낙이 될 수 없다.

나. 승낙의 효력발생 시기

1) 의사표시에 의한 승낙

승낙은 그 의사표시가 상대방에게 도달하는 시점에 효력이 발생하므로[100],

95) 민법 제527조, 곽윤직, 채권각론, 박영사(1984), 59면.
96) 곽윤직, 전게서, 59면.
97) 협약 제17조.
98) 협약 제18조 제1항.
99) 협약 제18조 제1항 후문.
100) 협약 제18조 제2항 1문.

도달주의에 의한다. 승낙의 의사표시는 청약자가 승낙기간을 정한 경우에는 그 기간내에 승낙이 청약자에게 도달하여야 효력이 발생하며, 승낙기간을 지정하지 아니한 경우에는 청약자가 사용한 통신수단의 신속성 등 거래의 상황을 적절히 고려하여 합리적인 기간내에 도달하여야 효력이 발생한다.[101] 또한 구두의 청약은 특별한 사정이 없는 한 즉시 승낙되어야 한다.[102]

2) 행위에 의한 승낙

승낙의 의사표시 없어도 승낙의 효력이 인정되는 경우가 있는데, **청약**에 의하거나 **당사자간의 확립된 관례**나 **관행**의 결과로 청약에 대한 승낙의 통지 없이 물품의 발송이나 대금지급 등의 행위를 함으로써 동의를 표시할 수 있는 경우에는 그러한 행위가 있는 시점에 승낙의 효력이 발생한다.[103] 이 경우에도 승낙의 의사표시를 하는 경우와 마찬가지로 승낙기간내 또는 합리적인 기간내에 물품의 발송이나 대금지급 행위를 하여야 한다.[104] 민법 제532조의 의사실현에 의한 계약성립도 유사한 취지를 규정하고 있다.[105]

(4) 청약에 변경을 가한 승낙

가. 협약의 내용

협약은 제18조 제1항에서 청약에 조건을 부가하거나 제한 또는 변경을 가한 승낙(이하 '청약에 변경을 가한 승낙'이라 함)은 청약을 거절하고 새로운 청약을 한 것이 되는 것을 원칙으로 규정하고 있으나,[106] 제18조 제2항에서 이러한 원칙에 대한 예외도 규정하고 있어서 실제로는 청약에 변경을 가한 승낙은 그러한 변경사항이 "**청약의 조건을 실질적으로 변경**(materially alter the terms of the

---

101) 협약 제18조 제2항 2문.
102) 협약 제18조 제2항 3문.
103) 협약 제18조 제3항 본문.
104) 협약 제18조 제3항 단서.
105) 민법 제532조의 의사실현에 의한 계약성립은 "청약자의 **의사표시**나 **관습**에 의하여 승낙의 통지가 필요하지 아니하는 경우에는 계약은 승낙의 표시로 인정되는 사실이 있는 때에 성립한다"고 하고 있으므로 협약 제18조 제3항의 행위에 의한 승낙과는 구체적 요건에 있어서 차이가 있다.
106) 협약 제19조 제1항.

offer)"하는지 여부에 따라 그 효력이 달라지게 된다.

1) 청약의 조건을 실질적으로 변경하지 않은 승낙

먼저, 청약의 조건을 실질적으로 변경하지 않은 경우에는 청약에 변경을 가한 승낙이라도 유효한 승낙이 된다.[107] 다만, 청약자가 부당한 지체없이 구두로 불일치에 대하여 이의를 제기하거나 그러한 취지의 통지서를 발송한 경우에는 유효한 승낙이 되지 않는다.[108]

청약자가 이의를 제기하지 않아서 청약에 변경을 가한 승낙이 유효한 승낙이 되는 경우에는, 승낙에 의하여 변경이 가해진 조건이 계약의 내용이 된다.[109] 결국 청약의 조건을 실질적으로 변경하지 않는 승낙의 경우에는 승낙에 의하여 계약이 성립하게 되며, 계약내용에는 청약에 변경을 가한 승낙의 조건이 포함된다.

2) 청약의 조건을 실질적으로 변경한 승낙

다음으로, 청약의 조건을 실질적으로 변경하는 승낙의 경우에는 청약에 변경을 가한 승낙의 효력에 대한 원칙이 적용되므로, 청약을 거절하고 새로운 청약을 한 것으로 보게 된다.[110] 청약의 조건을 실질적으로 변경한 승낙은 청약을 거절한 것이 되므로, 청약자가 청약에 변경을 가한 승낙에 대하여 다시 승낙을 하지 않는 한 계약이 성립되지 않게 된다.

3) 청약 조건의 실질적 변경의 예시

청약의 조건을 실질적으로 변경을 가한 것인지 여부에 따라 승낙의 효력이 차이가 있으므로 청약의 조건을 실질적으로 변경하는 사항인지 여부는 중요한 법률적 쟁점이 될 수 있다. 협약은 청약의 조건을 실질적으로 변경하는 사항을 예시적으로 열거하고 있는데, 협약 제19조 제3항에서 가격, 대금지급, 물품의 품질 및 수량, 인도 장소 및 시기, 일방 당사자의 상대방에 대한 책임의 범위, 분쟁해결 방법 등에 관한 사항을 청약의 조건을 실질적으로 변경하는 사

---

107) 협약 제19조 제2항.
108) 협약 제19조 제2항.
109) 협약 제19조 제2항 후문.
110) 협약 제19조 제1항.

항으로 명시하고 있다.[111)]

주의할 점은 협약 제19조 제3항에 명시된 사항은 예시된 것이므로 그 외의 사항이라도 청약의 조건을 실질적으로 변경하는 사항이 될 수 있다. 또한 제19조 제3항에 청약의 조건을 실질적으로 변경하는 것으로 열거된 사항에 해당하더라도, 승낙자가 청약의 성질 또는 당해 사안의 특수한 사정으로 인해 청약자가 그러한 사항을 승낙할 것으로 신뢰할 만한 이유가 있다면 그 사항은 청약을 실질적으로 변경하는 사항이 되지 않을 수 있다.[112)] 예컨대, ① 물품의 매수의 청약을 받은 자가 승낙시 '즉시 송부(ship immediately)' 조건을 부가하여 승낙한 경우, ② 매도인이 매수주문을 승낙할 때 승낙서에 '국제적인 무역협회(international trade association)에 의한 중재'를 조건으로 기재한 서식을 사용한 경우 등은 각각 제19조 제3항의 물품의 인도시기와 분쟁해결 방법을 변경한 것에 해당할 만한 사안이지만, 승낙자가 청약의 성질상 또는 당해 사안의 특수한 사정상 청약자가 그러한 변경된 제안을 승낙할 것으로 신뢰할 만한 사정이 있는 경우에는 청약의 조건을 실질적으로 변경하는 것으로 보지 않을 수 있다.[113)] 이러한 점에서 제19조 제3항에서 열거된 사항은 "청약 조건을 실질적으로 변경하는 것으로 **본다**"고 규정하고 있음에도 불구하고 동 규정은 법률상 간주로 해석되어서는 안 되고, 법률상 추정 정도로 해석하는 것이 타당하다.

나. 협약과 미국 UCC 및 우리나라 법과의 비교[114)]

청약에 변경을 가한 승낙에 대한 효력은 협약과 미국 UCC[115)] 그리고 우리나라 민법의 경우에 그 취급에 있어서 차이가 있다. 협약은 당사자의 의사로 그 전부 또는 일부의 적용을 배제하는 것을 허용하고 있으므로, 계약의 당사자가

---

111) 협약 제19조 제3항.

112) Commentary on article 17 of the 1978 Draft, comment 11.

113) Commentary on article 17 of the 1978 Draft, comment 12-14.

114) Sung-Seung Yun, *Additional Terms and Warranties under the U.N. Convention on Contract for the International Sale of Goods (CISG)*, Korean Yearbook of International Law vol. 4 (2004), at 206-211 참조.

115) Uniform Commercial Code by the American Law Institute and the National Conference of Commissioners on Uniform State Laws.

협약을 배제하고 준거법을 협약을 제외한 미국법으로 지정하거나 우리나라의 법으로 지정하는 것도 가능하다. 또한 계약체결시 각국의 법상의 효력의 차이를 감안하여 준거법을 지정하는 것이 필요할 수도 있으므로, 협약과 미국 UCC 및 우리나라 민법상 청약에 변경을 가한 승낙의 효력을 비교하는 것이 의미가 있다.

1) 미국 UCC

미국 UCC에서는 청약에 변경을 가한 승낙의 경우에 **계약의 성립여부**와 변경을 가한 조건이 **계약의 내용에 포함되는지**를 구분하여 규정하고 있다.

i) 계약의 성립여부

우선 청약에 변경을 가한 승낙의 경우에도 승낙으로서 효력이 발생하므로[116], 계약은 유효하게 성립한다. 다만, 승낙에서 부가된 조건 또는 변경된 조건에 대하여 청약자의 동의가 필요한 것을 조건으로 명시하고 있는 경우에는 그렇지 아니하다.[117] 따라서, 청약에 변경을 가한 승낙은 청약에 중대한 변경을 가한 것인지 그렇지 않은 것인 여부를 불문하고 유효한 승낙이 되므로 일단 계약은 성립하게 된다.

ii) 변경된 조건이 계약내용이 되는지 여부

그러나 청약에 변경을 가한 사항이 성립된 계약의 내용에 포함되는지 여부는 계약의 쌍방이 상인인지 아닌지 여부에 따라 달라진다.

㉮ 상인간 계약이 아닌 경우

상인간의 계약이 아닌 경우에는 청약에 변경을 가한 승낙은 계약에 조건을 추가하려는 제안이 된다.[118] 청약자가 그러한 추가 제안에 승낙하지 않는 한 청약에 변경을 가한 승낙은 계약내용이 되지 않는다.

㉯ 상인간 계약인 경우

상인간에 있어서 청약에 변경을 가한 승낙이 계약내용에 포함되는지 여부는 승낙이 청약에 중대한 변경을 가한 것인지 여부에 따라 달라진다.

---

116) UCC § 2-207 (1) (2001).
117) *Id.*
118) *Id.* § 2-207 (2).

승낙이 **청약에 중대한 변경을 가하지 않은 경우**에는 청약에 변경을 가한 내용이 계약 내용에 포함된다.[119] 그러나 청약에서 명시적으로 청약의 조건을 그대로 받아들이는 것을 승낙으로 한정한 경우 또는 변경을 가한 조건에 대한 이의제기를 받은 경우에는 청약에 변경을 가한 사항은 계약의 내용이 되지 못한다.[120]

상인간의 계약에서 **청약에 중대한 변경을 가한 승낙**은 계약에 조건을 추가하려는 제안이 되며, 청약자가 그러한 추가 제안에 승낙하지 않는 한 추가한 내용은 계약 내용이 되지 않는다.

2) 민 법

민법은 청약에 변경을 가한 승낙은 청약을 거절하고 새로운 청약을 한 것으로 본다.[121] 청약에 변경을 가한 승낙은 승낙으로서 효력이 없으므로 청약자가 새로운 조건에 대하여 다시 승낙하지 않는 한 계약은 성립하지 않는다.

민법은 변경된 조건이 청약에 중대한 변경을 가한 사항인지 여부도 구별하지 않고 있으며, 계약이 상인간인지 비상인간인지 여부도 구별하지 않고 일률적으로 청약의 거절과 새로운 청약으로 본다. 미국도 UCC가 제정되기 전에 보통법에서는 mirror image rule에 의하여 청약에 변경을 가한 승낙은 청약의 거절과 새로운 청약으로 보았으나, UCC에서는 mirror image rule을 변경한 것이다.[122]

3) 협 약

협약은 승낙에서 청약에 변경을 가한 사항이 중대한 변경인지 여부에 따라 승낙의 효력을 구별하고 있는 점에서는 미국의 UCC와 구조상 유사하나, 협약에서는 청약에 중대한 변경을 가한 승낙의 경우에는 승낙자체의 효력을 부인하여 계약자체가 성립되지 않지만, UCC에서는 그러한 경우에도 승낙은 유효하여 계약은 성립하고 다만 계약 내용에는 변경된 사항이 포함되지 않을 뿐이다.

전체적으로 비교해 볼 때, 미국 UCC는 청약에 변경을 가한 승낙의 경우에

---

119) UCC § 2-207 (2) (2001).
120) *Id.*
121) 민법 제534조.
122) Richard E. Speidel at al., *Sales*, West Group (2002), at 508.

도 계약의 성립을 용이하게 인정하고 있지만, 협약의 경우에는 청약에 중대한 변경을 가하지 않는 경우에만 계약의 성립을 인정한다. 민법의 경우에는 청약에 변경을 가한 경우에는 변경내용이 중대한 변경이 아닌 경우에도 계약이 성립되지 않는다.

국제물품매매계약에 관한 분쟁발생시 계약상 의무이행을 거부하는 당사자는 계약의 성립자체를 부인하는 것이 가장 근본적인 방어수단이 될 수 있다는 점에서, 계약의 성립문제는 중요한 쟁점사항이 될 가능성이 높다. 이러한 점에서 계약체결시 적용되는 준거법에 따라 청약에 변경을 가한 승낙에 대한 계약성립 가능성이 차이가 있을 수 있음을 고려하여야 한다.

Comparison of the Additional Terms
청약에 변경을 가한 승낙 비교

미국 UCC	한국 민법	CISG
- UCC § 2-207 - 승낙의 효력: 유효한 승낙 - 계약의 성립 - 계약의 내용: 商人間: 청약에 중대한 변경을 가한 것이 아닌 경우(not materially altered), 변경된 내용이 계약의 내용이 됨 청약에 중대한 변경을 가한 경우(materially altered), 계약에 추가하기 위한 제안(proposal)이 됨 非商人間: 변경된 내용은 계약에 추가하기 위한 제안(proposal)에 불과, 계약내용이 되기 위해서는 별도 승낙이 필요	- 민법 제534조 - 승낙의 효력: 청약의 거절 및 새로운 청약 - 계약 불성립 - 商人間 또는 非商人間 구별 없음	- CISG Art. 19 - 승낙의 효력: 중대한 변경을 가한 경우 (materially altered terms): 청약의 거절 및 새로운 청약 ➡ 계약 불성립 중대한 변경을 가하지 않은 경우(not materially altered terms): 청약자가 즉시 이의를 제기하지 않는 한 유효한 승낙이 됨. ➡ 계약 성립 (변경된 내용이 계약내용) - 가격, 대금지급, 품질 및 수량, 인도 장소 및 시기, 상대방의 책임범위, 분쟁해결방법 등 중대한 변경사항 예시됨

(5) 승낙기간의 계산

가. 승낙기간의 기산일

청약자가 전보나 서신에서 승낙기간을 지정한 경우, 승낙기간은 전보가 발송을 위하여 교부된 시점 또는 서신에 표시되어 있는 일자로부터 기산한다.[123]

서신의 경우, 서신에 일자가 표시되지 아니한 경우에는 봉투에 표시된 일자로부터 승낙기간을 기산한다.[124] 서신의 경우 승낙기간의 기산점을 서신에 표시된 일자를 우선의 기준으로 하고 봉투에 표시된 일자는 후순위의 기준으로 한 이유는 청약의 상대방은 봉투는 버리더라도 서신을 보유하고 있을 수 있으며, 청약자는 서신의 사본을 보관하는 경우는 있어도 서신의 봉투에 기재된 일자의 기록은 보관하지 않는 것이 일반적이기 때문이다.[125]

청약자가 전화, 텔렉스 기타 동시적 통신수단에 의하여 지정한 승낙기간은 청약이 상대방에게 도달한 시점으로부터 기산한다.[126]

나. 공휴일 또는 비영업일이 포함된 경우

승낙기간중에 공휴일 또는 비영업일이 포함되어 있더라도 다른 날과 같이 승낙기간의 계산에 산입하지만[127], 기간의 말일이 청약자의 영업소 소재지에서 공휴일 또는 비영업일이기 때문에 승낙의 통지가 기간의 말일에 청약자에게 도달될 수 없는 경우에는 승낙기간은 그 다음의 최초 영업일까지 연장된다.[128]

승낙기간의 말일이 공휴일이나 비영업일인 경우라도 특별한 수단에 의하여 승낙의 통지를 전달할 수도 있으나, 청약을 전달하는 방법과 동일 또는 유사한 방법으로 전달할 수 없는 경우에는 그 다음의 최초 영업일까지 승낙기간이 연장된다고 보는 것이 타당하다.[129]

---

123) 협약 제20조 제1항 전문.
124) 협약 제20조 제1항 전문.
125) Secretariat Commentary on article 18 of the 1978 Draft, comment 3.
126) 협약 제20조 제1항 후문.
127) Farnsworth, *supra* note 82, at 186.
128) 협약 제20조 제2항.
129) Farnsworth, *supra* note 82, at 187.

(6) 연착된 승낙

가. 원 칙

연착된 승낙은 청약자가 상대방에게 지체 없이 승낙으로서 효력을 가진다는 취지를 구두로 통고하거나 서면으로 통지를 발송하는 경우에는 승낙으로 효력이 있다.[130] 연착된 승낙은 승낙으로서 효력이 발생하지 않지만, 연착에도 불구하고 청약자가 상대방에게 구두 또는 서면으로 승낙으로서 효력을 인정하는 의사표시를 발송하는 경우에는 연착된 승낙이라도 승낙의 효력이 발생한다. 따라서 연착된 승낙이 효력을 가지기 위해서는 그 효력을 인정하는 청약자의 적극적인 의사표시가 필요하다.

나. 예 외

일정한 경우에는 청약자가 연착된 승낙의 효력을 인정하는 의사표시가 없어도 연착된 승낙이라도 그 효력을 인정한다.

연착된 승낙이 포함되어 있는 서신 또는 서면에 의하여 전달이 정상적이었다면 기간내에 청약자에게 도달하였을 상황에서 승낙이 발송되었다고 인정되는 경우에는, 그 연착된 승낙은 승낙으로서 효력이 있다.[131]

다만, 청약자가 상대방에게 지체없이 청약이 실효되었다는 취지를 구두로 통고하거나 서면으로 통지를 발송하는 경우에는 승낙으로서 효력이 없다.[132] 이 경우는 청약자가 적극적으로 청약의 실효를 주장하는 통지 등을 하지 않으면, 연착된 승낙이라도 승낙으로서 효력이 발생된다.

(7) 청약과 승낙 등의 전달

청약과 승낙 기타 의사표시는 구두나 그 밖의 방법으로 상대방 본인에게 직접 전달되거나 상대방의 영업소 또는 우편주소에 전달된 때 상대방에게 도달된다.[133] 그러나 상대방이 영업소나 우편주소가 없는 경우에는 상대방의 상

130) 협약 제21조 제1항.
131) 협약 제21조 제2항 본문.
132) 협약 제21조 제2항 단서.
133) 협약 제24조.

거소(habitual residence)에 전달된 때에 도달한 것이 된다.[134] 이는 의사표시가 발송된 때가 아닌 전달된 때에 '도달'한 것으로 본다는 점에서 의사표시의 도달주의를 명시한 조항이다.[135]

의사표시가 영업소, 우편주소, 상거소 등에 전달되어서 도달한 것으로 인정되는 경우에는, 상대방이 도달사실을 알지 못하였다 하더라도 도달의 효력이 발생한다.[136] 상대방에게 직접 전달하는 경우에는 장소의 제한이 없으므로 상대방의 영업소 이외의 장소에서도 전달가능하며 호텔이나 기타 상대방이 소재하는 곳이라면 직접 전달할 수 있다.[137] 직접 전달은 수령권한이 있는 대리인에게 전달하는 것을 포함하나, 수령권한이 있는 대리인이 있는지 여부는 적용되는 준거법에 의하여 결정된다.[138]

(8) 계약의 방식

가. 원칙: 방식의 자유

매매계약은 서면에 의할 것이 요구되지 않고 특별한 방식에 의할 필요도 없으므로[139] 원칙적으로 불요식의 낙성계약이다.[140] 계약의 입증에 있어서도 증인 기타 어떠한 방법에 의해서도 입증이 허용되며 제한이 없다.[141]

나. 방식의 자유 예외: 제96조 유보선언

그러나 체약국의 국내법상 매매계약은 반드시 서면으로 체결되거나 서면으로 입증하도록 요구하고 있는 경우, 계약의 체결, 변경, 종료나 청약, 승낙 기타 의사표시를 서면 이외의 방법으로 할 수 있도록 허용하고 있는 협약 제11조, 제29조, 또는 협약 제2편의 규정은 일방 당사자의 영업소가 당해 국가에 소재하는 경우에 그 국가가 이러한 조항은 적용되지 않는다는 협약 제96조에

---

134) 협약 제24조.
135) Secretariat Commentary on article 24 of the 1978 Draft, comment 1.
136) Secretariat Commentary on article 24 of the 1978 Draft, comment 4.
137) Secretariat Commentary on article 24 of the 1978 Draft, comment 5.
138) Secretariat Commentary on article 24 of the 1978 Draft, comment 6.
139) 협약 제11조.
140) 최준선, 전게서, 128면.
141) 협약 제11조.

따른 유보선언을 하면 적용되지 않는다.[142] 이러한 유보선언은 시기상 제한이 없으므로[143], 협약 기탁서를 제출한 이후에도 할 수 있다. 당사자는 협약 제12조에서 허용하고 있는 96조의 유보선언을 할 수 없도록 배제하거나 유보선언의 효과를 변경할 수 없다.[144]

4. 계약당사자의 권리 및 의무

(1) 물품의 매매에 관한 총칙

협약은 당사자간의 권리 및 의무에 관한 구체적인 사항을 규정하기 전에 물품매매에 효력과 관련한 일반적인 사항을 협약 제3편 총칙에 규정하고 있다.

가. 계약의 본질적 위반

협약에서는 매도인과 매수인의 구제수단[145]과 위험부담의 이전[146]과 관련하여 그 권리의 행사요건으로서 계약의 본질적 위반이 있었는지가 중요한 사항이 된다.[147] 특히 계약의 해제(협약 제49조 제1항 가호, 제64조 제1항 가호)와 대체물 인도청구(협약 제46조 제2항)는 일반적인 계약위반의 경우에는 행사할 수 없고 본질적 계약위반의 경우에만 행사할 수 있는 권리이다. 계약위반이 본질적 위반이 되기 위해서는 아래 두 가지 요건을 갖추어야 한다.

1) 계약에서 기대하는 바의 실질적 박탈

협약은 본질적 계약위반에 대하여 정의하고 있는데, 당사자 일방의 계약위반은 상대방이 계약에서 기대할 수 있는 바를 실질적으로 박탈할 정도의 손실을 상대방에게 주는 경우에 본질적 계약위반이 된다.[148] 계약 위반으로 인해서 발생한 손실의 정도가 매우 심각하여 상대방이 계약에서 기대하는 바를 실

---

142) 협약 제12조, 제96조.
143) 협약 제96조.
144) 협약 제12조.
145) 협약 제46조 제2항, 제48조 제1항, 제49조 제1항 가호, 제51조 제2항, 제64조 제1항 가호, 제72조, 제73조 제1항, 제73조 제2항.
146) 협약 제70조.
147) Secretariat Commentary on article 10 of the 1978 Draft, comment 2.
148) 협약 제25조 본문.

질적으로 박탈할 정도에 이르러야 하며, 그러한 정도에 이르지 아니하는 손실만 발생한 경우에는 본질적 계약위반이 아니다.

2) 예견가능성

그러나 위반 당사자가 그러한 결과를 예견하지 못하였고 동일한 부류의 합리적인 사람도 동일한 상황에서 그러한 결과를 예견하지 못하였을 경우에는 본질적 계약위반이 되지 않는다.[149)]

본 요건을 적용함에 있어서, 위반 당사자가 위반으로 인해 상대방에게 발생할 심각한 결과의 예견가능성을 판단할 기준 시점이 문제된다. 협약은 예견가능성의 기준 시점을 명시하고 있지 않은데, 이는 협약 제정 과정에서 '계약체결시'가 기준이 되어야 한다는 견해와 그보다 나중인 '위반시'가 기준이 되어야 한다는 견해가 서로 대립되어 검토하였으나, 예견가능성의 시점을 명시하는 것이 필요하지 않은 것으로 결정되었기 때문이다.[150)] 이러한 협약의 연혁을 고려하면, 협약상 예견가능성의 기준 시점에 대해서는 제한이 없으므로, 계약체결시에는 예견가능성이 없었으나 그후 계약을 이행하기 전까지 예견가능한 경우도 본질적 계약위반이 될 수 있다.

3) 증명책임

본질적 계약위반에 필요한 위의 두 가지 요건을 'and'로 연결하지 않고 'unless'로 연결한 협약의 조문의 구조상,[151)] 본질적 계약위반을 주장하는 당사자는 계약에서 기대하는 바를 실질적으로 박탈하는 정도의 손실이 발생한 사실을 증명하여야 하고, 위반 당사자는 본질적 계약위반에 해당하지 않음을 주장하기 위해서는 예견가능성이 없었음을 증명하여야 한다.

나. 계약해제의 의사표시

1) 계약해제 의사표시의 상대방

계약해제의 의사표시는 계약 상대방에 대한 통지로 행해진 경우에만 효력

149) 협약 제25조 단서.
150) Honnold, *supra* note 17, at 277.
151) *Id.* at 297.

이 있다.[152] 계약해제는 상대방에게 중대한 결과를 초래하므로, 계약해제의 상대방은 물품이 아직 인도되지 않은 경우에는 제조, 포장, 운송 등의 중단의 조치를 취하거나 물품이 이미 인도된 경우에는 그 반환 또는 적절한 처분의 방안 강구 등을 할 필요가 있다.[153] 이러한 이유로 계약해제의 의사표시는 '**계약 상대방**'에 대하여 통지한 경우에만 효력을 인정하는 것이다.[154]

2) 해제 의사표시의 방법

계약해제 의사표시 전에 해제의사의 사전통지는 요구되지 않으며[155], 해제의 의사표시는 구두나 서면으로 할 수 있으며 전달방법의 제한은 없다.[156] 또한 당해 상황에서 적절한 전달방법을 선택하였으면 통신의 전달지연 또는 오류가 있더라도 계약해제의 의사통지의 효력은 유효하다.[157] 이러한 의미에서 해제의 의사표시는 발신에 의하여 효력이 발생하는 **발신주의**를 취하고 있으며, 도달하였을 때 그 효력이 발생하는 것이 아니다.[158]

다. 특정이행 명령

당사자 일방이 상대방에게 협약에 따라 의무이행을 요구할 수 있는 경우에도, 협약이 적용되지 않는 유사한 매매계약에 관하여 자국법에 따라 특정이행을 명하는 판결을 하여야 하는 경우가 아니면 법원은 특정이행을 명하는 판결을 할 의무가 없다.[159] 협약에서 계약위반 당사자에 대하여 특정이행을 청구할 수 있도록 함으로써 이를 계약위반에 대한 주된 구제수단으로서 규정하고 있는 경우(매수인의 경우 협약 제46조 및 매도인의 경우 협약 제62조)에도 그러한 협약상 구제수단을 강제하는 절차에 대해서는 협약에서 직접 규정하지 않고 이를 법정지 국내법에 맡긴 것이다.[160] 그 이유는 국가에 따라서는 특정한 형태

---

152) 협약 제26조.
153) Secretariat Commentary on article 24 of the 1978 Draft, comment 1.
154) Secretariat Commentary on article 24 of the 1978 Draft, comment 2.
155) Secretariat Commentary on article 24 of the 1978 Draft, comment 3.
156) Secretariat Commentary on article 24 of the 1978 Draft, comment 4.
157) 협약 제27조; Secretariat Commentary on article 24 of the 1978 Draft, comment 4.
158) Honnold, *supra* note 17, at 286-287, 588.
159) 협약 제28조.
160) John Felemegas, *Comparison between provisions of the CISG regarding the right to*

의 특정이행 명령은 허용하지 않는데, 그러한 국가에 대해서 협약에 의하여 사법절차의 근본 원리를 변경하도록 하는 것은 타당하지 않기 때문이다.[161]

이러한 협약의 규정은 동산매매에 있어서 특정이행 명령의 역할에 대한 대륙법과 영미 보통법의 차이점에 대한 절충적 해결방안으로서 국제물품매매에 관한 통일법협약(ULIS)[162]이 취한 방식을 답습한 것으로서, 보통법 국가에 대하여 특정이행 명령에 대하여 그 동안 취해온 전통적 입장을 포기할 것을 강요하지 않도록 한 것이다.[163] 전통적으로 보통법 국가에서는 일반적으로 손해배상이 적절한 구제수단이 되지 못한 경우에만 특정이행을 이용할 수 있도록 하고 있지만, 대륙법 국가에서는 보통법 국가에서와 달리 특정이행의 전제조건으로서 손해배상이 적절치 못할 것(the inadequacy of damages)을 요구하지 않는다.[164] 따라서 협약은 협약이 적용되지 않는 유사한 매매 계약, 예컨대 순수 국내 매매계약에서 법원이 특정이행을 명할 권한이 없는 경우에는 특정이행을 명할 의무가 없도록 규정하고 있는 것이다.[165] 유사한 국내계약에 대해서 자국 법상 특정이행 명령을 허용하고 있는 국가의 경우, 그 특정이행 명령의 요건을 갖춘 상대방은 그의 선택에 의해서 법원에 의한 특정이행 명령이라는 구제수단을 사용할 수 있게 된다.[166]

결국 협약에 따른 법적용의 통일성이라는 목적은 희생하면서 보통법 국가의 법원에서 특정명령의 요건에 대한 전통적인 입장을 포기하지 않도록 허용

---

require specific performance (Arts. 28, 46 and 62) and the counterpart provisions of the UNIDROIT Principles (Arts. 7.2.1 – 7.2.5), (2005) at http://cisgw3.law.pace.edu/cisg/principles/uni28.html#er.

161) Secretariat Commentary on article 28 of the 1978 Draft, comment 3.

162) The Convention relating to a Uniform Law on the International Sale of Goods (ULIS), 1 July 1964.

163) Jacob S. Ziegel, *The Remedial Provisions in the Vienna Sales Convention: Some Common Law Perspectives, in* International Sales: The United Nations Convention on Contracts for the International Sale of Goods 9–1, 9–8 (Galston & Smit ed., Matthew Bender 1984).

164) Alejandro M. Garro, *Reconciliation of Legal Traditions in the U.N. Convention on Contracts for the International Sale of Goods,* 23 International Lawyer 443–483, 458 (1989).

165) Secretariat Commentary on article 28 of the 1978 Draft, comment 3.

166) Secretariat Commentary on article 28 of the 1978 Draft, comment 4.

하고 있는 것이다.[167] 그러나 이러한 협약의 규정이 보통법 국가의 당사자가 대륙법 국가의 법원에서 특정이행 명령을 받는 것을 방해하는 것은 아니다.[168]

라. 계약의 변경 또는 종료방식

1) 원 칙

계약은 당사자의 합의만으로 변경 또는 종료할 수 있으며, 특별한 방식이 요구되지 않는 것이 원칙이다.[169]

2) 예 외

그러나 서면계약에서 합의에 의한 계약 변경 또는 종료는 서면으로 하여야 한다는 규정이 있을 경우에는 서면에 의해서만 계약을 변경 또는 종료시킬 수 있다.[170]

서면에 의한 변경만 허용하는 합의된 규정이 있는 경우에도 일방 당사자가 구두에 의한 변경을 허용하는 등의 행위를 하였다면 상대방이 자신의 행동을 신뢰한 한도까지는 그 당사자는 그러한 규정을 원용할 수 없다.[171]

마. 통신의 지연 또는 전달의 오류: 발신주의 원칙

의사표시의 도달주의를 원칙으로 하는 협약 제2편과 달리, **제3편의 통지는 발신주의를 원칙**으로 채택하고 있다. 당사자의 권리의무를 규정하고 있는 협약 제3편에 별도의 명시규정이 있는 경우를 제외하고, 당사자가 이 협약 제3편에 따라 **상황에 맞는 적절한 방법으로** 통지, 청구 그 밖의 통신을 한 경우에, 당사자는 통신의 전달 중에 지연이나 오류가 있거나 또는 통신이 도달되지 아니하더라도 그 통신을 주장할 권리를 상실하지 아니한다.[172] 따라서 협약 제3편의 의사표시나 통지 등이 상황에 맞는 적절한 방법으로 이루어진 경우에, 원칙적으로 그 도달의 지연 또는 부도달의 위험은 상대방이 부담한다.[173]

---

167) Garro, *supra* note 164, at 443－483, 459.
168) *Id.*
169) 협약 제29조 제1항.
170) 협약 제29조 제2항 본문.
171) 협약 제29조 제2항 단서.
172) 협약 제27조.

의사표시나 통지 등을 하는 방법이 여러 가지가 있을 경우에, 통지자는 자신에게 가장 편리한 방법을 선택할 수 있다.[174] 그러나 도달의 지연, 오류 또는 부도달의 위험을 상대방에게 부담시키기 위해서는, 통지방법은 당사자의 상황에 맞는 적절한 방법이어야 하므로, 일반적으로는 문제없는 방법인 경우라도 특정한 당사자의 상황을 고려하면 그 방법을 사용하는 것인 적절하지 않을 수 있다.[175] 따라서 통지방법의 적절성 여부는 당사자의 구체적인 상황을 고려하여 결정하여야 한다. 협약은 제3편의 통지의 전달과정에서의 위험을 그 상대방에게 부담시키는 이러한 단일 원칙을 규정하고 있는데, 이는 협약 제3편이 통지의 발신주의를 원칙으로 채택한 것과 관계가 있다.[176]

협약 제3편의 통지 등에 대한 발신주의 원칙에 대한 예외로서 도달주의를 취하고 있는 것으로는 제47조 제2항(부가기간내 매도인의 이행거부 통지), 제48조 제4항(매도인의 부가기간 지정과 관련한 요구 또는 통지), 제63조 제2항(부가기간내 매수인의 이행거부 통지), 제65조 제1항 및 제2항(매도인의 지정요구 및 지정통지), 제79조 제4항(불가항력의 통지)이 있다.[177] 이러한 예외 규정은 대부분 계약위반 당사자가 그 상대방에게 통지하는 것과 관련된 경우로서, 계약위반으로 피해를 입은 상대방이 통지의 전달과정에서의 위험까지 추가로 부담하지 않도록 하기 위하여 도달주의 원칙을 취한 것이다.[178]

(2) 매도인의 의무

매도인의 주된 의무로는 계약과 협약에 따라 물품을 인도할 의무, 물품인도와 관련된 서류를 교부할 의무, 물품의 소유권을 이전하여야 할 의무 등이 있다.[179] 협약 제6조는 당사자 자치를 인정하여 협약의 전부 또는 일부 조항에

---

173) Secretariat Commentary on article 25 of the 1978 Draft, comment 1.
174) Secretariat Commentary on article 25 of the 1978 Draft, comment 2.
175) Secretariat Commentary on article 25 of the 1978 Draft, comment 3.
176) Secretariat Commentary on article 25 of the 1978 Draft, comment 4. Schlechtriem, *supra* note 50, at 60.
177) Honnold, *supra* note 51, at 216.
178) *Id.*
179) 협약 제30조.

대한 적용의 배제를 허용하므로, 매도인의 의무와 관련한 계약과 협약의 내용이 다른 경우, 매도인의 계약에 따른 의무를 이행하여야 한다.[180]

가. 물품인도 의무

1) 물품인도장소

물품의 인도 장소가 특정된 경우에는 그 특정된 장소에서 물품을 인도하여야 한다.

그러나 물품의 인도 장소가 달리 특정되지 않은 경우에는 다음의 구별에 따라 물품인도 장소가 정해진다. ① 물품의 운송이 필요한 매매계약의 경우, 매도인은 매수인에게 전달하기 위하여 최초의 운송인에게 물품을 교부하여야 할 의무가 있으며, ② 물품의 운송이 필요 없는 매매계약의 경우로서, 계약이 1) 특정물에 관련되거나 2) 특정한 재고품에서 인출될 불특정물 또는 3) 제조 또는 생산될 불특정물에 관련되어 있고, 당사자 쌍방이 계약 체결시에 그 물품이 특정한 장소에 있거나 특정한 장소에서 제조 또는 생산될 것이라는 것을 알고 있었던 경우에는, 매도인은 그 장소에서 물품을 매수인의 처분 하에 둘 의무가 있고, ③ 기타의 경우에는 매도인은 계약 체결시 매도인의 영업소가 있던 장소에서 물품을 매수인의 처분 하에 둘 의무가 있다.[181]

운송이 필요한 매매계약이란 매도인이 매수인에게 물품을 송부하여야 할 의무가 있거나 권한이 있는 계약을 의미하므로, 선적지 인도계약(shipment contracts)과 도착지 인도계약(destination contracts)은 모두 운송이 필요한 계약이라고 할 수 있다.[182] 그러나 계약에서 명시적으로 또는 정형화된 무역조건에서 인도장소를 특정한 경우에는 그 특정된 장소에서 인도하여야 하며 최초의 운송인에게 물품을 교부한 것만으로는 인도의무를 다한 것이 될 수 없다.[183] 예컨대, FOB 조건의 매매계약에서 FOB Busan port in Korea(incoterms 2000)과 같이 지정된 인도장소가 있는 경우는 특약으로 물품의 인도장소를 특정한 계

---

180) Secretariat Commentary on article 28 of the 1978 Draft.
181) 협약 제31조.
182) Secretariat Commentary on article 29 of the 1978 Draft, comment 5.
183) Secretariat Commentary on article 29 of the 1978 Draft, comment 6.

약에 해당된다.

2) 물품인도에 부수하는 의무

i) 탁송통지 의무

매도인의 계약 또는 협약에 따라 물품을 운송인에게 교부한 경우에, 물품상의 표시(荷印), 선적서류 또는 기타 방법에 의하여 물품이 계약상의 목적물로 명확히 특정되어 있지 아니한 때는 매도인은 매수인에게 물품을 특정하는 탁송통지를 교부하여야 한다.[184)]

ii) 운송계약 체결의무

매도인이 운송을 주선하여야 하는 경우에, 매도인은 당해 상황에 맞는 적절한 운송수단 및 그러한 운송의 통상의 조건으로 지정된 장소까지 운송하는데 필요한 계약을 체결하여야 한다.[185)] 적절한 운송수단에는 적절한 운송경로까지 포함된다.[186)]

본조는 운송주선이 요구되는 경우에 매도인에게 운송계약을 체결할 의무를 부과하며,[187)] 그 경우 당사자간에 그 운송 조건에 관하여 상세한 합의가 없는 한 매도인이 운송조건을 선택할 수 있도록 허용하지만, 운송수단의 선택과 운송계약의 조건은 본조의 기준을 따르도록 규정한 것이다.[188)]

CIF 또는 C&F 조건의 매매의 경우에는 매도인은 운송을 주선하여야 하며, FOB 조건의 매매의 경우에는 일반적으로 매도인에게 그러한 의무가 없으나 당사자가 매도인이 운송주선을 하도록 합의한 경우에는 매도인이 운송을 주선하여야 한다.[189)] Incoterms와 같은 거래조건을 고려하면, 본조에 따라 운송주선을 하는 매도인에게 그 운송의 비용까지 부담하도록 하는 것은 아니므로 운송의 비용의 부담은 거래조건에 따라 결정되고, 또한 매도인은 운송인의 적절한 선택과 지시에 대하여만 책임을 지는 것이므로 운송인의 작위 또는 부작위

---

184) 협약 제32조 제1항.
185) 협약 제32조 제2항.
186) Schlechtriem & Schwenzer, *supra* note 14, at 566.
187) *Id.* at 565.
188) Honnold, *supra* note 17, at 214.
189) Secretariat Commentary on article 30 of the 1978 Draft, comment 4.

에 대해서는 책임을 지지 아니한다.[190]

iii) 부보(附保) 정보 제공의무

매도인이 물품의 운송에 대하여 부보할 의무가 없는 경우에도, 매수인의 요구가 있는 경우에는 매도인은 매수인이 부보하는데 필요한 모든 가능한 정보를 매수인에게 제공하여야 한다.[191] 본조는 매도인에게 부보의무가 없는 경우에만 적용되며,[192] 부보의무의 발생여부는 거래조건에 따라 결정되는 것이며 위험부담의 이전여부에 따라 발생하는 것이 아니다.[193] 예컨대, CIF 매매의 경우에는 매도인이 부보의무가 있으며, C&F와 FOB 매매의 경우에는 특약이 없는 한 매도인은 부보의무가 없다.

본조의 의무는 매수인의 요구가 있는 경우에만 매도인에게 부과되는 의무이다.[194] 그러나 협약 제9조의 관행(usage)에 의하여 매수인의 요구가 없어도 부보에 필요한 정보를 매도인이 제공하여야 하는 경우가 생길 수 있다.[195]

3) 인도시기

매도인의 물품인도 시기는 ① **인도기일**이 계약에서 지정되어 있거나 확정될 수 있는 경우에는 그 기일, ② **인도기간**이 계약에서 지정되어 있거나 확정될 수 있는 경우에는 그 기간내의 어느 시기, 다만 매수인이 기일을 선택하여야 할 사정이 있는 경우에 그러하지 아니하며, ③ 기타의 경우에는 계약 체결 후 합리적인 기간 내이다.[196]

나. 서류교부 의무

매도인의 물품에 관한 서류를 교부하여야 하는 경우에, 계약에서 정한 시기, 장소 및 형태로 교부하여야 한다. 매도인이 교부하여야 할 시기 전에 서류를 교부한 경우에는, 매수인에게 불합리한 불편 또는 불합리한 비용을 초래하

---

190) Schlechtriem & Schwenzer, *supra* note 14, at 566.
191) 협약 제32조 제3항.
192) Schlechtriem & Schwenzer, *supra* note 14, at 570.
193) Secretariat Commentary on article 30 of the 1978 Draft, comment 5.
194) Secretariat Commentary on article 30 of the 1978 Draft, comment 5.
195) Secretariat Commentary on article 30 of the 1978 Draft, comment 6.
196) 협약 제33조.

지 아니하는 한 매도인은 계약에서 정한 시기까지 서류상의 부적합을 치유할 수 있다. 다만, 이 경우 매수인은 협약에서 정한 손해배상을 청구할 권리를 갖는다.[197]

다. 물품의 적합성에 관한 의무

물품의 적합성에 관한 의무는 이를 위반하면 하자담보책임이 발생하는 사항과 관련된 의무이다. 협약에서 하자담보책임(warranties)이라는 용어를 사용하지 않고 물품의 적합성(conformity of the goods)이라는 용어를 사용하는 것은 협약이 기존의 법 개념에서의 용어대신 새로운 용어를 사용함으로써, 기존 개념과 반드시 동일한 것이 아니라는 것을 의도하기 때문이다.

물품의 적합성에 관한 협약의 구조는 미국법에서 명시적 하자담보책임(express warranties)과 묵시적 하자담보책임(implied warranties)을 인정하는 구조와 유사하다.[198] 즉 **명시적 적합성**에 대하여 협약 제35조 제1항에서 규정하고, **묵시적 적합성**에 대해서는 협약 제35조 제2항에서 규정하는 구조로 되어 있다.

1) 명시적 적합성의무

명시적 적합성의무에 따라 매도인은 **계약에서 정한** 수량, 품질 및 종류에 부합하고, **계약에서 정한** 방법으로 용기에 넣거나 포장된 물품을 인도하여야 한다.[199] 본조는 물품 적합성을 판단하는 최우선의 기준은 당사자간의 계약임을 분명히 하고 있다.[200]

2) 묵시적 적합성의무

묵시적 적합성의무에 관해서는, 협약에서는 **당사자가 달리 배제하지 않는 한**, 물품의 적합성 요건을 갖추지 못한 것으로 보는 경우를 열거하고 있는데, 이는 미국법상 묵시적 하자담보책임과 유사한 사항이다.[201] 구체적으로 묵시적

---

197) 협약 제34조.

198) 미국의 경우 명시적 하자담보책임(UCC § 2-313)과 묵시적 하자담보책임(UCC § 2-314, UCC § 2-315)으로 구분하여 하자담보책임을 규정하고 있다.

199) 협약 제35조.

200) Secretariat Commentary on article 33 of the 1978 Draft, comment 4.

201) 미국의 상품성에 대한 묵시적 담보책임(implied warranty of merchantability, UCC § 2-314)과 특정목적에 대한 묵시적 담보책임(implied warranty of fitness for particular

적합성의무 위반에 해당하는 사항은 다음과 같다.

i) **통상의 사용목적 위반**: 동종의 물품이 통상 사용되는 목적에 부합하지 아니하는 경우(제35조 제2항 가호).[202] 당사자가 계약서에 명시적으로 그 목적을 명시하지 않았더라도, 물품은 동종 물품의 통상 사용목적에 부합하는 품질이나 성능을 가져야 하며, 그렇지 못한 경우에는 묵시적 적합성의무를 위반한 것이 된다. 일반적으로 물건은 원자재의 경우 공정처리, 기계의 경우 생산, 상품의 경우에는 재판매 또는 사용에 적합할 것이 요구되며,[203] 이는 영미법에서 요구되는 상품성(merchantability)에 대한 묵시적 하자담보 책임과 유사한 개념으로 볼 수 있다.[204] 예컨대, 중고자동차를 승차용으로 판매하였는데 자동차가 시동이 걸리지 않는 등 사용할 수 없는 경우, 식용으로 판매한 물품이 식용으로 사용할 수 없는 경우, 액체 수송용 파이프를 판매하였으나 그 파이프가 균열이 생겨 액체가 새는 경우 등은 통상의 사용목적에 위반한 경우로 볼 수 있다.

ii) **특정한 목적에 위반**: 계약체결시 명시적 또는 묵시적으로 매도인에게 알려진 특정한 목적에 부합하지 않는 경우, 다만 매수인이 매도인의 실력과 판단을 신뢰하지 아니하였거나 신뢰한 것이 불합리하였다고 인정되는 경우는 그러하지 아니하다(제35조 제2항 나호).[205] 특정목적에 의한 묵시적 적합성이 요구되려면, 두 가지 요건을 갖추어야 한다. 첫째, 매수인의 특정한 목적이 매도인에게 알려져 있어야 한다. 특정한 목적은 명시적 또는 묵시적으로 매도인에게 알릴 수 있으나, 늦어도 계약체결시까지 매도인에게 그러한 목적이 알려져야 한다. 둘째, 매수인이 매도인의 실력과 판단(skill and judgment)에 대한 신뢰가 필요하

---

purpose, UCC § 2－315)과 유사하다.

202) 미국의 **통상의 목적**에 부합하여야 할 상품성에 대한 묵시적 담보책임(implied warranty of merchantability)과 유사하다, UCC § 2－314(2)(c).

203) Hononld, *supra* note 17, at 331.

204) *Id.* at 332.

205) 미국의 **특정목적**에 부합해야 할 묵시적 담보책임(implied warranty of fitness for the particular purpose)와 유사하다, UCC § 2－315.

다. 정황상 매수인이 특정목적에 부합하는 물품을 공급하는 것에 대한 매도인의 실력과 판단을 신뢰하지 아니하였거나 신뢰하는 것이 불합리한 경우에는 신뢰성의 요건을 갖추지 못한 것이 된다. 본 요건의 증명책임과 관련하여, 매수인은 매도인이 특정한 목적을 명시적 또는 묵시적으로 알고 있었다는 점을 증명하면 되고, 매도인은 매수인이 매도인의 실력과 판단에 대한 신뢰성의 요건을 갖추지 못하였다는 것을 증명하여야 한다.[206] 예컨대, 매수인이 매도인에게 해수 수송용 파이프 라인을 주문하면서, 매도인에게 적합한 모델을 추천하여 달라고 해서 매도인이 추천한 모델로 매매계약을 체결한 경우, 매수한 파이프 라인을 장착하여 사용하던 중 부식과 변형이 일어나서 확인해 보니 일반 담수용으로는 적합하나 해수 수송용으로는 적합하지 않은 사실이 밝혀졌다면, 이는 특정 목적에 대한 묵시적 적합성의무를 위반한 것에 해당한다. 이 경우 매도인은 매수인의 특정 목적을 알았고, 정황상 매도인이 해수 수송용으로 추천한 모델을 매수인이 신뢰하는 것이 합리적이기 때문이다.

iii) **견본 또는 모형의 품질 위반**: 매도인이 견본(sample) 또는 모형(model)으로써 매수인에게 제시한 품질을 가지지 아니한 경우(제35조 제2항 다호). 매도인이 매수인에게 견본 또는 모형을 제시한 경우에는, 매도인은 물품이 견본 또는 모형으로써 제시한 품질에 부합할 것으로 상대방이 이해할 수 있는 상황을 현출한 것으로 볼 수 있다.[207] 따라서 견본 또는 모형으로 제공된 물품은 계약의 내용으로서 물품에 대한 묵시적으로 합의한 기준이라고 할 수 있다. 견본은 인도될 물품 중에서 발췌한 것이나, 모형은 물품 자체를 사용할 수 없는 경우에 검사를 위해서 매수인에게 제공되는 것이다.[208] 이러한 차이로 인해 견본

206) Hononld, *supra* note 17, at 336.

207) *Id.* at 337. 미국의 경우 UCC §2-313(1)(c)에서 "거래의 기초의 일부가 된 견본 또는 모델은 물품 전체가 견본 또는 모델에 부합할 것이라는 **명시적 하자담보**(express warranty)가 된다"고 규정하고 있다.

208) Schlechtriem & Schwenzer, *supra* note 14, at 609.

은 물품의 모든 품질이 견본과 같을 것을 담보하지만, 모형은 상황에 따라 물품의 특정 특징만 표시하거나, 일부 또는 전부의 특질을 표시한 것일 수 있다.[209] 따라서 모형의 경우에는 물품의 어떠한 품질이 모형에 의해서 제시된 것인지를 확정하기 위하여 계약의 해석이 필요하다.[210]

ⅳ) **용기 및 포장방법의 위반**: 당해 물품에 통상의 방법으로, 통상의 방법이 없는 경우에는 그 물품을 보존하고 보호하는데 적절한 방법으로 용기에 담거나 포장되어 있지 아니한 경우(제35조 제2항 라호)에 해당하면 물품의 적합성 요건을 갖추지 못한 것으로 본다.[211] 협약은 매도인의 의무가 용기와 포장에까지 미치는 것을 명시하고 있다.[212] 용기나 포장은 원칙적으로 '통상적인 방법'이 있는 경우에는 그 방법으로 하여야 하지만, 새로운 유형의 상품에 대하여 통상적인 방법이 아직 형성되지 않았다면 '적절한 방법'으로 하여야 한다.[213]

이러한 묵시적인 적합성의무를 위반한 책임은 계약 체결시 매수인이 물품의 부적합성에 대해서 악의이거나 알 수 있었던 경우에는 적용되지 않는다.[214]

또한 묵시적 적합성의무는 당사자가 특약으로 배제할 수 있으므로, 당사자가 합의하여 이를 배제한 경우에는 적용되지 않는다.[215] 매매계약에서 명시적으로 묵시적 적합성의무를 배제하는 규정을 두고 있거나, "as is" 조건으로 매매하는 것으로 명시한 경우에는 묵시적 적합성의무가 배제된다. "as is" 조건으로 거래를 할 경우, 매수인이 물품의 현재 상태를 바탕으로 매수한다는 것이므로 향후 그 물품의 상태에 관하여 어떠한 문제를 제기하지 않기로 합의한 것

209) Schlechtriem & Schwenzer, *supra* note 14, at 609.
210) *Id.*
211) 협약 제35조 제2항.
212) 통일매매법(ULIS)나 대부분의 대륙법계 국가에서는 포장의 하자를 매도인의 물품에 대한 의무위반으로 규정하고 있지 않으나, 미국은 UCC §2-314(2)(e)에서 포장의무를 상품성에 대한 묵시적 하자담보의 하나로 명시적으로 규정하고 있다(Schlechtriem & Schwenzer, *supra* note 14, at 610).
213) John O. Honnld, *supra* note 17, at 229.
214) 협약 제35조 제3항.
215) 협약 제35조 2항 전단.

이다. 따라서 “as is” 조건으로 합의한 매매계약은 당사자가 특약으로 묵시적 적합성의무를 배제한 것이 된다.

2) 위험부담 이전시기와의 관계

i) 원 칙

물품적합성의무 위반여부는 위험부담 이전시기를 기준으로 결정하므로, 물품적합성의무 위반은 원칙적으로 위험부담 이전 시기까지 존재하는 부적합에 대하여 책임을 진다.[216] 따라서 위험부담 이전시기 이후에 발생한 부적합에 대해서는 예외에 해당하지 않는 한 원칙적으로 매도인은 물품적합성의무 위반의 책임을 지지 아니한다.

ii) 숨은 하자의 경우

매도인은 위험이 매수인에게 이전하는 때에 존재한 물품의 부적합에 대하여 그 부적합이 위험이전 이후에 판명된 경우라도 계약 및 협약에 따라 책임을 진다.[217] 본조는 숨은 하자에 대한 규정으로서, 위험 이전시기에 드러나지 않은 숨은 하자가 그 이후에 발견되더라도,[218] 부적합은 ‘발견한 시점’이 아닌 부적합이 ‘존재하는 시점’이 책임의 기준이 되므로, 그 하자가 위험부담 이전 전에 존재하였다면 매도인은 적합성 의무위반의 책임을 진다.

iii) 예외: 매도인의 의무위반이 있는 경우

매도인은 매수인에게 위험이 이전한 후에 발생한 부적합의 경우에도 부적합이 매도인의 의무위반에 기인한 것에 대해서는 책임을 진다.[219] 이 의무위반에는 일정기간 물품이 통상의 목적이나 특별한 목적에 적합할 것이라는 보증 또는 특정한 품질 또는 특성을 유지할 것이라는 보증에 위반한 경우가 포함된다.[220]

협약 제36조 제2항 제1문이 적용되는 예로는 다음과 같은 경우가 있다. 위험이 매수인에게 이전된 후 운송 도중에 물품의 훼손이 발생한 경우에, 그

---

216) 협약 제36조 제1항.
217) 협약 제36조 제1항.
218) John O. Honnld, *supra* note 17, at 242.
219) 협약 제36조 제2항.
220) 협약 제36조 제2항.

훼손의 원인을 조사해보니 "매수인이 통상의 방법, 통상의 방법이 없는 경우에 그 물품을 보존하고 보호하는데 적절한 방법으로 용기에 담겨지거나 포장되어 있지 않아서" 발생되었다면, 이는 운송 중에 발생한 훼손이어서 위험이 매수인에게 이전한 이후에 발생한 부적합이지만, 매도인의 용기 및 포장의무 위반(협약 제35조 제2항 라호 위반)으로 발생한 것이므로 매도인은 그 부적합에 대하여 책임은 진다.[221]

매수인이 일정기간 물품의 품질 또는 특성 유지에 대해서 보증을 한 경우에는, 위험부담 이전시에 그 부적합이 존재하였다는 점을 입증할 필요가 없으므로, 보증기간 내에 사용 도중 물품이 지나치게 빨리 마모되는 등으로 생긴 부적합에 대해서는 그것이 물품의 선적 또는 수령 후에 발생하였더라도 이는 보증의무 위반으로서 매도인은 협약 제36조 제2항 제2문에 의하여 책임을 진다.[222]

라. 매도인의 하자치유의 권리

매도인이 **인도기일 이전에** 물품을 인도한 경우에는 일정한 요건하에 하자를 치유할 권리를 인정하고 있다. 매도인이 인도기일 이전에 물품을 인도한 경우 매수인에게 불합리한 불편 또는 불합리한 비용을 초래하지 아니하는 한 매도인은 인도기일까지 누락분을 인도하거나, 부족한 수량을 보충하거나, 부적합한 물품을 다른 물품으로 교체하여 인도하거나 물품의 부적합을 치유할 수 있다.[223] 매도인이 하자를 치유한 경우에도, 매수인의 손해가 있는 경우에는 매수인은 협약에서 정한 손해배상을 청구할 수 있다.[224]

마. 매수인의 하자검사 및 통지의무

1) 매수인의 검사의무

매수인은 실행가능한 단기간 내에 물품을 검사하거나 검사하게 하여야 한다.[225] 물품의 운송이 필요한 계약의 경우에는 물품의 검사는 목적지에 도착한

---

221) Honnold, *supra* note 17, at 242－43.
222) *Id.* at 243.
223) 협약 제37조 본문.
224) 협약 제37조 단서.

후까지 연기될 수 있다.[226]

매수인이 검사할 합리적인 기회를 가지지 못하고 매수인에 의해 운송중에 물품의 목적지가 변경되거나 물품이 전송(轉送)되었고 매도인이 계약 체결시에 그 변경 또는 전송의 가능성을 알았거나 알 수 있었던 경우에는, 검사는 물품이 새로운 목적지에 도착한 후까지 연기될 수 있다.[227]

2) 매수인의 통지의무

매수인이 물품의 부적합을 발견하거나 발견할 수 있었던 때로부터 합리적인 기간 내에 매도인에게 그 부적합한 성질을 특정하여 통지하지 아니하면 매수인은 물품의 부적합에 대한 책임을 물을 수 없게 된다.[228]

매수인은 물품이 자신에게 현실적으로 교부된 날로부터 늦어도 2년 내에 매도인에게 부적합의 통지를 하지 아니한 경우에는 부적합을 주장할 권리를 상실한다.[229] 다만, 당사자간의 보증기간이 2년의 통지기간과 양립하지 아니하는 경우에는 2년의 통지기간에 관한 조항은 적용되지 않는다.[230] 당사자가 물품이 특정한 품질 또는 성질을 가질 것을 일정한 기간 동안 보증한 경우에는 그러한 보증이 2년 내에 부적합을 통지하여야 할 의무에도 영향을 미치는지 여부는 불명확하므로 둔 규정이다.[231]

보증기간이 2년의 통지기간과 양립하지 아니하는지 여부는 보증계약의 해석에 관한 사항이다.[232] 예컨대, 생산기계를 매도하면서 일정한 성능을 3년간 보증한 경우에는 2년의 통지기간과 양립하지 아니한다고 해석될 수 있으나, 단순히 생산기계의 성능을 1년간 보증한 경우에는 통지기간까지 1년으로 단축된다고 보기는 어렵다.[233] 그러나 생산기계의 성능이 기준에 미달할 경우에 90일 이내에 통지하여야 한다는 규정을 둔 경우에는, 그러한 규정은 2년의 통지기간

---

225) 협약 제38조.
226) 협약 제38조 제2항.
227) 협약 제38조 제3항.
228) 협약 제39조 제1항.
229) 협약 제39조 제2항.
230) 협약 제39조 제2항.
231) Secretariat Commentary on article 39 of the 1978 Draft, comment 7.
232) *Id.*
233) Secretariat Commentary on article 39 of the 1978 Draft, example 37B, 37C.

과 양립될 수 없어서 2년의 통지기간이 적용되지 않는다고 해석하는 것이 타당하다.[234]

3) 검사 및 통지의무의 적용배제

검사의무와 통지의무에 관한 규정은 매도인이 물품의 부적합을 알았거나 모를 수 없었던 사실에 관한 것인데도 이를 매수인에게 알리지 아니한 경우에는 적용되지 않는다.[235]

바. 물품이 제3자의 권리 또는 권리주장의 대상이 되지 않을 의무

매도인이 제3자의 권리 또는 권리주장의 대상이 되지 않는 물품을 인도하여야 할 의무를 진다. 여기서 제3자의 권리란 종국적으로 구속력을 갖는 법적으로 확정된 제3자의 청구권을 말하며, 제3자의 권리주장은 계쟁중인 사건에서 제3자가 제기하였으나 아직 해결 · 확정되지 아니한 청구권을 말한다.[236] 협약은 이러한 의무의 적용과 적용이 배제되기 위한 요건을 공업소유권 등 지적재산권인 경우와 그렇지 않은 경우를 다르게 규정하고 있다.

1) 지적재산권이 아닌 권리

매도인은 제3자의 권리나 권리주장의 대상이 아닌 물품을 인도하여야 하나, 제3자의 권리 또는 권리주장의 내용이 공업소유권이나 지적재산권에 관한 것이 아닌 경우에는 이 의무는 매수인이 그러한 제한이 있는 물품의 수령에 **동의**한 경우에는 적용되지 않다. [237] 그러한 동의는 명시적 또는 묵시적으로도 할 수 있다.[238]

2) 지적재산권

i) 원 칙

제3자의 권리 또는 권리주장의 내용이 공업소유권이나 지적재산권에 관한 것인 경우에는, 매도인은 계약 체결시 **알았거나 모를 수 없었던** 제3자의 권리

234) Secretariat Commentary on article 39 of the 1978 Draft, example 37D.
235) 협약 제40조.
236) 최준선, 전게서, 136면.
237) 협약 제41조.
238) Secretariat Commentary on article 39(1) of the 1978 Draft, comment 2.

또는 권리주장이 없는 물품을 인도하여야 하므로, [239]매도인의 의무발생 범위가 매도인이 제3자의 지적재산권에 의한 권리나 권리주장을 알았거나 이에 준할 수 있는 경우로 제한된다.

ii) 예 외

또한 매도인의 의무적용 배제 요건으로, **매수인**이 계약체결상 그 권리나 권리주장을 알았거나 알 수 있었던 경우 또는 **매수인**이 제공한 기술설계, 디자인, 방식 기타 지정의 결과로 그러한 권리나 권리주장이 발생한 경우에는 매도인이 지적재산권에 의한 권리 또는 권리주장이 없는 물품을 인도하여야 할 의무가 적용되지 않는다. 이 경우는 의무를 배제하기 위하여 **매수인이 동의가 반드시 필요한 것은 아니다.**[240]

iii) 지적재산권의 기초가 되는 국가의 범위

지적재산권은 각 국가의 주권의 행사에 속하는 것으로서 그 범위와 내용은 속지주의에 의하여 각 국가의 국내법에 의하여 규율된다. 따라서 한 국가에서 인정되는 지적재산권이 다른 국가의 법에 의해서 인정되지 않을 수도 있다. 이런 의미에서, 물품매매의 목적물이 지적재산권에 의하여 제한을 받는지 여부는 문제가 되는 지적재산권의 근거법이 어느 국가의 법인지 여부가 중요하게 된다.

협약에 따르면 제3자가 권리 또는 권리주장을 하는 공업소유권이나 지적재산권은 일정한 국가의 법에 근거한 것이어야 한다는 제한을 받는데, 계약 당사자 쌍방이 계약 체결시에 물품이 특정국가에서 전매되거나 그 밖의 방법으로 사용될 것을 예상한 경우에는 그 국가의 법에 근거한 것이어야 하며, 그 외의 경우에는 매수인의 영업소가 소재하는 국가의 법에 의한 공업소유권 또는 지적재산권에 근거하여야 한다.[241]

---

239) 협약은 지적재산권을 근거로 관련 국가에서 당해 지적재산권이 공개(publish)된 경우와 같이 매도인이 이를 알았거나 모를 수 없었던 경우만으로 매도인의 의무범위를 제한하고 있는 것이다(Secretariat Commentary on article 40 of the 1978 Draft, comment 6).

240) Secretariat Commentary on article 40 of the 1978 Draft, comment 9.

241) 협약 제42조 제1항 가호, 나호.

이는 물품이 실제로 사용될 것이 예정된 국가의 지식재산권법에 의하여 권리 제한 여부를 판단한다는 취지이다. 계약체결시 물품의 전매지 또는 사용지가 분명한 경우에는 그 국가의 지식재산권법에 의하며, 그러한 장소가 불분명한 경우에는 일반적으로 매수인이 그 영업소가 있는 국가에서 매수한 물품을 판매 또는 사용할 것이라는 점을 고려하여 매수인의 영업소가 있는 국가의 지식재산권법에 의하여 권리 제한여부를 판단하도록 한 것이다.

3) 매수인의 통지의무

매수인이 제3자의 권리주장을 알았거나 알 수 있었을 때에는 그러한 사실을 매도인에게 통지하여야 한다. 매수인이 제3자의 권리나 권리주장을 알았거나 알았어야 했던 때로부터 합리적인 기간 내에 매도인에게 제3자의 권리나 권리주장의 성질을 특정하여 통지하지 아니한 경우에는 매수인은 매도인이 제3자의 권리나 권리제한이 없는 물품을 인도하여 할 의무를 위반하였음을 주장할 수 없다.[242]

그러나 매도인이 제3자의 권리나 권리주장 및 그 성질을 알고 있었던 경우에는 매수인이 그 통지를 하지 않더라도 매수인은 매도인의 의무위반을 원용할 권리를 상실하지 않는다.[243]

사. 통지 해태시 매수인의 권리

매수인이 물품의 부적합에 대한 통지의무나 제3자의 권리 또는 권리주장에 대한 통지를 하지 아니한 경우에도 통지를 하지 못한 데에 합리적인 이유가 있는 경우에는 물품의 부적합에 대한 구제수단으로서 대금의 감액을 하거나 이익의 상실에 대한 손해배상 이외의 손해배상은 청구할 수 있다.[244] 일반적으로 매수인이 통지의무를 이행하지 못하면 물품 적합성의무 위반으로 인한 구제수단을 행사할 권리를 모두 상실하지만(협약 제39조 제1항, 협약 제43조 제1항), 통지의무를 이행하지 못한 것에 대하여 합리적인 이유가 있는 경우에는 매수인의 구제수단 중 '**대금감액권**'과 '**이익상실에 대한 손해 이외의 손해에 대한**

---

242) 협약 제43조 제1항.
243) 협약 제43조 제2항.
244) 협약 제44조.

손해배상'만을 행사할 수 있도록 한 것이다.

따라서 매수인이 합리적인 기간 내에 물품 부적합을 통지하지 못하였다면 그에 대하여 합리적인 이유가 있더라도, 의무이행청구권(협약 제46조 제1항), 대체물 인도청구권(제46조 제2항), 수선청구권(협약 제46조 제3항), 계약해제권(협약 제49조, 제73조), 본질적 계약위반을 이유로 위험부담 이전시기 이후에도 물품 부적합을 주장할 수 있는 권리(제70조) 등 다른 구제수단은 행사할 수 없다.[245]

이 규정은 비엔나 외교회의에서 개발도상국들이 협약상 통지의무를 이행하지 못한 경우 모든 구제수단을 상실시키는 협약 제39조 제1항은 너무 극단적이어서 통지의무 위반시 매수인은 물건이 하자가 있음에도 불구하고 매매대금 전부를 지급하여야 하는 문제점이 있으며, 또한 개발도상국이 주로 수입하는 복잡한 산업용 기계들은 하자를 발견하기 어려울 뿐 아니라 수입자들은 협약상 통지의무와 그 의무위반시의 구제수단을 전부 상실하게 되는 극단적인 결과에 대하여 알지 못할 수도 있다는 우려를 제기하였기 때문에 도입된 타협적인 해결책이다.[246]

통지위반에 대한 합리적 이유가 있는지 여부에 대하여 판단한 독일의 판례가 있다.[247] 이 사건에서 매도인(독일 회사)은 매수인(오스트리아 회사)에게 물품을 매도하였고, 매수인은 그 물품을 자신의 고객인 제3자(네덜란드 회사)에 다시 매도하였다.[248] 매수인의 고객은 그 물품을 사용하다가 하자를 발견하여 매수인에게 통지하였고, 통지를 받은 매수인은 자신의 보험회사에 그 사실을 통지한 후 보험회사로부터 보상을 받고 매도인에 대한 자신의 손해배상채권을 보험회사에 양도하였다.[249] 보험회사가 원고가 되어 매도인을 상대로 물품부적합을 이유로 손해배상을 청구하였으나, 법원은 본 사건이 협약의 적용요건을 갖춘 사건으로서 협약이 적용되므로, 매수인 또는 매수인의 고객은 협약 제39조 제1

245) Honnold, *supra* note 51, at 282－283.
246) *Id.* at 282.
247) CLOUT case 167, February 8, 1995, Germany, Oberlandesgericht Munich, 7 U 3758/94, (https://iicl.law.pace.edu/cisg/case/germany－oberlandesgericht－hamburg－oberlandesgericht－olg－provincial－court－appeal－german－112).
248) *Id.*
249) *Id.*

항에 따라 합리적인 기간 내에 **매도인**에게 그 부적합한 성질을 특정하여 통지한 바가 없으며, 매수인의 고객은 매수인에게, 매수인은 그 보험회사에 순차적으로 통지하였을 뿐 그 통지시기도 물품이 인도된 후 3개월 후에 되었으므로 합리적인 기간 내에 통지되었다고 볼 수 없다고 판시하면서, 통지를 하지 못한 데 대하여 협약 제44조에서 규정하는 합리적인 이유가 없다고 하였다.[250)]

아. 매도인의 계약위반에 대한 매수인의 구제수단

매도인의 계약 또는 의무 위반의 경우 매수인의 구제수단은 **손해배상청구**(협약 제45조 제1항 나목, 협약 제74조 내지 제77조)와 **손해배상청구 이외의 구제수단**(협약 제45조 제1항 가목, 협약 제46조 내지 제52조)이라는 두 가지 유형으로 구분할 수 있다.[251)] 손해배상청구 이외의 구제수단으로는 의무이행청구권(협약 제46조 제1항), 대체물 인도 청구권(협약 제46조 제2항), 수선청구권(협약 제46조 제3항), 계약해제권(협약 제49조), 대금감액권(협약 제50조) 등이 있다. 매수인이 손해배상청구 이외의 다른 구제수단을 행사하더라도 손해배상청구권은 상실되지 않는다.[252)]

매수인이 계약위반에 대한 구제를 청구하는 경우에 법원이나 중재판정부는 매도인에게 유예기간을 부여할 수 없다.[253)] 유예기간의 청구를 절차적으로 허용하게 되면, 국제계약의 특성상 당사자중의 일방과 동일한 국적을 갖는 법원의 재량에 따르게 될 수 있으므로 유예기간을 부여할 권리를 법원에 부여하지 않고 있는 것이다.[254)]

협약상 매도인의 계약위반에 대한 매수인의 구제수단은 다음과 같다.

1) **의무이행청구권**(협약 제46조 제1항)

i) 의무이행청구권의 행사

매도인이 합의된 대로 계약을 이행하지 못하여 계약을 위반한 경우에, 매수인은 매도인에게 의무의 이행을 청구할 수 있다(협약 제46조 제1항 본문). 이러

250) *Id.*
251) 협약 제45조 제1항.
252) 협약 제45조 제2항.
253) 협약 제45조 제3항.
254) Secretariat Commentary on article 43 of the 1978 Draft, comment 5.

한 구제수단은 매도인이 계약을 위반한 경우, 매수인으로서 원래 합의된 계약 내용대로 매도인이 이행하는 것이 더 적절하므로 계약대로의 이행을 원할 수 있다는 취지에서 규정된 것이다.[255)]

매수인이 다른 구제수단을 행사하는 것보다 원래 합의대로 계약의 이행을 청구하는 것이 더 적절한 상황으로는 예컨대, ① 매도인의 계약위반에 대하여 매수인이 손해배상을 청구하는 소송을 제기하게 되면 비용과 시간이 많이 소요될 경우, ② 매수인이 자신이 주문했던 품질의 수량만큼 당해 물품이 반드시 필요하지만, 대체물을 구입하려면 상당한 시간이 소요되어 자신이 필요한 시간 안에 구입할 수 없을 수 없고 특히 그 대체물 판매처가 다른 국가에 소재하는 경우 등이 있다.[256)]

의무이행청구권이 행사되면, 매도인은 원래 계약상 합의된 대로 이행하기 위하여 계약물품이나 그 누락된 부분을 교부하거나, 하자의 치유하는 등 계약대로 의무를 이행하는데 필요한 행위를 하여야 한다.[257)] 매수인은 의무이행청구권을 행사하더라도 매도인의 이행지체로 인한 손해 등 다른 손해가 있으면 이에 대하여 손해배상을 청구할 수 있다(협약 제45조 제2항). 즉 의무이행청구권은 손해배상청구와 양립할 수 있는 구제수단인 것이다.

매수인이 의무이행을 청구한 경우, 매도인은 중대한 의무위반이 아니거나 계약상 의무이행에 소요되는 매도인의 비용이 매수인의 이로 인해 얻은 이익보다 크다고 하여 의무이행을 거절할 수 없으며, 이러한 경우에도 매수인은 의무이행의 청구를 구제수단으로 선택할 수 있다.[258)]

ii) 의무이행청구권의 제한

의무이행청구권은 매수인의 권리이지 의무는 아니므로, 매수인은 의무이행을 청구하거나 다른 구제수단 중에서 선택하여 행사할 수 있다. 그러나 매수인의 의무이행청구권은 두 가지 면에서 제한을 받는다.[259)]

---

255) Secretariat Commentary on article 41 of the 1978 Draft, comment 2 참조.
256) Secretariat Commentary on article 41 of the 1978 Draft, comment 2 참조.
257) Secretariat Commentary on article 41 of the 1978 Draft, comment 3.
258) Secretariat Commentary on article 41 of the 1978 Draft, comment 11.
259) Ralph H. Folsom et al., *International Business Transactions, Trade and Economic Relations*, Thomson/West (2005), at 62.

첫째, 매수인이 의무의 이행청구와 양립하지 아니하는 다른 구제를 이미 청구한 경우에는 매도인에 대하여 의무의 이행을 청구할 수 없다(협약 제46조 제1항 단서). 의무의 이행청구와 양립할 수 없는 다른 구제수단으로는 **계약해제권**(협약 제49조), **대금감액권**(협약 제50조) 등이 있다.[260] 따라서 매수인이 매도인의 본질적 계약위반으로 계약을 해제하거나 물품의 하자 등을 이유로 대금을 감액하면서, 동시에 매도인에게 원래 계약대로 의무를 이행할 것을 청구할 수는 없는 것이다.

둘째, 법원은 법정지 국내법상 유사한 매매계약에 대하여 특정이행을 명할 수 있는 경우에만 법원은 의무이행을 명할 의무가 있다(협약 제28조). 대륙법계 국가에서 법원에 의무이행을 청구하는 경우에는 문제가 없으나, 영미법계 국가에서 의무이행을 청구하는 경우에는 당해 국가의 국내법상 특정이행 명령의 요건을 갖추지 못한 경우에는 매수인이 특정이행 명령을 청구하더라도 법원은 특정이행을 명하는 판결을 할 의무가 없다.

iii) 의무이행의 소송상 청구

협약은 의무이행청구권이 매수인이 매도인에 대하여 행사할 수 있는 권리로 규정하는 형식을 취하고 있을 뿐이지만, 매도인이 매수인의 청구에도 불구하고 스스로 이행을 하지 않는 경우에는 매수인은 법원에 매도인의 이행을 명하는 소를 제기할 수 있으며, 이 경우 법원은 법정지 절차법상 가능한 수단을 이용하여 판결을 강제할 수 있다.[261] 이러한 의미에서 의무이행청구권에는 그 권리에 기인한 소권도 당연히 포함된다고 해석된다.

iv) 의무이행 부가기간과 계약의 변경

매수인은 매도인의 의무이행을 위하여 합리적인 부가기간을 정할 수 있다.[262] 부가기간이 정해진 때에는, 매도인으로부터 그 부가기간 내에 이행을 하지 아니하겠다는 통지를 수령한 경우를 제외하고는, 매수인은 그 기간 중 계약위반에 대한 구제를 구할 수 없으며, 다만 이행지체에 대한 손해배상은 청구

260) Secretariat Commentary on article 41 of the 1978 Draft, comment 7.
261) Secretariat Commentary on article 41 of the 1978 Draft, comment 8.
262) 협약 제47조 제1항.

할 수 있다.[263] 협약 제47조에 의한 부가기간을 지정하는 것은 인도의무의 이행지체에 한정되지 않고 매도인의 **모든 불이행**에 대하여 적용된다. 그러나 부가기간내 인도의무를 다하지 않은 경우에 대한 계약의 해제를 규정한 협약 제49조 제1항 나호는 **인도의무 불이행**에 한정하여 적용됨을 주의하여야 한다.

매도인이 약정된 인도기일까지 물품인도를 하지 않은 경우에 매수인이 다시 추가 기일을 정하여 일정 기일까지 계약 물품의 인도를 매도인에게 청구하고, 매도인이 이에 응하여 그 기일까지 물품을 인도하고 이를 매수인이 수령한 경우, 매수인이 부가기간을 정하여 의무이행을 청구한 것인지 아니면 계약을 변경한 것인지 불분명한 경우가 발생할 수 있다.[264] 의무이행 청구인지 계약의 변경인지 여부가 문제가 되는 이유는 이행지체로 인한 손해배상을 청구할 수 있는가 하는 점에서 차이가 나기 때문이다. 매수인의 이행청구로 해석되면, 의무이행 청구는 손해배상을 청구할 권리와 양립할 수 있으므로 매수인은 매도인에게 인도의무 이행의 지연으로 인한 손해가 있을 경우 손해배상을 청구할 수 있다(협약 제45조 제2항). 그러나 매수인이 새로운 이행 기일을 정하고 그 물품을 수령한 행위가 계약의 변경으로 해석될 경우에는 변경된 계약대로 이행한 것이므로 이행지체로 인한 손해배상은 청구할 수 없게 된다.

사례를 들어 설명하면, "매매계약상 인도기일인 7월 1일에 물품이 인도되지 않은 경우, '매도인이 약정된 7월 1일까지 인도하지 못한 것은 중대한 사항이 아니지만 매수인은 7월 15일까지는 그 물품이 반드시 필요하다'라고 매수인이 매도인에게 서면으로 통지하였다. 이후 매도인은 서면통지 내용에 따라 7월 15일에 물품을 인도하였다. 이 경우 매수인의 서면내용이 7월 15일까지 이행을 청구한 것인지 아니면 계약상 인도기일을 7월 15일로 변경한 것인지 분명하지 않게 된다. 이행청구로 해석되면 매수인은 이행지체로 인한 손해배상을 청구할 수 있다. 이행 기일을 변경한 것으로 해석되면, 매수인은 이행지체로 인한 손해배상은 청구할 수 없다."[265]

---

263) 협약 제47조 제2항.
264) Secretariat Commentary on article 41 of the 1978 Draft, comment 5 참조.
265) Secretariat Commentary on article 41 of the 1978 Draft, comment 6, Example 42A.

2) **대체물 인도 청구권**(협약 제46조 제2항)

ⅰ) 대체물 인도 청구권 행사 요건

물품이 계약에 부적합한 경우에, 매수인은 매도인에 대하여 대체물의 인도를 청구할 수 있다(협약 제46조 제2항 본문). 이러한 대체물 인도 청구권은 그 물품 부적합이 본질적 계약위반에 해당하는 경우에만 행사할 수 있는 매수인의 구제수단이다(협약 제46조 제2항 단서 전단). 따라서 매도인의 물품적합성의무 위반이 협약 제25조에 규정된 본질적 계약위반에 해당하지 않는 경우에는 매수인은 대체물 인도 청구권을 행사할 수 없다. 대체물 인도청구는 협약 제39조에 의한 물품부적합에 대한 매수인의 통지와 동시에 또는 그 후 합리적인 기간 내에만 행사할 수 있다(협약 제46조 제2항 단서 후단).

ⅱ) 대체물 인도 청구권 상실

매수인이 물품을 수령한 상태와 실질적으로 동일한 상태로 그 물품을 반환할 수 없는 경우에는, 원칙적으로 매수인은 매도인에게 대체물을 청구할 권리를 상실한다(협약 제82조 제1항).

그러나 ① 물품을 반환할 수 없거나 수령한 상태와 실질적으로 동일한 상태로 반환할 수 없는 것이 매수인의 작위 또는 부작위에 기인하지 아니한 경우, 또는 ② 물품의 전부 또는 일부가 매수인의 검사의무(협약 제38조)의 이행에 따른 검사의 결과로 멸실 또는 훼손된 경우, 또는 ③ 매수인이 부적합을 발견하였거나 발견하였어야 했던 시점 전에, 물품의 전부 또는 일부가 정상적인 거래과정에서 매각되거나 통상의 용법에 따라 소비 또는 변형된 경우에는 매수인이 물품을 수령할 상태와 실질적으로 동일한 상태로 그 물품을 반환할 수 없더라도 매수인은 매도인에게 대체물을 청구할 수 있다(협약 제82조 제2항).

3) **수선청구권**(협약 제46조 제3항)

수선청구권은 물품이 계약에 부적합한 경우에 행사할 수 있는 구제수단으로서, 물품부적합의 경우에 매수인은 매도인에게 수리에 의한 부적합의 치유를 청구할 수 있다(협약 제46조 제3항 제1문).

그러나 모든 상황을 고려할 때 수선을 청구하는 것이 불합리한 경우에는 수선청구권이 인정되지 않는다(협약 제46조 제3항 제1문). 수선청구권은 물품부적합에 대한 통지와 동시에 또는 그 후 합리적인 기간 내에 행사되어야 한다(제46조 제3항 제2문).

4) 계약해제권(협약 제49조, 제51조)

i) 해제권 요건

매수인이 계약해제권을 행사할 수 있는 경우로는 본질적 계약위반에 해당하는 일반적인 경우와 매수인이 부가기간이 정한 경우의 두 가지로 구분할 수 있다.

첫째, 매수인의 계약해제권은 원칙적으로 매도인의 의무 불이행이 본질적 계약위반에 해당하는 경우에 행사할 수 있다(협약 제49조 제1항 가호). 둘째, 매도인이 인도의무를 불이행한 경우에, 협약 제47조 제1항에 따라 매수인의 정한 합리적인 부가기간 내에 매도인이 물품을 인도하지 아니하거나 그 기간 내에 인도하지 아니하겠다고 선언한 경우도 계약해제권을 행사할 수 있다(협약 제49조 제1항 나호).

ii) 해제권 행사기간

매도인이 물품을 인도한 경우에는 매수인이 협약에 규정된 일정한 기간 내에 계약을 해제하지 아니하면 계약해제권을 상실한다(협약 제49조 제2항). 매수인이 계약해제권을 행사하여야 하는 일정한 기간은 매도인의 의무위반이 인도지체인 경우와 인도지체 이외의 의무위반의 경우로 구분되어 규정되어 있다.

첫째, 매도인의 물품인도 지체의 경우, 매수인이 그 인도가 이루어진 것을 안 후 합리적인 기간 내에 행사하지 아니하면 계약해제권을 상실한다(협약 제49조 제2항 가호).

둘째, 매도인의 인도지체 이외의 의무위반의 경우에는, ① 매수인이 그 위반을 알았거나 알 수 있었던 때, 또는 ② 매수인이 협약에 따라 정한 부가기간이 경과하거나 매도인이 그 부가기간 내에 의무를 이행하지 않겠다고 선언한 때, 또는 ③ 매도인이 협약 제48조 제2항에 따라 정한 부가기간이 경과하거나 매수인이 그 이행을 수령하지 아니하겠다고 선언한 때로부터 합리적인 기간 내에 매수인이 계약을 해제하지 아니하면 매수인은 계약해제권을 상실한다(협약 제49조 제2항 나호).

ⅲ) 일부인도 또는 일부 부적합

매도인이 물품의 일부만을 인도하거나 인도된 물품의 일부만이 계약에 적합한 경우에 계약해제권은 원칙적으로 그 부족 또는 부적합한 부분에 대해서만 행사할 수 있다(협약 제51조 제1항). 그러나 매도인의 인도가 완전하게 이루어지지 아니한 것 또는 계약에 적합하게 이루어지지 아니한 것이 본질적 계약위반으로 되는 경우에 한하여 매수인은 계약 전체를 해제할 수 있다(협약 제51조 제2항).

ⅳ) 해제권과 다른 구제수단과의 관계

계약해제권은 의무이행청구권과 양립할 수 없는 구제수단이므로, 매수인이 계약해제권을 행사한 경우에는 의무이행청구권을 행사할 수 없다(협약 제46조 제1항 단서).

ⅴ) 해제권의 상실

매수인이 물품을 수령한 상태와 실질적으로 동일한 상태로 그 물품을 반환할 수 없는 경우에는, 원칙적으로 매수인은 계약을 해제할 권리를 상실한다(협약 제82조 제1항).

그러나 ① 물품을 반환할 수 없거나 수령한 상태와 실질적으로 동일한 상태로 반환할 수 없는 것이 매수인의 작위 또는 부작위에 기인하지 아니한 경우, 또는 ② 물품의 전부 또는 일부가 매수인의 검사의무(협약 제38조)의 이행에 따른 검사의 결과로 멸실 또는 훼손된 경우, 또는 ③ 매수인이 부적합을 발견하였거나 발견하였어야 했던 시점 전에, 물품의 전부 또는 일부가 정상적인 거래과정에서 매각되거나 통상의 용법에 따라 소비 또는 변형된 경우에는 매수인이 물품을 수령할 상태와 실질적으로 동일한 상태로 그 물품을 반환할 수 없더라도 매수인은 계약을 해제할 수 있다(협약 제82조 제2항).

5) **대금감액권**(협약 제50조)

물품이 계약에 부적합한 경우에, 매수인은 현실로 인도된 물품이 인도시에 가지고 있던 가액이 계약에 적합한 물품이 그때에 가지고 있었을 가액에 대하여 가지는 비율에 따라 대금을 감액할 수 있다(협약 제50조 본문).

이러한 협약에 규정된 대금감액권은 매도인의 물품적합성의무 위반의 경우에 매수인이 일방적으로 행사할 수 있는 권리로서, 매수인이 매도인에게 물품의 대금을 감액을 청구하여야 하는 **감액청구권이 아니다**. 따라서 대금감액권을 행사하는 경우에는, 매수인이 먼저 매도인에게 감액청구를 하고 매도인이 그 감액청구에 응하여 감액을 하여야 하는 것이 아니라, 매수인이 그 차액을 계산하여 일방적으로 계약대금에서 감액을 한 후 잔액을 매도인에게 지급하면 되는 것이다.

그러나 매도인이 인도기일 전까지(협약 제37조) 또는 인도기일 후에(협약 제48조) 협약에 따라 물품의 부적합을 치유하였거나, 매수인이 동 조항에 따른 매도인의 부적합 치유를 위한 이행의 수령을 거절한 경우에는 대금을 감액할 수 없다(협약 제50조 단서).

대금감액권은 하자 있는 이행을 전제로 그 부적합한 부분에 해당하는 만큼 매수인이 대금을 감액을 하는 것이므로 대금감액권을 행사하면 매도인의 완전한 이행은 더 이상 필요하지 않게 된다. 따라서 매수인이 대금감액권을 행사하면 이는 의무이행청구권과 양립할 수 없으므로, 매수인은 그와 별도로 의무이행청구권을 행사할 수 없다(협약 제46조 제1항 단서).

6) 손해배상청구권(협약 제45조 제1항 나호, 제74조 내지 제77조)

매도인의 의무위반에 대하여 매수인은 협약 제74조 내지 제77조에서 정한 손해배상을 청구할 수 있다. 협약은 제74조에서 전보배상과 예견가능성에 대한 일반적인 원칙을 규정하는 외에, 매수인이 대체물을 매수한 경우(협약 제75조)와 대체물 매수를 하지는 않았지만 시가가 있는 경우(협약 제76조)로 구분하여 손해배상액에 대하여 규정하고 있다. 대체물 매수 또는 시가가 있는 경우에 대한 협약상 손해배상액의 산정기준을 적용하려면 매수인이 계약을 해제하는 것이 전제가 되어야 한다.[266]

i) 손해배상의 원칙: 전보배상과 예견가능성

매수인이 매도인에 대하여 청구할 수 있는 손해배상액은 이익의 상실(loss

266) 협약 제75조, 제76조 제1항.

of profit)을 포함하며, 매도인의 의무위반의 결과로 매수인이 입은 손실과 동등한 금액으로 한다(협약 제74조). 손해배상액은 매도인이 계약 체결시에 알았거나 알 수 있었던 사실과 사정에 비추어, 계약위반의 가능한 결과로서 발생할 것을 예견하였거나 예견할 수 있었던 손실을 초과할 수 없다(협약 제74조 단서). 협약은 손해배상이 전보배상이 목적임을 밝히고 있으며 예견가능성을 손해배상의 요건으로 하고 있다. 따라서 협약에 따르면 매도인의 의무위반과 인과관계가 있는 손해라고 하더라도 매도인이 그로 인한 손해발생 또는 발생가능성을 예견할 수 없었던 경우에는 그러한 손해에 대해서는 매수인이 손해배상을 청구할 수 없게 된다. 특히 결과적 손해(consequential damages) 또는 우발적 손해(incidental damages)의 경우에는 예견가능성이 있는 경우에는 손해배상이 되지만, 예견가능성이 인정되지 않는 경우에는 손해배상의 대상이 되지 않게 된다. 또한 징벌적 배상(punitive damages)의 경우에는 계약위반으로 상대방이 입은 손실과 동등한 금액의 범위를 넘어선 것으로서 전보배상이 아니므로 협약에서 규정하는 손해배상의 범위에 포함되지 않는다.

ii) 대체물 매수의 경우

계약이 해제되고, 매수인이 대체물을 매수한 경우의 손해배상액은 대체물 매수대금과 계약금액의 차액을 손해배상액의 산정기준으로 하고 있다. 즉 매도인의 계약위반시 매수인이 **계약을 해제하고** 계약해제 후 **합리적인 방법**으로, **합리적인 기간 내에** 매수인이 대체물을 매수한 경우에는 매수인은 계약대금과 대체물 매수대금과의 차액과 제74조에 따른 손해배상을 청구할 수 있다(제75조). 매수인은 대체물 매수로 인한 계약대금과 매수대금과의 차액은 손해발생의 예견가능성을 입증하지 않고서도 청구할 수 있으나 기타 제74조에 따른 손해배상은 예견가능성을 입증하여야 청구할 수 있다.

iii) 시가가 있는 경우

계약이 해제되고, 물품의 시가가 존재하는 경우에 매수인이 대체물을 매수하지 아니하였다면 시가와 계약금액의 차액을 손해배상액의 산정기준으로 하고 있다. 즉 매수인이 대체물 매수를 하지 않은 경우, 매수인이 계약을 해제하고 물품에 시가가 있는 경우에는 계약대금과 **계약해제시의 시가**와의 차액을 손해배상으로 청구할 수 있다(협약 제76조 제1항본문). 이 경우 계약대금과 시가와의 차액 이외에도 인과관계가 있는 손해로서 예견가능성이 있는 손해에 대해서는 협약 제74조에 따라 매수인은 예견가능성을 입증하여 손해배상을 청구할 수 있다(협약 제76조 제1항 본문).

시가의 적용과 관련하여 매수인이 물품을 수령한 후에 계약을 해제한 경우에는, 해제시의 시가가 아닌 **물품 수령시의 시가**를 적용하여 계약대금과 시가의 차액을 산정한다(협약 제76조 제1항 단서). 해제시 시가 대신 물품 수령시의 시가를 적용하도록 한 이유는 매수인이 시가의 변동으로 이익을 얻고자 물품 수령 후 해제시기를 고의로 지연시키는 남용행위를 막기 위함이다.[267] 이러한 규정이 없으면, 시가가 계속 하락하고 있는 경우에는 매수인은 해제시기를 지연시킴으로써, 계약대금과 수령시보다 더 하락한 시가와의 차액을 손해배상으로 청구할 수 있으면서, 계약해제 후에는 보다 하락된 가격으로 대체물을 구입할 수 있게 되어, 매도인이 정상적으로 계약을 이행하였을 경우보다 이익을 얻을 수 있기 때문이다.

또한 시가 산정에 적용되는 시가는 물품이 인도되었어야 했던 장소에서의 지배적인 가격을 말하며, 그 장소에서 시가가 없는 경우에는 물품 운송비용의 차액을 적절히 고려하여 합리적으로 대체할 수 있는 다른 장소에서의 가격을 말한다(협약 제76조 제2항).

iv) 매수인의 손해경감의무

매수인이 손해배상을 청구함에 있어서, 매수인은 손해경감의무를 진다. 매수인은 이익의 상실을 포함하여 매도인의 위반으로 인한 손실을 경감하기 위하여 그 상황에서 합리적인 조치를 취하여야 한다(협약 제77조 제1문). 만일 매수인이 손해경감을 위하여 합리적인 조치를 취하지 아니한 경우에는, 매도인은 경감조치가 있었으면 경감되었을 손실액만큼 손해배상액의 감액을 청구할 수 있다(협약 제77조).

267) Honnold, *supra* note 17, at 588.

(3) 매수인의 의무

매수인의 의무에는 대금지급의무와 물품수령의무가 있다. 매수인은 계약과 협약에 따라 물품의 대금을 지급하고 물품의 인도를 수령하여야 한다.[268)]

가. 대금지급의무

1) 대금지급의무의 내용 및 대금의 확정

매수인의 대금지급의무에는 대금지급에 필요한 계약 또는 법령에서 정한 조치를 취하는 것과 절차적 요건을 준수하는 것을 포함한다.[269)]

또한 계약은 유효하게 성립하였으나, 계약에 대금을 정하지 않는 경우에 대비한 보충적 조항을 두고 있다. 계약이 유효하게 성립되었으나, 물품의 가격을 명시적 또는 묵시적으로 정하고 있지 아니하거나 이를 정하기 위한 조항을 두지 않은 경우에는 당사자는 반대의 표시가 없는 한 계약체결시에 당해 거래와 유사한 상황에서 매도되는 그 종류의 물품에 대하여 일반적으로 청구되는 대금을 묵시적으로 정한 것으로 본다.[270)]

그러나 협약 제14조 1항에서는 청약이 유효하기 위해서는 가격이 확정되었거나 가격을 결정할 수 있는 기준이 명시적 또는 묵시적으로 표시되어 있어야 할 것을 요구하므로, 협약 제2편의 청약의 요건이 적용되는 한 계약에서 물품의 가격을 정하고 있지 않거나 이를 정하기 위한 조항이 없는 경우에는 유효한 청약이 없으므로 계약이 유효하게 성립될 수 없다. 따라서 협약 제55조가 효력을 발휘하는 경우는 당사자 일방의 영업소가 소재하는 체약국이 협약 제3편(물품의 매매)에 대해서만 가입 또는 승인을 하고 협약 제2편(계약의 성립)에 대해서는 가입 또는 승인을 하지 않았을 때, 그 국가의 법상 명시적 또는 묵시적으로 가격을 확정하거나 가격결정의 기준을 정하지 않은 경우에도 계약이 유효하게 성립되는 것을 인정하는 경우 뿐이다.[271)]

---

268) 협약 제53조.
269) 협약 제54조.
270) 협약 제55조.
271) Secretariat Commentary on article 51 of the 1978 Draft, comment 2.

2) 중량에 의한 대금 결정

또한 대금이 중량에 의하여 정해지는 경우, 의문이 있는 경우에는 순중량에 의하여 대금을 결정하는 것으로 한다.[272] 당사자가 계약에서 총중량에 의할지 순중량에 의할지 명시적으로 합의하지 않은 경우에, 대금지급 기준으로서 중량에 대하여 의문이 있으면 본조에 의해 순중량으로 대금을 결정하게 된다.[273] 따라서 당사가 명시적 또는 묵시적으로 달리 합의하지 않거나(협약 제6조 및 제8조) 특정한 관행 또는 관례에 구속되지 않는 한(협약 제9조), 매수인은 포장재의 무게에 대해서는 대금을 지급하지 않는다.[274] 본조는 중량의 기준에 의문이 있는 경우에 적용되는 점에서 보충적 규정이다.[275] 그러나 대금이 단위(unit)를 기준으로 정해지는 경우, 중량이 각 단위를 특정하기 위해서 사용되었더라도 본조의 적용대상은 아니다.[276]

3) 대금지급 장소

매수인의 대금지급 장소에 대해서는 특정한 장소에서 대금을 지급할 의무가 없는 경우에는 매도인의 영업소 또는 물품이나 서류와 상환하여 대금이 지급되어야 하는 경우에는 그 교부가 이루어지는 장소에서 매수인이 대금을 지급하여야 한다.[277] 매도인은 계약 체결후 자신의 영업소를 변경함으로써 발생한 대금지급에 대한 부수비용의 증가액을 부담하여야 한다.[278]

4) 대급지급 시기

당사자는 명시적 또는 묵시적으로 대금지급 시기를 합의할 수 있으며(협약 제6조), 그러한 합의된 대금지급 시기가 있는 경우에는 매수인은 그 합의된 시기에 대금을 지급하여야 한다.

협약은 그러한 합의가 없는 경우에 대하여 대금지급 시기를 결정하는 기

---

272) 협약 제56조.
273) Honnold, *supra* note 17, at 328.
274) Secretariat Commentary on article 52 of the 1978 Draft. Schlechtriem & Schwenzer, *supra* note 14, at 852.
275) Honnold, *supra* note 17, at 328.
276) Schlechtriem & Schwenzer, *supra* note 14, at 852.
277) 협약 제57조 제1항.
278) 협약 제57조 제2항.

준을 두고 있다. 매수인이 특정한 시기에 대금을 지급할 의무가 없는 경우에는, 매수인은 매도인이 계약과 협약에 따라 물품 또는 그 처분을 지배하는 서류를 매수인의 처분하에 두는 때에 대금을 지급하여야 한다.[279] 매도인은 그 지급을 물품 또는 서류의 교부를 위한 조건으로 할 수 있다.[280]

계약에 물품의 운송이 포함되는 경우, 매도인은 대금의 지급과 상환하여서만 물품 또는 그 처분을 지배하는 서류를 매수인에게 교부한다는 조건으로 물품을 발송할 수 있다.[281]

매수인은 물품을 검사할 기회를 가질 때까지 대금을 지급할 의무가 없다.[282] 다만, 당사간에 합의된 인도 또는 지급절차가 매수인이 검사 기회를 가지는 것과 양립하지 아니하는 경우에는 그러하지 아니하다.[283]

매수인은 계약 또는 협약에서 지정되거나 확정될 수 있는 기일에 대금을 지급하여야 하며, 이 경우 매도인의 입장에서는 어떠한 요구를 하거나 절차를 따를 필요가 없다.[284]

나. 인도의 수령의무

매수인의 수령의무에는 물품을 수령하는 행위자체 이외에도 인도를 가능하게 하기 위하여 매도인이 매수인에게 합리적으로 기대할 수 있는 모든 행위를 하는 것이 포함된다.[285]

다. 매수인의 계약위반에 대한 매도인의 구제수단

매수인의 계약 또는 의무 위반에 대하여 매도인이 행사할 수 있는 구제수단은 **손해배상청구**(협약 제61조 제1항 나목, 협약 제74조 내지 제77조)와 **손해배상청구 이외의 구제수단**(협약 제61조 제1항 가목, 협약 제62조 내지 제65조)으로 구분할 수 있다.[286] 매도인이 손해배상 이외의 구제수단을 행사한 경우에도 손해배상

279) 협약 제58조 제1항 1문.
280) 협약 제58조 제1항 2문.
281) 협약 제58조 제2항.
282) 협약 제58조 제3항 본문.
283) 협약 제58조 제3항 단서.
284) 협약 제59조.
285) 협약 제60조.

청구권은 상실되지 않는다.[287] 손해배상청구 이외의 구제수단으로는 의무이행 청구권(협약 제62조), 계약해제권(협약 제64조), 매도인의 지정권(협약 제65조) 등이 있다.

매도인이 계약위반에 대한 구제를 청구한 경우에 법원 또는 중재판정부는 매수인에게 유예기간을 부여할 수 없다.[288] 유예기간의 청구를 절차적으로 허용하게 되면, 국제계약의 특성상 당사자중의 일방과 동일한 국적을 갖는 법원의 재량에 따르게 될 수 있으므로 유예기간을 부여할 권리를 법원에 부여하지 않고 있는 것이다.[289] 법원 또는 중재판정부는 매도인이 계약위반에 대한 구제를 청구하기 전인지, 청구와 동시인지, 청구한 후인지 여부에 관계없이 어떠한 경우에도 유예기간을 부여할 수 없다.[290]

협약상 매수인의 계약위반에 대한 매도인의 구체적인 구제수단은 다음과 같다.

1) **의무이행청구권**(협약 제62조)

매수인이 계약과 협약상 그 의무를 위반한 경우에, 매도인은 매수인에게 그 의무의 이행을 청구할 수 있다(협약 제62조 본문). 즉 매도인은 매수인에게 계약과 협약에 따른 대금의 지급, 인도의 수령 또는 그 밖의 이행을 청구할 수 있다.[291] 다만, 매도인이 그 청구와 양립하지 아니하는 구제를 구한 경우에는 그러하지 아니하다.[292]

매도인은 의무이행청구권을 행사하더라도 매수인의 이행지체로 인한 손해 등 다른 손해가 있으면 이에 대하여 손해배상을 청구할 수 있다(협약 제61조 제2항). 즉 의무이행청구권은 손해배상청구와 양립할 수 있는 구제수단이다. 매수인의 대금지급 지연으로 인한 의무위반과 관련한 매도인의 손해에는 일반적으

286) 협약 제61조 제1항.
287) 협약 제61조 제2항.
288) 협약 제61조 제3항.
289) Secretariat Commentary on article 57 of the 1978 Draft, comment 6, and Secretariat Commentary on article 43 of the 1978 Draft, comment 5.
290) Secretariat Commentary on article 57 of the 1978 Draft, comment 6.
291) 협약 제62조 본문.
292) 협약 제62조 단서.

로 그 이자가 포함된다.[293)]

의무이행청구권은 매도인의 권리이지 의무는 아니므로, 매도인은 의무이행을 청구하거나 다른 구제수단 중에서 선택하여 행사할 수 있다.

i) 대금지급 청구

매도인의 중요한 관심사항은 매수인이 그 이행기에 대금지급을 제대로 하는 것이다.[294)] 매수인이 협약과 계약에 따른 대금지급시기에 그 대금을 지급하지 아니하여 대금지급 의무를 위반한 경우, 매도인은 의무이행청구권을 행사하여 매수인에게 그 지급을 청구할 수 있다.[295)] 이 경우 매도인은, 계약을 해제하였는지 여부와 관계없이, 대금지급을 청구하기 위하여 먼저 물품의 재매각을 시도하여야 할 의무가 없을 뿐 아니라 계약을 해제하기 전에는 재매각을 할 권한도 없다.[296)] 대금지급 청구는 재매각 가능여부와 관계없이 행사할 수 있는 권한이므로, 재매각이 가능하지 않은 경우에만 보충적으로 행사할 수 있는 권한이 아니다.[297)]

ii) 인도의 수령 또는 그 밖의 이행청구

매수인이 협약 또는 계약에 따른 인도의 수령 또는 그 밖의 이행을 하지 아니하는 경우, 매도인은 매수인에게 그 이행을 청구할 수 있다.[298)] 일정한 경우에는 매수인이 이행하지 않으면 매도인 자신이 직접 이를 대체하여 이행하는 것이 허용되거나 이행하여야 한다.[299)] 예컨대, 매수인이 물품의 형태, 규격 그 밖의 특징을 지정하여야 하는 경우에, 매수인이 합의된 기일 또는 매도인으로부터 요구를 수령한 후 합리적인 기간내에 그 지정을 하지 아니한 경우에는 매도인이 스스로 직접 지정을 할 수 있다.[300)] 또한 계약상 매수인이 운송에 필

---

293) Secretariat Commentary on article 58 of the 1978 Draft, comment 7.
294) Secretariat Commentary on article 58 of the 1978 Draft, comment 2.
295) Secretariat Commentary on article 58 of the 1978 Draft, comment 2.
296) Knapp, in *Bianca-Bonell Commentary on International Sales Law,* Giuffrè: Milan (1987) p. 452.
297) Secretariat Commentary on article 58 of the 1978 Draft, comment 3.
298) 협약 제62조 본문 후단.
299) Secretariat Commentary on article 58 of the 1978 Draft, comment 9.
300) *Id.*

요한 선박을 지정할 의무가 있는 경우에 이를 지정하지 않는 경우에는 매도인은 손실경감의무를 규정하는 협약 제77조에 취지에 따라 매수인의 손실을 최소화하기 위해 매도인이 선박을 지정하는 것이 허용된다.[301]

iii) 의무이행청구권의 행사의 제한

그러나 매도인의 의무이행청구권은 두 가지 면에서 제한을 받는다.[302]

첫째, 매도인이 의무의 이행청구와 양립하지 아니하는 다른 구제수단을 이미 행사한 경우에는, 매수인에 대하여 의무의 이행을 청구할 수 없다(협약 제62조 단서). 의무의 이행청구와 양립할 수 없는 다른 구제수단으로는 **계약해제권**(협약 제64조)이 있다. 따라서 매도인이 매수인의 본질적 계약위반으로 계약을 해제하면서, 동시에 매수인에게 원래 계약대로 의무를 이행할 것을 청구하는 것은 모순되는 양립할 수 없는 구제수단을 행사하는 것이므로 허용되지 않는다.[303]

둘째, 법원은 법정지 국내법상 유사한 매매계약에 대하여 특정이행을 명할 수 있는 경우에 당해 법원은 의무이행을 명할 수 있다(협약 제28조). 대륙법계 국가에서 법원에 의무이행을 청구하는 경우에는 문제가 없으나, 영미법계 국가에서 의무이행을 청구하는 경우에는 당해 국가의 국내법상 특정이행 명령의 요건을 갖추지 못한 경우에는 매도인이 특정이행 명령을 청구하더라도 법원은 특정이행을 명하는 판결을 할 의무가 없다. 그러나 당해 국가의 국내법상 특정이행 명령의 요건을 갖춘 경우에는 매도인이 협약상 이행청구권의 요건을 갖추었다면 법원은 특정이행을 명하는 판결을 하여야 한다.[304]

iv) 의무이행 청구의 소권

협약은 의무이행청구권이 매도인이 매수인에 대하여 행사할 수 있는 권리로 규정하는 형식을 취하고 있을 뿐이지만, 매수인이 매도인의 청구에도 불구하고 스스로 이행을 하지 않는 경우에는 매도인은 법원에 매도인의 이행을 명하는 소를 제기할 수 있으며, 이 경우 법원은 법정지 절차법상 가능한 수단을

301) Secretariat Commentary on article 58 of the 1978 Draft, comment 9.
302) Folsom et al., *supra* note 259, at 62.
303) Secretariat Commentary on article 58 of the 1978 Draft, comment 10.
304) Secretariat Commentary on article 58 of the 1978 Draft, comment 6.

이용하여 판결을 강제할 수 있다.[305] 이러한 의미에서 의무이행청구권에는 그 권리에 기인한 소권도 당연히 포함된다고 해석된다.

v) 부가기간의 지정

매도인은 즉시 의무이행을 청구하지 않고 매수인의 의무이행을 위하여 합리적인 부가기간(additional period of time)을 정할 수 있다.[306] 매수인이 그 이행을 지체하는 경우에, 매도인이 사법절차상 그 이행의 강제를 청구하는 것이 현실적이지 못하거나 지나치게 많은 시간이 소요될 수 있다.[307] 특히 대금지급을 위하여 필요한 서류의 발행이 지연되는 경우로서, 신용장 발행, 은행의 보증서 발행, 수입허가나 지급이 특정 통화로 대금지급할 경우에 대한 허가등의 지연이 있을 수 있다.[308] 이러한 경우에 매도인이 부가기간을 지정하는 것이 현실적인 해결방안이 될 수 있다.

일반적인 계약해제의 요건으로서 본질적 계약위반이 필요하므로[309] 매수인의 의무이행 그 지체가 본질적 계약위반인지가 불분명하여 다툼의 여지가 있는 경우에는[310], 매도인은 부가기간을 지정함으로써 매수인이 그 부가기간 내에 이행하지 아니하면 협약 제64조 제1항 나호에 의하여 그 불이행이 본질적 계약위반인지 여부를 묻지 않고 계약을 해제할 수 있는 장점이 있다. 부가기간이 이러한 기능을 한다는 점을 고려하여, 협약상 매도인이 정하는 부가기간이 '합리적인 기간'(reasonable length)이어야 한다.[311] 부가기간으로는 특정한 이행기일을 정하거나 이행기간을 정할 수 있다.[312] 그러나 매도인이 단순히 일반적인 이행 요구로서 '신속하게'(promptly) 이행하라고 하는 것과 같은 취지의 청구는 협약상 적법한 부가기간이 아니다.[313]

부가기간을 정한 효과로서, 매도인은 자신이 정한 부가기간 중에는 계약

305) Secretariat Commentary on article 58 of the 1978 Draft, comment 5.
306) 협약 제63조 제1항.
307) Secretariat Commentary on article 59 of the 1978 Draft, comment 2.
308) *Id.*
309) 협약 제64조 제1항 가호.
310) Secretariat Commentary on article 58 of the 1978 Draft, comment 2.
311) Secretariat Commentary on article 58 of the 1978 Draft, comment 7.
312) *Id.*
313) *Id.*

위반에 대한 구제를 구할 수 없다.[314] 다만 매도인이 매수인으로부터 그 부가기간 내에 이행을 하지 아니하겠다는 통지를 수령한 경우에는 계약위반에 대한 구제수단을 행사할 수 있다.[315]

부가기간을 지정하더라도, 매도인은 이행지체에 대한 손해배상을 청구할 권리를 상실하지 아니한다.[316] 매수인이 매도인이 정한 부가기간 내에 의무를 이행하더라도 이행지체로 인한 손해가 발생할 수 있기 때문이다.[317]

2) **계약해제권**(협약 제64조)

ⅰ) 해제권 요건

매도인이 계약해제권을 행사할 수 있는 경우로는 본질적 계약위반에 해당하는 일반적인 경우와 매수인의 인도의무 불이행시 매도인이 부가기간을 정한 경우의 두 가지로 구분할 수 있다.

첫째, 매도인의 계약해제권은 원칙적으로 매수인의 의무 불이행이 본질적 계약위반에 해당하는 경우에 행사할 수 있다(협약 제64조 제1항 가호).

둘째, 매수인이 대금지급 또는 물품수령 의무를 지연하고 있는 경우에, 협약 제63조 제1항에 따라 매도인이 정한 합리적인 부가기간 내에 매수인이 대금지급 또는 물품수령 의무를 이행하지 아니하거나 그 기간 내에 이행하지 아니하겠다고 선언한 경우도 계약해제권을 행사할 수 있다(협약 제64조 제1항 나호).

ⅱ) 해제권 행사기간

매수인이 대금을 지급한 경우에는, 매도인이 협약에 규정된 일정한 기간 내에 계약을 해제하지 아니하면 계약해제권을 상실한다(협약 제64조 제2항). 매도인이 계약해제권을 행사하여야 하는 일정한 기간은 매수인의 의무위반이 이행지체인 경우와 이행지체 이외의 의무위반의 경우로 구분되어 규정되어 있다.

첫째, 매수인의 이행지체의 경우, 매도인이 그 이행이 이루어진 것을 알기 전에 계약을 해제하지 아니하면 매도인은 계약해제권을 상실한다(협약 제64조

---

314) 협약 제63조 제2항 본문 후단.
315) 협약 제63조 제2항 본문 전단.
316) 협약 제63조 단서
317) Secretariat Commentary on article 59 of the 1978 Draft, comment 10.

제2항 가호).

둘째, 매수인의 이행지체 이외의 의무위반의 경우에는, ① 매도인이 그 위반을 알았거나 알 수 있었던 때, 또는 ② 매도인이 협약에 따라 정한 부가기간이 경과하거나 매수인이 그 부가기간 내에 의무를 이행하지 않겠다고 선언한 때로부터 합리적인 기간 내에 매도인이 계약을 해제하지 아니하면 매도인은 계약해제권을 상실한다(협약 제64조 제2항 나호).

iii) 해제권과 다른 구제수단과의 관계

계약해제권은 의무이행청구권과 양립할 수 없는 구제수단이므로, 매도인이 계약해제권을 행사한 경우에는 의무이행청구권을 행사할 수 없다(협약 제62조 단서).

3) 매도인의 지정권(협약 제65조)

계약상 매수인이 물품의 형태, 규격 그 밖의 특징을 지정하여야 하는 경우에, 매수인이 합의된 기일 또는 매도인으로부터 요구를 수령한 후 합리적인 기간 내에 그 지정을 하지 아니한 경우에는, 매도인은 자신이 보유하는 다른 권리를 해함이 없이, 자신이 알고 있는 매수인의 필요에 따라 스스로 지정할 수 있다.[318]

매도인의 지정권이 인정되기 위한 요건으로서, ① 계약상 매수인이 물품을 품질 등을 지정할 의무가 있는 경우이어야 하며, ② 그러한 경우에 매수인이 그 의무를 이행하지 아니하여야 한다. 따라서 매수인이 물품의 특정에 필요한 지정을 해야 할 의무가 없이, 단순히 그러한 지정을 할 권한만 있는 경우에는 매수인이 그 권한을 행사하지 않더라도 매도인의 지정권이 발생하지 않는다.[319]

매수인이 계약상 지정의무를 이행하지 않는 경우에는 매수인의 계약위반에 해당하므로, 매도인은 협약 제65조에 따른 지정권을 행사하는 이외에도 협약상 계약위반에 인정되는 다른 구제수단도 행사할 수 있다.[320] 따라서 매도인

318) 협약 제65조 제1항.
319) Secretariat Commentary on article 61 of the 1978 Draft, comment 5.
320) Secretariat Commentary on article 61 of the 1978 Draft, comment 6.

은 그 경우에 ① 손해배상청구를 하거나(협약 제61조 제1항 가호), ② 매수인이 지정의무를 위반한 것이 본질적 계약위반에 해당하면 계약해제와 손해배상을 청구하거나(협약 제64조 제1항 가호, 제61조 제2항), ③ 지정의무를 이행하기 위한 부가기간을 지정할 수도 있다(협약 제63조 제1항).[321] 또한 매도인이 협약 제63조 제1항에 따라 매수인이 지정의무를 이행하기 위한 합리적 부가기간을 정한 경우, 매수인이 그 부가기간 내에 지정을 하지 않은 것이 매수인의 수령의무 위반이 되므로, 매도인은 계약을 해제할 수 있다(협약 제64조 제1항 나호).[322]

계약상 매수인이 지정을 해야 할 기일이 특정되어 있다면, 매도인은 그 기일이 경과하면 즉시 지정권을 행사할 수 있다.[323] 이 경우 매도인은 즉시 지정권을 행사하는 대신 매수인에게 지정을 요구할 수도 있으며, 지정요구를 하게 되면 즉시 지정권은 동시에 행사할 수 없으며, 이 경우 매도인이 지정권을 행사하려면 매수인이 그러한 요구를 수령한 때로부터 합리적인 기간을 기다려야 한다.[324] 매수인이 지정을 해야 할 기일이 특정되어 있지 않는 경우에는, 매도인은 매수인에게 지정을 요구하여야 하며, 매수인이 그 요구를 수령한 때로부터 합리적인 기간내에 그 지정을 하지 아니하면 매도인은 지정권을 행사할 수 있다.

매도인은 스스로 지정하는 경우에 매수인에게 그 상세한 사정을 통고하고, 매수인이 그와 다른 지정을 할 수 있도록 합리적인 기간을 정하여야 한다.[325] 매수인이 그 통지를 수령한 후 정하여진 기간 내에 다른 지정을 하지 아니하는 경우에는, 매도인의 지정이 구속력을 가진다.[326]

매도인이 지정권을 행사할 때 통지와 관련된 절차적인 요건까지 고려하면, 매도인에게 요구되는 의무는 ① 자신이 알고 있는 '**매수인의 필요에 따라**' 지정하여야 하고, ② 매수인에게 '**자신의 지정 및 상세한 사정을 통지**'하여야 하며, ③ 매도인이 매수인에게 자신의 지정을 통지할 때, 매수인이 다른 지정을 할

321) Secretariat Commentary on article 61 of the 1978 Draft, comment 6.
322) Schlechtriem, *supra* note 50, at 85.
323) Secretariat Commentary on article 61 of the 1978 Draft, comment 7.
324) *Id.*
325) 협약 제65조 제2항 제1문.
326) 협약 제65조 제2항 제2문.

수 있도록 '**합리적인 기간을 정하여야**' 한다.[327] 매도인이 매수인의 필요에 따라 지정하지 않거나 매수인에게 자신의 지정 및 상세한 사정을 통지하지 않은 경우에는, 매도인의 지정은 매수인을 구속하지 않는다.[328] 매도인이 그 지정을 통지할 때 매수인이 다른 지정을 할 수 있는 합리적인 기간을 정하지 않은 경우라도, 매수인에게는 다른 지정을 할 수 있는 합리적인 기간이 인정된다.[329] 매수인이 다른 지정을 할 수 있는 합리적인 기간의 기산점은 매수인이 매도인의 지정통지를 수령한 때이므로, 매수인이 그 통지를 수령하지 못한 경우에는 매도인의 지정통지는 매수인을 구속하지 못한다.[330] 매수인은 매도인의 지정통지를 수령한 후 합리적인 기간내에 새로운 지정을 할 수 있으며, 그렇지 않으면 매도인의 지정이 구속력을 가진다.[331]

4) 손해배상청구(협약 제61조 제1항 나호, 제74조 내지 제77조)

매수인의 의무위반에 대하여 매도인은 협약 제74조 내지 제77조에서 정한 손해배상을 청구할 수 있다. 협약은 제74조에서 전보배상과 예견가능성에 대한 일반적인 원칙을 규정하는 외에, 매도인이 대체거래로서 재매각한 경우(협약 제75조)와 재매각을 하지는 않았지만 시가가 있는 경우(협약 제76조)로 구분하여 손해배상액에 대하여 규정하고 있다. 대체거래 또는 시가에 의한 협약상 손해배상액의 산정기준을 적용하려면 매도인이 계약을 해제하는 것이 전제가 되어야 한다.[332]

i) 손해배상의 원칙: 전보배상과 예견가능성

매도인이 매수인에 대하여 청구할 수 있는 손해배상액은 이익의 상실(loss of profit)을 포함하며, 매수인의 의무위반의 결과로 매도인이 입은 손실과 동등한 금액으로 한다(협약 제74조). 손해배상액은 매수인이 계약 체결시에 알았거나 알 수 있었던 사실과 사정에 비추어, 계약위반의 가능한 결과로서 발생할 것을

327) Secretariat Commentary on article 61 of the 1978 Draft, comment 8.
328) Secretariat Commentary on article 61 of the 1978 Draft, comment 9.
329) *Id.*
330) Secretariat Commentary on article 61 of the 1978 Draft, comment 10.
331) Secretariat Commentary on article 61 of the 1978 Draft, comment 11.
332) 협약 제75조, 제76조 제1항.

예견하였거나 예견할 수 있었던 손실을 초과할 수 없다(협약 제74조 단서).

협약은 손해배상이 전보배상이 목적임을 밝히고 있으며 예견가능성을 손해배상의 요건으로 하고 있다. 따라서 협약에 따르면 매수인의 의무위반과 인과관계가 있는 손해라고 하더라도 매수인이 그로 인한 손해발생 또는 발생가능성을 예견할 수 없었던 경우에는 그러한 손해에 대해서는 매도인은 손해배상을 청구할 수 없게 된다. 특히 결과적 손해(consequential damages) 또는 우발적 손해(incidental damages)의 경우에는 예견가능성이 있는 경우에는 손해배상이 되지만, 예견가능성이 인정되지 않는 경우에는 손해배상의 대상이 되지 않게 된다. 또한 징벌적 배상의 경우에는 계약위반으로 상대방이 입은 손실과 동등한 금액의 범위를 넘어선 것으로서 전보배상이 아니므로 협약에서 규정하는 손해배상의 범위에 포함되지 않는다.

ii) 재매각한 경우

계약이 해제되고, 매도인이 해당 물품을 재매각한 경우의 손해배상액은 재매각한 대금과 계약금액의 차액을 손해배상액의 산정기준으로 하고 있다. 즉 매수인의 계약위반시 매도인이 계약을 해제하고 계약해제 후 합리적인 방법으로, 합리적인 기간 내에 매도인이 물품을 재매각한 경우에는 매도인은 계약대금과 재매각대금과의 차액과 제74조에 따른 손해배상을 청구할 수 있다(제75조). 매도인은 재매각대금과 계약대금과의 차액은 손해발생의 예견가능성을 입증하지 않고서도 청구할 수 있으나, 그 외에 제74조에 따른 손해배상은 예견가능성을 입증하여야 청구할 수 있다.

iii) 시가가 있는 경우

계약이 해제되고, 물품의 시가가 존재하는 경우에 매도인이 물품을 재매각하지 아니하였다면 시가와 계약금액의 차액을 손해배상액의 산정기준으로 하고 있다. 즉 매도인이 재매각하지 않은 경우, 매도인이 계약을 해제하고 물품에 시가가 있는 경우에는 계약대금과 계약해제시의 시가와의 차액을 손해배상으로 청구할 수 있다(협약 제76조 제1항본문). 이 경우 계약대금과 시가와의 차액 이외에도 인과관계가 있는 손해로서 예견가능성이 있는 손해에 대해서는 협약 제74조에 따라 매도인은 예견가능성을 입증하여 손해배상을 청구할 수 있다(협약 제76조 제1항 본문).

시가의 적용과 관련하여 매도인이 물품을 수령한 후에 매도인이 계약을 해제한 경우에는, 해제시의 시가가 아닌 물품 수령시의 시가를 적용하여 계약대금과 시가의 차액을 산정한다(협약 제76조 제1항 단서). 그러나 매수인에게 물품이 인도되었다면, 매도인은 계약을 해제한 후에야 물품을 반환받을 수 있기 때문에(협약 제81조 제2항), **이 규정에 의하여 매도인에 대하여 해제시 시가가 아닌 물품수령시 시가가 적용되는 경우는 거의 없다.**[333] 그러나 매도인이 인도한 물품을 매수인이 부당하게 거절함으로써 매도인이 그 물품을 다시 수령한 다음에 계약을 해제하는 경우에는 수령시 시가가 적용될 수도 있다는 견해도 있다.[334]

또한 시가에 의한 손해배상의 경우, 시가 산정에 적용되는 시가는 물품이 인도되었어야 했던 장소에서의 지배적인 가격을 말하며, 그 장소에서 시가가 없는 경우에는 물품 운송비용의 차액을 적절히 고려하여 합리적으로 대체할 수 있는 다른 장소에서의 가격을 말한다(협약 제76조 제2항).

iv) 매도인의 손해경감의무

매도인이 손해배상을 청구함에 있어서, 매도인은 손해경감의무를 진다. 매도인은 이익의 상실을 포함하여 매수인의 위반으로 인한 손실을 경감하기 위하여 그 상황에서 합리적인 조치를 취하여야 한다(협약 제77조 제1문). 만일 매도인이 손해경감을 위하여 합리적인 조치를 취하지 아니한 경우에는, 매수인은 경감조치가 있었으면 경감되었을 손실액만큼 손해배상액의 감액을 청구할 수 있다(협약 제77조).

(4) 위험부담의 이전

가. 원 칙

위험이 매수인에게 이전된 후에는 물품이 멸실 또는 훼손되더라도 매수인은 대금을 지급하여야 하지만, 멸실 또는 훼손이 매도인의 작위 또는 부작위로

333) Honnold, *supra* note 51, at 451－52. Honnold, *supra* note 17, at 413.
334) Honnold, *supra* note 51, at 452, n. 9; Flechtner, Pittsburgh Symposium, 99, n. 213.

인한 경우에는 대금을 지급할 의무가 없다.[335]

나. 위험부담 이전시기

1) 운송이 필요한 경우

계약상 운송이 필요한 매매의 경우에 매도인이 특정장소에서 물품을 교부할 의무가 없는 경우에는, 위험은 계약에 따라 제1운송인에게 교부된 때에 매수인에게 이전한다.[336] 특정한 장소에서 물품을 운송인에게 교부하여야 하는 경우에는 그 장소에서 물품이 운송인에게 교부될 때까지 매수인에게 위험이 이전하지 않는다.[337] 그러나 이러한 위험 이전에 관한 원칙은 물품이 특정되는 것을 전제로 한 것이므로, 물품이 특정되지 않는 한 위험이 매수인에게 이전하지 않는다.[338]

운송도중에 매도된 물품에 관한 위험은 계약 체결시에 매수인에게 이전된다(원칙).[339] 다만, 예외적으로 특별한 사정이 있는 경우에는, 위험은 운송계약을 표창하는 서류를 발행한 운송인에게 물품이 교부된 때부터 매수인이 부담한다(예외).[340] 협약 제68조는 운송 중 매도된 물품에 대하여 운송증권이 교부된 시점으로 소급하여 위험부담을 매수인에게 이전시키는 것은 개발도상국에 불리하다는 주장을 받아들여 타협안으로 규정된 조항이다. 즉 원칙적으로는 운송 중 매도된 물품에 대한 위험은 운송증권 교부시로 소급하여 이전되지 않지만, 예외적으로 '특별한 사정이 있는 경우'에는 소급하여 위험이 이전되는 것을 인정한다. 그러한 특별한 사정에는 매매계약에서 매수인에게 운송물에 대한 보험증권도 이전하도록 한 경우가 해당된다.[341] 예컨대, 운송 중에 매수한 매수인이 '양도 가능한 해상보험증권'(negotiable policy of marine insurance)을 양도받은 경우 등이 이에 해당한다. 그러나 운송 중에 매도된 물품에 대한 위험부

335) 협약 제66조.
336) 협약 제67조 제1항 1문.
337) 협약 제67조 제1항 2문.
338) 협약 제67조 제2항.
339) 협약 제68조 제1문.
340) 협약 제68조 제2문.
341) Honnold, *supra* note 17, at 528.

담 이전의 원칙과 예외에 관한 규정은 매도인이 매매계약의 체결시에 물품이 멸실 또는 훼손된 것을 알았거나 알았어야 했는데도 불구하고 매수인에게 이를 밝히지 아니한 경우에는 적용되지 않고, 그 경우 그 멸실 또는 훼손은 매도인의 위험으로 한다.[342)]

2) 운송이 필요하지 않은 경우

운송이 필요한 경우나 운송도중에 매도된 물품이 아닌 경우에는, 매수인이 물품을 수령한 때나 매수인이 적시에 수령하지 아니하는 경우에는 물품이 매수인의 처분하에 놓여지고 매수인이 이를 수령하지 아니하여 계약을 위반하는 때에 매수인에게 위험이 이전된다.[343)] 매수인이 매도인의 영업소 이외의 장소에서 물품을 수령하여야 하는 경우에는 인도기일이 도래하고 물품이 그 장소에서 매수인의 처분 하에 놓여진 것을 매수인이 안 때에 위험이 이전된다.[344)] 불특정물의 경우에는 물품이 특정될 때까지 매수인의 처분하에 놓여지지 아니한 것으로 본다.[345)]

3) 본질적 계약위반과 위험부담 이전

매도인이 본질적인 계약위반을 한 경우에는 위험부담이 제67조, 제68조, 제68조에 의해 매수인에게 이전되었더라도 매수인은 그 위반으로 인한 구제수단을 행사할 수 있다.[346)]

원래 위험부담 이전 이후에 발생한 멸실 또는 훼손으로 인한 부적합에 대해서는 매수인이 그 위험을 부담하므로, 매수인은 그 부분에 대해서 계약위반에 대한 구제수단을 행사할 수 없게 되는 것이 원칙이다(협약 제66조). 그러나 본조는 그 예외로서 위험이전 이전에 이미 매도인의 본질적 계약위반이 있는 경우에는, 위험부담이 매수인에게 이전된 후에 발생한 우발적인 추가적 멸실 또는 훼손에도 불구하고, 매수인은 계약해제 또는 대체물인도 청구 등 본질적 계약위반이 있는 경우에 행사할 수 있는 구제수단을 위험부담이 이전되었다는

342) 협약 제68조 제3문.
343) 협약 제69조 제1항.
344) 협약 제69조 제2항.
345) 협약 제69조 제3항.
346) 협약 제70조.

이유로 상실하지 않고 여전히 행사할 수 있도록 한 것이다.

따라서 매도인이 이미 본질적 계약위반을 한 경우에는, 위험부담 이전 후에 우발적인 원인에 의해 추가적인 훼손이나 부적합이 발생하여 물품의 수령 상태와 실질적으로 동일한 상태로 그 물품을 반환할 수 없는 경우에도(제82조 제1항), 계약해제권 또는 대체물인도 청구권을 행사할 수 있다. 이 경우도 해제권 또는 대체물인도 청구권의 행사는 협약상 그 행사 요건을 갖추어 행사하여야 한다. 따라서 **해제의 경우** 협약 제39조의 검사통지 의무를 이행하여야 하고, 협약 제49조 제2항의 규정에 따른 합리적인 기간내에 행사하여야 한다. **대체물인도 청구의 경우** 협약 제46조에 따라 제39조의 검사통지와 동시에 또는 그 후 합리적인 기간 내에 행사하여야 한다.

제70조에 의하여 본질적 계약위반이 있는 경우에 위험부담의 이전이 저지되는 것이 아니다.[347] 위험은 여전히 위험부담 일반원칙(제67조, 제68조, 제69조)에 의하여 매수인에게 이전하는 것이고, 제70조에 의해 매수인이 위험부담이 매수인에게 이전된 이후에 그 이전에 이미 발생한 본질적 계약위반으로 인한 권리를 행사할 경우에 위험이 매수인에게 이전되었다는 이유로 그 행사할 수 있는 권리행사를 방해받지 않도록 하는 것이다. 다만 계약해제권을 행사하는 경우에는 결과적으로 매도인이 운송중에 발생한 훼손에 대한 위험을 부담하는 것과 같은 효과가 있는 것뿐이다.[348]

본조는 해제권 행사의 경우 본질적 계약위반으로 인한 해제의 경우에만 적용된다.[349] 매도인이 정한 부가기간(제47조) 내에 매수인이 이행하지 않은 경우에도 계약해제가 가능하므로(협약 제49조 제1항 나호) 이 경우에도 공평의 견지에서 부가기간내 불이행으로 인한 해제의 경우에도 제70조가 적용되어야 한다는 주장은 있으나,[350] 설득력이 있는 주장이기는 하나 이는 협약 제70조의 명시적 규정에 반한다.

본조가 적용될 수 있는 전형적인 경우는, 매도인의 본질적 계약위반이 있

347) Schlechtriem & Schwenzer, *supra* note 14, at 997.
348) *Id.*
349) Honnold, *supra* note 17, at 539.
350) Schlechtriem & Schwenzer, *supra* note 14, at 998.

고 ① 운송도중 추가적인 훼손이 있는 경우와 ② 매수인이 물건 수령한 후 추가적 훼손이 있는 경우의 두 가지로 나누어 볼 수 있다.

① 운송 중 추가적 훼손의 경우

물품의 제조상 결함으로 본질적 계약위반이 있는 경우, 그 후 그 물품이 운송도중에 해수 침투 등에 의한 훼손이 있는 추가된 경우, 그 물품전체에 대해서 계약해제 또는 기존에 본질적 계약위반이 있었던 부분에 대한 대체물 인도청구가 가능하다.[351]

[예시 1] 100개의 물품을 인도하여야 하는 계약에서, 물품을 운송인에게 인도할 당시 제조상의 결함으로 70개가 불량품이어서 계약의 목적대로 사용할 수 없으므로 본질적 계약위반에 해당하는 경우, 운송도중 해수침투에 의해 결함이 없던 나머지 30개 중 10개가 훼손되었다면, 매수인은 본질적 계약위반을 이유로 100개의 물품 전체에 대하여 계약해제를 할 수 있다.[352]

그러나 동일한 경우에 계약해제 대신 대체물 인도청구를 하는 경우에는 위험부담 이전시 존재하는 부적합에 부분인 70개 불량품에 대해서만 할 수 있고, 운송도중 발생한 10개의 훼손에 대해서는 청구할 수 없다. 따라서 계약해제가 대체물 인도청구보다 매수인에 유리한 구제수단이 된다.

[예시 2] 100개의 물품을 인도하여야 하는 계약에서, 물품을 운송인에게 인도할 당시 제조상의 결함으로 70개가 불량품이어서 계약의 목적대로 사용할 수 없으므로 본질적 계약위반에 해당하는 경우, 운송도중 해수침투로 불량품이 아닌 30개를 포함한 100개 모두가 추가로 훼손되었다면, 매수인은 전체 물품에 대한 추가적 훼손에도 불구하고 본질적 계약위반을 이유로 100개의 물품 전체에 대하여 계약해제를 할 수 있다.

그러나 동일한 경우에 계약해제 대신 대체물 인도청구를 하는 경우에는 위험부담 이전시 존재하는 부적합에 부분인 70개 불량품에 대해서만 할 수 있고, 운송도중 발생한 30개 훼손에 대해서는 청구할 수 없다.

---

351) Honnold, *supra* note 17, at 541–43, 544–45 참조.
352) *Id.* at 540, Example 70B 참조.

② 물품 수령후 추가적 훼손의 경우

물품의 제조상 결함 등으로 본질적 계약위반이 있는 경우, 그 후 매수인이 물품을 수령 후 화재 등에 의한 훼손이 있는 추가된 경우, 그 물품전체에 대해서 계약해제 또는 제조상 결함 등으로 본질적 계약위반이 있었던 부분에 대하여 대체물 인도청구가 가능하다.[353]

[예시 3] 100개의 물품을 인도하여야 하는 계약에서, 물품을 운송인에게 인도할 당시 제조상의 결함으로 70개가 불량품이어서 계약의 목적대로 사용할 수 없으므로 본질적 계약위반에 해당하는 경우, 그 후 매수인이 매도인으로부터 물품을 수령한 후 매수인의 창고에 보관하던 중 화재가 발생하여 제조상 결함이 없던 나머지 30개 중 10개가 훼손되었다면, 매수인은 본질적 계약위반을 이유로 100개의 물품 전체에 대하여 계약해제를 할 수 있다.[354]

그러나 동일한 경우에 계약해제 대신 대체물 인도청구를 하는 경우에는 위험부담 이전시 존재하는 부적합에 부분인 70개 불량품에 대해서만 할 수 있고, 화재발생으로 인한 10개 훼손에 대해서는 대체물 인도를 청구할 수 없다. 따라서 이 경우 계약해제가 대체물 인도청구보다 매수인에 유리한 구제수단이 된다.

[예시 4] 100개의 물품을 인도하여야 하는 계약에서, 물품을 운송인에게 인도할 당시 제조상의 결함으로 70개가 불량품이어서 계약의 목적대로 사용할 수 없으므로 본질적 계약위반에 해당하는 경우, 그 후 매수인이 매도인으로부터 물품을 수령한 후 매수인의 창고에 보관하던 중 화재가 발생하여 제조상 결함이 없던 나머지 30개를 포함한 100개 모두가 훼손되었다면, 매수인은 전체 물품에 대한 추가적 훼손에도 불구하고 본질적 계약위반을 이유로 100개의 물품 전체에 대하여 계약해제를 할 수 있다.

그러나 동일한 경우에 계약해제 대신 대체물 인도청구를 하는 경우에는 위험부담 이전시 존재하는 부적합에 부분인 70개 불량품에 대해서만 할 수

353) Honnold, *supra* note 17, at 541–43, 544–45 참조.
354) *Id.* at 545 Example 70E참조.

있고, 불량이 없던 30개에 대한 화재로 인한 훼손에 대해서는 대체물 인도를 청구할 수 없다. 따라서 이 경우 계약해제가 대체물 인도청구보다 매수인에 유리한 구제수단이 된다.

③ 본질적 계약위반이 없는 경우

그러나 **본질적 계약위반이 아닌 일부 부적합이 발생한 이후에**, 그 물품의 운송도중 해수 침투 등에 의하여 추가적 훼손이 발생하여 물품 대부분이 사용할 수 없게 된 경우, 이는 위험부담 이전 후에 발생한 계약위반이므로 매수인은 계약해제 또는 대체물 인도청구를 할 수 없다.[355] 예컨대, 100개의 물품을 인도하여야 하는 계약에서, 물품을 운송인에게 인도할 당시 제조상의 결함으로 5개만 불량품이어서 본질적 계약위반에 해당하지 않는 경우, 운송도중 화재발생으로 결함이 없던 나머지 95개가 훼손되었더라도, 매수인은 본질적 계약위반을 이유로 100개의 물품 전체에 대하여 계약해제 또는 대체물 인도청구를 할 수 없고, 위험부담 이전시 존재하던 5개의 부적합 물품에 대해서만 손해배상, 이행청구, 대금감액, 수선청구 등을 할 수 있을 뿐이다.

본조는 본질적 계약위반이 없는 경우에 행사할 수 있는 구제수단은 위험부담 이전으로 소멸한다는 의미는 아니므로, 그 경우 본질적 계약위반이 아닌 매도인의 의무위반에 대해서 매수인은 일반적으로 행사할 수 있는 손해배상, 의무이행, 대금감액, 수선청구의 구제수단은 행사할 수 있다.[356] 다만 본질적 계약위반이 없는 경우, 위험부담 이전 후 추가로 발생한 훼손 등 부적합이 있으면, 매수인은 위험 이전시에 존재하는 의무위반 부분에 대하여만 손해배상, 의무이행, 대금감액, 수선청구 등을 할 수 있다. 따라서 본질적 계약위반이 아닌 의무위반의 경우에는 위험부담 이전에 관한 제67조, 제68조, 제69조의 일반원칙이 그대로 적용되는 것이다.

355) Honnold, *supra* note 17, at 545－46 참조.
356) Schlechtriem & Schwenzer, *supra* note 14, at 998.

(5) 매도인 및 매수인의 의무에 공통되는 규정

가. 事前的 계약위반(anticipatory breach)

1) 의 의

미국 계약법상 계약의 이행기까지 기다리지 않더라도 이행기 전에 상대방의 계약위반이 명백히 예상되는 행위 또는 상태에 있게 되는 경우에는 이행기 전에도 계약위반에 대한 구제를 할 수 있도록 인정하는 사전적 계약위반(anticipatory breach)의 법리가 있는데, 협약은 이러한 법리를 수용하고 있는 것이다. 사전적 계약위반의 법리는 계약 이행기 이전에 이미 명백히 계약위반이 예상되는 행위 또는 상태에 있는 경우에도 이행기가 도래할 때까지 기다려서 이행기에 계약위반이 된 경우에만 그 때 계약위반으로 인한 구제수단으로서 계약해제 등을 할 수 있도록 한다면, 계약위반으로 인한 권리구제의 시기가 이행기가 도래할 때까지 지연된다는 문제점을 해결하기 위하여 인정되는 제도이다. 사전적 계약위반의 법리가 적용되면, 이행기 전에 이미 계약상 이행이 불가능하게 되는 행위를 상대방이 한 경우에는 이행기까지 기다리지 않고 바로 계약위반으로 인정하여, 계약 위반시 취할 수 있는 구제수단을 상대방이 위반자에 대하여 행사할 수 있게 된다.

2) 사전적 계약위반과 의무이행의 정지

협약 제71조 제1항에 따르면 계약체결 후 상대방의 이행능력 또는 신용의 중대한 결함이나 계약이행의 준비 또는 이행에 관한 상대방의 행위를 통하여 상대방이 의무의 실질적인 부분을 이행하지 아니할 것이 외관상 분명하게 된 경우에는, 당사자는 자신의 의무이행을 정지할 수 있다.[357] 예컨대, 계약대상이 되는 물품의 수요가 급증하자 매도인이 보유하던 물품을 전부 계약금액보다 고가로 제3자에게 매도함으로써 계약이행기까지 당해 물품과 같은 종류의 물품을 매도인이 제조하거나 구입하는 것이 불가능 경우가 전형적인 이행이전의 계약위반이다. 이행이전의 계약위반의 효과로서 주의할 점은 이행이전의 계약위반이 인정되면, 계약을 위반하지 않은 당사자는 자신의 의무이행을

357) 협약 제71조 제1항.

정지할 수 있을 뿐이며 계약이 자동적으로 해제되거나 계약상 의무가 면제되는 것은 아니다.

또한 이러한 사전적 계약위반으로 인정될 수 있는 사유가 명백하게 되기 전에 매도인이 물품을 발송한 경우에는, 매수인이 물품수령을 표창하는 증권을 소지하고 있더라도 매도인은 매수인에게 물품이 교부되는 것을 저지할 수 있다.[358] 다만, 매도인이 물품의 인도를 저지할 수 있는 권리는 매도인과 매수인 간에만 적용되며 제3자의 권리에는 영향을 미치지 않는다.[359] 매수인이 선하증권과 같이 물품인도청구권을 표창하는 유가증권을 소지하여 이를 제시하더라도 매도인은 매수인에게 물품이 교부되는 것을 저지할 수 있다. 본 조항은 매도인이 물품을 발송한 후에 사전적 계약위반에 해당되는 사유를 발견한 경우에 매도인으로 하여금 매수인에게 물품이 인도되는 것을 저지할 수 있는 권한을 부여한 것이다. 특히 운송물의 반환청구권을 표창하는 선하증권이 발행된 경우에는 일반적인 경우에는 선하증권의 소지인이 이를 제시하여 운송인으로부터 물건을 수령할 수 있는 것인데, 협약은 이러한 유가증권이 발행된 경우에도 매도인과 매수인 사이에서는 선하증권소지인이 매수인인 경우에는 사전적 계약위반이 있는 경우에는 매도인이 물품의 인도를 저지할 수 있도록 한 것이다.

사전적 계약위반을 이유로 이행을 정지한 당사자는 즉시 상대방에게 그 정지사실을 통지하여야 하며, 상대방이 그 이행에 관하여 적절한 보장(adequate assurance)를 제공한 경우에는 이행을 계속하여야 한다.[360] 사전적 계약위반의 경우에 상대방이 적절한 보장을 제공한 경우에 계약위반에 대한 구제수단을 행사할 수 없도록 하는 점은 미국 계약법상 사전적 계약위반의 제도와 같다. 적절한 보장은 계약이행을 담보하기 위하여 위반자가 상대방에게 제공하는 것을 말하는데, 적절한 보증 또는 담보의 제공 등이 이에 해당한다.

3) 사전적 계약위반과 계약의 해제

계약의 이행기 전에 당사자 일방이 본질적인 계약위반을 할 것이 명백한

---

358) 협약 제71조 제2항.
359) 협약 제71조 제2항 단서.
360) 협약 제71조 제3항.

경우에는 상대방은 계약을 해제할 수 있다.[361] 사전적 계약위반으로 계약을 해제하려면 그 사전적 계약위반이 본질적 계약위반에 해당하는 경우에만 계약해제가 허용된다. 사전적 계약위반으로 단순히 이행을 정지하거나 물품의 인도를 저지하려는 경우에는 본질적 계약위반에 해당할 것이 요구되지 않으나, 계약을 해제하려면 사전적 계약위반이 본질적 계약위반에 해당할 정도가 되어야 한다.

사전적 계약위반으로 계약을 해제하려는 경우에도 **시간이 허용하는 경우**에는, 계약을 해제하려는 당사자는 상대방이 이행에 관하여 적절한 보장을 제공할 수 있도록 합리적인 통지를 하여야 한다.[362] 상대방이 이러한 통지를 받고 적절한 보장을 제공한 경우에는 계약해제를 하지 못한다고 보아야 한다. 적절한 보장은 계약이행을 보장하기 위하여 제공하는 수단을 말하는데, 예컨대, 계약이행에 대한 담보나 보증을 제공하는 것을 의미한다. 그러나 상대방이 의무를 이행하지 않겠다고 선언한 경우에는 계약해제 의사를 사전 통지하여 상대방이 적절한 보장을 제공할 기회를 제공할 필요가 없다.[363]

나. 분할인도계약(installment contracts)

분할인도계약이란 당사자가 계약상 그 물품의 인도를 2회 이상 여러 번 나누어 분할하여 이행할 것으로 약정한 계약을 말한다. 분할인도계약은 대금지급 방법과는 관계없이 성립하므로, 분할인도계약이 되기 위해서 각 분할부분에 대하여 대금지급도 분할하여 지급될 필요는 없다.[364] 그러나 계약시 분할인도 조건을 합의하지도 않았는데도 불구하고, 계약된 물량의 일부만을 인도한 경우에는 이는 인도의무의 위반으로서 **일부인도**에 해당한다.

협약은 계약 전체에 대한 해제(협약 제49조) 또는 일부인도의 경우 해제(협약 제51조)와는 별도로 분할인도계약에서 분할부분에 대한 해제가 가능하다는 전제하에 분할인도계약의 해제와 관련한 규정을 두고 있다. 따라서, 분할인도

361) 협약 제72조 제1항.
362) 협약 제72조 제2항.
363) 협약 제72조 제3항.
364) Honnold, *supra* note 17, at 399 n.1.

계약과 일부인도는 구별되어야 한다.

1) 당해 분할부분의 계약 해제(협약 제73조 제1항)

물품의 분할인도계약에서, 어느 분할부분에 관한 당사자 일방의 의무 불이행이 그 분할부분에 관한 본질적 계약위반이 되는 경우에는 상대방은 그 분할부분에 관한 계약을 해제할 수 있다.[365] 특정 분할부분이 본질적 계약위반에 해당하는 경우에, 그 특정 분할부분의 계약위반이 전체 계약의 본질적 계약위반이 되지 않는 때에도, 당사자는 그 특정 분할부분에 대해서만 계약을 해제할 수 있다.[366] 이 조항에 따른 분할인도계약의 해제는 **매도인 또는 매수인**이 모두 행사할 수 있다. 이와 달리 일부인도의 경우의 해제를 규정하는 협약 제51조에 따른 해제는 **매수인**만 행사할 수 있다.[367]

2) 장래 분할부분의 계약 해제(협약 제73조 제2항)

기존 분할부분에 대한 당사자 일방의 의무 불이행으로 장래 이행할 분할부분에 대하여 본질적 계약위반이 발생할 것이라고 판단할 충분한 근거가 되는 경우에는, 상대방은 그로부터 합리적인 기간 내에 장래를 향하여 계약을 해제할 수 있다.[368] 장래 이행 분할부분에 대하여 본질적 계약위반을 할 것이 **'명백'하지 않아도** 본질적 계약위반을 **추단할 수 있는 충분한 근거만 있으면** 본 조항의 해제권을 행사할 수 있다.[369] 이점에서 본 조항의 해제권의 요건은 본질적 계약위반을 할 것이 **'명백한'** 경우에만 행사할 수 있는 이행기전 계약위반에 대한 해제권(협약 제72조)보다 덜 엄격하고 주관적인 요건이다.[370] 또한 본 조항을 적용하려면, 기존 분할부분의 불이행만 있으면 되고 그 심각성의 정도는 상관없으므로[371], 해당 기존 분할부분의 불이행이 반드시 본질적 계약위반이 아니어도 된다. 따라서 기존 분할부분들의 일련의 불이행이, 개별적으로는 본질적 계약위반이 아니거나 본질적 계약위반을 추단하는 데에 충분한 근거가

---

365) 협약 제73조 제1항.
366) Secretariat Commentary on article 64 of the 1978 Draft, comment 2.
367) Secretariat Commentary on article 64 of the 1978 Draft, comment 3, n.1.
368) 협약 제73조 제2항.
369) Secretariat Commentary on article 64(2) of the 1978 Draft, comment 5.
370) Honnold, *supra* note 17, at 401.
371) Secretariat Commentary on article 64(2) of the 1978 Draft, comment 6.

되지 못하는 경우에도, 총체적으로 보면 장래 이행할 분할부분에 대하여 본질적 계약위반이 발생할 것으로 추단되면, 장래를 향하여 장래 분할부분에 대하여 계약을 해제할 수 있다.[372]

또한 기존 분할부분의 불이행과 장래 분할부분의 불이행이 상호 의존관계에 있을 필요도 없다. 이 조항에 따른 해제는 **매도인 또는 매수인**이 모두 행사할 수 있다.

3) 상호 의존관계가 있는 분할부분의 해제(협약 제73조 제3항)

매수인이 어느 인도된 분할부분에 대하여 계약을 해제하는 경우, 매수인은 그 부분과의 **상호 의존관계로 인하여** 이미 행해진 인도 또는 장래에 행해질 인도가 계약체결시 당사자가 예상했던 목적으로 사용될 수 없는 경우에는 이미 행해진 인도 또는 장래의 인도에 대해서도 **동시에** 계약을 해제할 수 있다.[373] 본 조항을 적용하여 인도된 어느 분할부분에 대한 매도인의 본질적 계약위반으로 매수인이 그 분할부분의 계약을 해제하면서 관련 분할부분까지 계약을 해제하려면, ① 그 해제하는 당해 분할부분과 **상호 의존관계**가 있는 분할부분으로서 ② 그 상호 의존관계 때문에 **관련 분할부분이 예상했던 목적으로 사용할 수 없게 되어야 한다**. 따라서 상호 의존관계가 없는 분할부분은 본 조항에 의하여 해제할 수는 없다.

또한 본 조항에 의하여 상호 의존관계가 있는 과거 또는 장래의 분할부분까지 해제하려면, 매수인은 어느 분할부분을 해제할 때 이와 **동시에** 관련 분할부분을 해제하여야 한다.[374] 상호 의존관계가 있으면 그 인도가 과거 분할부분이든 장래 분할부분이든 관계없이 동시에 해제의 대상이 될 수 있다. 본 조항은 매수인이 해제할 수 있는 관련 분할부분의 최대 범위를 규정한 것으로서, 매수인은 실제 해제 가능한 관련 분할부분의 전부를 해제할지 아니면 그보다 적은 부분만 해제할지 선택할 수 있다.[375] 매수인이 과거 분할부분을 해제한 경우에는 이미 이행된 대금지급과 인도받은 물품은 협약 제81조에 따라 반환

372) Secretariat Commentary on article 64(2) of the 1978 Draft, comment 6.
373) 협약 제73조 제3항.
374) Secretariat Commentary on article 64(3) of the 1978 Draft, comment 7.
375) Schlechtriem & Schwenzer, *supra* note 14, at 1055.

하여야 한다.[376)]

상호 의존관계에 있는 분할부분의 해제는 '**매수인**'만 행사할 수 있으며,[377)] 매도인은 행사할 수 없다.

다. 손해배상

1) 손해배상액의 범위: 전보배상 및 예견가능성

손해배상액은 계약위반의 결과로 상대방이 입은 손실에 상당한 금액이 되며, 손실에는 이익의 상실(loss of profit)도 포함된다.[378)] 손해배상액은 계약위반 당사자가 계약 체결시에 알았거나 알 수 있었던 사실과 사정에 비추어 계약위반의 결과 발생할 것이라고 예견하였거나 예견할 수 있었던 손실을 초과할 수 없다.[379)] 손해배상의 범위에 관하여 규정하고 있는 협약 제74조는 손해배상과 관련한 두 가지 중요원칙을 규정한 것이다. 첫째, 협약상 손해배상은 손해의 전보를 목적으로 하는 전보배상임을 선언하고 있다. 손해를 전보하는 범위를 넘어서는 손해배상을 허용하지 않는다. 따라서 입법에 따라 징벌적 손해배상이나 3배 배상과 같이 실손해의 범위를 넘는 손해배상을 허용하는 국가도 있으나, 협약상 손해배상에는 이러한 배상은 허용되지 않는다. 둘째, 예견가능성을 기초로 배상의 대상이 되는 손실인지 여부를 판단한다. 즉 계약체결시 계약위반의 결과 예견 가능한 손실을 한도로 손해배상을 하도록 하고 있다. 계약위반으로 발생한 손해라도 계약위반 당사자가 계약체결시에 이러한 손해가 발생할 것이라는 것을 예견할 수 없었던 경우에는 손해배상의 대상이 되지 않는다.

손해배상의 범위에 대해서 규정하고 있는 협약 제74조의 적용에 있어서 주의할 점은 이 조항이 당사자의 합의로 배제하거나 제한할 수 있는 조항이라는 것이다. 당사자는 협약 전체의 적용을 배제할 수 있을 뿐 아니라 협약의 특정조항의 적용을 배제하거나 그 효과를 변경할 수 있는데(협약 제6조), 손해배상을 규정한 협약 제74조도 예외가 아니다. 따라서 실손해 전보와 예견가능성을

---

376) Schlechtriem & Schwenzer, *supra* note 14, at 1055.
377) *Id.* at 1053.
378) 협약 제74조 제1문.
379) 협약 제74조 제2문.

전제로 규정한 협약 제74조의 규정과 달리 당사자가 합의한 경우에는 그러한 특약이 협약에 우선하게 된다. 예컨대, 당사자가 실손해 금액과 관계없이 일정한 금액을 위약금 또는 손해배상의 예정으로 합의한 경우에는 그러한 합의가 우선한다. 또한 손해배상의 범위를 제한하는 합의도 유효하다. 예컨대, 당사자의 합의로 계약위반시 손해배상은 실제 발생한 손해를 배상하기로 하되, 결과적 손해(consequential damage)와 우발적 손해(incidental damage)는 배상하지 않기로 하는 합의를 한 경우에는 그러한 손해는 예견가능성 여부와 관계없이 배상하지 않게 된다.

2) 대체물 매수 또는 재매매의 경우

계약해제 후 매수인이 대체물을 매수하거나 매도인이 당해 물품을 제3자에게 재매도한 경우에, 합리적인 방법으로 합리적인 기간내에 대체물 매수 또는 물품의 재매각이 이루어진 경우에 한하여, 계약대금과 대체거래금액의 차액과 그 외의 손해로서 협약 제74조에 해당하는 손해를 손해배상으로 청구할 수 있다.[380] 본 조항은 손해배상액의 산정과 입증을 간편하게 할 수 있도록 규정한 것인데, 대체거래가 현실적으로 이루어진 경우에는 대체거래의 가격과 계약금액과의 차액에 대해서는 산술적으로 계산하여 산정한 금액을 당연한 손해배상으로 인정한 것이다. 다만, 대체거래가 합리적인 방법과 합리적인 기간이라는 요건을 준수하여 이루어진 경우에만 이러한 손해배상 산정방법을 사용할 수 있다.

합리적인 방법과 합리적인 기간이라는 요건이 대체거래에 요구되는 이유는 대체거래에 아무런 제한이 없을 경우에는 손해배상을 청구할 수 있는 당사자가 대체거래의 시기 또는 방법을 임의로 선택함으로써 손해배상액을 인위적으로 조절하는 권한 남용의 경우가 발생할 수 있기 때문이다. 예컨대, 즉시 대체거래를 할 경우에 보다 저렴한 가격으로 매수하거나 보다 높은 가격으로 매도할 수 있음에도 불구하고, 계약시기를 지연함으로써 보다 불리한 가격조건으로 매수 또는 매도하는 경우가 발생할 수 있다. 대체거래에 대한 합리적인 시기의 제한이 없다면, 거래시기의 인위적인 조작으로 인한 대체거래 가격의 증

380) 협약 제75조.

가 또는 감소로 인한 손해배상액의 증가가 있더라도 계약위반 당사자는 이러한 손해산정액에 대해서도 배상을 하여야 하는 불합리한 점이 발생할 수 있기 때문이다. 또한 거래 방법에 있어서도 복수의 당사자에게 매도 또는 매수 가능성을 타진하는 등 다른 유리한 거래 방법이 있을 수 있음에도 이를 알아 보지도 않고, 자기가 알고 있는 기존 거래처에만 연락을 하고 거래조건도 상당히 할인한 조건으로 매각하는 등 매각의 편의에만 치중하여 거래를 한 경우에는 합리적인 방법으로 매각한 것이라고 보기 어렵다. 결국 합리적인 방법과 합리적인 시기라는 제한을 대체거래에 요구하는 취지는 손해배상의 산정의 기준이 되는 대체거래 가격의 합리성을 보장하려는 것이다.

협약 제75조는 대체거래 가액과 계약대금과의 차액으로 산정되는 손해액은 별도의 증명이 없이도 손해배상을 청구할 수 있도록 하는 것이며, 계약위반으로 인한 다른 손해가 있는 경우에 그 청구를 금지하는 것은 아니다. 따라서 대체거래를 기준으로 산정되는 손해액 이외에 다른 손해가 있는 경우에는 협약 제74조에 따라 그 손해액과 예견가능성을 증명하여 손해배상을 청구할 수 있다(협약 제75조 후단, 협약 제74조).

3) 시가가 있는 경우

시가(current price)가 있는 물품에 대하여 계약을 해제한 경우에는, 매수인의 대체물 매수 또는 매도인의 재매각이 실행되지 않고서도 계약상 매매대금과 계약 해제시의 시가의 차액과 기타 손해를 손해배상으로 청구할 수 있다.[381] 그러나 손해배상을 청구하는 당사자가 물품을 수령한 이후에 계약을 해제한 경우에는 해제시 시가가 아닌 물품 수령시 시가를 기준으로 계약대금과 시가와의 차액을 산정한다.[382] 시가와 계약금액의 차액을 손해배상액으로 산정할 수 있도록 간편하게 인정한 규정이다. 주의할 점은 시가를 기준으로 손해배상을 청구하려면, 대체거래를 실행한 바가 없어야 한다. 이미 대체거래를 실행한 경우에는 시가를 기준으로 한 손해배상액을 이용할 수 없다. 따라서 시가에 의하여 손해배상을 받고자 하는 당사자는, 대체거래를 하지 않고 있는 상태에

381) 협약 제76조 제1항 본문.
382) 협약 제76조 제1항 단서.

서만 시가에 의한 손해배상을 청구할 수 있다.

시가는 지역에 따라서 차이가 있을 수 있으므로, 협약에서는 원칙적으로 물품이 인도되었어야 할 장소에서의 지배적인 가격이 시가가 되나, 그 장소에 시가가 없는 경우에는 물품의 운송비용의 차액을 적절히 고려하여 합리적으로 대체할 수 있는 다른 장소에서의 가격이 시가가 된다.[383] 예컨대, 물품을 인도할 장소가 있는 국가에서는 당해 물품이 제조되거나 판매되지 않고 있어서 시가가 사실상 존재하지 않는 경우에는, 물품의 제조 또는 판매되고 있는 인접국가 또는 제3국에서의 물품 가격에 그 국가로부터 계약상 인도 예정지까지의 거리와 운송비용을 감안하여 가산한 금액이 시가가 된다.

시가와 계약금액의 차액으로 산정되는 손해액 이외에 계약위반으로 인하여 입은 다른 손해가 있는 경우에는 그러한 손해에 대해서는 협약 제74조에 따라 손해액과 예견가능성을 증명하여 추가로 손해배상을 청구할 수 있다(협약 제76조 제1항 본문 후단, 협약 제74조).

4) 대체물 매수 또는 재매매의 경우와 시가가 있는 경우와의 관계

손해배상액을 산정하는 방법으로서, 협약 제75조는 대체거래가 있는 경우를 규정하고, 협약 제76조는 대체거래가 없지만 시가가 있는 경우를 규정하고 있다. 손해배상을 청구하는 당사자는 상대방의 계약위반이 있는 경우에 계약대상 물건이 시가가 있다면, 대체물 매수 또는 재매매를 하여 대체거래 가액과 계약금액의 차액에 따른 손해배상을 청구하거나, 이러한 대체거래를 함이 없이 바로 시가에 따른 손해배상을 청구할 수 있다.

즉 손해배상을 청구하는 당사자는 두 가지 중 하나의 방법을 선택할 수 있으며, 어느 한 방법을 우선하여 선택하여야 하는 것은 아니다. 그리고 이러한 두 가지 방법 모두 원하지 않는다면, 협약 제74조에 따라 상대방의 계약위반으로 입은 손실과 예견가능성을 직접 증명하여 손해배상을 받을 수도 있다.

5) 손해경감조치의무

협약은 손해경감조치의무를 손해배상 청구권자에게 부과하고 있다. 계약

---

383) 협약 제76조 제2항.

위반을 주장하는 당사자는 그 위반으로 인한 손실을 경감하기 위하여 그 상황에서 합리적인 조치를 취하여야 한다.[384] 만약, 이러한 손해경감 조치를 취하지 아니한 경우에는 손해배상청구를 받은 상대방은 경감되었을 손실액만큼 손해배상액의 감액을 청구할 수 있다.[385]

이 조항은 영미 계약법상 인정되는 손해경감의무(duty to mitigate)와 같은 목적의 규정인데, 손해배상을 청구하는 자는 손해액이 부당히 증가하는 것을 막기 위하여 당해 상황에서 손해를 줄이기 위하여 가능한 조치를 하여야 할 의무가 있다. 예컨대, 가격의 급락이 예상되는 경우에는 신속하게 대체거래를 하여야 할 필요가 있으며, 쉽게 부패될 수 있는 물품인 경우에 그 물건의 부패로 다른 물건도 신속히 부패가 진행될 가능성이 있는 경우 이를 막을 수 있는 합리적인 긴급조치를 하여야 한다. 어차피 나중에 계약위반 당사자로부터 손해배상을 받으면 충분하다고 생각하여, 가격 폭락 시에도 신속한 조치를 취하지 않거나 상대방에 통지하여 신속한 조치를 취할 수 있도록 조력하지 아니한 경우에는 손해경감조치 의무를 위반한 것이 되어, 이러한 조치를 취하지 아니함으로써 증가된 손해에 대해서는 상대방은 그 금액만큼 손해배상액에서 감액을 청구할 수 있다.

라. 이 자

당사자가 대금 기타 연체된 금액을 지급하지 않는 경우에는, 그 금액에 대한 이자를 청구할 수 있다.[386] 이러한 이자의 청구는 손해배상청구권에는 영향을 미치지 않는다. 이자와 손해배상은 구별되므로, 손해배상 책임만 면책하는 협약 제79조에 근거하여 이자지급 의무의 면책을 주장할 수 없다.[387]

협약은 이자 지급에 대해서만 규정하고, 그 이자율에 대해서는 규정하지 않고 있다. 협약에 구체적인 이자율을 규정하는 것에 대해서 각국의 경제적, 정치적 입장의 차이가 있을 뿐 아니라 이슬람 국가의 경우에는 이자를 금지하

---

384) 협약 제77조 본문.
385) 협약 제77조 단서.
386) 협약 제78조.
387) Schlechtriem & Schwenzer, *supra* note 14, at 1115.

는 종교적 입장 때문에 협약상 이자율을 규정하는 방법에 대하여 의견의 일치를 볼 수 없었기 때문이다.[388]

협약이 이자율 결정방법에 대하여 명시적으로 규정하고 있지 않기 때문에 이자율의 결정 기준에 대하여 다양한 의견이 제시되고 있다.[389] 이자율 결정방법에 대한 의견은 협약의 일반원칙에 의하여 국제적으로 통일적인 원칙에 의하여 이자율을 정해야 한다는 견해와 국내법으로 결정하는 견해로 크게 나누어 지는데, 다수의 견해는 법정지 국제사법에 의하여 정해지는 국내법인 준거법에 의하여 이자율을 정하여야 한다고 한다.[390]

협약은 당사자자치를 인정하므로(협약 제6조) 이자율에 대하여 당사자가 합의한 이자율이 있으면 그에 따르고, 만약 그러한 합의가 없을 경우에는 협약에서 명시적으로 해결되지 아니하는 문제로서 제7조 제2항에 따라서 협약이 기초하고 있는 일반원칙, 그 원칙이 없는 경우에는 국제사법 규칙에 의하여 적용되는 법에 의하여 결정하여야 할 것으로 본다. 따라서 이자율에 대하여 협약이 기초하고 있는 기본 원칙에 대하여 국제적으로 통일된 의견이 없는 만큼, 제78조의 경우 이자율은 법정지 국제사법에 의하여 정해지는 국내법인 준거법에 의하여 결정하는 것으로 보는 것이 타당하다.

마. 면 책

1) 불가항력

i) 불가항력으로 인한 면책의 요건

협약은 일반적으로 불가항력에 의한 계약불이행의 경우 계약위반으로 인한 손해배상 책임을 면제하는 것에 해당하는 면책조항을 두고 있다. 협약에서 매도인 또는 매수인의 의무위반에 대한 손해배상책임(협약 제45조 제1항 나호, 제61조 제1항 나호)은 그 의무위반에 귀책사유가 요구되지 않으므로[391], 불가항력

---

388) *Id.* at 1111－12.

389) *Id.* at 1118－1125. 특히 CISG Advisory Council에서는 당사자가 합의한 이자율이 없는 경우에는, 채권자의 영업소가 있는 법원이 협약이 적용되지 않는 유사한 매매계약에 대해서 인정할 이자율을 적용하여야 한다고 본다 (CISG－AC Opinion No. 14. para 9).

390) Schlechtriem & Schwenzer, *supra* note 14, at 1118.

391) Secretariat Commentary on article 65 of the 1978 Draft, comment 15.

으로 인한 면책은 협약상 계약 불이행에 대한 이러한 엄격책임의 원칙에 대한 제한으로서 필요한 규정으로 볼 수 있다.[392] 불가항력으로 인한 면책의 요건으로서 당사자는 ① 의무 불이행이 자신이 **통제할 수 없는 장애**에 기인하였다는 것과 ② 계약 체결시에 그러한 장애를 고려하거나 그 장애 또는 그 결과를 회피하거나 극복하는 것이 합리적으로 기대될 수 없었다는 것을 증명하는 경우에는, 불가항력으로서 그 의무불이행에 대하여 책임이 없다.[393] 협약은 주관적 요건으로서 **예견불가능**의 경우뿐만 아니라 **회피불가능**의 경우에도 불가항력을 인정하므로, 예견불가능의 경우에만 불가항력을 인정하는 경우보다 불가항력의 범위가 넓다.

ii) 이행보조자를 사용한 경우의 불가항력

계약의 전부 또는 일부의 이행을 위하여 사용한 제3자의 불이행으로 인하여 계약의 불이행이 발생한 경우에는, 다음 두 가지 요건을 모두 갖추어야 계약 당사자는 면책된다. ① 계약 당사자가 불가항력에 의한 면책요건을 갖추어야 할 뿐 아니라 ② 당사자가 사용한 제3자에게도 당사자에게 적용되는 기준을 적용하였을 경우 면책이 될 때에만 당사자는 면책된다.[394]

iii) 일시적 장애와 면책의 기간

불가항력으로 인한 면책의 경우에는 장애가 존재하는 기간 동안에 효력이 있다.[395] 불가항력으로 인한 일시적 장애로 계약의 이행을 할 수 없는 경우에, 불이행 당사자는 그 일시적인 불이행에 대하여 손해배상책임이 면제되지만, 장애가 종료되면 계약상 의무를 이행하여야 한다.[396] 제79조의 면책은 손해배상 이외의 구제수단에는 효력을 미치지 아니하므로, 일시적 장애로 계약상 의무의 이행이 지체된 경우 그 이행지체가 본질적 계약위반에 해당하여 매수인은 계약을 해제하였다면(협약 제49조 제1항), 그후 일시적 장애가 나중에 종료되더라도 계약해제의 효력은 여전히 유효하다.[397]

---

392) Schlechtriem & Schwenzer, *supra* note 14, at 1129.
393) 협약 제79조 제1항.
394) 협약 제79조 제2항.
395) 협약 제79조 제3항.
396) Schlechtriem & Schwenzer, *supra* note 14, at 1146.

iv) 장애의 통지

불가항력으로 인한 불이행의 당사자는 장애가 존재한다는 사실과 그 장애가 자신의 이행능력에 미치는 영향을 상대방에게 통지하여야 한다. 불이행의 당사자가 장애를 알았거나 알 수 있었던 때로부터 합리적인 기간 내에 상대방이 그 통지를 수령하지 못한 경우에는, 불이행의 당사자는 불수령으로 인한 손해에 대해서는 책임이 있다.[398]

불이행의 당사자가 장애의 통지를 하지 않게 되면 통지의 '**불수령으로 인해 상대방에게 발생한 손해**'에 대해서만 책임을 지는 것이며, 면책이 인정되지 않고 불가항력으로 인한 불이행에 대한 손해배상의 책임이 생기는 것은 아니다.[399] 장애를 통지할 의무는 예기치 못한 장애로 인해 당사자가 전혀 이행을 할 수 없게 된 경우뿐만 아니라, 장애로 인해 원래의 이행 대신 상업적으로 합리적인 대체이행을 하려고 하는 경우에도 있다.[400] 또한 불이행의 당사자가 장애의 통지를 하였으나 그 통지가 상대방에게 도달하지 않은 경우에도, 통지 불수령으로 인해 상대방에게 생긴 손해에 대하여 배상할 책임이 있다.[401]

v) 손해배상청구권 이외의 권리에 미치는 영향

불가항력으로 인한 면책에 관한 규정은 손해배상 청구권 이외의 권리를 행사하는 것을 방해하지 않으므로, 면책 규정은 **손해배상청구**에 대해서만 영향을 미친다.[402] 불가항력으로 인한 면책이 인정되더라도 장애로 인한 불이행이 계약위반이라는 사실을 변경되지 않는다.[403] 따라서 불가항력으로 인한 면책의 요건을 갖추었더라도 계약위반에 대한 구제수단으로서 손해배상 이외의 권리를 상대방이 행사할 수 있는 경우에는 의무이행청구권, 대금감액권, 계약해제권 등을 행사할 수 있다.[404]

---

397) Schlechtriem & Schwenzer, *supra* note 14, at 1146.
398) 협약 제79조 제4항.
399) Secretariat Commentary on article 65 of the 1978 Draft, comment 15.
400) *Id.*
401) *Id.*
402) 협약 제79조 제5항.
403) Schlechtriem & Schwenzer, *supra* note 14, at 1149.
404) Secretariat Commentary on article 65 of the 1978 Draft, comment 15.

vi) 증명책임

불가항력으로 면책에 대한 증명책임은 장애로 인한 면책을 주장하는 불이행 당사자에게 있다. 불이행 당사자는 면책적 장애가 존재한다는 사실을 증명하여야 한다.[405] 협약 제79조 제4항 2문에 따라 장애의 통지 불수령으로 인한 손해배상을 청구하는 경우에, 그 손해를 청구하는 당사자가 통지 불수령 사실을 증명하여야 한다.

vii) 계약에 의한 불가항력 사유 및 효과의 변경

당사자는 협약 제79조의 적용을 배제하고, 불가항력 사유 및 그 효과에 대하여 협약과 달리 규정할 수 있다(협약 제6조). 실제로 국제계약에서는 불가항력에 대한 규정을 두면서, 불가항력의 정의 및 불가항력 사유의 예시적 열거, 불가항력 발생시 당사자의 권리와 의무, 불가항력의 효과로 해제권 발생여부 및 그 요건 등을 명시하는 경우가 일반적이다. 그러나 계약에서 불가항력 조항을 별도로 규정하는 것이 실무상 널리 사용되고 있다고 해서, 그것이 바로 협약 제9조 제2항에서 규정하는 관행(trade usage)이 되는 것은 아니며, 당사자가 명시적 또는 묵시적으로 그것을 인용하는 방법에 의하여 계약을 체결한 경우에만 관행으로서 적용이 문제된다.[406]

2) 자신의 행위에 기인한 불이행

상대방의 불이행의 자신의 작위 또는 불이행에 기인한 것에 대해서는, 불이행을 자초한 당사자는 상대방의 불이행을 주장할 수 없다.[407] 불이행 책임이 면제되는 범위는 채권자의 행위로 채무자가 그 이행을 방해받은 부분에 한정된다.[408]

본조에 의한 면책은 그 요건을 갖춘 경우에 계약 불이행 당사자에 대하여 손해배상을 포함한 모든 구제수단으로부터 면책시키는 효력이 있으나, 제79조에 의한 불가항력으로 인한 면책은 손해배상책임만 면책된다.[409]

---

405) Schlechtriem & Schwenzer, *supra* note 14, at 1153.
406) *Id.*
407) 협약 제80조.
408) Schlechtriem, *supra* note 50, at 105.
409) Schlechtriem & Schwenzer, *supra* note 14, at 1130, 1155–56.

바. 해제의 효력

1) 계약상 의무의 면제

계약해제의 효력으로 당사자는 계약상 의무를 면하게 되고 이미 이행을 받은 부분은 상대방에게 반환하여야 한다. 계약을 해제하면, 당사자 쌍방은 손해배상의무를 제외한 계약상의 의무를 면하게 된다.[410] 그러나 계약이 해제되더라도 분쟁해결조항이나 계약해제로 발생하는 당사자의 권리의무에 관한 계약조항에는 영향을 미치지 않는다.[411]

2) 이행부분의 반환

계약이 해제되면 계약의 전부나 일부를 이행한 당사자는 상대방에게 자신이 계약에 의하여 공급 또는 지급한 것의 반환을 청구할 수 있고, 당사자 쌍방이 반환을 하여야 하는 경우에는 동시에 반환하여야 한다.[412]

3) 계약해제권 또는 대체물인도청구권의 상실

i) 원 칙

매수인이 물품을 수령한 상태와 실질적으로 동일한 상태로 물품을 반환할 수 없는 경우에는 매수인은 계약을 해제하거나 매도인에게 대체물을 청구할 권리를 상실한다.[413]

ii) 예 외

그러나 ① 물품의 반환불능이나 수령상태와 실질적으로 동일한 상태로 반환할 수 없는 것이 매수인의 작위 또는 부작위에 기인하지 아니한 경우나 ② 물품의 전부 또는 일부가 매수인의 물품검사의무에 따른 검사의 결과로 멸실 또는 훼손된 경우 또는 ③ 매수인이 부적합을 발견하였거나 발견하였어야 했던 시점 이전에, 물품의 전부나 일부가 정상적인 거래과정에 의하여 매각되거나 통상의 용법에 따라 소비나 변형된 경우 등에는, 물품을 수령상태와 동일한

---

410) 협약 제81조 제1항 전문.
411) 협약 제81조 제1항 후문.
412) 협약 제82조 제2항.
413) 협약 제82조 제1항.

상태로 반환할 수 없는 경우에도 계약해제권 또는 대체물인도청구권은 상실되지 않는다.[414)]

iii) 다른 구제수단과의 관계

매수인은 계약해제권 또는 대체물인도청구권을 상실하는 경우에도, 계약과 협약에 따른 다른 구제수단은 그대로 보유한다.[415)]

4) 이자와 과실의 지급

i) 이 자

매도인이 대금을 반환하여야 하는 경우에, 매도인은 대금을 지급받은 날부터 그에 대한 이자도 지급하여야 한다.[416)]

ii) 과 실

① 매수인이 물품의 전부나 일부를 반환하여야 할 경우나 ② 물품의 전부나 일부를 반환할 수 없거나 수령상태와 실질적으로 동일한 상태로 물품의 전부나 일부를 반환할 수 없음에도 불구하고 매수인이 계약을 해제하거나 대체물의 인도를 청구한 경우 등에는 매수인은 그 물품으로부터 발생된 모든 이익을 매도인에게 지급하여야 한다.[417)]

사. 물품의 보관

1) 매도인의 물품보관 의무

매도인은 매수인이 물품의 수령을 지체하거나 대금지급과 물품인도가 동시에 이행되어야 하는 경우에 매수인이 대금을 지급하지 아니하는 경우로서, 매도인이 물품을 점유하거나 기타 방법으로 그 처분을 지배할 수 있는 경우에는 물품을 보관하기 위하여 합리적인 조치를 취하여야 한다.[418)]

매도인은 매수인으로부터 보관과 관련된 합리적인 비용을 상환 받을 때까지 그 물품을 유치할 수 있다.[419)]

---

414) 협약 제82조 제2항.
415) 협약 제83조.
416) 협약 제84조 제1항.
417) 협약 제84조 제2항.
418) 협약 제85조 전문.

2) 매수인의 물품보관 의무

i) 보관의무

매수인은 물품을 수령한 후 그 물품을 거절(reject)하기 위하여 계약 또는 협약상 권리를 행사하려고 하는 경우에는, 물품을 보관하기 위한 합리적인 조치를 취하여야 한다.[420] 매수인은 매도인으로부터 보관에 소요된 합리적인 비용을 상환 받을 때까지 물품을 유치할 수 있다.[421]

ii) 점유취득의무

매수인에게 발송된 물품이 목적지에서 매수인의 처분하에 놓여졌으나 매수인이 그 물품을 거절하는 권리를 행사하는 경우에도, 대금지급 없이 그리고 불합리한 불편이나 불합리한 비용의 부담없이 점유할 수 있는 경우에 한하여 매수인은 매도인을 위하여 그 물품을 점유하여야 한다.[422] 그러나 목적지에 매도인이나 매도인을 위하여 물품을 관리할 수 있는 권한을 가진 자가 있는 경우에는 매수인의 점유취득의무는 없다.[423] 매수인이 점유취득의무에 따라 물품을 점유하는 경우에도 보관에 필요한 합리적이 조치를 취하여야 하며, 보관에 소요된 합리적인 비용을 상환받을 때까지 그 물품을 유치할 수 있다.[424]

3) 보관을 위한 창고임치

물품을 보관하기 위한 조치를 취하는 당사자는 그 비용이 불합리하지 아니한 한 상대방의 비용으로 물품을 제3자의 창고에 임치할 수 있다.[425]

4) 물품의 매각

물품의 보관의무가 있는 당사자는 상대방이 물품을 점유하거나 반환받는 것 또는 대금이나 보관비용의 지급하는 것을 불합리하게 지체하는 경우에는 상대방에게 매각의사를 **합리적으로 통지**하면 적절한 방법으로 물품을 매각

---

419) 협약 제85조 후문.
420) 협약 제86조 제1항 전문.
421) 협약 제86조 제1항 후문.
422) 협약 제86조 제2항 1문.
423) 협약 제86조 제2항 2문.
424) 협약 제86조 제2항 3문.
425) 협약 제87조.

할 수 있다.[426] 적절한 방법으로 매각하면 되므로 반드시 경매에 의할 것이 요구되지 않는다.

물품이 급속히 훼손되기 쉽거나 보관에 불합리한 경비를 요하는 경우에는 물품 보관의무가 있는 당사자는 물품을 매각하기 위한 합리적인 조치를 취하여야 하며, **가능한 한도**에서 상대방에게 매각의사를 통지하여야 한다.[427]

물품을 매각한 당사자는 매각대금에서 물품을 보관하고 매각하는데 소요된 합리적인 비용에 상당하는 금액을 보유할 권리가 있으며, 그러한 비용을 공제한 잔액은 상대방에게 반환하여야 한다.[428]

5. 협약의 최종규정

(1) 협약의 수탁자 및 다른 국제협정과의 관계

가. 협약의 수탁자

국제연합 사무총장은 협약의 수탁자가 된다.[429] 협약의 수탁자는 체약국이 되고자 하는 국가로부터 협약의 가입서등을 기탁받으며(협약 제99조 제1항, 제2항), 각종 유보선언의 통고를 수령하고(제97조 제2항), 협약의 폐기 통고를 수령한다(제101조 제1항).

나. 협약과 다른 국제협정과의 관계

이미 발효하였거나 또는 향후 발효하게 될 국제협정이 협약이 규율하는 사항에 관한 규정을 두고 있는 경우에, 협약은 그러한 국제협약에 우선하지 아니한다.[430] 다만, 그러한 다른 국제협정이 협약에 우선하는 효력을 가지려면 당사자가 그 협정의 당사국에 영업소를 가지고 있어야 한다.[431]

---

426) 협약 제88조 제1항.
427) 협약 제88조 제2항.
428) 협약 제88조 제3항.
429) 협약 제89조.
430) 협약 제90조 본문.
431) 협약 제90조 단서.

(2) 유보선언

가. 제92조 유보선언: 제2편 또는 제3편 적용배제

1) 유보선언의 내용 및 시기

제92조는 체약국은 협약의 제2편 또는 제3편에 구속되지 아니한다는 유보선언을 할 수 있도록 하고 있다(제92조 제1항). 본조의 유보선언은 체약국이 협약에 서명, 비준, 수락, 승인 또는 가입시에만 할 수 있다.

2) 유보선언의 효과

이러한 유보선언을 한 체약국에 대해서는 유보선언에서 적용을 배제한 제2편 또는 제3편이 적용되지 않고, 적용이 배제되지 않은 협약부분만 적용된다. 유보선언으로 적용이 배제되는 편에서 규율하는 사항에 대해서는 당해 국가를 협약의 적용범위를 결정하는 제1조 제1항의 적용에 있어서는 체약국으로 보지 아니한다(제92조 제2항).

이러한 유보선언을 허용하는 이유는 체약국이 '계약의 성립문제'에 대해서만 협약이 적용되고 '당사자의 권리의무'에 대해서는 협약의 적용을 배제하기를 원하는 경우 또는 그와 반대로 체약국이 '당사자의 권리의무' 문제에 대해서만 협약이 적용되고 '계약의 성립문제'에는 협약을 배제하기를 원하는 경우에 그러한 선택이 가능하도록 하기 위함이다. 유보선언에서 적용을 배제한 편은 결국 협약 대신 준거법이 적용된다.

3) 유보선언과 제55조의 대금확정과의 관계

본조의 유보선언은 제55조의 적용과 관련된다. 제55조는 **계약이 유효하게 성립되었으나** 그 대금을 명시적 또는 묵시적으로 정하고 있지 아니하거나 이를 정하기 위한 조항을 두지 아니한 경우에, 대금을 보충하는 조항이다. 그러나 제55조는 협약 제2편과 제3편이 모두 적용되는 통상적인 체약국에는 적용되기 어려운 조항이다. 협약 제2편이 적용되는 경우 청약의 요건을 규정하는 협약 제14조 제1항에 따라 대금은 청약에 필수적인 사항이므로, 매매 대금을 명시적 또는 묵시적으로 정하고 있지 않거나 그 결정을 위한 규정이 없는 경우에는 협약 제14조 제1항에 규정된 청약이 충분히 확정적일 것이라는 요건을 갖추지 못하여, 결국 그 청약은 유효하지 아니하다. 따라서 그 경우에 유효한 청약이 없으므로 계약이 성립되는 경우란 있을 수 없다. 그러한 경우에도 계약이 유효하게 성립되려면, 결국 협약 제2편에 규정된 청약의 요건의 적용이 배제되어야 한다.

따라서 제55조는 제92조의 유보선언으로 계약의 성립문제인 제2편의 적용을 배제한 체약국인 경우에만 적용이 가능하다. 특히 제2편의 적용을 배제한 체약국이 있는 경우, 계약성립 문제에 대한 준거법에 의하면 매매계약에 대금을 명시적 또는 묵시적으로 정하고 있지 아니한 때에도 계약이 유효하게 성립되는 것을 인정하여야 제55조가 적용이 가능하다.

나. 제93조 유보선언: 일국 수법국가

1) 유보선언의 내용과 취지

제93조는 일국 수법체계를 가지고 있는 연방국가와 같은 경우 행사할 수 있는 유보선언을 규정하고 있다. 그러한 연방국가의 경우 협약이 그 국가의 모든 영역에 적용되는지 아니면 일부 영역에만 적용되는지를 선택이 가능하도록 한 것이다.

제93조 제1항에 의하면, 체약국이 협약이 적용되는 사항에 대하여 서로 다른 법체계가 적용되는 2개 이상의 영역을 가지고 있는 경우에는 협약이 전체 영역에 적용되는지 아니면 일부 영역에만 적용되는지 여부에 대한 유보선언을 할 수 있다. 이러한 유보선언은 협약의 가입시 등(서명, 비준, 수락, 승인, 가입)에만 할 수 할 수 있으나, 체약국은 그 후 새로운 선언으로 언제든지 이전의 선언을 수정하는 것이 허용된다.

2) 유보선언의 절차 및 효과

절차상 제93조의 유보선언은 수탁자인 국제연합 사무총장에게 통고하여야 하며, 그 통고에 협약이 적용되는 영역을 명시하여 하여야 한다(제93조 제2항). 본조에 따라 일부 영역에만 적용되는 것으로 유보선언을 한 체약국의 경우, 당사자의 영업소가 그 국가에서 협약이 적용되는 영역에 있는 경우에는 그 영업소는 체약국에 있는 것으로 본다. 그러나 협약이 적용되지 아니하는 영역에 당사자의 영업소가 있는 경우에는 그 영업소는 체약국에 있지 아니한 것으로 본다(제93조 제3항).

3) 유보선언을 하지 않은 경우

일국 수법체계를 가지고 있는 체약국이 제93조의 유보선언을 하지 아니한 경우에는 협약은 그 국가의 전체영역에 적용된다(제93조 제4항).

다. 제94조 유보선언: 유사한 법체계를 가진 국가 상호간

1) 유보선언의 취지

제94조의 유보선언은 국제매매와 관련하여 동일하거나 유사한 법체계를 가지고 있는 국가 상호간에는 협약을 적용하는 것보다는 오히려 당해 국가들의 법체계를 그대로 적용하는 것이 더 효율적일 수 있다는 고려하에 허용되는 유보선언이다. 이러한 유보선언을 한 경우, 유보선언의 대상인 국가에 영업소가 있는 경우에는 협약이 적용되지 않고, 그 대신 당사국간의 유사한 법체계가 적용될 수 있다.

2) 유보선언의 구조: 체약국간 유보선언과 체약국 · 비체약국간 유보선언

제94조 제1항은 **체약국 상호간**에 그러한 유사한 법체계를 가지고 있는 경우, 협약의 적용을 배제하는 유보선언을 허용하는 규정이다. 제94조 제2항은 **체약국과 비체약국**이 상호 유사한 법체계를 가지는 경우, 체약국이 협약의 적용을 배제하는 유보선언을 허용하는 규정이다. 특히 체약국이 비체약국과 유사한 법체계로 협약의 적용을 배제하는 유보선언을 한 후에, 유보선언의 대상이 된 비체약국이 체약국으로 된 경우에는 비체약국에서 체약국으로 전환된 그 국가에 대하여 협약의 효력이 발생한 날부터 체약국간의 유보선언인 제1항의 유보선언으로서 효력을 가지게 된다(제94조 제3항).

3) 유보선언의 예

이러한 유보선언은 서로 인접한 국가로서 법체계와 문화적으로 유사한 국가인 경우에 그 효용성이 크다. 실제로 덴마크, 핀란드, 아이슬란드, 노르웨이, 스웨덴 등 북유럽 5개국은 당사자의 영업소가 이들 국가에 있는 경우에는 협

약의 적용을 배제하는 제94조의 유보선언을 하였다.[432]

라. 제95조 유보선언: 협약 제1조 제1항 나호 적용배제

1) 유보선언의 내용

제95조의 유보선언은 당사자 쌍방의 영업소가 모두 체약국에 있는 경우에만 협약이 적용되도록 하고, 당사자 일방의 영업소가 비체약국에 있는 경우에는 적용을 배제하려는 목적에서 하는 유보선언이다. 이러한 유보선언을 한 체약국은 협약 제1조 제1항 (나)호에 구속되지 아니하므로, 협약 제1조 제1항 (가)호의 요건을 갖춘 경우에만 협약이 적용된다.

2) 유보선언의 예

이러한 유보선언을 한 대표적인 국가로는 미국과 중국이 있다.[433] 미국이 이러한 유보선언을 한 이유는 자국법이 협약보다 국제매매에 규율에 있어서 보다 합리적이라고 생각하기 때문에, 체약국 상호간에만 협약이 적용되도록 하고 상호성이 보장되지 않는 체약국과 비체약국간에는 협약이 적용되지 않도록 하려는데 있다.

마. 제96조 유보선언: 계약의 방식과 입증의 자유 배제

1) 유보선언의 내용

본조의 유보선언은 매매계약의 방식과 입증에 있어서의 자유를 인정하는 협약의 규정을 배제하는 것을 허용하는 것이다. 이러한 유보선언을 하려면 그 전제 요건으로 당해 체약국의 국내법상 매매계약의 체결 또는 입증에 서면이

---

432) https://uncitral.un.org/en/texts/salegoods/conventions/sale_of_goods/cisg/status (2021. 6.26. 최종접속).

433) 그 외에도 제96조의 유보선언은 한 국가는 Armenia, Lao People's Democratic Republic, Saint Vincent and the Grenadines, Singapore, Slovakia 등이 있다. 독일은 직접 제96조의 유보선언을 하는 대신 "제1조 제1항 나호의 적용을 배제하는 유보선언을 한 국가에 대해서는, 독일은 제1조 제1항 나호의 적용을 배제한다"는 변형된 유보선언을 하였다(Germany declared that it would not apply article 1, paragraph 1 (b) in respect of any State that had made a declaration that that State would not apply article 1, paragraph 1 (b)). https://uncitral.un.org/en/texts/salegoods/conventions/sale_of_goods/cisg/status (2021. 6.26. 최종접속).

요구되는 경우이어야 한다. 따라서 당해 체약국법 국내법상 계약체결이나 입증에 서면이 요구되지 않는다면 본조의 유보선언은 할 수 없다.

2) 유보선언의 예

미국의 경우 국내법상 사기방지법(statute of frauds)에 의하면 일정한 매매는 반드시 서면으로 하여야 하며 구두증거배제의 법칙(parol evidence rule)이 있으므로 완전계약(entire agreement)의 경우에는 당해 계약서 외의 구두에 의한 입증이 허용되지 않는 법체계를 가지고 있다. 그러나 미국은 본조의 유보선언을 할 수 있는 국내법 체계를 가지고 있음에도 불구하고, 유보선언을 하지 아니하였다. 러시아, 아르메니아, 우크라이나, 베트남, 북한 등 주로 공산권 국가들이 본조의 유보선언을 하였다.[434)]

3) 유보선언의 시기

본조의 유보선언은 가입시 등에만 할 수 있는 유보선언이 아니고, 체약국이 언제든지 할 수 있는 유보선언이다. 따라서 체약국은 협약에 가입 후 필요에 따라 언제든지 이러한 유보선언을 할 수 있다.

바. 유보선언의 효력발생 시기 및 철회

1) 유보선언의 효력발생 시기

유보선언은 이를 행한 국가에 협약이 발효함과 동시에 효력이 생긴다.[435)] 다만, 그 국가에 협약이 발효 후에 유보선언을 하는 경우에는 수탁자가 정식으로 유보선언의 통고를 수령한 날부터 6월이 경과된 다음달의 1일에 효력이 발생한다.[436)] 제94조의 유보선언을 상호간에 단독선언의 형식으로 하는 경우에는 그 유보선언은 수탁자가 최후의 선언을 수령한 후 6월이 경과한 다음달의 1일에 효력이 발생한다.[437)]

---

434) https://uncitral.un.org/en/texts/salegoods/conventions/sale_of_goods/cisg/status (2021. 4. 24. 최종접속). 아르헨티나, 벨라루스, 칠레, 파라과이도 제96조의 유보선언을 한 국가이다.

435) 협약 제97조 제3항 제1문.

436) 협약 제97조 제3항 제2문.

437) 협약 제97조 제3항 제3문.

2) 유보선언의 철회

협약에 따라 유보선언을 행한 국가는 수탁자에게 서면에 의한 정식의 통고를 함으로써 **언제든지** 그 선언을 철회할 수 있다.[438] 그러한 철회는 수탁자가 그 통고를 수령한 날부터 6월이 경과된 다음달의 1일에 효력이 발생한다.[439] 제94조의 유보선언이 철회된 경우에는 그 철회의 효력이 발생하는 날부터 제94조에 따라 다른 국가에서 행한 상호간의 선언의 효력이 상실된다.[440]

사. 유보선언은 한정적 열거

협약상 체약국이 할 수 있는 유보선언으로 규정된 것들은 한정적으로 열거된 것이다. 따라서 체약국은 협약에 명시적으로 인정된 경우를 제외하고는 어떠한 다른 유보도 허용되지 않는다(제98조).

(3) 체약국의 협약의 효력발생 시기에 따른 협약의 적용

협약에 새로 가입하는 국가들이 계속 생겨나고 있기 때문에, 협약에 가입으로 당해 체약국에 협약의 효력이 발생하기 전에 청약이 이루어지고 협약의 효력이 발생한 후에 승낙이 이루어지는 경우가 발생할 수 있다. 이러한 경우 최근에 협약에 가입한 국가에 당사자 일방의 영업소가 있는 경우에는 협약에 가입즉시 협약의 효력이 발생되는 것이 아니므로 협약의 적용여부가 문제될 수 있다. 제100조는 제1항에서 '**계약의 성립문제**'에 있어서 협약의 적용여부를 규정하고, 제2항에서는 '**당사자의 권리의무 문제**'에 있어서 협약의 적용여부를 규정하고 있다

가. 제100조 제1항: 계약의 성립문제

계약의 성립문제에 있어서는 **청약이 효력이 발생하는 시점**을 기준으로 그 때 제1조 제1항 (가)호가 적용되는 경우라면 당사자 쌍방이 영업소를 가진 국가가 모두 협약의 효력이 발생하여야 하며, 제1조 제1항 (나)호가 적용되는 경

---

438) 협약 제97조 제4항 제1문.
439) 협약 제97조 제4항 제2문.
440) 협약 제97조 제5항.

우라면 법정지 국제사법에 의하여 준거법으로 적용되는 국가에 협약의 효력이 발생한 경우에 한하여 협약이 적용된다(제100조 제1항).

나. 제100조 제2항: 당사자의 권리의무 문제

당사자의 권리의무에 관한 문제에 대해서는 청약시가 기준이 아니라 **계약 성립시 즉 승낙이 효력을 발생하는 시점**을 기준으로 하여 당해 국가들에 협약의 효력이 발생한 경우에 협약이 적용된다. 즉 제1조 제1항 (가)호가 적용되는 경우라면 승낙의 효력 발생시에 당사자 쌍방이 영업소를 가진 국가에 모두 협약의 효력이 발생하여야 한다. 제1조 제1항 (나)호가 적용되는 경우라면 법정지 국제사법에 의하여 어느 체약국법이 준거법으로 적용될 때 승낙의 효력 발생시에 그 국가에 협약의 효력이 발생하여야만 협약이 적용된다(제100조 제2항).

(4) 협약의 발효

가. 협약의 발효시기

협약은 10번째 국가가 비준서, 수락서, 승인서 또는 가입서를 유엔사무총장에게 기탁한 날로부터 12월이 경과된 다음달의 1일에 효력이 발생한다.[441] 해당 국가가 협약 제92조의 유보선언(협약 제2편 또는 제3편의 적용을 배제하는 유보선언)을 기탁서에 포함하고 있어도 협약의 발효에 필요한 유효한 기탁서로 인정된다. 협약의 효력발생은 연혁상 협약 이전에 존재하던 국제협약인 1964년 '헤이그성립협약' 또는 '헤이그매매협약' 당사국의 폐지통고와 관련한 제99조 제6항의 절차적 제한을 받았다.

협약은 Argentina, China, Egypt, France, Hungary, Italy, Lesotho, Syrian Arab Republic, the United States, Yugoslavia, Zambia 등 11개국이 1986년 12월 11일까지 협약의 발효에 필요한 서류를 기탁함으로써 1988년 1월 1일 발효되었다. [442].

441) 협약 제99조 제1항.

442) Honnold, *supra* note 17, at 3.

나. 협약 발효 후 체약국에 대한 협약의 효력발생

협약이 발효된 후에 협약에 가입하는 국가에 대해서는 해당 국가에 대한 협약의 효력발생일에 관하여 별도로 규정하고 있다. 10번째 비준서, 수락서, 승인서 또는 가입서가 기탁된 후에는 협약 자체의 효력발생을 위한 기산점이 개시되므로, 그 후에 어느 국가가 협약을 비준, 수락, 승인 또는 가입하는 경우에, 그 국가에 대해서는 협약의 적용이 배제된 편은 제외하고, 그 국가가 비준서, 수락서, 승인서, 또는 가입서를 기탁한 날부터 12월이 경과된 다음달의 1일에 그 국가에 대하여 효력이 발생한다.[443] 개별 국가에 대한 협약의 효력발생은 연혁상 그 이전인 통일법의 폐지통고와 관련한 제99조 제6항의 제한을 받았다.

우리나라는 2004년 2월 17일 가입서를 기탁하였고, 기탁일로부터 1년이 경과한 다음달 1일인 2005년 3월 1일 협약이 발효하였다.[444]

(5) 협약의 폐기

협약은 특정 체약국이 협약을 폐기하는 것을 허용하고 있다. 체약국은 그 국가에 협약이 발효한 후, 언제든지 협약의 폐기절차에 따라 협약의 **전부**를 폐기하거나 **제2편** 또는 **제3편**에 한정하여 폐기할 수 있다.

체약국은 수탁자에게 서면에 의한 정식의 통고를 함으로써, 협약 또는 협약 제2편 또는 제3편을 폐기(denounce)할 수 있다.[445] 협약의 제2편 또는 제3편에 대해서만 협약을 폐기할 수 있도록 함으로써, 협약의 가입시 등에 제92조에 따른 유보선언을 하지 못했던 체약국이 사후에 협약 제2편 또는 제3편을 배제하는 것이 가능하도록 하는 효과가 있다.[446]

협약의 폐기의 효력은 수탁자가 폐기의 통고를 수령한 후 12월이 경과한

443) 협약 제99조 제2항.
444) https://uncitral.un.org/en/texts/salegoods/conventions/sale_of_goods/cisg/status (2021. 7.1. 최종접속)
445) 협약 제101조 제1항.
446) Malcom Evans, in *Bianca-Bonell Commentary on the International Sales Law*, Giuffrè: Milan (1987) 675.

다음달의 1일에 발생한다.[447] 폐기의 통고에 폐기의 발효에 대하여 그 보다 장기간이 명시된 경우에는 폐기는 수탁자가 통고를 수령한 후 그 기간이 경과되어야 효력이 발생한다.[448]

---

447) 협약 제101조 제2항 제1문.
448) 협약 제101조 제2항 제2문.

제3장 Sales Agent 계약과 Distributorship 계약

Ⅰ. 계약의 특징

국제물품판매 방식과 관련하여 이용되는 계약으로는 Sales Agent 계약과 Distributorship 계약이 있다. 이러한 계약은 대부분 서면으로 하게 되는데, 서면계약이 필요한 이유는 각 유형의 계약에 적용되는 각국의 법제도 또는 문화의 차이점을 감안하여 당사자 간의 법적 요건과 효과를 명확히 규정함으로써 향후 발생할 수도 있는 분쟁에 대비할 수 있기 때문이다.

대부분의 법적 분쟁은 판매관계의 종료와 관련하여 발생하기 쉬운데, 특히 Sales Agent나 Distributor의 의사에 반하여 강제로 판매관계가 종료될 때 발생하기 쉽다. 이 경우 판매관계의 종료가 공정한 경우인지 부당한 경우인지 여부가 주요 쟁점이 된다. 대부분의 개발도상국들은 자국의 Agent나 Distributor의 이익을 보호하기 위한 법규정을 두는 경우가 많으나, Agent나 Distributor의 성과 부진 또는 능력부족의 경우에 대한 외국 수출업자의 이익을 보호하는 조항은 미흡하거나 두지 않는 경우가 대부분이다.

또한 국제관계의 악화로 인하여 금수조치가 이루어지는 경우도 있는데, 이러한 금수조치는 주로 정치적인 동기에서 이루어 진다. 그러나 수출업자가 금수조치로 인하여 물품을 계약대로 공급하지 못하게 되는 경우, Agent나 Distributor에 대해서는 계약위반이 되므로, 이러한 경우에 대비하기 위하여 계약위반의 예외로서 정부조치 또는 법률로 수출이 제한 또는 금지되는 경우를 명시적으로 규정할 필요가 있게 된다.

해외에 물품을 판매하기 위하여 가장 많이 사용되는 형태의 계약은 독립적인 Agent(independent agent)와 독립적인 Distributor(independent distributor)인데, 양자 중에 어느 것을 선택할 것인지는 경영적인 판단사항이라고 할 수 있으나, 현지 법률이 특정 형태를 사용할 것을 강제하거나 다른 유형의 판매형태를 사용하도록 강제하는 경우에는 이를 따를 수밖에 없다.

Ⅱ. Agent 계약

독립적인 Agent는 'representative agent' 또는 'commission agent'라고 불리기도 한다. 이 경우 Agent는 수입 판매되는 대상 물품에 대한 소유권을 직접 취득하지 않으며, 판매활동에 대한 수수료 또는 급여와 수수료가 결합된 형태의 대가를 지급받게 된다. 따라서 Agent는 판매되는 물품에 대한 재고부담이나 매수인의 대금지급 거절에 대한 위험을 부담하지 않게 된다.

통상적으로 Agent는 매수인에 대하여 구속력이 있는 계약체결을 대리할 권한이 없지만, 사안에 따라서는 묵시적으로 이러한 권한이 부여된 것으로 해석될 경우도 있으며 명시적으로 이러한 권한을 부여한 경우에는 계약체결 권한이 있게 된다. Agent의 권한은 대륙법계 국가와 영미법계 국가에 따라 차이가 있을 수 있으므로, 현지 법을 반드시 확인하여야 한다.

Agent를 통해 판매가 이루어질 경우 사용되는 계약은 Agent Agreement이다.

Ⅲ. Distributor 계약

Distributor는 물품 매도인인 해외 수출업자로부터 물품을 구매하여 국내 매수인에게 이를 판매하는 자이다. 따라서 Distributor는 물품에 대한 소유권을 취득하게 되고, 물품이 판매되지 않을 경우에 대한 재고부담과 매수인의 대금지급 거절 또는 불능에 대한 위험을 부담하게 된다.

Distributor는 매도인인 수출업자를 대리하여 구속력이 있는 매매계약을 체결할 권한이 없으며, 매도인의 대리인이 아닌 매도인과 대등한 독립적인 거래 당사자이다. Distributor의 수익모델은 수출업자로부터 매입하는 물품의 구입가격과 Distributor가 매수인에게 판매하는 물품가격의 판매가격의 차이에서 생긴다.

Distributor를 사용하여 판매가 이루어지는 경우에 사용되는 계약은 Distributorship Agreement이다.

제 4 장 신용장(Letter of Credit)

Ⅰ. 대금지급 수단으로서의 신용장의 필요성

국제물품매매계약은 매도인과 매수인이 장소적으로 떨어져 있는 격지자간의 거래가 일반적이므로, 매매대금의 지급과 관련하여 위험이 발생하게 되는데 이러한 위험을 제도적으로 해결하기 위한 수단으로서 이용되는 것이 신용장이다. 신용장은 매도인과 매수인간의 대금지급의 매개자로서 금융기관의 신용을 이용하는 것이 그 구조적인 특징이다.

신용장은 당사자간의 신용으로만 대금지급을 할 경우의 위험을 해결하기 위한 것이므로, 신용장을 이용하지 않았을 경우와 비교하면 그 특징이 분명해진다. 매도인과 매수인이 그 전에 거래를 한 바가 없고 처음으로 매매거래를 하는 경우를 상정해보면, 신용장을 이용하지 않을 경우 매도인은 매수인의 신용을 파악하기 어렵고 판매 대금회수 여부에 대한 불확실성이 존재하게 되면 판매자체를 주저할 수밖에 없다. 매도인은 매수인의 신용상태, 은행거래 내용, 매수인 소재지의 외환송금 규제나 환율변동 위험, 대금지급의 지연 가능성에 대하여 정확히 파악하기 어렵다.

또한 매수인은 대금지급 후 운송이 확실히 보장되는지, 물품의 품질 및 수량, 신뢰할 만한 운송인 또는 필요한 보험의 부보, 운송중의 물품의 파손 가능성, 물품에 대한 소유권을 확보하기에 필요한 서류의 확실한 수령, 수출입 통관에 필요한 서류의 확보, 물품의 실제 수령의 지연 가능성 등에 대한 위험이 있으므로, 이러한 위험에 대한 해결책이 없이는 대금을 선뜻 지급하기 어렵다.

이러한 문제점을 해결하기 위하여, 신용장을 이용하게 된다. 신용장이 이용되는 경우에는, 매수인이 매도인의 요청에 의하여 매수인의 거래은행으로부터 신용장을 발급받아 이를 매도인에게 제출한다. 신용장 발행은행은 신용장 발급조건에 명시한 서류를 첨부하여 매도인 또는 매도인을 대리하는 은행이 발행은행에 대금지급을 청구할 경우, 무조건의 지급을 약속하는 것이다.

따라서 매도인은 신용장 요구조건을 충족하는 경우 발행은행으로부터 무조건의 지급약속을 확보한 상태에서, 물품의 선적 및 운송을 주선할 수 있게 된다. 신용장을 이용한 거래에서는 매수인은 은행이 신용장의 첨부서류인 선적관련 서류 등을 확인한 후에 매매대금을 지급하게 되므로, 대금을 선지급할 경우에 상대방이 선적이나 운송을 이행하지 않게 되는 위험을 대비할 수 있게 된다.

II. 신용장에 대한 법적규제

신용장에 대한 법적규제는 두 가지로 구분할 수 있다. 첫째, 국내법에 의한 신용장 규제 법규이다. 각국은 국내법으로 신용장에 대한 규제를 할 수 있으며, 상당수 국가가 신용장에 대한 국내법 규정을 두고 있다. 둘째, 국제관습법의 하나로서 신용장에 대한 국제적 규제가 있다. ICC에서는 신용장과 관련된 문제점의 통일적인 해석과 적용을 위해서 Uniform Customs and Practices for Documentary Credit(일명 UCP)을 작성하여 거의 10년 주기로 이를 현실에 맞게 개정하고 있다. 가장 최근의 버전은 2007년에 작성된 UCP 600이다.

신용장과 관련된 국내법상의 규제와 UCP상의 규제의 범위와 내용은 반드시 일치하는 것은 아니므로, 신용장 관련 법규의 해석과 적용에 있어서 주의할 필요가 있다. 예컨대, 미국의 국내법인 UCC에서는 신용장 사기에 대한 규정과 신용장 사기 또는 위조시 대금지급 금지명령에 대한 규정을 두고 있으나, UCP는 이러한 규정이 없다. 신용장에 대한 여러 상이한 규제가 있으므로, 신용장을 이용할 경우 이러한 점을 고려하여 계약에 대한 일반적인 준거법 조항 이외에 신용장에 대하여 어떠한 준거법이 적용될 것인지를 명시적으로 규정할 필요가 있다.

Ⅲ. 신용장에 대한 법원칙

UCP상 신용장과 관련한 법원칙으로는 독립성의 원칙(independent principle)과 엄격일치의 원칙(strict compliance of document doctrine)이 있다.

1. 독립성의 원칙

독립성의 원칙이란 신용장상의 은행의 법적의무는 매도인과 매수인간의 매매계약으로부터 독립되어 있다는 것을 말한다.

2. 엄격일치의 원칙

엄격일치의 원칙이란 은행은 서류로서만 신용장의 조건이 충족되었는지를 판단하므로, 신용장에 기재된 조건에 엄격하게 일치되는 서류를 완벽하게 제시한 경우에만 은행은 그 대금지급을 한다는 것을 말한다.

3. 부당한 지급거절 및 지급(wrongful dishonor or honor)

또한 신용장의 조건을 충족하지 않아서 지급을 거절하고자 하는 경우에도 UCP에 의하면 적절한 통지절차를 따르지 않을 경우 부당한 지급거절에 해당하게 된다. 한편 신용장의 기재된 조건을 충족하지 않는 경우에도 이를 간과하고 대금을 지급한 경우에는 부당한 지급에 해당한다.

4. 신용장 조건 일치여부 심사

따라서 은행은 신용장에 의하여 지급이 청구된 경우에는 신용장에 기재된 조건의 일치 여부에 대하여 서류의 표면상 조건의 일치여부가 나타나 있는지를 합리적인 주의로써(reasonable care to ascertain whether or not appear on the face to be in compliance) 확인하여야 한다. 은행은 UCP 600 규정에 의하면[1] 5 거래일을 초과하지 아니하는 기간내에 제시된 서류의 적합여부를 결정하여야 한다(a maximum of five banking days following the day of presentation to determine if a presentation is complying).[2] 5일의 확인허용 기간은 서류를 확인하고, 거래 고객에게 불일치를 면제할지를 확인하고, 상대방에게 불일치에 대해 통지하는 기간(the time to examine, time to consult the bank's customer about waiving and notifying the party the discrepancies)을 포함한다. 은행이 불일치를 발견한 경우에는 불일치한 사항을 명시하고 모든 불일치 사항에 대하여 이를 표시하여야 하며, 불일치에 대한 통지는 가능한 한 전신(telecommunication)에 의하여 보내야 한다.[3] 이러한 절차를 준수하지 않은 경우에는 은행은 불일치로 인한 신용장 지급 거절의 항변을 사용할 수 없게 된다.[4]

---

1) UCP 600, Art. 14b.
2) UCP 600에서는 은행에 부여된 최대 5일의 적합여부 판단기간과 관련하여, UCP 500에 포함되었던 '합리적인 기간(reasonable time)'이 국제적으로 표준적인 기준이 분명하지 아니하다는 이유로 삭제하였다. 그럼에도 불구하고 합리성의 원칙이 UCP 600에서 완전히 배제된 것으로 볼 수는 없다. 은행은 서류를 심사하는데 있어서 합리적인 기간을 사용하여야 한다. 며칠 내에 심사가 가능한 간단한 서류를 5일을 기간을 전부 사용하여 심사하는 것은 합리성을 결여한 것이 될 수 있다. (https://icc.academy/documentary-credits-rules-guidelines- terminology/, 2021. 7.8. 최종접속); UCP 500 관련규정: Art. 13b: The Issuing Bank, the Confirming Bank, if any, or a Nominated Bank acting on their behalf shall each have a reasonable time, not to exceed seven banking days following the day of receipt of the documents, to examine the documents and determine whether to take up or refuse the documents and to inform the party from which it received the documents accordingly.
3) UCP 600, Art. 16d.
4) UCP 600, Art. 16f.

Ⅳ. 신용장 관련 판례

1. 신한은행 사건(Western Intern. Forest Products, Inc. v. Shinhan Bank)[5)]

이 사건은 엄격일치의 원칙의 적용과 관련하여 **미국 연방법원인 뉴욕남부법원**에서 다루어진 사건이다. 본 사건에서 원고는 취소불능신용장의 수익자로서 신한은행을 상대로 부당한 신용장 지급거절을 이유로 소를 제기하였다.

【쟁 점】

이 사건의 쟁점은 ① 신용장 조건에 맞는 원본이 아니라 사본이 제시된 경우 적법한 제시로 볼 수 있는지 여부와 ② 신용장 조건과의 불일치를 발견한 은행이 신용장 개설의뢰인에게 불일치의 면제 여부를 문의했을 경우 그로 인해 불일치를 주장할 항변을 상실하는지 여부가 문제된 사건이다.

【사실관계】

1993년 원고인 미국회사 Western International Forest Products, Inc.(이하 'Western')이 한국회사 Nam Moon Co.(이하 '남문')에 목재를 판매하는 계약을 체결하고, 목재를 알래스카에서 한국으로 운송하도록 하였다. 남문은 신한은행에 Western을 수익자로 하는 취소불능신용장을 개설을 의뢰하였고, 신한은행은 지급인을 신한은행 뉴욕지점으로 기재하여 발행하였다. 발행된 신용장은 1983년 버전 UCP의 적용을 받는 것으로 되어 있었다.

신용장의 조건 중의 하나로 "검사증명서는 남문의 신삼태에 의해 발행되어야 한다(Inspection certificate must be issued by Mr. Sam Tae Shin (passport No. DG0101712) of Nam Moon Lumber Co., In Korea.)"고 기재되어 있었고 신삼태는 남문의 사장이다. 1993. 7. 9. 신사장은 알래스카에서 목재를 검사한 후, 오래곤주의 포틀랜드에 있는 Western의 사무실에 방문하고 한국으로 귀국하였다. 그후 검사증명서를 작성하여 팩스로 Western에 전송하였다. 검사증명서는 1993. 7. 26. 자로 작성된 것으로 기재되어 있었으나, Western은 1993. 7. 28.에야 팩시밀리를 받았다.

검사증명서를 받은 Western은 해당 목재를 남문으로 운송하도록 하였다. 그런데 Western의 누군가가 팩시밀리로 전송받은 검사증명서에 "original"이라고 스탬프를 찍고 Western의 운송주선인 Wilson사에 송부하였다. 1993. 8. 19. Wilson사의 senior

5) 860 F.Supp. 151, 24 UCC Rep.Serv.2d 998 (1994).

partner인 Arlene Wilson은 서류와 함께 환어음을 신한은행 뉴욕지점에 제시하고 Western이 수익자로 되어 있는 신용장 대금의 지급을 청구하였다. 신한은행 뉴욕지점 직원은 제시된 서류를 검사하였는데, 검사증명서는 팩스로 받은 것이고 작성자의 원본 서명이 없었다는 것을 확인하였다. 이에 1993. 8. 20. 그 직원이 Wilson에게 전화하여 불일치의 문제를 알리면서 신한은행 뉴욕지점은 지급을 거절한다고 통지하였다. Wilson은 한국 신한은행에 전문을 보내서 신용장 지급 승인을 요청해 볼 것을 요구하였고, 그 요청에 따라 은행직원은 한국 신한은행에 지급승인을 요청하였다.

확인요청 전문을 받은 한국 신한은행은 1993. 8. 25. 신용장 개설 의뢰인이 위에 언급된 불일치를 수용하는 것을 거절하였음을 신한은행 뉴욕지점에 통지하였다. 이에 신한은행 뉴욕지점은 Wilson에게 한국 신한은행의 지급 거절의사를 통지하고 제시 받은 서류를 반환하였다.

본 사건에서 신한은행은 Western이 검사증명서 원본을 제시한 바가 없고, 따라서 엄격일치의 원칙을 위반하였다고 주장하였다. 이에 대하여 Western은 한국 신한은행이 남문에 연락하여 의사를 확인하였으며, 이는 제시된 문서에만 기초하여 신용장 지급여부를 결정하지 않은 것이기 때문에 신한은행은 엄격일치 위반을 항변으로 주장할 자격이 없다고 주장하였다.

【판결요지】

1. 팩시밀리 사본인 검사증명서는 신용장 조건에 불일치하는 것이므로, 그 제시는 하자 있는 것으로서 신용장의 지급거절은 정당하다.
2. 발행은행은 비록 수익자가 그 서류의 부적합을 인정하지 않거나 특별히 발행은행이 개설의뢰인에게 의견조회를 할 것을 요청하지 않은 경우에도 불구하고, 개설의뢰인에게 그 불일치 면제 여부를 확인할 수 있으며, 이로 인해 불일치를 주장할 항변을 상실하지 않는다.

【판결이유】

제기된 쟁점은 두 가지로서 ① 팩시밀리가 UCP 제22조 c항의 원본에 해당하는가 ② UCP 제16조 b항은 발행은행이 제시된 문서의 하자의 면제를 개설의뢰인에게 문의하는 것을 금지하는지 여부이다.

(1) 팩시밀리가 원본인가?

신용장의 기본원리로서 수익자는 지급을 받기 위해서는 정확히 일치하는 서류를 제시하여야 한다. "엄격일치의 원칙"에 따라, "신용장의 조건은 엄격히 준수되어야"한다(Corporacion de Mercadeo Agricola v. Mellon Bank International, 608 F.2d 43, 47 (2d Cir.1979)).

엄격일치의 원칙의 한 표현형태로서 발행인이 신용장에서 달리 규정하지 않은 한 원본을 요구하는 것은 오래된 관례이다. 1983년 버전 UCP는 명시적으로 원본일 것을 요구하지는 않지만, 이러한 원칙은 제22조 c항에서 묵시적으로 포함하고 있다. ICC 은행 위원회의 ICC 전문가 그룹도 제22조 c항은 신용장이 달리 규정하거나 달리 허용하고 있는 경우를 제외하고는 원본 서류를 요구하는 것으로 해석한다.

제22조 c항은 서류의 발급자만이 사본을 원본으로 인증하는 표기를 함으로써 사본을 원본으로 지정할 수 있다고 해석해야 한다. 이러한 원칙에 따르면, 신한은행 뉴욕지점에 Western이 제시한 팩시밀리 서류는 신용장 조건에 불일치한다. 남문이 아닌 Western이 그 서류에 "원본"이라고 표기하였다. 남문이나 신사장은 팩시밀리 서류에 인증하는 것으로 해석될 어떠한 행위를 한 바 없다. 따라서 Western의 제시는 하자 있는 제시이다.

(2) 신용장 발행은행은 개설의뢰인에게 불일치의 면제를 요청할 수 있나?

UCP 제16조 b항은 발행은행은 서류에 의해서만 검사를 하여야 한다. Western은 신한은행이 "서류에 근거해서만" 지급여부를 결정하지 않았기 때문에 불일치의 항변이 배제된다고 주장하였다. 신한은행 뉴욕지점은 불일치를 발견하고 Western의 운송주선인의 요청에 의해 한국 신한은행에 의견조회 요청하였고, 한국 신한은행은 개설의뢰인에게 문의하였다. 은행은 남문이 불일치의 면제를 거절하자 공식적으로 Western의 환어음의 지급을 거절하였다.

Western의 주장은 다음 두 가지 이유로 기각되어야 한다. 첫째, Western은 은행이 개설의뢰인에게 문의를 함으로써 손해를 입은 것이 하나도 없다. 한국 신한은행이 남문에게 의견을 문의하기 전에 이미 신한은행 뉴욕지점은 불일치하는 서류가 제출되었다는 이유로 Western의 환어음을 지급 거절하기로 결정하였고, 그러한 결정을 Western의 운송주선인에게 통지하였다. 남문이 하자를 면제할지를 문의하는 것은 단지 Western에 도움이 될 수도 있는 것일 뿐이었다.

둘째, 수익자가 불일치하는 서류를 제시한 경우에 발행은행이 개설의뢰인에게 면제를 요청하는 것은 일반적으로 시행하는 절차이다. 이러한 관례는 일반적으로 제시된 서류의 약 절반 가량이 하자가 있기 때문에 필요한 것이다. 발행은행은 수익자의 명시적인 요청에 의해서 하기도 하지만 수익자의 공식적인 요청이 없는 경우에도 의뢰인에게 접촉한다. 발행은행이 개설의뢰인에게 접촉하는 것이 수익자의 요청에 의한 것인지 독립적으로 한 것인지는 아무런 차이가 없다. 일단 발행인이 수익자가 불일치하는 서류를 제시하였다고 결정하면, 후에 제기될 수 있는 소송에서 불일치의 항변을 상실하지 아니하면서도 개설의뢰인에 대하여 불일치 면제를 시도할 수 있어야 한다. 수익자가 "불일치를 인정하지 아니하거나" "특별히 개설의뢰인의 의견을 구하도록 요청하지 않았다는" 사실은 이러한 원칙을 해하지 아니한다. 따라서 피고는 원고가 제시한 서류가 불일치한다는 것을 주장하는 권리는 박탈되지 아니한다.

2. 한일은행 사건(Hanil Bank v. Pt. Bank Negara Indonesia (Persero))[6]

이 사건은 미국 연방지방법원인 뉴욕남부 지방법원에서의 엄격일치의 원칙의 적용과 관련한 사건으로서, 신용장 첨부서류에 오자가 있을 경우, 이를 엄격일치의 원칙을 위반한 불일치로 볼 수 있는지 여부가 문제된 사건이다. 일반적으로 누구나 오타로 볼 수 있는 명백한 철자의 오류가 아닌 한, 철자의 오류는 불일치에 해당함을 보여주는 사례이다. 따라서 수익자는 신용장에 첨부된 서류의 철자까지 철저히 확인하여야 할 필요성이 있게 된다.

【쟁 점】

신용장에 수익자의 명칭에 철자의 오류가 있는 경우에 엄격일치의 원칙에 따라 신용장 조건의 불일치로서 지급을 거절할 수 있는지 여부가 본 사건의 쟁점이다.

6) 2000 WL 254007 (S.D.N.Y.), 41 UCC Rep.Serv.2d 618 (2000).

【사실관계】

원고는 한국에 소재하는 한일은행[7]이며, 피고는 PT. Bank Negara Indonesia (Pesero) (이하 'BNI')로서 인도네시아 은행이며 뉴욕에 대리인을 두고 있다.

1995. 7. 27. 인도네시아 회사인 매수인 PT. Kodeco Electronics Indonesia ("Kodeco")는 거래은행인 BNI에 수익자를 Sung Jun Electronics Co., Ltd." ("Sung Jun")으로 하는 신용장 개설을 의뢰하였다. 그런데 BNI는 1995. 7. 28. 수익자의 명칭을 Sung Jin Electronics Co. Ltd.로 잘못 기재하여 신용장을 발행하였다. 수익자는 수익자의 명칭을 변경을 하기 위한 신용장 조건변경을 요구하지 않았다. 1995. 8. 2. Sung Jun(이하 '성전')은 한일은행에 신용장을 매입을 의뢰하여 한일은행이 신용장과 '성전'이 제출한 첨부서류를 환어음의 액면금액에서 수수료를 제외한 금액으로 이를 매입하였다.

1995. 8. 2. 한일은행은 서류, 환어음, 상업송장, 선하증권, 보험증권, 포장명세서, 지급을 요청하는 팩스 등을 BNI에 송부하였다. 1995. 8. 16. BNI는 한일은행이 제시한 서류를 거절하고 신용장 대금의 지급을 거절하였다. BNI는 지급거절의 사유로서 수익자의 명칭, 포장명세서, 수출용 품질, 선하증권 등 4가지를 신용장 조건과의 불일치로 주장하였는데, 본 사건과 관련한 핵심적인 불일치 사항은 수익자의 명칭의 불일치이다. 즉 신용장은 수익자를 Sung Jun Electronics Co., Ltd.으로 기재하지 않고 Sung Jin Electronics Co. Ltd.로 기재한 불일치를 주장하였다.

BNI는 거절통지를 하기 전에 Kodeco에 연락하여 불일치를 인용하고 대금지급을 승인할 것인지를 문의하였으나, Kodeco는 이를 거절하였다고 주장한다. BNI는 8. 16. 이후 계속하여 불일치를 면제하여 줄 것을 요청하였으나 Kodeco는 계속하여 이를 거부하였다. 결국 1995. 9. 4. BNI는 전체 서류 일체를 한일은행에 반환하였다.

원고 한일은행은 1996. 4. 19. 뉴욕주 법원에 계약위반, UCP 500(1993년 개정) 위반, 부당이득, 신의성실 및 공정거래의 묵시적 의무위반을 주장하면서 손해배상을 청구하였다. 피고는 사건을 연방법원인 뉴욕주 남부지방법원에 이송을 신청하였다.

【판결요지】

신용장에 발행은행이 수익자의 명칭에 철자를 잘못 기재한 경우에도 수익자의 명칭이 신용장 조건에 불일치한 것이므로, 신용장 발행은행이 소재하는 지역에서 의도된 철자의 명백한 오타로 볼 수 있는 철자의 오류가 아닌 한, 엄격일치의 원칙에 따라 발행은행은 신용장 조건의 불일치를 이유로 지급을 거절할 수 있다.

---

7) 소송 계속중 한일은행은 한빛은행에 흡수합병 되었으며, 한빛은행이 소송을 수계하여 한일은행의 명칭으로 소송을 계속할 것을 선택하였다(2000 WL 254007 (S.D.N.Y.), at 1 n.1).

【판결이유】

신용장에 대한 원칙은 신용장통일규칙인 UCP 500(1993년 개정)에 구체화되어 있다. 이 사건에서 신용장에 UCP가 적용되는 것으로 규정되어 있고, 당사자도 UCP 규정이 신용장에 적용되는 것을 동의하였다. "신용장 조건에 문면상 부합하는 서류의 제출이 있을 경우, 발행은행의 지급의무는 사기의 고의의 증명이 없는 한 절대적이다."(E & H Partners v. Broadway National Bank, 39 F.Supp.2d 275, 280 (S.D.N.Y.1998))… 신용장 거래는 오직 서류로만 이루어지므로, "신용장의 필수적인 요건은 신용장 지급을 받을 당사자에 의해 엄격히 준수하여야 한다. 즉 서류, 문서 및 운송서류는 신용장에 기재된 대로 되어있어야 한다."(Marino Indus. Corp. v. Chase Manhattan Bank, N.A., 686 F.2d 112, 114 (2d Cir.1982))

예컨대 " 'Smith'를 'Smithh'로 기재한 경우와 같이 명백한 철자의 오류에도 불구하고 의도한 성명이 틀림없이 분명한 경우, 엄격일치의 원칙하에서도 "사소한 변형은 별의미가 없으므로… 발행은행 또는 확인은행이 지급을 면하지 못할 수 있다." (Beyene v. Irving Trust Co., 762 F.2d 4, 6 (2d Cir.1985))

본 사건에서 수익자는 Sung-Jun이다. Kodeco의 BNI에 대한 신용장 개설의뢰에서 신용장을 Sung Jun에게 발행하도록 요청하였다. 그러나 BNI는 수익자의 이름을 Sung Jin으로 표시하여 발행하였다. BNI는 Beyene v. Irving Trust Co., 762 F.2d 4 (2d Cir.1985)와 Mutual Export Corp. v. Westpac Banking Corp., 983 F.2d 420 (2d Cir.1993)에 따르면, 이러한 불일치는 신용장 제시를 거절할 수 있는 정당한 근거라고 주장하고 있다. 그러나 한일은행은 엄격일치의 원칙에서, 본 건처럼 발행은행이 오해하거나 불이익을 받을 수 없는 오자로 인한 불일치에 근거하여, 신용장 지급거절을 하는 것은 허용되지 않는다고 주장한다. 본 법원은 아래의 근거에 의해 BNI와 의견을 같이 한다.

Beyene사건은 원고는 피고가 신용장을 부당하게 지급거절 하였으므로 이로 인한 손해배상을 청구한 사건인데, 지방법원은 제시된 선하증권에 물품의 도착시 통지받을 당사자를 Mohammed Sofan이라고 기재하지 않고 Mohammed Soran으로 잘못 기재하였으므로 원고의 청구를 기각하는 피고의 약식판결을 인용하였다. 그 사건에서 제2항소법원도 "Sofan의 이름을 Soran으로 선한증권에 잘못 기재한 것은 중대한 불일치이므로 피고는 신용장의 지급을 거절할 권리가 있다" 또한 "이것은 'Smith'를 'Smithh'로 오기한 사례와 같이 분명한 철자의 오류에도 불구하고 의도한 이름이 틀림없이 명백한 경우가 아니다"고 판단하였다. … 제2항소법원은 또한 신용장이 발행된 중동지역에서 'Soran'이 'Sofan'이라는 성을 잘못 기재한 것으로 명백히 인정될 것이라고 주장된 바가 없다고 하였다. 본 법원은 본 사건은 Beyene에서의 오자와 유사한 경우이며, 한일은행은 Sung 'Jin'이 Sung 'Jun'의 명백한 오자로 인식될 것이라고 주장한 바가 없다는 점에 주목한다.

원고는 Beyene에서는 수익자가 오류를 야기하였으나, 본 사건은 발행은행이 오류를 야기하였으므로 그 사건과는 다르다고 주장하고 있다. 그러나 제2항소법원은 신용장 법리상 "수익자가 신용장을 검사하여야 하고 신용장이 상업적 목적에 부합하지 아니하다는 것을 과실로 발견하지 못한 점에 대하여 책임을 져야한다"고 분명히 하였다 (Mutual Export, 983 F.2d at 423.)

Beyene 판결과 Mutual Export 판결에 의하여, 본 법원은 BNI가 신용장의 수익자 표기가 부적절하게 된 서류라는 근거에서 지급을 거절한 것은 적법하다. 한일은행은 BNI는 의도한 수익자가 Sun Jin이 아니라 Sung Jun이라는 사실을 BNI 자신의 서류파일에 있는 개설의뢰서에 근거하여 알았어야 했다고 주장하고 있으나, 제2항소법원은 지급여부를 고려함에 있어서 "은행은 오로지 신용장 및 수익자가 제시한 서류만을 보고 그 서류가 신용장상 요건을 충족하는지 여부를 결정한다"고 판시하였다(Marino Indus., 686 F.2d at 115).

원고는 Bank of Montreal v. Federal Nat'l Bank & Trust Co., 622 F.Supp. 6 (W.D.Okla.1984)에서 글자 하나의 오타보다 더 큰 오류에 대해서도 지급을 허용하였고, 그 사건에서 신용장 내에서 지급이 보증된 채권자 중의 1인의 이름을 서로 상충되게 두 곳에 기재하고 있었다고 주장하였다. 신용장의 첫번째 문단에서 "Blow Out Products, Ltd."라고 기재하고 두번째 문단에서는 "Blow Out Prevention, Ltd."라고 기재하였다. 이러한 신용장 문면상의 상호모순에 근거하여, 법원은 신용장은 불분명하며 그러한 불분명은 발행인에게 불이익하게 해석되어야 한다고 판단하였다. 그러나 본 사건에서는 내부적 모순이나 불분명함은 없다. …

마지막으로 BNI가 Kodeco의 지시로 신용장을 지급거절하였고 따라서 선의 및 공정거래의 의무를 위반하였다는 한일은행의 주장에 대하여 본 법원은 동의하지 않는다. 신용장에서 발행은행의 의무는 그 원인이 된 상업적 거래와는 독립적이다. 따라서 BNI는 어떠한 불일치가 있는지를 결정함에 있어서 한일은행의 제출서류를 독립적으로 심사하여야 할 의무가 있다. 그러나 UCP하에서는 BNI는 본 사건에서 신용장상 지급인인 Kodeco에게 불일치를 면제할 것인지에 대하여, 수익자의 승인을 얻거나 얻지 않고, 문의할 수 있다. 본 사건에서 BNI는 Kodeco에 대하여 불일치를 면제하여 지급을 승인할지를 문의하는 이외에 달리 접촉한 증거는 없다. 따라서 본 법원은 한일은행이 BNI가 신용장 지급을 거절함으로써 신의 및 공정거래의 의무를 위반하였는지에 대한 실질적 쟁점이 있는지를 보여주는 사실을 제시하지 못하였다. 그러므로 BNI가 신청한 약식판결은 타당하다.

3. 무결함선하증권 관련 사건(대법원 2014. 5. 29. 선고 2012다113438 판결)

이 사건은 신용장 조건에 일치하는 무결함선적선하증권이 제시되었는지를 UCP 600를 적용하여 판단한 사건이다.

【판결요지】

신용장이 운송서류로서 **무결함선적선하증권**(clean on board ocean bill of lading)의 제시를 요구한 경우, 제시된 선하증권에 물품 또는 포장의 하자상태를 명시적으로 선언하는 조항 또는 부기가 없고 물품이 본선에 적재되었다는 기재가 있으면 비록 '무결함(clean)'이라는 기재가 없더라도 '무결함선적'의 요건은 충족된다고 할 것이나, 신용장에서 별도로 용선계약선하증권의 제시를 요구하거나 허용하지 아니하였다면, 그 경우 용선계약선하증권의 제시는 그 자체로 제6차 개정 신용장통일규칙(이하 'UCP 600'이라 한다) 제20조 a항 vi호의 규정에 위반되는 적극적인 불일치에 해당하고, 신용장 개설은행이 이를 이유로 제시자에게 지급거절통지를 하면서 다른 추가적인 기재 없이 '**용선계약선하증권**이 제시되었다'는 취지만을 기재하더라도 그것은 개설은행이 불일치사항을 명확히 기재한 통지로서 UCP 600 제16조 c항에 부합하는 지급거절통지가 된다.

【판결이유】

(1) 이 사건 신용장에 적용되는 제6차 개정 신용장통일규칙(이하 'UCP 600'이라 한다) 제27조는, 무결함 운송서류는 '물품 또는 포장의 하자상태를 명시적으로 선언하는 조항 또는 부기가 없는 운송서류'로서, 신용장이 운송서류가 '무결함 본선적재(clean on board)'일 것을 요건으로 하더라도 '무결함(clean)'이라는 단어가 운송서류상에 나타날 필요는 없다고 규정하고 있고, 제20조 a항 vi호는 '선하증권은 용선계약에 따른다는 어떠한 표시도 포함하지 아니하여야 한다'고 규정하고 있으며, 제16조 c항은 '개설은행이 지급 또는 매입을 거절하기로 결정한 때에는 제시자에게 은행이 지급 또는 매입을 거절하는 각각의 불일치사항을 명기하여 통지하여야 한다'고 규정하고 있다.

따라서 **신용장이 운송서류로서 무결함선적선하증권**(clean on board ocean bill of lading)**의 제시를 요구한 경우, 제시된 선하증권에 물품 또는 포장의 하자상태를 명시적으로 선언하는 조항 또는 부기가 없고 물품이 본선에 적재되었다는 기재가 있으면 비록 '무결함'이라는 기재가 없더라도 '무결함선적'의 요건은 충족된다고 할 것이나**, 신용장에서 별도로 용선계약선하증권의 제시를 요구하거나 허용하지 아니하였다면, 그 경우 용선계약선하증권의 제시는 그 자체로 UCP 600 제20조 a항 vi호의 규정에 위반되는 적극적인 불일치에 해당하고, 신용장 개설은행이 이를 이유로 제시자에게 지급거절통지를 하면서 다른 추가적인 기재 없이 '용선계약선하증권이 제시되었다'는 취지만을 기재하더라도 그것은 개설은행이 불일치사항을 명확히 기재한 통지로서 UCP 600 제16조 c항에 부합하는 지급거절통지가 된다.

(2) ….

(3) 이러한 사실관계를 앞서 본 UCP 600의 규정 및 법리에 비추어 살펴보면, 원고가 매입은행으로부터 제시받은 선하증권은 물품 또는 포장의 하자상태를 명시적으로 선언하는 조항 또는 부기가 없고 물품이 본선에 적재되었다는 기재가 있는 해상운송에 관한 선하증권으로서 이 사건 신용장에서 요구한 '무결함선적'의 요건을 충족한다고 할 것이나, 한편으로 거기에 '용선계약에 따른다'는 취지의 표시가 포함되어 있으므로 결국 UCP 600 제20조 a항 vi호에 의하여 수리가 거절되는 용선계약선하증권에 해당하고, 달리 신용장에 용선계약선하증권의 제시를 요구하거나 허용하는 기재가 없는 이 사건에서 용선계약선하증권의 제시는 그 자체로 UCP 600 제20조 a항 vi호의 규정에 위반되는 불일치가 된다. 따라서 원고가 매입은행에 지급거절통지를 하면서 UCP 600 제20조 a항 vi호의 규정에 위반되는 불일치가 있다는 취지에서 '불일치사항: 용선계약선하증권이 제출되었음'이라고만 기재하였더라도 이는 개설은행이 불일치사항을 명확히 기재한 통지로서 UCP 600 제16조 c항에 부합한다고 할 것이다.

4. 신용장 개설은행의 제시서류 반환의무 판례(대법원 2008. 9. 11. 선고 2007다74683 판결)

【판결요지】

제5차 신용장통일규칙 제14조 (d)항의 규정에 의하면, 신용장 제시서류에 하자가 있는 경우 신용장 개설은행은 제시된 서류를 제시인을 위하여 보관하든지 혹은 제시인에게 반송할 것이 요구되는바, 신용장 매입은행이 신용장 개설은행에게 선적서류 등의 신용장 서류와 환어음을 제시하였으나 **그 신용장에 부가된 특수조건이 불성취되는 것으로 확정되는 등으로 인하여 신용장 대금 지급의무가 발생하지 않는 경우, 신용장 개설은행의 제시서류 반환의무에 관하여 신용장통일규칙 등에 명문의 규정은 없지만 위 규정 등을 유추하여 그 제시된 서류는 원칙적으로 신용장 서류 제시인 등에게 반환되어야 할 것으로 봄이 상당**하지만, 그와 같은 경우에도 서류 제시인 등이 그 제시된 서류의 반환청구권을 포기하였다고 볼 만한 특별한 사정이 있는 경우에는 그러하지 아니하다.

제5차 신용장통일규칙 제14조 (e)항이 신용장 개설은행 등이 제시된 서류의 불일치를 이유로 서류의 수리를 거절하고자 하는 경우에 지체없이 제시인에게 그 불일치 사항을 통지하고 서류를 반송하는 등의 조치를 취하지 아니하면 개설은행은 그 서류가 신용장의 조건과 일치하지 않는다는 주장을 할 수 있는 권리를 상실한다는 취지로 규정한 것은, **신용장 제시 서류에 불일치가 있다 하여도 개설은행이 제시인에게 이를 통지하는 등의 조치를 취하지 아니하면 개설은행은 그 불일치를 주장하지 못하고 원래의 신용장 조건에 따른 대금지급의무를 부담한다는 것에 불과하고**, 그 불일치 사항을 통지하지 않았다고 하여 신용장 수익자나 그 이후의 신용장 매입은행으로 하여금 종전에 없었던 새로운 권리를 취득하게 하는 것은 아니다.

5. 항공화물운송장의 일치여부(대법원 2007. 5. 10. 선고 2005다57691 판결)

【판결요지】

제5차 개정 신용장통일규칙 제27조 a항 i호에 의하면, 신용장에서 항공운송서류를 요구한 경우에는, 은행은 신용장에 별도로 명시하고 있지 않는 한 그 명칭에 관계없이 문면상 운송인의 이름이 표시되고 운송인 또는 대리인이 서명하거나 기타 다른 방식으로 인증한 서면을 수리하여야 하며, 운송인의 모든 서명 또는 인증에는 반드시 운송인이라는 확인이 있어야 하고, 운송인을 대신하여 서명하거나 인증한 대리인은 반드시 운송인의 명의와 자격도 명시하여야 한다고 규정하고 있는바, **신용장에서 항공화물운송장의 제시를 요구하고 있는 경우, 신용장개설은행은 위 규정에서 정한 요건을 충족하는 서류만을 신용장조건에 합치하는 서류로서 수리하여야 하고, 항공화물운송장이 위와 같은 요건을 충족하고 있는지 여부는 신용장 관련 다른 서류의 기재를 참고하지 아니하고 해당 항공화물운송장의 문언만을 기준으로 하여 형식적으로 엄격하게 판단하여야 한다.**

신용장에 따라 제시된 항공화물운송장의 발행인란에 운송인으로 기재된 자가 운송인의 대리인으로서 서명함으로써 항공화물운송장의 문언만으로는 그 항공화물운송장이 운송인에 의하여 서명 · 발행되었는지, 운송인의 대리인에 의하여 서명 · 발행되었는지 신용장개설은행의 입장에서 판단하기 어려운 경우, 항공운송서류에 관한 제5차 개정 신용장통일규칙 제27조 a항 i호의 요건을 충족하는 항공화물운송장이 신용장개설은행에 적법하게 제시되었다고 볼 수 없다.

6. 엄격일치의 원칙 해석 판례(대법원 2004. 6. 11. 선고 2003다63883 판결)

【판결이유】

가. **원심은** 위 기초사실에 기하여… … 이 사건 신용장의 요구서류 중 상업송장의 송하인란과 보험증권의 피보험자란에는 'SIN YOUNG TEXTILE LTD.'라고 기재되어 있으나, 상업송장의 서명이나 보험증권의 백지식 배서는 'SIN YOUNG TEXTILE CO., LTD.'로 서명되어 서류상 하자가 있으므로, 신용장대금의 지급의무가 없다는 피고의 주장에 대하여… … 이 사건 신용장은 '서명된 상업송장' 및 '백지배서된 보험증권'을 요구서류들 중의 하나로 명시하고 있는데, 신영이 매입을 위하여 원고에게 제시한 위 각 상업송장의 송하인란과 각 보험증권의 피보험자란에는 'SIN YOUNG TEXTILE LTD.'라고 기재되어 있는데, 각 상업송장의 서명이나 각 보험증권의 백지식 배서는 'SIN YOUNG TEXTILE CO., LTD.'로 스탬프 날인되고 대표이사가 서명한 사실을 인정할 수 있으나, 이 사건 양도신용장의 기재에 의하면, 신영의 정확한 영문표기는 'SIN YOUNG TEXTILE LTD. #1076 JUNG LEE-DONG, SEO-GU, TAEGU, SOUTH KOREA'임이 분명한데, 위와 같이 상업송장의 서명란과 보험증권의 배서란의 회사 표시란에 'SIN YOUNG TEXTILE CO., LTD.'로 스탬프 날인이 되어 있어 언뜻 양자가 동일한 회사인지 문면상으로는 분명하지 아니하나, 'Co.'는 보통 company의 약자로서 일반적으로 회사를 통칭하는 것이고, 'Ltd.'는 유한회사 혹은 주식회사를 지칭하는 것으로서 모두 회사를 의미하는 일반명사이고, 'Co.'와 'Ltd.'의 표시가 회사 이름의 일부를 이루는 것이 아니라는 점은 서류의 문면상 쉽게 알 수 있었던 점, 또한 그 채용 증거에 의하면, 이 사건 신용장의 요구서류인 선하증권의 송하인란의 기재를 보면, 'SIN YOUNG TEXTILE CO., LTD. #1076 JUNG LEE-DONG, SEO-GU, TAEGU, SOUTH KOREA'로 각 기재되어 있고, 화환어음의 배서란에는 'SIN YOUNG TEXTILE CO., LTD.'로 스탬프 날인이 되어 있는 사실을 알 수 있는바, 비록 상거래에 익숙하지 않은 은행이라 하더라도 회사의 주소까지 기재된 위 선하증권의 송하인란의 기재와 위 화환어음의 배서란의 기재를 종합하여, **좀더 상당한 주의를 기울여 위 상업송장 및 보험증권상의 송하인란 또는 피보험자란의 기재와 각 그 서명 또는 배서란의 기재의 동일성 여부를 검토하여 보면, 문면상으로도** 'SIN YOUNG TEXTILE LTD.'**와** 'SIN YOUNG TEXTILE CO., LTD.'**가 사실상 동일한 회사인 것을 쉽게 알 수 있었을 것으로 보여지는 점**, 신용장통일규칙 제37조 a항 iii에 의하면, 신용장의 요구서류로서의 상업송장에는 일반적으로 그 서명을 요건으로 하고 있지 않는 점 등에 비추어 보면, 위 각 상업송장 및 보험증권상의 배서란의 기재는 이 사건 신용장의 요구조건에 실질적으로

일치하는 것으로 보아야 한다고 판단하여 피고의 위 주장을 배척하였다.

나. 이 사건 신용장 거래에 적용되는 신용장통일규칙 제13조 a항에 의하여, 신용장 및 그 관련 서류를 심사하는 은행으로서는 신용장에 약정된 모든 서류가 문면상 신용장 조건과 엄격하게 합치(in accordance with)하는지를 상당한 주의를 기울여(with reasonable care) 심사할 의무가 있으나(대법원 2003. 11. 28. 선고 2001다49302 판결 등 참조), **신용장 약정서류가 신용장 조건과 문언대로 엄격하게 합치하여야 한다고 하여 자구 하나도 틀리지 않게 완전히 일치하여야 한다는 뜻은 아니며, 자구에 약간의 차이가 있더라도 은행이 상당한 주의를 기울이면 그 차이가 경미한 것으로서 문언의 의미에 차이를 가져오는 것이 아니고 또 신용장 조건을 전혀 해하는 것이 아님을 문면상 알아차릴 수 있는 경우에는 신용장 조건과 합치하는 것으로 보아야 하고, 그 판단은 구체적인 경우에 신용장 조건과의 차이가 국제적 표준은행거래관습에 비추어 용인될 수 있는지 여부에 따라야 할 것이다**(대법원 2003. 11. 14. 선고 2002다7770 판결 등 참조)

다. 이 사건 신용장의 수익자이자 상업송장의 송하인 및 보험증권의 피보험자로 되어 있는 'SIN YOUNG TEXTILE LTD.'와 상업송장의 서명과 보험증권의 백지식 배서에 기재된 'SIN YOUNG TEXTILE CO., LTD.'는 회사 명칭의 기재에 일부 차이가 있기는 하나, 신용장의 요구서류들을 대조하여 보면 같은 주소를 가지는 동일한 회사임을 쉽게 알 수 있으므로, 앞서 본 법리와 기록에 비추어 살펴보면, 원심의 위와 같은 사실인정과 판단은 정당한 것으로 수긍할 수 있고… …, 거기에 상고이유의 주장과 같이 선적서류상 당사자표시의 불일치 여부를 판단함에 있어서 신용장거래의 서류일치성에 대한 법리를 오해하거나 상업송장에 관한 신용장통일규칙의 규정에 위반한 위법이 있다고 할 수 없다.

7. 엄격일치의 원칙과 예외(대법원 2003. 11. 14. 선고 2002다7770 판결)

【판결요지】

[1] 신용장 첨부서류가 신용장조건과 문언대로 엄격하게 합치하여야 한다고 하여 자구 하나도 틀리지 않게 완전히 일치하여야 한다는 뜻은 아니며, 자구에 약간의 차이가 있더라도 은행이 상당한 주의를 기울이면 그 차이가 경미한 것으로서 문언의 의미에 차이를 가져오는 것이 아니고 또 신용장조건을 전혀 해하는 것이 아님을 문면상 알아차릴 수 있는 경우에는 신용장조건과 합치하는 것으로 보아야 하고, 그 판단은 구체적인 경우에 신용장조건과의 차이가 국제적 표준은행거래관습에 비추어 용인될 수 있는지 여부에 따라야 한다.

[2] 국제상업회의소가 그 산하 은행위원회의 승인하에 결정한 국제표준은행관행은 신용장 선적서류의 심사와 관련하여 선적서류상의 철자오류 또는 타자 실수 등에 대한 국제표준은행관행으로서 선적서류에 단어나 문장에 있어서의 철자 오류 또는 타자 실수에 의하여 그 의미에 영향을 주지 않는 기재의 차이가 있는 경우 그러한 오류는 해당 문서를 하자서류로 만들지 않지만, 상품 명세에 대한 기재의 오류는 타자상의 오류로 간주되지 않을 것이고 동 문서는 하자서류로 인정될 것이라고 규정하고 있는바, 위와 같은 국제표준은행관행에 비추어 신용장에 첨부된 선적서류상에서 신용장 조건과 불일치가 있는 경우 그와 같은 기재상의 불일치가 신용장과 해당 서류의 성격상 요구되는 기본적 사항이 아니거나 문서를 작성하는 과정에서 발생한 단순하고 명백한 기재상의 실수로 인정되는 경우에는 선적서류와 신용장 조건의 불일치로 볼 수 없으나, **그와 같은 기재상의 불일치에 대하여 서류심사를 하는 은행의 입장에서 오류임이 명백하지 않거나 그 기재상의 차이로 인하여 의미상의 중요한 변화가 있을 수 있는 경우에는 신용장 조건과 선적서류상의 불일치에 해당한다고 보아야 한다.**

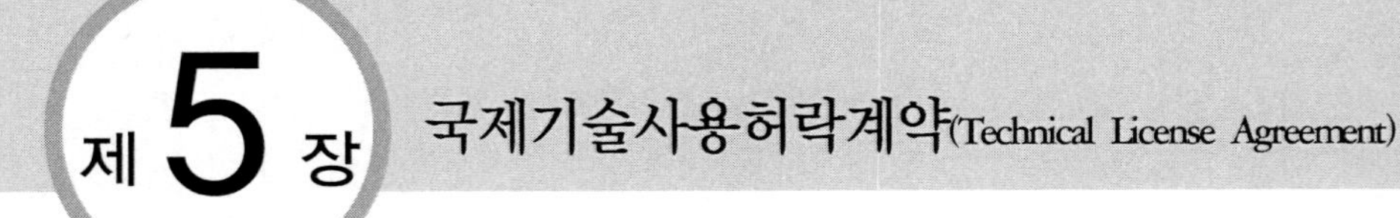

Ⅰ. 계약의 특징과 종류

1. 국제기술사용허락 계약의 특징

국제기술사용허락계약은 재산적 가치가 있는 특허권, 실용신안권, 의장권 및 상표권 등의 공업소유권과 기타 노하우를 포함한 산업기술의 실시 내지 사용을 허락하고 그 대가를 지급받는 계약을 말한다.[1] 국제기술사용허락계약은 사용을 허락한 기간 동안 허락받은 기술 등을 사용할 수 있으나, 계약기간 종료 후에 당해 기술이 사용권자의 소유로 되지 않는 점이 중요한 특징인 바, 이러한 측면에서 기술사용허락계약은 기술의 매매계약과는 구별되어야 한다.

국제기술사용허락과 관련된 계약은 그 명칭 및 형태가 매우 다양한데, 기술의 이전 또는 실시권의 허여라는 측면을 강조하기 위해서는 Technical Transfer Agreement나 Technical License Agreement 등이 주로 사용되고 있으며, 기술협력을 강조하기 위해서는 Technical Assistance Agreement 또는 Technology Collaboration Agreement 등이 사용되기도 하고, 기술의 도입 또는 수출의 측면을 강조하기 위해서는 Technology Inducement Agreement 또는 Technology Export Agreement 등이 사용되기도 한다.[2] 이러한 명칭의 차이에도 불구하고, 계약내용이 지식재산권 등의 사용을 허락하는 것이라면 국제기술사용허락계약으로서 특징을 갖고 있다.

국제기술사용허락계약은 사용허락을 허용하는 대상이 기술과 관련된 지식

1) 이태희, 국제계약법, 법문사 (2001), 367면 참조.
2) 럭키금성, 국제계약 실무가이드 제2권 기술협력계약 (1993), 7면.

재산권 또는 노하우이고 사용 대가로 로열티를 지급하게 되는 구조를 가지고 있기 때문에, 계약서에 사용허락 범위인 무형인 지식재산권을 특정하여야 하여야 하는 문제와 로열티가 주로 분할 지급되므로 로열티의 산정기준, 지급시기, 지급방법 등을 분명히 하여야 한다. 이점이 국제기술사용허락계약의 중요한 특징을 형성하는 구조적 특징이다.

로열티 지급을 위하여 외환을 계약 상대방에게 송금하는 것이 필요하다는 점에서 국가에 따라서는 외환송금에 대한 법적 규제를 받을 수도 있으며, 기술을 도입하는 조건이 기술사용자에게 불공정한 경우에 대하여 기술사용권자의 국내법인 공정거래법에 의하여 규제될 수도 있다. 우리나라의 경우에는 국제계약상 불공정거래행위에 대하여, 과거 2016. 3. 29. 전까지는 독점규제 및 공정거래에 관한 법률 제32조에서 국내계약과는 별도로 부당한 국제계약의 체결을 제한하고 있었으나[3] 현재는 동 조항을 폐지하고 국제계약도 국내계약과 동일하게 규제하고 있다. 현재 공정거래위원회는 지식재산권에 대한 부당한 행사에 대한 심사지침[4]에 의하여 이를 규제하고 있다.

국제적인 기술이전에 가장 많이 사용되는 기술사용허락의 대상은 특허 및 노하우(patent and knowhow license)와 상표(trademark license)이다. 특허 및 노하우 사용허락에 있어서 기술을 제공받는 자는 제공되는 기술이 낙후된 기술이거나 과도한 기술사용료의 지급이 되지 않도록 주의할 필요가 있다.[5] 또한 기술제공자의 입장에서는 기술사용료의 지급이 기술도입자측 정부의 외환정책에 의하여 지급이 통제되거나 제한되는 경우가 발생될 경우에 대비할 필요가 있으며, 기술사용료에 대한 과세효과를 확인하기 위하여 당해 기술사용료가 이중과세방지협정의 적용을 받는지 확인할 필요가 있다.[6] 상표사용허락계약에서는 품질관리에 대한 통제가 제대로 이루어지지 않을 경우 상표의 포기로 인정될

3) 또한 독점규제 및 공정거래에 관한 법률 제32조 제2항에 따라 국제계약상의 불공정거래행위 등의 유형 및 기준(공정거래위원회고시 제1997-23호, 1997. 4. 21.)을 제정하여 시행하였으나, 실효성이 적은 고시라는 이유로 폐지되었다(2009. 8. 21. 폐지).

4) 공정거래위원회예규 제333호, 2019. 12. 16.

5) Ralph. H. Folsom et al., *Principles of International Business Transactions, Trade and Economic Relations*, Thomson/West (2005), at 515 참조.

6) *Id.* at 515.

수도 있으므로 7)품질관리에 관한 사항을 분명히 하고 배타적 사용허락인지 여부를 분명히 할 필요가 있다. 기술사용허락계약은 기술이전 자체만을 목적으로 별도로 체결될 수 있으나 합작투자와 관련하여 부속계약으로서 체결되는 경우도 많다.[8]

2. 국제기술사용허락 계약의 종류

국제기술사용허락 계약은 사용허락 대상을 기준으로, 특허 라이선스계약, 노하우 라이선스계약, 상호와 상표 라이선스계약, 저작권 라이선스계약 등으로 구분할 수 있다.

또한 국제기술사용허락 계약의 내용을 기준으로, 독점적 기술사용이 허락되는지 여부에 따라 배타적 라이선스(exclusive license)와 비배타적 라이선스(non－exclusive license)로 구분할 수 있다. 사용료 지급여부에 따라 사용료 지급라이선스(royalty paying license)와 사용료를 지급하지 않는 라이선스(royalty－free license)로 구분할 수 있고, 사용허락 지역제한이 없는 전세계적 라이선스(worldwide license)와 사용허락 지역이 제한이 있는 라이선스(territorial license)로 구분할 수 있다.

Ⅱ. 계약의 주요조항

1. 기술료(Royalty)

(1) 기술료의 유형

기술료는 기술사용의 대가로서 지급되는 것으로서 기술사용허락계약시에는 기술 사용으로 인한 제품의 생산량 및 판매시기 등을 고려하여 그 지급방

---

7) *Id.* at 502.
8) *Id.* at 524.

식, 산정기준, 금액 등을 명확히 하여야 한다. 기술료는 그 지급방식에 따라 정액기술료(lump sum payment), 경상기술료(running royalty), 혼합방식 등으로 구분할 수 있다.[9] 실무상 기술료에 관한 협상이 기술사용허락계약의 핵심적인 사항 중에 하나이므로, 법률적인 측면뿐 아니라 영업적인 측면에 대한 기술료 방식 및 금액에 대한 신중한 검토가 있어야 한다. 따라서 제조 원가에 기술료를 반영한 후에도 제품의 판매가격이 충분한 시장경쟁력이 있을지 여부, 제품의 판매지역 및 수출가능 여부, 보증에 관한 문제에 대하여 고려하여 기술료의 협상을 하여야 할 필요가 있다. 또한 기술료의 지급방식이나 금액을 정함에 있어서 제공되는 기술의 가치와 함께, 실시권 허여가 독점적인지 비독점적인지 여부, 계약기간 등도 고려하여야 한다.[10]

가. 정액기술료

정액기술료는 일정한 금액으로 약정된 기술료를 일시 또는 여러 차례 나누어 분할 지급하는 방식을 말한다.[11] 정액기술료는 기술을 이용한 제품의 생산이나 판매량과 관계없이 합의된 정액의 기술료를 지급하여야 하므로, 당해 기술을 사용한 사업의 시장성이나 성공여부에 대한 위험을 기술이용자가 부담하게 된다.

[정액기술료 예시]

LICENSEE shall pay to LICENSOR at *[location of compensation]*, as compensation for the licence herein granted, for LICENSOR's know-how and technical assistance and for the right to use LICENSOR's trademarks in Swiss francs or United States dollars amounts equal at the official rate of exchange to $*[Dollar amount of lump-sum payment]* as lump-sum payment.

(출전: 3 Eckstrom's Licensing – Forms § 10:47)

9) 럭키금성, 국제계약 실무가이드 제2권 기술협력계약 (1993), 106면 참조.
10) 럭키금성, 전게서, 105면.
11) 럭키금성, 전개서, 106면. 정액기술료를 고정기술료라고 하기도 한다(이태희, 전개서 379면 참조).

나. 경상기술료

경상기술료는 해당제품의 생산 또는 판매실적에 따라 일정한 기준 또는 비율로 산출된 금액을 정기적으로 지급하는 방식을 말한다.[12] 경상기술료는 해당제품의 사업성과 및 판매실적과 직결되어 있으므로 해당제품의 시장성을 예측하기 어려운 경우에 기술이용자에게 유리한 대가지급 방식이라 할 수 있다.[13] 그러나 기술제공자의 입장에서는 기술사용자의 사업능력을 잘 알 수 없는 경우에는 기술료 수입을 예측하기 어렵게 되는 문제점이 있다.[14]

경상기술료의 경우 기술료 산정의 기준과 비율이 중요한데, 기술료의 산정기준을 매출액을 기준으로 하는 경우와 판매제품 단위를 기준으로 하는 경우가 있다.[15] 매출액을 기준으로 할 경우에도 총매출액(gross sales)이 기준인지 순매출액(net sales)이 기준인지 여부를 명확하게 하고, 순매출액을 기준으로 하는 경우에는 총매출액에서 공제되는 항목이 어떤 것이 있는지 명확히 규정하여야 할 것이다. 일반적으로 순매출액을 기준으로 하는 경우에는 계약서에 순매출액이라는 개념을 정의하면서 총매출액에서 공제되는 항목을 열거하게 되는데, 매출할인액(sales discount), 반품(sales returns), 매출 리베이트(sales rebates) 등과 제품판매에 따른 간접세, 보험료, 포장비, 운송비, 판매수수료, 광고선전비, 설치비, 기술사용을 허락받은 제품을 생산하는데 필요한 원료로서 기술제공자로부터 구입한 물품의 CIF가격, 수입관세 및 수수료 등이 공제 항목에 포함된다.[16]

[경상기술료 예시]: 산정기준 및 순매출 정의

(a) Licensee also agrees to pay to Licensor a running royalty of *[percentage of royalty]*% on Net Sales during the first *[number of years]* years of the term of this Agreement and *[percentage of*

12) 럭키금성, 전개서, 106면.
13) *Id.*
14) *Id.*
15) Massachusetts Business Lawyering Volume I § 15.6.2 (a).
16) 이태희, 전게서, 381면.

royalty]% on Net Sales during the remaining years of the term of this Agreement. This running royalty will apply to all resins in the Field which are based upon or derived from Technical Information made available to Licensee by Licensor. (출전: 3 Eckstrom's Licensing – Forms § 10:18)

(b) "Net Sales" shall mean the gross amount invoiced for any bona fide transaction for which consideration is received or expected for the sale, use, lease, transfer or other disposition of a product resulting from a project to an unrelated third party, less qualifying costs directly attributable to such sales and borne by the Party, or its sublicensee. Such qualifying costs shall be limited to the following: (a) discounts and rebates in amounts customary in the trade, for quantity purchases for prompt payments, for wholesalers and distributors, and for governmental agencies, as actually reflected in the invoice; (b) credits, allowances, and/or refunds, not exceeding the original invoice amount, for rejections, claims and/or returns; (c) prepaid outbound transportation, packaging, handling and warehousing expenses and transportation premiums, as actually reflected on the invoice; (d) sales and use taxes, tariffs, duties, surcharges and other fees imposed by a governmental agency as actually reflected on the invoice; and (e) retroactive price reductions. Net Sales of a product comprised of the results of one or more Projects, and one or more other active ingredients or elements, shall be adjusted to equitably reflect the value of such product attributable to the exploitation of the results of the Projects. (출전: 5 Eckstrom's Licensing – Forms Appendix 9)

다. 혼합방식

계약당사자가 기술료의 일부는 착수금 또는 선급금(Initial Payment or Advance Payment)의 형식인 정액으로 지급하고, 나머지는 경상기술료로 지급하는 방식을 말한다.[17] 혼합방식은 정액기술료와 경상기술료를 혼합 · 절충한 방

17) 럭키금성, 전개서, 106면.

식으로 실무상 가장 많이 사용되는 방식이다.[18] 혼합방식을 이용하면, 정액기술료와 경상기술료의 단점을 상호 보완할 수 있는 장점이 있다.

[혼합방식 예시]

(a) Licensee agrees to pay to Licensor the sum of $*[dollar amount of sum]* within *[number of days]* days of signing this Agreement, $*[dollar amount of sum]* within *[number of years]* year of signature, and $*[dollar amount of sum]* within *[number of years]* years of signature. These sums, once paid, will not be refundable for any reason whatsoever.

(b) Licensee also agrees to pay to Licensor a running royalty of *[percentage of royalty]*% on Net Sales during the first *[number of years]* years of the term of this Agreement and *[percentage of royalty]*% on Net Sales during the remaining years of the term of this Agreement. This running royalty will apply to all resins in the Field which are based upon or derived from Technical Information made available to Licensee by Licensor.

(출전: 3 Eckstrom's Licensing – Forms § 10:18)

(2) 최소기술료(minimum royalty)

경상기술료의 경우, 기술료의 최저금액을 명시하고 합의된 기준 및 비율에 의하여 산정된 경상기술료가 이러한 최저기준에 미달할 경우에는 최소기술료로서 기술료의 최저금액을 지급하도록 하는 경우가 있다.[19] 최소기술료는 기술이용자가 판매 또는 영업실적 부진 등으로 경상기술료의 금액이 낮을 경우에 대비하여 기술제공자에게 최소한의 기술료를 보장하는 방법이다. 최소기술료는 기술이용자가 적절한 성과를 달성하도록 노력하게 하는 수단이 된다.[20]

18) 럭키금성, 전개서, 106면.
19) 이태희, 전게서, 381면.
20) Robert Goldscheider, *The Negotiation of Royalties and other Sources of Income from Licensing*, 36 IDEA 1, 12 (1995).

최소기술료는 일반적으로 배타적 기술사용허락계약의 경우에 유용하나,[21] 비배타적 기술사용허락계약의 경우에도 기술제공자의 현금흐름에 도움을 주기 위해서 사용되기도 한다.[22] 단순히 산정된 기술료가 최소기술료에 미치지 못할 경우에 기술이용자가 최소기술료를 지급하도록 규정하는 것 외에도, 기술이용자가 최소기술료를 몇 년간 계속 달성하지 못하는 경우에는 배타적 사용허락을 비배타적 사용허락으로 변경, 기술사용 지역의 축소, 기술을 이용한 생산품목의 축소 등 기존의 기술이용자의 권리를 축소할 수 있는 권한을 기술제공자에게 부여하는 방법이나 이용허락계약을 해지할 수 있는 권한을 부여하는 방법을 사용할 수 있다.[23]

[최소기술료 예시]

(a) For the exclusive license hereby granted Licensee shall pay to Licensor minimum amounts of royalty in each year after the second year hereof according to the following schedule:
For the third contract year of this agreement: $*[dollar amount of royalty]*
For the next contract year: $*[dollar amount of royalty]*
And for each of all subsequent contract years during the term hereof: $*[dollar amount of royalty]*

(b) Running royalty shall be credited to the extent thereof to payment of said minimum royalty in the year in which accrued. Licensee shall not be required to pay the specified minimum amount of royalty in any year, but failure to do so shall entitle Licensor at its option, to convert the exclusive license to a nonexclusive license as of the date when payment of said minimum amount of royalty became due.

(출전: 3 Eckstrom's Licensing – Forms § 10:36)

21) 이태희, 전게서, 381면; Goldscheider, *supra* note 20, at 12 참조.
22) Goldscheider, *supra* note 20, at 12.
23) *Id.*

(3) 가변기술료(variable rates royalty)

가변기술료는 기술사용허락을 받은 제품의 판매수량에 따라 기술료율을 변화시킨 기술료를 말한다.[24] 가변기술료를 이용할 경우 판매수량에 따른 기술료 적용 구간을 구분하여, 판매수량의 적은 구간보다 많은 구간에 상대적으로 낮은 기술료율을 적용하는 구조를 이용하는 경우가 많다.[25] 가변기술료는 제품의 판매수량 이외에도 기간에 따라 기술료율을 변화시키는 경우도 있고, 기간과 제품판매 수량을 결합하여 기술료율을 변화시키는 경우도 있다.[26]

(4) 기술료 지급방법

기술료 지급방법과 관련하여 기술료 지급 연체시 이자가 부과되는지 여부 및 국제기술사용허락계약에서는 매출액의 화폐단위와 기술료의 화폐단위가 상이한 경우가 발생할 수 있으므로 기술료 산정에 있어서 적용되는 환율의 기준시점 등을 명확히 하여야 한다.

기술제공자 입장에서는 기술료지급 연체시 연체이자부과 조항을 기재하는 것이 바람직하며, 기술도입자의 입장에서는 환율의 결정시기 및 방법을 정함에 있어서는 실제 지급일자에 적용되는 기술도입국내의 환율을 적용하는 것이 바람직하다.[27]

(5) 기술료 산정근거 계산 및 보고

기술료 특히 경상기술료는 매출액과 밀접한 관련을 갖는 경우가 많기 때문에, 기술료 계산의 정확성을 확인할 수 있도록, 계약기간 내에 주기적으로 기술이용자가 기술제공자에게 매출액, 순매출액, 기술료, 원천징수액 등을 기재한 계산서류를 제출하도록 하고, 기술제공자가 원할 경우 그 정확성을 검사

---

24) 이태희, 전게서, 382면.

25) 매출액이 증가함에 따라 기술료율을 낮게 적용하는 예로는 Robert Goldscheider, 1 Eckstrom's Licensing – Forms § 4:44, § 4:57 (2007) 참조.

26) Massachusetts Business Lawyering Volume I § 15.6.2 (a).

27) 럭키금성, 전게서, 121면.

하기 위하여 공인회계사등을 이용하여 장부를 검사하도록 할 수 있도록 규정하는 경우가 많다.28) 이 경우 회계검사에는 많은 비용이 소요될 수 있으므로 그 비용의 부담과 관련하여, 회계검사의 결과 기술이용자가 제공한 자료의 오차가 일정한 규모 이상인 경우에는 기술이용자가 부담하고, 그렇지 않은 경우에는 적극적으로 회계 검사의 실시를 요구한 기술제공자가 부담하도록 하는 합의하는 경우가 많다.

2. 개량기술

기술제공자가 기술제공 후에 개량기술을 발명하거나, 기술이용자가 사용허락 받은 기술에 근거하여 개량기술을 발명하는 경우가 있을 수 있다. 이러한 경우에 기술제공자와 기술이용자가 서로 상대방에게 자신이 개발한 개량기술을 사용 허락하는 교차사용허락(cross license)를 하도록 규정하거나, 기술사용자가 개발한 개량기술에 대해서만 일방적으로 기술제공자에게 사용허락을 하도록 할 의무를 부과하는 개량기술의 일방적 제공(grant back license)이 있다.

개량기술에 대한 교차사용허락이나 일방적제공을 규정하는 이유는 기술이용자의 기술력 향상으로 제공받은 기술을 개량하여 기술제공자의 기술을 앞서갈 수가 있는데, 미리 개량기술에 대한 권리를 확보해 두지 않으면 기술력의 역전으로 기술제공자가 기술이용자가 개발한 개량기술을 사용하지 못함으로써 경쟁에서 불리한 위치에 있게 될 수도 있기 때문이다.29) 특히 기술이용자가 개량기술을 사용하려면 기술제공자의 기술을 침해할 수밖에 없고, 기술제공자는 기술이용자의 개량기술을 사용하지 않고서는 경쟁력 있는 제품이나 서비스의 제공을 할 수 없는 경우에 개량기술에 대한 교차사용허락이 유용하다.30)

개량기술에 대한 규정을 하려면, 개량기술의 범위를 명확히 규정하는 것이 필요하며, 기존의 기술사용허락기간이 종료할 경우 개량기술에 대한 사항은

---

28) 이태희, 전게서, 383면.
29) 이태희, 전게서, 385면.
30) Yee Wah Chin and Kathryn E. Walsh, *Antitrust Pitfalls in Licensing*, 867 PLI/Pat 221, 244 (2006).

계약종료에도 불구하고 유효하게 존속하는지 등 계약기간 종료시 개량기술의 관한 사항의 처리방법에 대하여 명확히 규정해야 할 것이다.

특히 개량기술의 일방적 제공을 규정할 경우 관련국의 독점금지법의 내용을 확인하고 이에 위반되지 않도록 조항을 구성할 필요가 있다. 우리나라의 경우 독점규제 및 공정거래에 관한 법률에 의하여 기술도입자가 이룩한 개량기술을 기술제공자에게 대가없이 소유권 또는 독점(비독점) 실시권을 주도록 하거나 기술도입자의 개량기술을 기술제공자에게 일방적으로 보고 또는 통지하는 것은 불공정거래행위에 해당될 수 있다.[31] 그러나 기술도입자에게 개량기술의 개발에 소요된 기술개발비 및 예상수익을 포함한 대가를 제공하고 공동 소유권 또는 독점(비독점) 실시권을 기술제공자에게 주는 경우, 개량기술에 대하여 계약당사자가 각자 상대방에게 보고 또는 통지하거나 상호 대등한 조건으로 독점(비독점) 실시권을 주는 경우, 계약기술의 품질이나 성능의 보증을 위하여 불가피하여 도입자가 자신의 개량기술을 사용하거나 실시하기 전에 기술제공자에게 보고 또는 통지하도록 하는 경우 등은 불공정거래행위에 해당하지 않는다.[32]

3. 최혜대우조항(Most Favored Licensee Clause)

최혜대우조항은 비배타적 기술사용허락의 경우에 사용되는 조항으로서, 기술사용허락계약의 체결 후에 기술제공자가 제3자에 대하여 기존의 기술이용자보다 유리한 조건으로 기술사용허락계약을 체결하는 경우, 자동적으로 또는 기술이용자의 선택에 의하여 기존의 기술이용자에게 제3자의 유리한 조건과 동일한 조건으로 계약을 변경할 수 있는 권리를 인정한 조항을 말한다.[33]

이러한 조건을 규정하는 이유는 비배타적 기술사용허락의 경우, 기술이용자 상호간에 동일한 국가나 지역내의 시장에서 상호 경쟁할 수 있게 되는데 계

31) 지식재산권에 대한 부당한 행사에 대한 심사지침(공정거래위원회예규 제333호, 2019. 12. 16.), III. 나. 그랜트백(Grantback) 참조.
32) 지식재산권에 대한 부당한 행사에 대한 심사지침, III. 나. 그랜트백(Grantback) 참조.
33) 이태희, 전게서, 387면; Gerald Sobel et al., *Licensing Clause*, 190 PLI/Pat 495, 536 (1984).

약조건이 불리한 기술이용자는 계약조건이 유리한 기술이용자보다 경쟁력이 약화될 수 있으므로, 기존의 기술이용자는 자신의 경쟁력 열위를 방지하기 위한 수단이 필요하기 때문이다.

[최혜대우조항 예시]

§ **6.4. Most Favored Licensee**

If the Owner grants a comparable license ("Subject License") to the Licensed Patent Rights to another company for products directly competitive in the marketplace with the Products marketed by the Licensee in the Business Field after the date of this Agreement, and the Subject License provides for a Running Royalty rate (or its equivalent, if the Running Royalty rate in the Subject License is measured as, for example, a percentage of the dollar amount of sales of products rather than as a fixed dollar amount per product sold) that is less than the Running Royalty rate specified in this Agreement, the Licensee may, at its option, elect to have the Running Royalty rate in the Subject License substituted for the rate specified in this Agreement, but only for the particular products and only under the particular terms and conditions for which the lower rate is applicable in the Subject License. The Owner will give the Licensee notice of the Owner's entry into any such Subject License within 30 days after execution of a Subject License. The Licensee must exercise its option to have the Running Royalty rate in Subject License substituted within 30 days after the date of such notice from the Owner, and upon a failure to do so, the Licensee's option will expire. Upon the Licensee's exercise of the option to substitute the Running Royalty from the Subject License, the new Running Royalty rate will take effect at the beginning of the first calendar quarter-annual period commencing after the exercise of the option. For purposes of this provision, a license for pre-commercial or experimental activities, or a license entered into in settlement of litigation will not be considered a Subject License.

(출전: 2A West's Legal Forms, Business Organizations Div. VII § 24.52 (3d ed.))

4. 권리침해 방지를 위한 조치

(1) 특허, 상표, 라이선스 등의 표시

기술사용자는 자신이 개발한 기술을 사용하는 것이 아니라 기술제공자로부터 사용허락을 받은 기술을 사용하는 것이므로, 기술제공자는 기술사용자가 생산한 제품이나 서비스 등에 자신이 특허, 상표, 라이센스 등을 보유하고 있음을 표시하도록 하거나 특허나 상표 등의 표지를 제품에 표시할 의무를 계약으로 기술사용자에게 부과하는 경우가 많다. 특히 특허표지(patent notice)나 상표표지(trademark notice)를 제품에 표시하게 되면, 제3자에 대하여 특허나 상표로 보호되는 권리라는 사실을 고지하게 될 뿐 아니라 침해행위에 대하여 적절한 경고를 하는 의미가 있게 되어, 권리침해를 방지하는 조치로서의 효과도 가지게 된다.

(2) 제3자에 의한 권리침해 방지

기술사용허락계약에 의한 기술을 사용함에 있어서, 사용허락지역 내에서 제3자에 의한 특허나 상표침해 등 권리침해가 일어난 경우에, 기술사용허락자가 직접 침해에 대한 소송을 제기하거나 권리침해를 방지하기 위한 조치를 취하려면 당해 국가에 소재하는 권리사용권자의 도움이 없이는 적시의 조치를 취하기가 사실상 어렵다. 따라서 통상 기술사용허락계약에는 기술사용자가 자신의 사용허락지역 내에서 일어난 권리침해에 대하여 사용허락자에게 제3자에 의한 침해사실을 통지하도록 하고, 이 경우 권리침해에 대한 소송제기여부에 대한 결정권이 누구에게 있는지, 침해구제를 위한 소송에 기술사용자가 참여할 의무가 있는지 여부 등에 대하여 명확히 규정할 필요가 있다.

5. 기술제공자의 담보책임

기술사용허락의 대상인 권리에 하자가 있을 경우 이에 대한 담보책임이 문제된다. 특허나 상표에 대한 심사가 있더라도 후에 특허나 상표의 등록이 무효가 되는 경우가 발생할 수 있으므로, 사후 권리의 유효성에 대한 담보책임을 둘러싼 분쟁을 방지하기 위한 명확한 규정을 둘 필요가 있다.[34]

(1) 담보책임 면제조항

기술제공자는 예기치 못한 자신이 제공한 권리의 무효 등으로 인한 담보책임을 회피하기 위하여, 담보의무를 제한하거나 면제하는 것을 선호하게 된다.[35] 담보책임을 배제하기 위한 방법으로서 계약서에 담보책임을 배제하는 조항(disclaimer of warranty)을 규정하는 방법이 널리 이용된다.

[담보책임 면제 예시]

Negation of Representations and Warranties. Except as expressly provided herein, nothing contained in this Agreement shall be construed as (i) requiring the filing of any patent application, the securing of any patent or the maintaining of any patent in force; (ii) a warranty or representation by either Party as to the validity or scope of any patent; (iii) a warranty or representation that any manufacture or Sale will be free from infringement of patents, copyrights or other intellectual property rights of others, and it shall be the sole responsibility of each Party to make such determination as is necessary with respect to the acquisition of licenses under patents and other intellectual property of third parties; (iv) an agreement to bring or prosecute actions or suits against third parties for infringement; (v) an obligation to furnish any manufacturing assistance; or (vi) conferring any right to use, in advertising, publicity or otherwise, any name, trade name or trademark, or any contraction, abbreviation or simulation thereof.

(출전: 부록 IV. 기술사용허락계약(Technical License Agreement) Art. 9(b))

---

34) 이태희, 전게서, 394－395면 참조.
35) 상게서, 395면 참조.

[묵시적 담보책임 면제 예시]

기술이용자에게 불리한 묵시적 담보책임 면제를 규정한 조항이다. 이는 기술이용자에게 불리한 조항이므로, 전부 대문자로 표시하여 주의를 환기하는 형식으로 되어 있음을 주의할 필요가 있다.

a. Limitations. EXCEPT FOR DAMAGES ARISING OUT OF A PARTY'S USE OF A FABRICATION FACILITY THAT IS NOT AN AUTHORIZED FABRICATION FACILITY OR MISUSE OF LICENSOR TECHNOLOGY, NEITHER PARTY SHALL BE LIABLE TO THE OTHER PARTY FOR ANY INCIDENTAL, CONSEQUENTIAL (INCLUDING LOST PROFITS) OR ANY OTHER INDIRECT LOSS OR DAMAGE ARISING OUT OF THIS AGREEMENT OR ANY RESULTING OBLIGATION OR THE USE OF ANY PATENT RIGHTS RECEIVED HEREUNDER, WHETHER IN AN ACTION FOR OR ARISING OUT OF BREACH OF CONTRACT, FOR TORT, OR ANY OTHER CAUSE OF ACTION. LICENSOR PROVIDES LICENSOR'S COMPUTER PROGRAMMING CODE AND LICENSOR'S COMPUTER PROGRAMMING CODE DOCUMENTATION "AS IS" TO LICENSEE. LICENSOR MAKES NO WARRANTY THAT ALL ERRORS HAVE BEEN OR CAN BE ELIMINATED FROM LICENSOR'S COMPUTER PROGRAMMING CODE AND LICENSOR'S COMPUTER PROGRAMMING CODE DOCUMENTATION, EXCEPT AS EXPRESSLY STATED ABOVE, AND LICENSOR SHALL IN NO EVENT BE RESPONSIBLE FOR LOSSES OF ANY KIND RESULTING FROM THE USE OF THE LICENSOR'S COMPUTER PROGRAMMING CODE IN MULTIBEAM ASICS.

(출전: 부록 IV. 기술사용허락계약(Technical License Agreement) Art. 9(a))

(2) 보상(Indemnification) 조항

또한 기술제공자나 기술사용자는 기술사용으로 인한 책임에 대한 보상(indemnification)을 계약서에 규정하는 경우가 많다. 기술이용자의 입장에서는 기술제공자로부터 받은 기술을 사용하는 것에 대하여 제3자로부터 특허침해 소송을 제기 당한 경우 기술이용자는 이로 인한 손해를 보상받을 필요가 있으며, 기술제공자의 입장에서는 기술이용자가 생산 또는 판매한 제품에 대하여 기술이용자를 상대로 불법행위 또는 제조물책임 소송이 제기되는 경우에 발생할 수 있는 손해 등으로부터 자신을 면책시킬 필요가 있다.[36]

기술이용자가 기술을 사용하여 사업활동을 하면서 제3자에게 손해를 발생시킨 경우에 기술제공자가 기술을 제공하였다는 이유로 손해배상 청구를 받는 등 손해가 기술제공자에게 미치지 못하도록 하기 위하여, 기술사용자의 기술사용으로 인하여 기술제공자에게 어떠한 손해도 미치지 않도록 할 의무를 기술사용자에게 부여하는 조항을 규정하는 경우가 많은데, 그러한 조항을 indemnification 조항 또는 hold harmless 조항이라고 한다.[37] 이러한 indemnification 또는 hold harmless 조항은 기술이용자가 기술제공자로부터 사용허락을 받은 기술의 사용으로 제3자로부터 특허 침해소송을 제기 당한 경우에 기술이용자에게 어떠한 손해도 미치지 않도록 할 의무를 기술제공자에게 부여하는 경우에도 사용될 수 있다.

또한 hold harmless 조항에 제3자로부터 소송을 제기된 경우에 기술제공자나 기술이용자가 소송방어에 협조할 의무(duty to defend)도 포함하여 규정된 경우, 보상을 청구하는 기술제공자나 기술이용자가 승소한 경우에는 당연히 보상을 청구할 수 있다. 그러나 패소한 경우에는, 소송의 승패와 관계없이 방어에 협조할 의무가 있는지에 따라 소송비용의 부담 주체가 달라질 수 있으므로, 계약서에 소송방어에 협조할 의무의 내용에 대하여 분명히 규정할 필요가 있다.

[소송방어 의무까지 포함된 보상(Indemnification) 조항 예시]

a. Indemnification by LICENSEE. LICENSEE shall indemnify, **defend** and hold LICENSOR harmless from, any and all claims, judgments, liabilities, costs and expenses (including attorneys' fees) arising out of or related, directly or indirectly, to any injury, loss or damage to persons, property or business arising from, relating to, or in any way connected with, any product, including but not limited to Multibeam DVD-ROM Drives, that LICENSEE manufactures

36) Gerald Sobel et al., *Licensing Clause*, 190 PLI/Pat 495, 524 (1984).
37) 이태희, 전게서, 396면; Sobel et al., *supra* note 36, at 524 참조.

or has manufactured and Sells using LICENSOR Technology, excepting therefrom any judgments, liabilities, costs and expenses arising out of or related to any claims by third parties regarding infringement by LICENSEE for using LICENSOR Technology. LICENSEE agrees to indemnify and hold harmless LICENSOR against all liability or responsibility to LICENSEE or to others for any failure in production, design, operation or otherwise of all products, including but not limited to, Mutlibeam DVD-ROM Drives, in which LICENSOR Technology is utilized except if such liability or responsibility is due to infringement claims with respect to LICENSOR Technology.

b. Indemnification by LICENSOR. LICENSOR shall indemnify, **defend** and hold LICENSEE harmless from and against any and all claims, judgments, liabilities, costs, and expenses (including attorney's fees) arising out of or related, directly or indirectly, to claims that LICENSOR Technology, standing alone infringes any patent, copy right, trademark, trade secret or other intellectual property right of third parties.

c. Notice, Defense and Cooperation. LICENSOR shall provide LICENSEE with prompt notice of any claim within Section 10.a, shall give LICENSEE the full right to **defend** any such claim and shall cooperate fully in such defense. LICENSEE shall provide LICENSOR with prompt notice of any claim within Section 10.b, and shall give LICENSOR the full right to defend any such claim and shall cooperate fully in such defense.

(출전: 부록 IV. 기술사용허락계약(Technical License Agreement) Art. 10)

6. 부쟁조항(不爭條項: No-challenge clause)

특허나 기술의 사용허락을 받은 기술이용자가 기술제공자를 상대로 기술의 무효 또는 지식재산 침해 등을 이유로 소송을 제기하는 경우, 기술사용허락

계약이 종료하도록 하거나 로열티 조정 등 불이익을 규정한 조항을 부쟁조항이라고 한다. 특허사용허락계약에 주로 사용되는 조항이다.

이는 기술제공자가 제공된 기술의 유효성 등에 대하여 기술이용자로부터 소를 제기당하는 경우에는 당사자간의 신뢰가 상실되는 것이므로, 그 청구의 당부를 떠나서 계약관계를 종료하도록 하는 것이다. 따라서 부쟁조항을 사용하는 경우, 기술이용자는 기술이용허락계약 기간 중 당사자간의 계약관계 종료 등 불이익을 원하지 않는 한, 기술의 유효성 등 하자를 이유로 기술제공자를 상대로 소를 제기하는 것이 억지되는 효과가 있다.

현재 사용되는 전형적인 부쟁조항은 [부쟁조항 예시1]과 같이 기술이용자가 사용허락된 특허의 유효성, 범위, 집행가능성을 다투는 소를 제하는 경우, 계약을 해지하거나 기술료를 상향조정하는 것이다. 이러한 조항은 과거에 사용되었던 기술사용 허락기간 동안 기술이용자가 특허의 유효성에 대해 일체 다투지 않기로 합의하는 부쟁조항(no－challenge clause)와는 구별된다.

미국의 경우 MedImmume LLC v. Genentec Inc. 판례[38]에서 특허의 유효성을 다투는 것을 일체 금지하는 형태의 부쟁조항의 효력을 인정하지 않았기 때문에, 그 후에는 부쟁조항을 형태를 변경하여 특허의 유효성을 다투는 경우에 불이익을 주는 조항으로 변형한 조항이 사용된다. 이 경우 특허 이용자가 특허 유효성을 다투는 경우에 부쟁조항상 특허권자에게 부여되는 구제수단으로 라이선스 계약의 해지, 사용료의 상향조정, 위약금, 소송비용의 지급 등이 사용된다.[39]

[부쟁조항 예시 1]

If licensee or its affiliate under a license commences an action in which it challenges the validity, enforceability or scope of any of the patent rights under, then [a remedy will be triggered, such as

38) *MedImmume LLC v. Genentec Inc.*, 549 U.S. 118 (2007).

39) Vicki G. Norton and Jonathan Lourie, *Ten Years of MedImmune: How License Agreements Changed*, Feb. 17, 2017, Law 360, https://www.duanemorris.com/articles/ten_years_medimmune_how_license_agreements_changed_0217.html, 2021. 7. 8. 최종접속)

termination of the license, doubling of the royalty rate, or some other event].

(출전: Vicki G. Norton and Jonathan Lourie, Ten Years of MedImmune: How License Agreements Changed, Feb. 17, 2017, Law 360, https://www.duanemorris.com/articles/ten_years_medimmune_how_license_agreements_changed_0217.html, 2021. 7. 8. 최종접속)

[부쟁조항의 예시 2]

d. Termination for Infringement Actions. If, at any time during the term of this Agreement, either Party (or any of its affiliates) initiates an intellectual property infringement action against the other Party or its affiliates asserting that any product manufactured and Sold by the other Party or its affiliates infringes any intellectual property rights and the (or its affiliate) Party which initiated such infringement action does not prevail in such action, then the other Party shall have the option, exercisable for a period of sixty (60) days only, to terminate this Agreement immediately. Upon termination of this Agreement pursuant to this Section 11.d, LICENSEE shall duly account to LICENSOR for all royalties and other payments within thirty (30) days of such termination.

(출전: 부록 IV. 기술사용허락계약(Technical License Agreement) Art. 11)

7. 계약의 양도 및 Sub-license

계약의 양도는 기술사용허락계약의 당사자의 지위를 양수인에게 이전하는 것이어서, 양도인은 양도 후에 계약당사자의 지위를 상실하게 된다. 기술의 재사용허락(sub-license)은 기술사용자가 계약당사자의 지위를 그대로 유지하면서, 기술사용허락기간 내에서 제3자에게 기술사용을 허락하는 것을 말한다.

기술의 양도나 재사용허락이 특히 문제되는 경우로는 합병과 영업양도를 들 수 있다. 기술사용자가 계약기간 내에 합병이나 영업양도 등으로 당해 기술을 이용한 사업이 제3자에게 양도될 경우에, 영업양수인이나 합병후의 법인은 기존의 기술을 계속 사용할 수 있는지 여부가 매우 중요한 사항이 된다. 따라서 합병이나 영업양도의 경우 기존 기술의 양도 또는 재사용허락 여부가 합병 가치 또는 영업의 가치 평가에 매우 중요한 요소가 된다.

그러나 기술제공자의 입장에서는 기술사용자가 사용하던 기술을 제3자에게 양도하거나 재사용허락 함으로써 그 기술이 기술제공자의 경쟁자나 잠재적 경쟁자에게 이전될 경우에는, 기술제공자에게 매우 치명적인 손해가 발생할 수 있다. 또한 기술력이 부족한 제3자에게 양도되거나 재사용허락이 되면 제품이나 서비스 품질의 하락으로 기술제공자의 브랜드 명성에 해가 될 수도 있다. 따라서 기술제공자는 기술의 양도나 재사용허락에 대해서 통제할 필요가 있으며, 일반적으로 자신의 사전 서면동의 없이는 제3자에게 기술을 양도하거나 재사용허락을 할 수 없다고 계약서에 규정하는 경우가 많다.[40)]

기술사용자가 자회사나 지배 종속관계에 있는 관련회사 등에게 기술을 양도하거나 재사용허락을 하는 경우에는, 기술제공자의 입장에서는 기술제공자와 관련이 없는 제3자에게 기술이 재사용 허락되는 경우와 달리 기술제공자에게 예상치 못한 경쟁회사에 기술이 이전되는 것과 같은 치명적인 손해가 없을 수도 있으므로, 이러한 경우에 대하여 계약서에 예외적으로 기술제공자의 사전 동의없이 기술양도나 재사용허락을 허용하는 규정을 두는 경우가 많다.

8. 계약기간 및 해지

(1) 계약기간

기술사용허락계약의 계약기간은 당해 기술의 발달주기와 밀접한 관련이 있다. 따라서 기술주기에 상응하게 계약서에 계약기간을 명시하는 것이 필요하다. 특히 기술진보가 빠른 기술에 대해서는 계약기간을 짧게 할 필요가 있다.[41)]

기술진보로 당해 기술을 계약기간 종료 후에 계속 사용할 필요가 있는지를 계약체결시에 명확히 판단하기 어려운 경우에는 장기로 계약기간을 설정하기 보다는 일정한 계약기간을 설정한 후, 당해 계약기간 후에 계약을 갱신하기

40) 이태희, 전게서, 398-399면 참조.
41) 이태희, 전게서, 400면.

위한 절차에 관한 조항을 두는 것이 보다 합리적이다.[42] 경우에 따라서는 당사자가 계약종료전 일정 기간내에 반대의 의사표시가 없으면, 계약이 자동으로 갱신되도록 하는 자동갱신 조항을 두기도 한다.

[계약기간 예시]

TERM OF AGREEMENT. This Agreement will be effective for an initial period of three (3) years from the Effective Date of the Agreement and may be extended for an additional three (3) years term upon prior written consent of the parties at least two (2) months prior to the expiration of this Agreement.

(출전: 부록 Ⅳ 기술사용허락계약 Technical License Agreement, Art.2)

(2) 계약해지

계약기간 내에 일정한 사유가 발생한 경우에는 계약을 해지할 수 있도록 해지권을 부여하거나 자동 해지사유를 규정하는 경우가 많다. 그 이유는 당사자의 중대한 계약위반이나 신용상태의 중대한 변경이 있는 경우에는 계약을 유지하는 것이 바람직하지 않기 때문이다. 따라서 당사자가 로열티 지급이 곤란한 사정이나 기술이전의 전제조건이 충족될 수 없는 사유 등 계약기간 내에 발생할 수 있는 중대한 사유에 대해서는 계약해지 사유로 사전에 명시하는 것이 필요하다.

계약기간 종료나 계약해지의 경우에는 기술을 이용하여 생산한 재고품 처리가 문제되는데, 계약해제의 효과로서 통상 재고품에 대해서는 기술료를 지급하는 것을 조건으로 계약종료 후에도 일정기간 동안 기술사용자가 판매할 수 있도록 하거나 일정한 조건으로 기술제공자가 매수하도록 규정하는 방법이 사용된다.[43] 또한 완성된 재고품이 아닌 생산과정에 있는 물품(work in process)에 대해서도 재고품과 유사하게 처리하기도 한다.

---

42) 부록 Ⅳ 기술사용허락계약 Technical License Agreement 제2조 참조.
43) 부록 Ⅳ 기술사용허락계약 Technical License Agreement 제11조 f 참조.

[해지의 효과: 재고품 등 판매 허용 예]

No termination hereunder shall limit the rights of LICENSEE to Sell those Multibeam DVD-ROM Drives **in inventory** or **in process** at the time of termination or, for a period of up to six (6) months after the termination date, to make scheduled deliveries under purchase orders dated, received and accepted by LICENSEE prior to the termination date (copies of which purchase orders are to be delivered to the auditor under Section 12 hereof), subject to payment of the royalty applicable to the Sale of such Multibeam DVD-ROM Drives and continued compliance with the other provisions of this Agreement.

(출전: 부록 Ⅳ 기술사용허락계약 Technical License Agreement, Art.11(f))

제 6 장 해외직접투자

Ⅰ. 해외직접투자의 특징과 유형

1. 특 징

해외직접투자는 투자대상기업에 대한 경영지배 또는 경영참여를 목적으로 국내의 자본 기술 및 인력이 함께 해외로 진출하여 해외에서 기업을 경영하는 것을 말한다.[1] 해외직접투자는 해외에서 기업을 신설하거나 기존 기업을 인수하기 위하여 자본의 이전이 수반되는 특징이 있다.[2] 따라서 해외직접투자는 국제수지상 외환의 지출을 가져오므로, 우리나라에서는 불건전한 투자를 방지하기 위하여 외국환거래법 및 외국환거래규정[3]에서 외환의 지급 및 회수와 관련하여 상세한 규정을 두고 있다.[4]

2. 유 형

해외직접투자의 형태는 여러 가지 기준에 따라 분류될 수 있으나,[5] 해외

1) 이태희, 국제계약법, 법문사 (2001), 611면.
2) Ralph. H. Folsom et al., *Principles of International Business Transactions, Trade and Economic Relations*, Thomson/West (2005), at 554－555 참조.
3) 가장 최근에 개정된 것으로는 기획재정부고시 제2021－11호, 2021년 6월 18일 고시.
4) 이태희, 전게서, 623－631면 참조.
5) 해외 진출목적 또는 동기에 따라 생산요소 지향형 투자, 시장 지향형 투자, 경제협력형 투자, 다국적 기업형 투자 등으로 구분하기도 하고, 투자방법에 따라 증권취득, 대부, 부동산취득, 기술용역제공, 해외자원개발, 개인기업 영위 등으로 구분하기도 한다(이태희, 전게서, 617－618면).

에 진출하는 기업의 형태에 따라 연락사무소, 지점, 현지법인 등으로 분류할 수 있다. 이러한 분류방식은 해외직접투자시 가장 기본적인 투자방식에 대한 의사결정과 관련이 있을 뿐 아니라 기업형태에 따라 해당국의 법적 규제를 받는 정도에서 차이가 있으므로 법적인 측면에서 현실적으로 중요한 의미가 있는 분류방법이다.

연락사무소는 본사와의 연락과 시장정보의 수집을 위한 활동을 하며 독자적인 영업활동을 하지 않기 때문에, 현지의 법적 제한을 최소화할 수는 있으나 활동범위에 제한을 받게 되는 단점이 있다.[6] 특히 현지의 세법을 비롯한 일반적인 법적 규제를 피하기 위해서 연락사무소가 사용될 수 있다. 이 경우 현지 세법의 적용을 피하기 위하여 고객으로부터의 주문이나 대금지급은 연락사무소가 아닌 본국에 있는 회사가 직접 받게 된다.[7]

지점은 본사의 통제를 받기는 하지만 독자적인 영업활동이 가능한 장점이 있는 반면, 지점과 본점이 법률적으로는 동일한 주체에 속하기 때문에 지점의 활동이 회사 전체에 책임을 미칠 수 있고 지점소재국의 세법 및 노동법, 환경법, 위생안전 관련법규의 적용을 받게 될 경우가 많다.[8]

현지법인은 본국의 모회사와는 독립된 법인격을 가진 회사를 설립하는 것으로서[9] 현지의 실정법에 따른 설립절차를 거쳐야 하며 현지의 일반법인과 동일한 법적취급을 받게 되지만, 설립과 운영에 가장 비용이 많이 드는 해외투자 형태라고 할 수 있다. 특히 현지법인을 설립할 경우 구체적으로 어떤 회사형태를 선택할 것인지를 결정하는 것도 매우 중요하다.[10]

현지법인을 설립할 경우에는 단독으로 100% 지분을 출자하여 설립할 수도 있지만, 100% 자회사의 설립이 현지의 법률상 허용되지 않는 경우나[11] 사

---

6) 이태희, 전게서, 621면.
7) Lawrence E. Koslow, *Business Abroad*, Gulf Publishing Company (1996), at 206－207.
8) 이태희, 전게서, 621－622면; Koslow, *supra* note 7, at 207－ 208 참조.
9) 이태희, 전게서 622면.
10) Koslow, *supra* note 7, at 208.
11) 외국인의 투자의 경우 현지 내국인과의 합작투자를 의무화하거나 외국인의 지분한도를 제한하는 법규가 있는 국가에 투자하는 경우 현지에 100% 자회사를 설립하는 것이 허용되지 않는다(Folsom et al., *supra* note 2, at 563, 567 참조).

업상 현지의 파트너와 공동으로 회사를 설립하는 것이 보다 유리한 경우 등을 감안하여 합작투자형태의 회사(joint venture company)를 설립하는 경우가 많다. 또한 현지의 합작투자회사의 영업에 필요한 설비를 합작파트너가 현물출자를 하는 경우도 있지만, 현지의 합작파트너나 제3자로부터 합작회사가 영업양수의 형태로 취득하는 경우도 많다. 특히 현지 합작파트너가 영위하는 여러 종류의 영업 중 일부 영업을 분리하여 영업양도를 하는 경우에는 기업구조조정의 수단으로 영업양수도가 사용될 수도 있다.

본서에서는 해외직접투자 형태와 관련된 정치한 계약형태 중의 하나인 합작투자계약에 대해서 상세한 설명을 하려고 한다. 국제적 합작투자계약은 매우 복잡하고 정치한 계약 유형이므로 합작투자계약에 대한 중요 쟁점과 고려사항을 이해하게 되면, 보다 간략한 구조의 국제계약을 이해하는데 도움이 된다.

Ⅱ. 국제합작투자계약(International Joint Venture Agreement)

1. 계약의 특징

합작투자계약은 국적이 상이한 둘 이상의 자연인, 회사 또는 공법인 등이 특정사업의 공동수행을 위하여 상당기간 공동으로 투자할 것을 내용으로 하는 계약을 말한다.[12] 국제합작투자계약은 해외직접투자를 위하여 투자당사자들이 공동으로 합작회사를 설립한다는 점에서, 단독으로 100% 자회사를 설립하는 방식에 의한 해외직접투자와 구별된다. 합작투자계약은 합작회사의 설립과 그 운영에 관하여 합의한 사항을 계약한 내용을 말하며, 일반적으로 설립될 회사의 정관(articles of incorporation)을 합작투자계약서에 부록으로 첨부한다. 따라서 합작투자계약서의 중요한 내용으로는 합작회사의 설립 및 출자와 지분과 관련된 사항, 합작회사의 경영과 관련된 사항, 주주간 계약에 관한 사항 등이 포함된다.[13]

---

12) 이태희, 전게서, 333면.

합작투자계약의 법적성질은 주주가 될 당사자간의 채권계약이며, 그 이행과 관련하여 강행법인 합작회사 설립의 준거법인 회사법과 상충되는 경우가 발생할 수도 있다. 따라서 합작투자계약서의 내용이 회사법에 반하는 경우에 그 효력이 문제가 되나, 일반적으로 회사의 본질과 관련된 중요한 사항이 아닌 경우에는 회사법상 효력만 없고, 채권적 효력까지 부인되는 것은 아닌 것으로 해석된다.

국제합작투자는 투자 위험의 분담 또는 경감, 규모의 경제 실현, 시장 접근, 현지 정부와의 관계, 기술의 교환 또는 공동 이용, 현지 자본시장 및 자금조달, 현지 고용관계 등에서 많은 장점이 있으나[14], 합작파트너와 이익의 공유하여야 하며 기술의 통제가 어렵고, 문화적 또는 경영방식의 차이로 인한 이견 등으로 인한 단점도 있을 수 있다.[15]

우리나라 국내법으로서 국제합작투자계약과 관련되는 중요한 법으로는 독점규제 및 공정거래에 관한 법률과 외국환거래법이 있다.[16] 과거 독점규제 및 공정거래에 관한 법률 제32조는 부당한 국제계약의 체결을 제한했고, 동법 제32조 제2항에 따라 제정된 고시인 국제계약상 불공정거래행위 등의 유형 및 기준 제9조에서 합작투자계약과 관련한 구체적인 불공정거래행위가 유형별로 규정되어 있었으나[17] 동 고시는 상당기간 집행실적이 없고 일반 불공정행위로도 규율이 가능하므로 실효성이 낮은 고시로 분류되어 2009. 8. 20.자로 일괄 폐지되었다.[18]

그러나 국제계약상 불공정거래행위 등의 유형 및 기준이 폐지된 이후에도, 국제계약을 체결함에 있어서 사업자 또는 사업자단체는 당해 국제계약이 부당한 국제계약의 체결제한 규정에 위반하는지 여부에 관하여 공정거래위원회에 심사요청을 할 수 있는 제도와(동법 제33조), 국제계약의 심사요청과 관련한 공정거래위원회 고시인 국제계약 심사요청 요령은 한동안 유지되었다.[19] 이후 동

13) 이태희, 전게서, 334면 참조.
14) Koslow, *supra* note 7, at 178－180.
15) *Id.* at 181－182.
16) 이태희, 전게서, 337면.
17) 공정거래위원회 고시 제1997－23호.
18) 공정거래위원회 고시 제2009－15호.

고시는 2015. 1. 1. 개정되었다가 국제계약 심사요청 제도를 포함한 독점규제 및 공정거래에 관한 법률 제8장 전체가 2016. 3. 29. 삭제되어 동 고시를 포함한 합작투자 심사제도는 실효되었다.

그러나 국제합작투자계약 등을 개별적으로 심사하는 제도는 경제규모가 작은 국가의 경우는 합작투자가 경제에 미치는 영향이 크기 때문에 다수의 개발도상에 있는 국가들이 여전히 이러한 제도를 이용하고 있다. 우리나라도 과거 개발도상국으로서 경제규모가 작았던 1980. 12. 31. 독점규제 및 공정거래에 관한 법률 제정시부터 합작투자계약 등 국제계약의 체결을 규제하여 국제합작투자계약은 심지어 계약체결전에 신고하도록 하여 왔다. 그후 우리나라의 경제규모가 커지고 기업들의 협상력이 증가함에 따라 국제계약에 대한 공정거래 차원의 별도 규제가 실효성이 떨어지고 규제의 실익이 없다고 판단하여 2016. 3. 29. 동법의 개정으로 국제계약에 대한 제한이 전부 삭제되어 폐지된 것이다.

아직도 상당수의 국가가 국제합작투자계약에 대한 공정거래법 차원을 포함한 국가안보 등[20] 기타 목적에서도 신고, 허가 또는 심사제도 등을 채택하고 있으므로, 해외에 합작회사를 설립하는 경우에는 해당 국가의 공정거래법 등 관련 법률에 의한 국제합작투자계약에 대한 심사나 허가 등 규제가 있는지를 사전에 확인할 필요가 있다.

국제합작투자계약을 체결함에 있어서 공정거래법 이외에 일반적으로 고려할 사항으로는 세법, 외국인지분소유에 대한 규제, 지분양도에 대한 규제, 로열티 및 과실송금에 대한 외환규제 등이 있다.[21]

---

19) 공정거래위원회 고시 제1997－22호

20) 미국의 경우, 국제합작투자계약의 당사자들은 자발적으로 미국에 대한 해외투자에 관한 연방위원회(US Committee on Foreign Investment of the United States (CFIUS))에 외국당사자가 미국회사의 지배적 지분을 갈게 되는 투자에 대해서 사전통지를 할 수 있으며, CFIUS는 여러 기관들로 구성된 연방위원회로서 해당 거래가 국가안보에 미치는 영향을 심사를 담당한다(Baker & McKenzie, *International Joint Venture Handbook*, 2015, at 64).

21) Baker & McKenzie, *supra* note 20. at 44, 63－64.

2. 합작투자계약의 체결과정

합작투자계약은 매우 복잡한 과정을 통하여 계약이 체결되는 것이 일반적이다. 합작투자계약의 절차에 대하여 법률상 일률적으로 규정된 바는 없으나, 실무상 일반적인 합작투자계약의 체결과정을 설명하면 다음과 같다.

(1) 타당성 검사

우선 합작계약은 계약당사자가 사업의 성공가능성 및 타당성을 검토하는 데부터 출발한다. 타당성 검토를 위해서는 해외직접투자와 관련하여 사업적인 측면과 법적인 측면에서 당해 합작이 가능성이 있는지 여부를 전문가인 컨설팅회사나 변호사의 도움을 받아 검토하게 된다.

(2) 비밀유지계약

타당성 검토 결과 합작투자가 긍정적이라고 판단되면, 합작가능성이 있는 상대방과 접촉하여 합작투자를 위한 협상을 시작하게 되는데, 합작투자조건을 협상하기 위하여 상대방으로부터 합작사업과 관련된 판단에 필요한 여러 가지 비공개정보를 받는 경우가 많기 때문에 이러한 정보를 넘겨받기 전인 협상 초기에 비밀유지계약(Non-Disclosure Agreement: NDA)을 체결하는 것이 보통이다.[22] 비밀유지계약 체결 후에 각자 상대방에게 필요한 정보나 자료를 요청하여 상대방의 신용상태나 기존사업에 대한 분석을 하게 된다.

(3) 양해각서 체결

이러한 자료를 통하여 구체적인 합작투자조건에 대하여 어느 정도 방향이 정해지면, 협상을 통하여 합작투자의 기본적인 구조와 핵심사항에 대하여 상대방과 협상하게 된다. 합작투자와 관련된 협상과정은 장기간에 걸쳐서 진행되는 경우가 일반적이기 때문에, 협상과정에서 합작투자의 기본조건 등 중요한 사항

---

22) 부록II에 첨부된 영문 비밀유지계약서 참조.

에 대하여 당사자가 합의한 사항이 있게 되면, 이러한 쟁점에 대한 합의를 확인하고 향후 협상의 방향을 명확히 하기 위하여 양해각서(Memorandum of Understanding: MOU) 또는 의향서(Letter of Intent: LOI)를 작성하는 것이 일반적이다.[23)]

(4) 실 사

양해각서를 체결한 후 상대방의 기존 사업을 합작회사에 영업양도 하거나 상대방의 기술을 합작회사에 사용허락을 하는 경우 등 합작투자와 관련하여 상대방의 자산, 기술, 노하우, 관련 면허 등을 확인하는 것이 필요한 경우에는 이에 대한 실사(due diligence)를 하게 된다.

(5) 합작투자계약 체결

이러한 실사결과를 바탕으로 구체적인 합작투자조건에 대하여 여러 차례 계약서안의 교환과 협상을 통해서 최종 계약서안을 확정하게 되면, 양 당사자를 대표하는 자가 합작투자계약서에 서명을 하게 된다.

(6) 회사내부 승인 및 정부 승인 또는 신고

그런데 합작투자당사자가 회사인 경우 회사법상의 책임과 권한을 고려하여 합작투자계약의 효력발생을 이사회의 결의를 조건으로 하는 경우가 일반적이며 합작투자계약이 정부의 승인이나 신고가 필요한 경우에는 그러한 승인이나 신고가 유효하게 되는 것을 조건으로 하여 계약하게 되기 때문에, 각 계약당사자가 계약서에 규정된 효력발생 조건에 따라 각 당사자의 이사회의 합작투자계약 승인을 얻거나 필요한 정부 승인이나 신고를 유효하게 하면 계약이 효력을 발생하게 된다.

이러한 합작투자계약의 체결과정은 장기에 걸친 협상을 거치는 것이 일반적이기 때문에, 회의 과정이나 중간적인 합의사항에 대해서는 반드시 문서로

---

23) 부록 I에 첨부된 영문 의향서 참조.

기록을 남기는 것이 향후 계약의 성립여부나 계약조항의 해석여부에 대한 분쟁에 대비하고, 협상의 효율적인 진행을 도모할 수 있다는 점에서 매우 필요하다.

3. 합작투자계약의 주요조항

(1) 합작회사의 설립

합작회사의 설립과 관련하여서는 합작회사의 명칭, 설립준거법, 목적, 회사형태, 주된 사무소의 위치 등이 일반적으로 규정된다.[24] 특히 회사의 목적은 당사자가 의도하는 사업범위를 확정하고 부당한 사업범위의 확장을 통제하기 위하여, 명확하게 규정될 필요가 있다.

(2) 출자와 지분 및 자금조달

합작당사자의 합작회사의 지분[25]과 출자방법[26]에 대해서 규정하여야 한다. 특히 회사의 경영진이 증자를 결정할 경우, 각 당사자가 반드시 출자하여야 할 의무가 있는지 여부에 대한 추가출자의무와 관련된 사항을 명백히 하여야, 증자시 추가 출자의무 여부에 대한 분쟁을 예방할 수 있다.[27]

회사가 자금을 조달하는 방법으로는 출자 이외에도 차입에 의한 방법이 있는데, 과도한 차입은 회사의 부실을 초래를 할 수 있는 만큼, 차입시기, 규모, 조달방법 및 절차에 대하여 사전에 합의하는 것이 바람직하다.[28]

---

24) 합작회사의 명칭, 목적, 형태와 관련하여 고려하여야 할 사항에 대해서는 Koslow, *supra* note 7, at 189-190.

25) 지분과 경영권과 관련한 논의에 대해서는 Koslow, *supra* note 7, at 184-186 참조. 지분율은 회사의 경영권과 밀접한 관계가 있기 때문에 합작투자계약 협상의 중요한 쟁점이 된다.

26) Koslow, *supra* note 7, at 191 참조.

27) 증자와 관련하여 합작투자계약의 일방 당사자는 증자를 원하나 타방 당사자가 증자를 원하지 않을 경우, 기존의 지분율에 변동이 있더라도 일방 당사자만 증자에 참여하는 것이 허용되는지 여부나 제3자가 증자에 참여하는 것이 허용되는지 등에 대한 고려가 필요하다(Koslow, *supra* note 7, at 186).

28) 이태희, 전게서, 348면; Koslow, *supra* note 7, at 186 참조.

(3) 회사의 기관

가. 이사회 구성 및 결의

회사의 경영과 관련된 중요한 사항은 이사회에서 결정하게 되는데, 합작회사의 경우에는 합작당사자가 지분에 비례하여 이사를 지명하고, 지명된 이사의 선임에 상대방이 협조하도록 규정하는 것이 일반적이다. 그러나 지분구조에 비례하지 않고 지분구조와 달리 지명할 이사 수를 규정하는 것도 가능하다.

이사회의 결의사항 중 합작당사자에게 매우 중요한 사항에 대해서는 회사법에서 규정된 일반적인 의결정족수를 가중하여 규정하거나 이사전원의 찬성을 요구하는 사항으로 규정하는 방법이 사용되기도 한다. 특히 회사 이사수의 과반수 이상을 일방 당사자가 지명한 자를 선임하도록 하는 경우에는 상대방 당사자의 보호를 위하여 중요한 사항에 대해서는 적어도 상대방의 의사가 반영될 수 있도록 찬성결의에 필요한 이사 수를 단순과반수보다 높게 가중된 결의요건(supermajority)으로 규정할 필요가 있다.

나. 주주총회

주주총회는 법률상 주주총회에서 결의하도록 규정된 사항 이외에도 일반적으로 당사자가 정관에 의하여 결의사항을 추가하는 것이 가능하므로, 당사자가 계약으로 주주총회에서 결의할 사항을 추가로 열거하고 이를 정관에도 규정하는 것이 가능하다.

주주총회 결의요건은 설립 준거법상 결의요건에 따르게 되는데, 이는 일반적으로 단순 과반수인 경우가 많으므로 소수주주에게 불리하다. 따라서 합작투자계약서에서 주주총회의 결의사항에 대해서도 소수지분권을 갖는 당사자가 특히 중요한 사항에 대한 의사결정에 실질적으로 참여할 수 있도록 결의요건을 가중하는 것에 대하여 사전에 합의를 할 필요가 있으며, 이러한 가중된 결의요건(supermajority)은 계약협상시 중요한 협상쟁점 된다.

다. 임 원

회사의 일상적인 업무처리에 관한 재량권을 가지고 업무를 수행하는 고위

업무담당자를 회사의 임원이라고 할 수 있는데, 영미법은 회사법상 임원에 대한 명문의 규정이 있다. 과거 우리나라의 경우에는 임원의 선임과 권한 및 책임에 대한 상법의 명문의 규정이 없었으나, 상법개정으로[29] 우리나라의 경우에도 집행임원제도가 도입되었다. 그러나 상법에 도입된 집행임원제도는 임의적 제도이므로, 회사가 이를 선택하지 않은 경우가 대다수이다. 실제로 실무상 많은 회사들이 상법상 집행임원은 아니지만 임원의 역할을 하는 자를 회사에 두고 있다.

합작회사의 실질적인 운영에 임원이 미치는 영향이 매우 크므로, 합작투자회사의 경우에는 일방당사자가 사장을 지명하는 경우에는 상대방 당사자는 부사장이나 재경담당임원을 지명하는 것과 같이 임원지명을 당사자가 나누어서 하도록 하는 것이 일반적이다. 그러나 임원지명은 당사자가 상대적으로 경쟁력이 있거나 노하우가 많은 분야의 임원을 지명하도록 하는 것도 일반적으로 이용된다. 예컨대, 기술을 제공하는 당사자는 기술담당임원을 지명하도록 하고, 제품 판매에 경험과 노하우가 있는 당사자는 판매담당임원을 지명하도록 합의할 수 있다.

(4) 주식양도제한

합작회사는 장기간 운영될 것을 전제로 하여 합작당사자간의 신뢰를 바탕으로 설립되는 것이 일반적이므로, 합작회사 설립후 일방 당사자가 그 지분을 제3자에게 양도하는 경우에는 본래의 합작의도나 목적을 달성하기 어렵게 될 수 있다. 따라서, 합작투자계약서에는 일반적으로 일정기간 주식양도를 제한하는 규정을 두는 것이 보통이며, 주식양도를 제한하는 방법으로는 절대적 양도금지, 상대방의 동의를 요구하는 방법, 상대방에 우선매수권을 부여하는 방법(right of first refusal), 매도선택권(put option) 또는 매수선택권(call option)을 부여하는 방법 등이 이용된다.[30]

특히 주식양도제한이 합작투자계약서에 규정된 경우에는, 위반시 손해배

---

29) 상법 일부개정법률, 법률 제10600호, 2011. 4. 14., 일부개정.
30) 이태희, 전게서, 354면 참조.

상액을 입증하기가 쉽지 않고 위반도 억제한다는 의미에서 위약금을 약정하는 경우가 많다. 다만, 위약금 액수가 지나치게 과다한 경우에는 영미법이 계약의 준거법인 경우에는 영미법상 위약금(liquidated damages)이 아닌 벌금(penalty)로 해석되어 약정의 효력이 부인될 수 있음을 주의할 필요가 있다.

(5) 교착상태(Deadlock)

합작투자 당사자간의 의사의 불일치로 이사회가 정족수 미달로 성립할 수 없거나 이사회에서 합작회사에 필요한 중요한 의사결정을 할 수 없게 되는 경우에는 교착상태에 빠지게 된다. 이러한 교착상태는 회사의 합리적 운영을 불가능하게 하고 회사사업의 계속적 진행에 지장을 초래하게 되므로[31], 일정한 중요한 사항에 대해서는 교착상태가 발생하면 이를 해결하기 위한 절차를 미리 계약서에 규정하는 것이 바람직하다.

교착상태를 타개하는 방법으로 교착상태가 발생하면 일정기간 동안 교착상태의 해소를 위해서 노력하고, 그래도 교착상태가 지속되는 경우에는 일방이 상대방의 지분의 매수를 청구할 수 있는 권리를 부여하는 방식이 사용되기도 한다. 기타 교착상태를 타개하는 방법으로는 당해 사항을 주주총회에서 결정하도록 하거나, 중재에 의하거나, 이사회의장에게 결정권을 부여하거나, 정관에서 미리 교착상태 발생시 일정사항에 대한 결정권한을 특정 책임자에게 부여하거나, 양당사자가 모두 받아들일 수 있는 공평한 제3자를 이사로서 참여시켜 이사회를 구성하는 방법 등을 사용할 수도 있다.[32] 지분 매수방식은 일방 당사자가 경제적인 보상을 받고 합작상태를 종료시키는 점에서, 이미 교착상태로 신뢰상태가 지속될 수 없는 합작회사의 경우에 매우 합리적인 해결방법이라 할 수 있다.

---

31) 이태희, 전게서, 356면.

32) 상게서, 356－357면 참조.

4. 합작투자계약의 종료

합작투자계약은 명시적 계약기간이 없는 것이 보통이며, 합작회사가 존속하는 한 지속되는 장기의 계약이 일반적이다. 따라서 합작회사의 운영 중 합작을 지속하기 어려운 상황이 발생할 경우, 합작계약의 종료에 대하여 당사자간의 합의가 성립되지 못하면 일방적으로 합작계약을 종료시킬 수 없게 된다. 그러나 합작투자계약서에 당사자가 예상할 수 있는 합작투자계약 해지사유를 명시하고, 당해 사유가 발생한 경우 계약 해지의 절차와 효과를 미리 규정해 두면 당사자간의 합의가 성립되지 않더라도 합작투자 종료사유 발생시 일정한 절차에 따라 계약을 해지시킬 수 있다.

일반적으로 이용되는 합작투자계약의 약정 해지사유로는 계약의 중대한 위반, 파산, 수용, 정부의 조치로 인한 중대한 악영향, 불가항력(force majeure), 관련 계약의 종료 등이 있다. 계약해지의 사유가 발생한 경우에는 일반적으로 계약해지의 의사를 상대방에게 통지함으로써 계약을 종료시키지만, 특정 사항에 대해서는 계약해지의 의사를 상대방에게 통지하지 않아도 당해 사유의 발생만으로 자동적으로 계약이 종료되는 것으로 규정할 수도 있다.

계약이 종료되더라도 계약해지와는 별도로 계약종료의 원인을 발생시킨 당사자에게 손해배상을 청구할 수 있도록 규정하기도 한다. 합작계약이 종료되면, 합작회사의 지분을 상대방에게 매도하거나 상대방의 지분을 매수하는 방법으로 회사를 지속시키는 것이 일반적이지만,[33] 당사자간에 지분매수의 합의가 성립되지 못할 경우에는 합작회사를 청산하도록 규정하기도 한다.

33) Koslow, *supra* note 7, at 187 참조.

제 7 장 국제거래상 분쟁해결

Ⅰ. 분쟁해결 방법의 선택

국제계약은 문화 및 법제도가 상이한 당사자간에 체결되기 때문에, 계약의 성립여부 및 해석과 이행에 있어서 이견이 있을 경우, 분쟁의 가능성이 높다.[1] 일단 분쟁이 발생할 경우 당사자간에 자율적인 해결이 바람직하나, 국제상거래에서는 이해관계의 대립으로 쉽게 자율적인 해결이 이루어지지 못하는 경우가 많다. 당사자간의 합의로 분쟁해결이 되지 못할 경우, 국제계약의 분쟁해결 수단으로 가장 많이 이용되는 것은 중재와 소송이다.[2]

중재와 소송은 각각 그 장단점이 있기 때문에, 계약의 당사자는 계약체결시에 장래 분쟁이 발생할 경우 중재와 소송 중 어떤 방법으로 분쟁을 해결할지에 대해서 미리 합의해 두는 것이 바람직하다. 일단 분쟁이 발생한 후에 분쟁해결 방법에 대하여 합의를 하려면 이해관계의 대립으로 당사자의 관계가 우호적일 때보다 매우 어렵다.

1. 중 재

중재는 당사자간에 중재로 분쟁을 해결하기로 한 중재합의에 따라, 법원 이외의 제3자인 중재인에게 그 해결을 위임하고 중재인의 판정에 복종함으로 분쟁을 처리하는 강행적 분쟁해결방식이다.[3] 중재는 법률과 판례에 구속되지

1) 이태희, 국제계약법, 법문사 (2001), 144면 참조.
2) Ralph H. Folsom et al., *International Business Transactions in a Nutshell*, 7th Ed., West (2004), at 299.

않고 법이론과 상관습 등을 고려하여 구체적으로 타당한 결정을 할 수 있을 뿐 아니라, 원칙적으로 단심제이므로 소송에 비하여 신속, 경제적인 권리구제가 가능하다.[4]

또한 국제상사중재는 소송으로 인한 불확실성을 줄일 수 있고, 중재법정의 예측가능성, 중립성 및 전문성을 활용할 수 있으며, 절차적으로도 엄격한 법적절차에 구속되지 않는다는 점에서 선호되고 있다.[5] 각국은 국내법으로 중재에 관한 규율을 하고 있는 것이 일반적인데, 이는 중재절차의 적법성에 관한 규율이 목적이고 중재의 내용에 대하여 규율하는 것은 아니다. 국제상사중재는 중재판정의 승인 및 집행에 있어서 다수국가가 가입한 UN협약에 따라 중재판정의 승인과 집행이 이루어질 수 있는데, 이점도 국제중재를 선호하도록 하는데 중요한 요소로서 작용을 한다.[6]

2. 소 송

소송은 당사자의 제소에 의하여 법원에서 엄격한 사법절차에 의하여 분쟁에 대한 판결을 얻는 분쟁해결방법이다. 소송은 중재에 비하여 증거조사방법 및 심리와 판결에 엄격한 법적 제한을 받으며, 일반적으로 단심제가 아니므로 하급심법원의 판결에 당사자가 불복할 경우에는 상소가 가능하므로 분쟁의 종국적 해결에 상대적으로 시간과 비용이 많이 소요될 수 있다. 특히 소송장소가 외국인 경우에는 당해 국가의 소송제도에 익숙하지 못한 당사자는 자국에서 소송을 수행하는 당사자에 비하여 소송수행에 상당한 부담을 가질 수밖에 없다.

3. 분쟁해결 방법의 전략적 선택

계약당사자는 분쟁해결 방법의 선택에 있어서, 거래의 특성, 분쟁가능성

---

3) 이태희, 전게서, 144－145면 참조.
4) 이태희, 전게서, 145－146면 참조.
5) Folsom et al., *supra* note 2, at 320 참조.
6) *Id.* at 320－321.

및 분쟁의 유형 등에 대한 전략적인 고려가 필요하다. 특히 거래의 특성으로 어느 쪽 당사자가 계약위반을 할 가능성이 높은지를 면밀히 검토하여야 한다.

상대방이 자신을 상대로 계약위반으로 청구할 가능성이 높은 경우에는, 중재보다는 자신의 소재지 법원에서 소송으로 분쟁해결을 하도록 합의하면 상대방은 소송제기에 따른 비용과 부담을 고려하여 오히려 소송제기에 신중을 기할 수 있도록 하는 효과도 있게 된다.

이와 반대로 자신이 상대방에게 계약위반을 주장할 가능성이 높은 거래인 경우에는 소송보다는 중재로 하는 것이 더 유리할 수 있다. 예컨대, 물품매매계약에 있어서 매도인은 물품에 대한 하자담보책임을 지는 반면 매수인은 대금지급의무를 부담하므로 상대적으로 매도인을 상대로 책임을 추궁하는 분쟁이 발생하기 쉽다. 이 경우 매도인은 자신의 소재지에서 소송으로 분쟁을 해결하도록 하는 것이 소송제기의 억제 효과를 고려할 때 중재보다 매도인에게 상대적으로 유리할 수 있으나, 법원의 판례를 검토할 때 특수한 거래의 상관습을 고려하지 못할 우려가 있는 경우에는 오히려 중재를 선택할 수도 있다.

4. 준거법, 분쟁해결절차 및 분쟁해결 장소의 합의

당사자가 소송이나 중재 중 하나를 분쟁해결방법으로 선택한 경우에, 효율적인 분쟁해결을 위해서는 계약서에 분쟁해결방법의 종류의 선택 이외에 이와 관련한 준거법, 구체적인 분쟁해결절차 및 분쟁해결 장소에 대한 합의가 필요하다.[7)]

소송에 있어서 관할권에 대한 합의가 없는 경우에는 예상치 못한 법원에 제소되거나 자신에게 불리한 판례가 있는 법원에 제소될 가능성도 있는 만큼, 관할법원에 대한 합의가 매우 중요하다. 또한 소송시 당사자의 분쟁에 적용될 실체법에 대한 합의가 없는 경우에는 국제사법 원칙에 의하여 적용되는 준거법의 충돌도 있을 수 있으므로, 당사자는 분쟁해결에 적용될 준거법에 대해서도 미리 합의해두는 것이 바람직하다. 소송의 경우에는 절차법은 관할권 있는

---

7) Folsom et al., *supra* note 2, at 300 참조.

법원의 법정지 소송법을 따르게 되므로 소송절차법에 대해서는 별도로 합의할 필요가 없다.

중재에 있어서는 각국의 중재제도가 상이할 수 있으므로, 중재합의에 중재지, 중재규칙, 준거법에 대한 합의가 있어야 분쟁발생시 중재가 효율적인 분쟁해결절차로서 기능을 할 수 있다.

Ⅱ. 중 재

국제상사중재에 의하여 분쟁을 해결할 경우, 중재의 실행과 관련하여 유효한 중재합의가 있는지, 중재규칙의 선택, 중재인 수, 중재판정의 승인 및 집행 등이 문제된다.

1. 중재합의

중재는 당사자간의 중재합의가 있는 경우에만 가능한 분쟁해결방법이다. 따라서 당사자간에 계약체결시 사전에 중재합의를 하였거나 분쟁발생 후에 중재로 분쟁을 해결하기로 합의한 경우 등 중재합의가 반드시 필요하다.

유효한 중재합의가 있는 경우에는 중재합의를 위반하여 법원에 제소하는 것이 금지되며, 반드시 중재로 분쟁을 해결하여야 한다. 미국법상 중재를 이용하기 위해서는 중재합의의 존재 및 그 유효성에 대해서 입증을 하여야 하며, 중재 개시전 소송으로 이러한 쟁점에 대하여 다툴 수 있다.[8)]

2. 중재규칙

(1) 일반 상사중재규칙

각국의 중재기관이 상이하고 각 중재기관이 사용하는 중재규칙도 통일되

8) Folsom et al., *supra* note 2, at 334.

어 있지 않기 때문에, 중재합의시 중재규칙에 대한 합의도 필요하다. 중재규칙은 중재에 적용되는 절차적인 규칙이다. 국제계약에 널리 선호되는 중재규칙으로는 ICC 중재규칙(ICC Rules of Arbitration)[9], UNCITRAL 중재규칙(UNCITRAL Arbitration Rules)[10] 등이 있다.

특히 양자간에 중재협정이 체결되어 있는 국가간의 분쟁은 당해 협정의 규정에 따라 중재가 이루어지도록 합의하는 것이 가능하며, 한미와 한일간에는 각각 상사중재협정이 체결되어 있다.[11]

중재기관으로는 우리나라에는 대한상사중재원이 있으며, 미국에는 미국중재협회(AAA), 영국에는 런던중재법원(London Court of Arbitration) 이 있으며, 각 중재기관은 자신의 중재규칙을 갖고 있다.[12]

[한미 상사중재 협정]

대한상사중재협회와 미국중재협회간의 상사중재협정

상사중재의 보다 광범한 이용이 한 · 미 양국 상사들간의 상거래에 신뢰와 안정을 더해 줄 것임을 확신하여, 대한상사중재협회와 미국중재협회는 앞으로 이러한 무역에 종사하는 상사들에 대하여 그들의 계약서에 다음과 같은 중재

9) ICC 중재규칙의 가장 최근버전은 2021 ICC Rules of Arbitration이며, 2021. 1. 1.부터 시행되었다(https://iccwbo.org/dispute-resolution-services/arbitration/rules-of-arbitration/#article_1, 2021. 7. 9. 최종접속)

10) UNCTRAL 중재규칙은 ① 1976년 버전 ② 2010년 버전 ③ 2013년 버전 등 3가지가 있으며, 가장 최근버전인 2013년 버전은 중재규칙에 UNCITRAL Rules on Transparency for Treaty-based Investor-State Arbitration을 포함하고 있다(https://uncitral.un.org/en/texts/arbitration/contractualtexts/arbitration, 2021. 7. 9. 최종접속).

11) U.S.-Korean Commercial Arbitration Agreement (Nov. 19, 1974), Korean-Japanese Arbitration Agreement (Oct. 26, 1973). 이외에도 우리나라와 중재협정이 체결된 국가로는 자유중국, 네덜란드, 태국, 인도, 가나, 인도네시아, 덴마크, 헝가리, 불가리아, 루마니아, 이탈리아(밀라노), 폴란드, 중국, 호주, 멕시코, 베트남, 러시아, 싱가포르, 우크라이나, 몽골, 체코, 베네수엘라(카라카스) 등이 있다(http://www.kcab.or.kr/ 2021. 7. 9. 최종접속).

12) 이태희, 전게서 148-150면 참조.

조항을 삽입하도록 권장하기로 협정한다.

"이 계약으로부터 또는 이 계약과 관련하여 또는 이 계약의 불이행으로 말미암아 당사자간에 발생하는 모든 분쟁, 논쟁 또는 의견차이는 1974년 12월 1일자 한 · 미 상사중재협정에 따라 중재에 의하여 최종적으로 해결하며, 당사자들은 이에 구속을 받는다."

상기 중재조항에 언급된 협정의 조건은 다음과 같다.

1. 중재가 대한민국에서 행하여지게 되는 경우에는 대한상사중재협회의 규칙에 의거하여 행하며, 중재가 미합중국에서 행하여지게 되는 경우에는 미국중재협회의 규칙에 의거하여 행하는 것으로 한다.

2. 중재가 행하여질 장소가 계약서에 지정되어 있지 아니하거나 또는 당사자가 그러한 장소에 관하여 서면으로 합의하지 못하는 경우에는, 중재를 신청하는 당사자는 자기가 거주하는 국가의 중재협회에 이를 통지하여야 한다. 통지를 받은 중재협회는 양당사자에 대하여 중재장소에 관한 그들의 쟁점 및 선호이유를 3인의 합동중재위원회에 14일 기간내에 제출하도록 통지하여야 한다. 합동중재위원회의 3인의 위원중 2인은 양협회에서 각기 선정하며, 이 2인의 위원에 의하여 의장으로 행동할 제3의 위원이 선정된다. 제3의 위원은 양 협회중 어느 협회의 구성원이 되어서도 아니된다. 양 위원회의 소재지는 서울과 뉴욕으로 한다. 합동중재위원회에 의한 중재장소의 결정은 최종적인 것으로서 분쟁당사자 쌍방을 구속한다.

3. 한 · 미 양중재협회는 이 협정의 규정을 준수하는데 필요한 국제중재인단 명부를 작성하고 상호간에 이러한 명부의 인명을 통지하기로 합의한다.

4. 한 · 미 양중재협회는 각기 중재기관의 이용의 증대를 통하여 국제상사중재의 향상에 노력하며, 한. 미 무역을 위하여 상호의 방침과 발전에 관한 조언을 하기로 한다.

이상을 한. 미 상사중재협정이라 하며 다음의 조항을 포함하고 있는 어떠한 계약에도 이상의 내용이 내포된 것으로 간주한다.

"이 계약으로부터 또는 이 계약과 관련하여, 또는 이 계약의 불이행으로 말미암아 당사자간에 발생하는 모든 분쟁, 논쟁 또는 이견차이는 1974년 12월 1일자 한. 미 상사중재협정에 따라 중재에 의하여 최종적으로 해결하며, 당사자들은 이에 구속을 받는다."

대한상사중재협회	미국중재협회
회 장 김 성 곤	회장 로버트 쿨슨
서울 1974. 11. 29	뉴욕 1974. 11. 13

(English)

Agreement between the Korean Commercial Arbitration Association
and the American Arbitration Association
to Facilitate the Use of Commercial Arbitration in Trade
between the Republic of Korea and the United States of America

Being convinced that a wider use of commercial arbitration would lend confidence and stability to commercial transactions between firms in the United States of America and in the Republic of Korea, the American Arbitration Association and the Korean Commercial Arbitration Association are agreed henceforth to recommend that firms engaged in such trade should insert in their contracts the following clause:

"All disputes, controversies, or differences which may arise between the parties, out of or in relation to or in connection with this contract, or the breach thereof, shall be finally settled by arbitration pursuant to the U.S−Korean Commercial Arbitration Agreement, dated December 1, 1974 by which each party hereto is bound"

The terms of the agreement referred to in this clause are as follows:

1) Arbitration to be held in the Republic of Korea shall be conducted under the rules of the Korean Commercial Arbitration Association; arbi－tration to be held in the United States of America shall be conducted in accordance with the rules of the American Arbitration Association.

2) If the place where the arbitration is to be held is not designated in the contract, or the parties fail to agree in writing on such place, the party demanding arbitration shall give notice to the Arbitration Association of the country in which the party resides. That Association shall notify the parties that they have a period of about 14 days to submit their arguments and reasons for preference regarding the place to a Joint Arbitration Committee of three members, two appointed by the respective Association, and the third, to act as Chairman to be chosen by the other two. The third member shall not be a member of either Association. The seats of the two Committees shall be in Seoul and in New York. The determination of the place of arbitration by the Joint Arbitration Committee shall be final and binding upon both parties to the controversy.

3) The Association each agree to establish such International Panels of Arbitrators as may be necessary to carry out the provisions of this agree－ments and to advise each other of the personnel of these panels.

4) Both Associations will cooperate in advancing international commercial arbitration through increased use of the facilities of their organization, and will advise each other concerning mutual policies and progress in the in－

terests of U.S.－Korean Trade.

The foregoing shall be known as the U.S.－Korean Commercial Arbitration Agreement and shall be deemed to be incorporated in any contract containing the following clause:

“All disputes, controversies, or differences which may arise between the parties, out of or in relation to or in connection with this contract, or for the breach thereof, shall be finally settled by arbitration pursuant to the U.S－Korean Commercial Arbitration Agreement, of December 1, 1974 by which each party hereto is bound.”

THE KOREAN COMMERCIAL ARBITRATION ASSOCIATION
Sung Kon Kim
President
Seoul, November 29, 1974

THE AMERICAN ARBITRATION ASSOCIATION
Robert Coulson
President
New York, November 13, 1974

[한일 상사중재 협정]

대한상사중재협회와 일본국제상사중재협의회간의 중재협정

대한상사중재협회와 일본국제상사중재협회는, 상사중재의 이용촉진이 한국과 일본국간에 있어서 경제적 거래의 안정에 기여할 것임을 믿고, 다음과 같이 협정한다.

제1조 양 협회는, 각각 한국과 일본국간의 경제적 거래를 행하는 기업체에

대하여, 그러한 기업체간의 계약에 다음의 중재조항을 삽입하도록 권고하기로 한다.

"이 계약으로부터 또는 이 계약에 관련하여 발생하는 모든 분쟁은, (a) 중재가 한국에서 행하여지게 되는 경우에는 대한상사중재협회의, 또는 (b) 중재가 일본에서 행하여지게 되는 경우에는 일본국제상사중재협회의, 상사중재규칙에 의거하여 중재에 부탁할 것으로 한다.

중재장소가 당사자에 의하여 지정되지 아니하거나, 또는 양 협회 중 어느 쪽인가 당사자중의 어느 일방으로부터 중재신청을 접수한 날로부터 28일 이내에 당사자가 합의하지 아니하는 경우에는, 중재장소는 피신청인의 나라로 한다. 그러나 양 협회는 당사자 중의 어느 일방으로부터 양 협회 중 어느 쪽인가에 대하여 신청이 있으면, 중재장소를 신청인의 나라로 할 것을 합의할 수 있으며, 양 협회간의 그러한 합의는 당사자를 구속한다. 전기의 신청일로부터 28일 이내에 양 협회간의 합의가 이루어지기 아니한 경우에는, 중재장소는 피신청인의 나라로 한다."

제2조 (1) 양 협회 중의 어느 일방이, 이 협정의 제1조에 게재된 중재조항을 포함한 계약의 일방당사자로부터 동 중재조항에 따라 중재신청을 접수하였을 때는, 상대방당사자 및 상대방협회에 그 신청서의 사본을 즉시 송부하고, 그 사실을 중재를 신청한 당사자에게 통지하는 것으로 한다.

(2) 양 협회는, 중재가 신청인의 나라에서 행하여질 것을 요구하는 전기 신청을 접수하였을 경우에는, 자신들의 판단에 도달하는 데 있어서 관계 있는 모든 사정들을 예컨대, 부패성 물품이 관계되어 있는 경우에는 어느 나라가 그 물품의 신속한 검사를 위하여 상대적으로 편리한가를, 고려에 넣어야 한다.

제3조 양 협회는 양국간의 국제상사중재를 촉진하기 위하여 협력하며, 이 협정취지의 실현에 도움이 될만한 필요한 모든 정보와 의견을 교환하기로 한다.

제4조 양 협회는, 각 자국의 중재법 및 각자기관의 중재규칙이 서로 보다 긴밀한 조화를 이루게 하는 것이 양국 기업체간의 경제적 거래의 더한층의 안정과 발전에 기여할 것임을 믿고, 이 목적을 위하여 최선의 노력을 할 것으로 한다.

제5조 이 협정은 "한 · 일 중재협정"이라 칭한다.

대한상사중재협회	일본국제상사중재협회
회 장 김 성 곤	회 장 영 야 중 웅
서울, 1973. 10. 26	동경, 1973. 10. 23

(English)

Agreement between the Korean Commercial Arbitration Association and the Japan Commercial Arbitration Association

The Korean Commercial Arbitration Association and the Japan Commercial Arbitration Association, believing that a wider use of commercial arbitration will contribute to the stability of economic transaction between the Republic of Korea and japan, here agreed as follow:

Article 1. Both Association shall each recommend to enterprise engaged in economic transaction between the Republic of Korea and Japan the insertion of the following arbitration clause in contracts between such enterprises:

"All dispute that may under or in relation to this contract shall be submitted to arbitration under the commercial Arbitration Rules of (a) the Korean Commercial Arbitration Association if the arbitration is to be held in the Republic of Korea or (b) the Japan Commercial Arbitration Association if the arbitration is to be held in Japan.

If the place of arbitration is not so designated by the parties or is not agreed by them within 28 days from the date on which the date on which a demand for arbitration is received by either of the Association from either party, the place of arbitration shall be the country of the Respondent(s). Provided that both Associations may agree, on the application of either party to either of the Association, that the place of arbitration shall be the country of the Claimant(s), such agreement between the Associations being binding upon both parties, Failing such agreement between the Association within 28 days from the date of the said application, the place of arbitration shall be the country of the Respondent(s)."

Article 2. 1) When either of the Associations has received from a party to a contract including the arbitration clause contained in Article 1 hereof, a demand for arbitration in accordance with the said arbitration clause, it shall immediately transmit a copy of such demand to the other party and to the other Association and shall notify the party demanding arbitration accordingly.

2) If an application as aforesaid is received for the arbitration to be held in the Claimants' country, both Association shall, in coming to their decision, take into account all relevant circumstances, for example, if perishable goods are concerned, which country would be more convenient for a speedy examination therof.

Article 3. Both Associations will co-operate to promote international commercial arbitration between the two countries and will exchange all necessary information and opinions conductive to the realization of this Agreement.

Article 4. Believing that the bringing of their respective arbitration laws and rules into closer harmony will contribute to the further stability and development in economic transaction between the enterprises of the two countries, both Associations will exert every effort to this end.

Article 5. This Agreement shall be called the "Korean－Japanese Arbitration Agreement."

This Agreement has been prepared in two authentic copies in the English language.

THE KOREAN COMMERCIAL ARBITRATION ASSOCIATION
Sung Kon, Kim
President
Seoul, October 26, 1973

THE JAPAN COMMERCIAL ARBITRATION ASSOCIATION
Shigeo, Nagano
President
Tokyo, October 23, 1973

(2) 투자중재규칙: ICSID 중재규칙

상거래에 적용되는 일반 상사중재규칙과 달리 투자중재규칙은 투자자와 정부간의 투자분쟁 해결에 특화된 중재규칙이다. ICSID 중재규칙[13]은 '국가와 다른 국가의 국민 사이의 투자분쟁 해결에 관한협약' (1966 Convention on the Settlement of Investment Dispute Between States and Nationals of Other States)에 따라서 채택된 중재규칙이다. 1966년 국제투자분쟁해결 협약에 따라 설립된 분쟁해결 기관이 바로 '국제 투자분쟁 해결센터'(ICSID: International Centre for the Settlement of Investment Disputes)이다.[14]

ICSID가 중재관할권을 행사하기 위해서는 두 가지 요건이 필요한데, 첫째, 투자분쟁이 어느 체약국과 다른 체약국의 국민 간의 분쟁이어야 하며(investment

13) ICSID Rules of Procedure for Arbitration Proceedings (Arbitration Rules) (as Amended and Effective April 10, 2006).

14) https://icsid.worldbank.org/About/ICSID, 2021. 7. 9. 최종접속.

legal disputes between a Contracting State and a national of another Contracting State), 둘째, 당사자가 ICSID가 중재관할을 행사하는 것에 대하여 서면으로 동의하여야 한다(the parties to the dispute consent in writing to submit to the Centre).[15]

2021년 7월 9일 현재 155개국이 국제투자분쟁해결 협약의 체약국이며,[16] 국제적인 투자분쟁 중 정부의 몰수 또는 조치 등으로 투자손해를 입은 경우에 체약국 국민은 협약의 요건을 갖추면 상대방 체약국 정부를 상대로 중재를 받을 수 있게 된다.

[국제투자분쟁협약 체약국 현황]

LIST OF CONTRACTING STATES AND OTHER SIGNATORIES OF THE CONVENTION (as of June 21, 2021)[17]

The 164 States listed below have signed the Convention on the Settlement of Investment Disputes between States and Nationals of Other States on the dates indicated. The names of the 155 States that have de-posited their instruments of ratification are in bold, and the dates of such deposit and of the attainment of the status of Contracting State by the entry into force of the Convention for each of them are also indicated.

15) Convention on the Settlement of Investment Dispute Between States and Nationals of Other States, Art. 25(1).

16) https://icsid.worldbank.org/about/member-states/database-of-member-states, 2021. 7. 9. 최종접속.

17) https://icsid.worldbank.org/sites/default/files/documents/ICSID3-June%202021.pdf, 2021. 7. 9. 최종접속.

State	Signature	Deposit of Ratification	Entry into Force of Convention
Afghanistan	Sep. 30, 1966	Jun. 25, 1968	Jul. 25, 1968
Albania	Oct. 15, 1991	Oct. 15, 1991	Nov. 14, 1991
Algeria	Apr. 17, 1995	Feb. 21, 1996	Mar. 22, 1996
Argentina	May 21, 1991	Oct. 19, 1994	Nov. 18, 1994
Armenia	Sep. 16, 1992	Sep. 16, 1992	Oct. 16, 1992
Australia	Mar. 24, 1975	May 2, 1991	Jun. 1, 1991
Austria	May 17, 1966	May 25, 1971	Jun. 24, 1971
Azerbaijan	Sep. 18, 1992	Sep. 18, 1992	Oct. 18, 1992
Bahamas, The	Oct. 19, 1995	Oct. 19, 1995	Nov. 18, 1995
Bahrain	Sep. 22, 1995	Feb. 14, 1996	Mar. 15, 1996
Bangladesh	Nov. 20, 1979	Mar. 27, 1980	Apr. 26, 1980
Barbados	May 13, 1981	Nov. 1, 1983	Dec. 1, 1983
Belarus	Jul. 10, 1992	Jul. 10, 1992	Aug. 9, 1992
Belgium	Dec. 15, 1965	Aug. 27, 1970	Sep. 26, 1970
Belize	Dec. 19, 1986		
Benin	Sep. 10, 1965	Sep. 6, 1966	Oct. 14, 1966
Bosnia and Herzegovina	Apr. 25, 1997	May 14, 1997	Jun. 13, 1997
Botswana	Jan. 15, 1970	Jan. 15, 1970	Feb. 14, 1970
Brunei Darussalam	Sep. 16, 2002	Sep. 16, 2002	Oct. 16, 2002
Bulgaria	Mar. 21, 2000	Apr. 13, 2001	May 13, 2001
Burkina Faso	Sep. 16, 1965	Aug. 29, 1966	Oct. 14, 1966
Burundi	Feb. 17, 1967	Nov. 5, 1969	Dec. 5, 1969
Cabo Verde	Dec. 20, 2010	Dec. 27, 2010	Jan. 26, 2011
Cambodia	Nov. 5, 1993	Dec. 20, 2004	Jan. 19, 2005
Cameroon	Sep. 23, 1965	Jan. 3, 1967	Feb. 2, 1967
Canada	Dec. 15, 2006	Nov. 1, 2013	Dec. 1, 2013
Central African Republic	Aug. 26, 1965	Feb. 23, 1966	Oct. 14, 1966
Chad	May 12, 1966	Aug. 29, 1966	Oct. 14, 1966
Chile	Jan. 25, 1991	Sep. 24, 1991	Oct. 24, 1991
China	Feb. 9, 1990	Jan. 7, 1993	Feb. 6, 1993
Colombia	May 18, 1993	Jul. 15, 1997	Aug. 14, 1997

Comoros	Sep. 26, 1978	Nov. 7, 1978	Dec. 7, 1978
Congo, Democratic Rep. of	Oct. 29, 1968	Apr. 29, 1970	May 29, 1970
Congo, Rep. of	Dec. 27, 1965	Jun. 23, 1966	Oct. 14, 1966
Costa Rica	Sep. 29, 1981	Apr. 27, 1993	May 27, 1993
Côte d'Ivoire	Jun. 30, 1965	Feb. 16, 1966	Oct. 14, 1966
Croatia	Jun. 16, 1997	Sep. 22, 1998	Oct. 22, 1998
Cyprus	Mar. 9, 1966	Nov. 25, 1966	Dec. 25, 1966
Czech Republic	Mar. 23, 1993	Mar. 23, 1993	Apr. 22, 1993
Denmark	Oct. 11, 1965	Apr. 24, 1968	May 24, 1968
Djibouti	Apr. 12, 201	Jun. 9, 2020	Jul. 9, 2020
Dominican Republic	Mar. 20, 2000		
Ecuador*	Jun. 21, 2021		
Egypt, Arab Rep. of	Feb. 11, 1972	May 3, 1972	Jun. 2, 1972
El Salvador	Jun. 9, 1982	Mar. 6, 1984	Apr. 5, 1984
Estonia	Jun. 23, 1992	Jun. 23, 1992	Jul. 23, 1992
Eswatini	Nov. 3, 1970	Jun. 14, 1971	Jul. 14, 1971
Ethiopia	Sep. 21, 1965		
Fiji	Jul. 1, 1977	Aug. 11, 1977	Sep. 10, 1977
Finland	Jul. 14, 1967	Jan. 9, 1969	Feb. 8, 1969
France	Dec. 22, 1965	Aug. 21, 1967	Sep. 20, 1967
Gabon	Sep. 21, 1965	Apr. 4, 1966	Oct. 14, 1966
Gambia, The	Oct. 1, 1974	Dec. 27, 1974	Jan. 26, 1975
Georgia	Aug. 7, 1992	Aug. 7, 1992	Sep. 6, 1992
Germany	Jan. 27, 1966	Apr. 18, 1969	May 18, 1969
Ghana	Nov. 26, 1965	Jul. 13, 1966	Oct. 14, 1966
Greece	Mar. 16, 1966	Apr. 21, 1969	May 21, 1969
Grenada	May 24, 1991	May 24, 1991	Jun. 23, 1991
Guatemala	Nov. 9, 1995	Jan. 21, 2003	Feb. 20, 2003
Guinea	Aug. 27, 1968	Nov. 4, 1968	Dec. 4, 1968
Guinea-Bissau	Sep. 4, 1991		
Guyana	Jul. 3, 1969	Jul. 11, 1969	Aug. 10, 1969
Haiti	Jan. 30, 1985	Oct. 27, 2009	Nov. 26, 2009
Honduras	May 28, 1986	Feb. 14, 1989	Mar. 16, 1989

* The Government of the Republic of Ecuador signed the ICSID Convention on January 15, 1986 and deposited its instrument of ratification on the same date. The Convention entered into force for Ecuador on February 14, 1986. On Jul. 6, 2009, the depositary received a written notice of Ecuador's denunciation of the Convention. In accordance with Article 71 of the Convention, the denunciation took effect six months after the receipt of Ecuador's notice, i.e., on January 7, 2010. On June 21, 2021, Ecuador signed the ICSID Convention which is the first step in the procedure to become an ICSID Contracting State again.

State	Signature	Deposit of Ratification	Entry into Force of Convention
Hungary	Oct. 1, 1986	Feb. 4, 1987	Mar. 6, 1987
Iceland	Jul. 25, 1966	Jul. 25, 1966	Oct. 14, 1966
Indonesia	Feb. 16, 1968	Sep. 28, 1968	Oct. 28, 1968
Iraq	Nov. 17, 2015	Nov. 17, 2015	Dec. 17, 2015
Ireland	Aug. 30, 1966	Apr. 7, 1981	May 7, 1981
Israel	Jun. 16, 1980	Jun. 22, 1983	Jul. 22, 1983
Italy	Nov. 18, 1965	Mar. 29, 1971	Apr. 28, 1971
Jamaica	Jun. 23, 1965	Sep. 9, 1966	Oct. 14, 1966
Japan	Sep. 23, 1965	Aug. 17, 1967	Sep. 16, 1967
Jordan	Jul. 14, 1972	Oct. 30, 1972	Nov. 29, 1972
Kazakhstan	Jul. 23, 1992	Sep. 21, 2000	Oct. 21, 2000
Kenya	May 24, 1966	Jan. 3, 1967	Feb. 2, 1967
Korea, Rep. of	Apr. 18, 1966	Feb. 21, 1967	Mar. 23, 1967
Kosovo, Rep. of	Jun. 29, 2009	Jun. 29, 2009	Jul. 29, 2009
Kuwait	Feb. 9, 1978	Feb. 2, 1979	Mar. 4, 1979
Kyrgyz Republic	Jun. 9, 1995		
Latvia	Aug. 8, 1997	Aug. 8, 1997	Sep. 7, 1997
Lebanon	Mar. 26, 2003	Mar. 26, 2003	Apr. 25, 2003
Lesotho	Sep. 19, 1968	Jul. 8, 1969	Aug. 7, 1969
Liberia	Sep. 3, 1965	Jun. 16, 1970	Jul. 16, 1970
Lithuania	Jul. 6, 1992	Jul. 6, 1992	Aug. 5, 1992

Luxembourg	Sep. 28, 1965	Jul. 30, 1970	Aug. 29, 1970
Madagascar	Jun. 1, 1966	Sep. 6, 1966	Oct. 14, 1966
Malawi	Jun. 9, 1966	Aug. 23, 1966	Oct. 14, 1966
Malaysia	Oct. 22, 1965	Aug. 8, 1966	Oct. 14, 1966
Mali	Apr. 9, 1976	Jan. 3, 1978	Feb. 2, 1978
Malta	Apr. 24, 2002	Nov. 3, 2003	Dec. 3, 2003
Mauritania	Jul. 30, 1965	Jan. 11, 1966	Oct. 14, 1966
Mauritius	Jun. 2, 1969	Jun. 2, 1969	Jul. 2, 1969
Mexico	Jan. 11, 2018	Jul. 27, 2018	Aug. 26, 2018
Micronesia, Federated States of	Jun. 24, 1993	Jun. 24, 1993	Jul. 24, 1993
Moldova	Aug. 12, 1992	May 5, 2011	Jun. 4, 2011
Mongolia	Jun. 14, 1991	Jun. 14, 1991	Jul. 14, 1991
Montenegro	Jul. 19, 2012	Apr. 10, 2013	May 10, 2013
Morocco	Oct. 11, 1965	May 11, 1967	Jun. 10, 1967
Mozambique	Apr. 4, 1995	Jun. 7, 1995	Jul. 7, 1995
Namibia	Oct. 26, 1998		
Nauru	Apr. 12, 2016	Apr. 12, 2016	May 12, 2016
Nepal	Sep. 28, 1965	Jan. 7, 1969	Feb. 6, 1969
Netherlands	May 25, 1966	Sep. 14, 1966	Oct. 14, 1966
New Zealand	Sep. 2, 1970	Apr. 2, 1980	May 2, 1980
Nicaragua	Feb. 4, 1994	Mar. 20, 1995	Apr. 19, 1995
Niger	Aug. 23, 1965	Nov. 14, 1966	Dec. 14, 1966
Nigeria	Jul. 13, 1965	Aug. 23, 1965	Oct. 14, 1966
North Macedonia	Sep. 16, 1998	Oct. 27, 1998	Nov. 26, 1998
Norway	Jun. 24, 1966	Aug. 16, 1967	Sep. 15, 1967
Oman	May 5, 1995	Jul. 24, 1995	Aug. 23, 1995
Pakistan	Jul. 6, 1965	Sep. 15, 1966	Oct. 15, 1966
Panama	Nov. 22, 1995	Apr. 8, 1996	May 8, 1996
Papua New Guinea	Oct. 20, 1978	Oct. 20, 1978	Nov. 19, 1978
Paraguay	Jul. 27, 1981	Jan. 7, 1983	Feb. 6, 1983
Peru	Sep. 4, 1991	Aug. 9, 1993	Sep. 8, 1993
Philippines	Sep. 26, 1978	Nov. 17, 1978	Dec. 17, 1978
Portugal	Aug. 4, 1983	Jul. 2, 1984	Aug. 1, 1984

Qatar	Sep. 30, 2010	Dec. 21, 2010	Jan. 20, 2011
Romania	Sep. 6, 1974	Sep. 12, 1975	Oct. 12, 1975
Russian Federation	Jun. 16, 1992		
Rwanda	Apr. 21, 1978	Oct. 15, 1979	Nov. 14, 1979
Samoa	Feb. 3, 1978	Apr. 25, 1978	May 25, 1978
San Marino	Apr. 11, 2014	Apr. 18, 2015	May 18, 2015
Sao Tome and Principe	Oct. 1, 1999	May 20, 2013	Jun. 19, 2013
Saudi Arabia	Sep. 28, 1979	May 8, 1980	Jun. 7, 1980
Senegal	Sep. 26, 1966	Apr. 21, 1967	May 21, 1967
Serbia	May 9, 2007	May 9, 2007	Jun. 8, 2007
Seychelles	Feb. 16, 1978	Mar. 20, 1978	Apr. 19, 1978
Sierra Leone	Sep. 27, 1965	Aug. 2, 1966	Oct. 14, 1966
Singapore	Feb. 2, 1968	Oct. 14, 1968	Nov. 13, 1968
Slovak Republic	Sep. 27, 1993	May 27, 1994	Jun. 26, 1994
Slovenia	Mar. 7, 1994	Mar. 7, 1994	Apr. 6, 1994
Solomon Islands	Nov. 12, 1979	Sep. 8, 1981	Oct. 8, 1981
Somalia	Sep. 27, 1965	Feb. 29, 1968	Mar. 30, 1968
South Sudan	Apr. 18, 2012	Apr. 18, 2012	May 18, 2012
Spain	Mar. 21, 1994	Aug. 18, 1994	Sept. 17, 1994
Sri Lanka	Aug. 30, 1967	Oct. 12, 1967	Nov. 11, 1967
St. Kitts & Nevis	Oct. 14, 1994	Aug. 4, 1995	Sep. 3, 1995
St. Lucia	Jun. 4, 1984	Jun. 4, 1984	Jul. 4, 1984
St. Vincent and the Grenadines	Aug. 7, 2001	Dec. 16, 2002	Jan. 15, 2003
Sudan	Mar. 15, 1967	Apr. 9, 1973	May 9, 1973
Sweden	Sep. 25, 1965	Dec. 29, 1966	Jan. 28, 1967
Switzerland	Sep. 22, 1967	May 15, 1968	Jun. 14, 1968
Syria	May 25, 2005	Jan. 25, 2006	Feb. 24, 2006
Tanzania	Jan. 10, 1992	May 18, 1992	Jun. 17, 1992
Thailand	Dec. 6, 1985		
Timor-Leste	Jul. 23, 2002	Jul. 23, 2002	Aug. 22, 2002
Togo	Jan. 24, 1966	Aug. 11, 1967	Sep. 10, 1967
Tonga	May 1, 1989	Mar. 21, 1990	Apr. 20, 1990
Trinidad and Tobago	Oct. 5, 1966	Jan. 3, 1967	Feb. 2, 1967

Tunisia	May 5, 1965	Jun. 22, 1966	Oct. 14, 1966
Turkey	Jun. 24, 1987	Mar. 3, 1989	Apr. 2, 1989
Turkmenistan	Sep. 26, 1992	Sep. 26, 1992	Oct. 26, 1992
Uganda	Jun. 7, 1966	Jun. 7, 1966	Oct. 14, 1966
Ukraine	Apr. 3, 1998	Jun. 7, 2000	Jul. 7, 2000
United Arab Emirates	Dec. 23, 1981	Dec. 23, 1981	Jan. 22, 1982
United Kingdom of Great Britain and Northern Ireland	May 26, 1965	Dec. 19, 1966	Jan. 18, 1967
United States of America	Aug. 27, 1965	Jun. 10, 1966	Oct. 14, 1966
Uruguay	May 28, 1992	Aug. 9, 2000	Sep. 8, 2000
Uzbekistan	Mar. 17, 1994	Jul. 26, 1995	Aug. 25, 1995
Yemen, Republic of	Oct. 28, 1997	Oct. 21, 2004	Nov. 20, 2004
Zambia	Jun. 17, 1970	Jun. 17, 1970	Jul. 17, 1970
Zimbabwe	Mar. 25, 1991	May 20, 1994	Jun. 19, 1994

NOTE: The Government of the Plurinational State of Bolivia signed the ICSID Convention on May 3, 1991 and deposited its instrument of ratification on Jun. 23, 1995. The Convention entered into force for the Plurinational State of Bolivia on Jul. 23, 1995. On May 2, 2007, the depositary received a written notice of the Plurinational State of Bolivia's denunciation of the Convention. In accordance with Article 71 of the Convention, the denunciation took effect six months after the re－ceipt of Bolivia's notice, i.e., on November 3, 2007. The Government of the Bolivarian Republic of Venezuela signed the ICSID Convention on August 18, 1993 and deposited its instrument of ratification on May 2, 1995. The Convention en－tered into force for the Bolivarian Republic of Venezuela on Jun. 1, 1995. On January 24, 2012, the depositary received a written notice of the Bolivarian Republic of Venezuela's denunciation of the Convention. In accordance with Article 71 of the Convention, the denunciation took effect six months after the receipt of the notice, i.e., on Jul. 25, 2012

3. 중재인

일반적으로 중재는 3인 중재가 보통이나 1인 중재도 있다. 3인 중재의 경우에는 각 당사자가 1명씩 중재인을 선임하고, 당사자에 의하여 선임된 중재인이 공동으로 제3의 중재인을 선임하는 것이 일반적이다.[18] 1인 중재는 중재절차의 신속과 비용을 절감할 수 있는 장점이 있으나 중재 판정부의 공정성에 대한 당사자의 불만이 생길 수 있다. 3인 중재의 경우 중재 판정부 구성에 공정성을 기할 수 있으나, 중재절차에 시간과 비용이 더 들 수 있다. 각각의 장단점이 있는 만큼 당사자는 가능한 한 예상되는 분쟁에 대비하여 가장 적합한 중재인 수를 사전에 합의함으로써 자신의 이익을 보호할 수 있을 뿐만 아니라 중재 판정부 구성을 보다 신속하게 할 수 있다.

1인 중재는 일반적으로 널리 이용되지 않으나, 싱가포르 국제중재규칙에서는 당사자가 달리 합의하지 않는 한 1인 중재를 원칙으로 하고 있다.[19] 한편 ICC 중재규칙은 3인 중재 또는 1인 중재를 선택할 수 있으나, 당사자가 중재인 수에 대해서 합의하지 않은 경우는 1인 중재를 원칙으로 하고 있다.[20] 이와 달리 UNCITRAL 중재규칙은 당사자가 1인 중재를 하기로 합의하지 않은 경우, 3인 중재를 원칙으로 하고 있다.[21]

따라서 중재인 수 또는 선임방법에 대해서 당사자가 선택한 특정 중재규칙이 당사자자치를 허용할 경우에는, 당사자간에 중재인 수와 선임방법에 대해서 분쟁이 현실화되기 전에 사전 합의가 있는 것이 바람직하다.

---

18) 이태희, 전게서, 154면.

19) The SIAC Rules (6th Edition, 1 August 2016), Art. 9.1 "A sole arbitrator shall be appointed in any arbitration under these Rules unless the parties have otherwise agreed; or it appears to the Registrar, giving due regard to any proposals by the parties, that the complexity, the quantum involved or other relevant circumstances of the dispute, warrants the appointment of three arbitrators." (https://www.siac.org.sg/our-rules/rules/siac-rules-2016 , 2021. 7. 9. 최종접속).

20) 2021 ICC Rules of Arbitration, Art. 12(1) and 12(2).

21) UNCITRAL Arbitration Rules (with new article 1, paragraph 4, as adopted in 2013), Art. 7(1).

4. 중재판정

중재판정은 당사자의 합의된 중재범위를 일탈할 수 없으며, 중재합의가 없는 사항에 대한 중재판정은 무효이다.[22] 또한 중재판정의 기준은 법률뿐 아니라 형평 내지 선 등도 판정의 기준이 될 수 있다.[23]

5. 외국중재판정의 승인 및 집행

외국중재판정이 자국 내에서 원활히 승인과 집행이 이루어지지 않게 되면, 중재제도가 실효성 있는 분쟁해결절차가 될 수 없다. 외국중재판정의 승인과 집행에 대한 각국의 입장의 상위를 극복하고자 '외국중재판정의 승인 및 집행에 관한 UN 협약(UN Convention of the Recognition and Enforcing Foreign Arbitral Awards)이 1958년 6월 10일 뉴욕에서 채택되어(일명, New York 협약),[24] 1959년 6월 7일 발효하였으며[25] 현재 우리나라를 포함한 168 개의 국가가 가입하고 있다.[26]

우리나라의 중재법은 '외국 중재판정의 승인 및 집행에 관한 협약'의 적용을 받는 외국 중재판정의 승인 및 집행은 동 협약에 의하나(중재법 제39조 제1항), 동 협약의 적용을 받지 않는 외국 중재판정의 승인 및 집행에 관하여는 민사소송법과 민사집행법의 규정을 준용하므로(중재법 제39조 제2항), 협약의 적용 여부에 따라 요건을 달리하는 이원적인 승인 및 집행의 체계를 취하고 있다.

---

22) 이태희, 전게서, 155면.

23) *Id.*; Abul F.M. Maniruzzaman, *The Lex Mercatoria and International Contracts: a Challenge for International Commercial Arbitration?*, 14 Am. U. Int'l L. Rev. 657, 686－89 (1999).

24) 이태희, 전게서, 156면 참조.

25) http://www.uncitral.org/uncitral/en/uncitral_texts/arbitration/NYConvention.html, 2007. 2. 15. 최종접속.

26) https://uncitral.un.org/en/texts/arbitration/conventions/foreign_arbitral_awards/status2, 2021. 7. 10. 최종접속. 우리나라는 1973년 2월 8일에 동 협약에 가입하여, 1973년 5월 9일에 발효하였다. 협약 가입시 우리나라는 "다른 체약국 내에서 이루어진 중재판정"과 "국내법상 상업적 법률관계(legal relationships that are considered commercial under the national law)"에 대해서만 동 협약을 적용하겠다는 유보선언을 하였다.

Ⅲ. 소 송

국제거래와 관한 분쟁을 소송에 의하여 해결할 경우, 소송의 국제적 성격으로 인한 특수한 문제가 발생한다. 우선, **관할권문제**로서 어느 나라의 법원에서 재판권을 행사할 수 있는지가 문제되며 관할권은 무엇을 기준으로 결정하는지 문제된다. 또한 국내와 달리 외국에 있는 소송당사자에게 허용되는 적법한 **송달방법**은 무엇을 기준으로 결정하는지 문제된다. 마지막으로 재판권은 주권의 행사인 만큼 국내법원은 외국판결에 구속되지 않으므로, 외국에서 받은 **판결을 국내에서 승인**받기 위한 절차와 요건은 무엇인지 문제된다.

1. 국제적 재판관할권

(1) 의의 및 관할권 결정원칙

국제적 소송에서 어느 나라의 법원이 그 소송사건에 대하여 재판권을 행사할 수 있는지 또는 재판권을 행사하여야 하는지를 정하여야 하는데, 이를 국제적 재판관할권의 문제라고 한다.[27]

국제적 재판관할권에 대해서는 현재 초국가적인 원리나 원칙은 존재하지 않으며, 각국은 국내법에 따라 국제적 재판관할권 유무에 대하여 판단하게 된다.[28] 그러나 대부분의 국가에서는 국제적 재판관할권에 관한 국내법상 명문의 규정이 없기 때문에, 조약에 의하거나 조약이 없으면 국제법의 일반원칙에 따르고, 국제법상 일반원칙도 없는 경우에는 조리로 판단하여야 한다.[29] 우리나라 국제사법은 실질적 관련성을 기준으로 하는 국제재판관할권의 원칙에 관한 규정(국제사법 제2조)과 소비자계약(국제사법 제27조 제4항－제6항), 근로계약(국제사법 제28조 제3항－제5항)의 국제재판관할권에 관한 규정을 두고 있다. 법정지가 우리나라인 경우에는 국제사법 규정을 적용하여 국제재판관할권 유무를 결정한다.

---

27) 이태희, 전게서, 174면.
28) 상게서; Folsom et al., *supra* note 2, at 309.
29) 이태희, 전게서 174－175면.

(2) 관할권 합의조항

국제계약의 당사자는 이러한 관할권 확정에 대한 불확실성을 줄이기 위하여, 계약체결시에 향후 분쟁이 발생할 경우에 어느 법원에서 소송을 진행하게 될 것인지를 미리 계약서에 명시하는 조항을 두게 되는 것이 일반적인데, 이를 관할권 합의조항(forum selection clause)라고 한다.[30]

(3) 미국의 관할권 이론

연방제도를 갖고 있는 미국에서는 각 주간의 소송과 관련하여 관할권이 문제되는 경우가 많기 때문에 관할권 이론이 발달되어 있다. 미국에서의 관할권 이론은 국제적 사건에서도 유사하게 적용될 수 있고, 국제거래에서 영미법이 우세한 경향과 우리나라와 미국간의 교역량에 따른 분쟁가능성을 고려할 때 미국 관할권 이론에 대한 이해가 필요하다.

가. 합의관할 및 응소관할

미국의 경우 국제거래에서도 관할의 합의가 인정되며, 합의에 의한 관할은 합의관할이라고 한다. 관할합의는 소송지에 대한 불확실성을 제거하여[31], 거래 당사자의 분쟁해결절차에 대한 예측 가능성을 높이게 되고 거래상 발생할 수 있는 분쟁의 해결절차를 통제할 수 있는 수단이 된다. 따라서 대부분의 국제계약에서는 소송을 분쟁해결 방법으로 선택할 경우, 관할에 대한 합의사항을 계약서에 규정하는 것이 일반적이다. 관할합의가 없어 관할권이 없는 경우에도 피고가 제1심 법원에서 관할위반을 주장하지 않고 본안에 관하여 변론한 경우에는 응소관할이 인정된다.[32]

나. 인적관할권과 물적관할권

미국법상 소송은 관할권이 있는 법원에 제기하여야 하는데, 관할권에는 인적관할권(personal jurisdiction)과 물적관할권(subject matter jurisdiction)이 있다.

---

30) Folsom et al., *supra* note 2, at 309－310.
31) 이태희, 전게서, 176면.
32) 상게서.

인적관할권으로서 대인소송(action in personam)에 대해서는 대인관할권이 있어야 하고, 대물소송(action in rem)에서는 대물관할권이 있어야 하며, 그 외에도 대인관할권과 대물관할권의 중간 형태인 준대물관할권(quasi-in-rem jurisdiction)도 있다.[33] 미국법상 대인관할권은 피고의 보호를 위하여 예외는 있으나 원칙적으로 주소(domicile)가 그 기준이 되는데, 미국법상 주소는 영주의 의사(intent to reside permanently)를 요건으로 하기 때문에[34] 복수의 주소를 인정하지 않는 점에 주의할 필요가 있다. 대물소송에서는 특정 소송의 대상물의 지위를 대세적으로 변경하는 것으로서[35], 그 물건 또는 지위의 소재지가 밀접한 이해관계를 갖는 것으로 보아 대상물 소재지 또는 신분관계에서는 피고의 주소지(domicile)가 있는 법원에 관할권이 있는 것으로 본다.[36]

물적관할권으로서 중요한 것으로는 미국법원은 연방법원과 주법원간의 관할도 구별되어 있으므로, 소송지가 미국인 경우에는 연방 관할사건인지 주법원 관할사건인지도 정확히 판단하여야 할 필요가 있다.

결론적으로 국제거래와 관련된 분쟁에 대해여 미국에서 소송을 진행할 경우에는 미국의 관할제도에 대한 정확한 이해를 필요로 하며, 연방법원과 주법원이 모두 관할권을 가질 수 있는 사건의 경우에는 전략적으로 제소법원을 선택할 필요가 있다.

다. 관할권 확장이론과 최소관련성 요건

또한 미국법상 관할권이 없는 경우에도 관할권 확장이론인 long-arm statutes에 의하여 관할권이 확장될 수 있음을 주의할 필요가 있다. 미국법상 대인소송에 있어서는 피고가 주내(州內)에 존재하거나(presence) 주소(domicile)가 있어야 당해 주의 법원이 관할권을 가지게 되는 것이 원칙이지만, 피고가 그 주와 최소한의 관련성(minimum contact)을 가진 경우에 관할권을 확대하고

33) 대인관할권에 대해서는 21 C.I.S. Courts § 51, 대물관할권에 대해서는 21 C.I.S. Courts § 71, 준대물관할권에 대해서는 21 C.I.S. Courts § 72 참조.
34) *Gilbert v. David*, 235 U.S. 561, 569 (1915); Restatement (Second) of Conflict of Laws § 15 (1971).
35) 이태희, 전게서, 178면.
36) 상게서.

있으며[37] 이러한 관할권 확대이론은 국제적인 소송에서도 적용하고 있다.[38]

다만, 최소한의 관련성은 피고의 연방헌법상 적법절차(due process of law)를 보장하기 위해서 공정(fair play)과 실질적 정의(substantial justice)의 원리에 반하지 않아야 한다는 제한을 받게 된다.[39] 결국 관할권확대를 위해서는 최소한의 관련성과 연방헌법상 적법절차의 요건을 모두 갖춘 경우에만 인정된다.

라. 불편한 법정지 항변

피고의 입장에서는 관할권확대에 의하여 실제로 영업활동을 하고 있지 않은 장소에서도 소송에 응소하여야 할 경우도 있기 때문에, 관할권이 인정되는 법원에 제소되었더라도 당해 법원이 소송수행에 적절치 않은 불편한 법정지(forum non-conveniens)라는 항변을 제기하여 법원이 이를 받아들이면 소는 각하된다.[40] 다만, 불편한 법정지의 항변은 적절한 대체재판지의 존재와 이용가능성이 있는 것을 전제로 하여 인정되는 것이므로[41], 대체재판지가 없거나 이용가능성이 없는 경우에는 인정되지 않는다.[42]

[미국법상 관할권 확장 관련 판례: Asahi 사건]

Asahi Metal Industry Co. Ltd. v. Superior Court of California, 480 U.S. 102 (1987)

이 사건은 외국 피고인 일본회사에 대하여 미국법원이 관할권 확장이론에 따른 관할권 행사의 요건으로서 최소한의 관련성을 갖추었는지 여부에 대하여 판단한 미국 연방대법원의 판결이다.

---

37) *International Shoe Co. v. State of Washington*, 326 U.S. 310, 316 (1945).
38) *Asahi Metal Industry Co. Ltd. v. Superior Court of California*, 480 U.S. 102 (1987).
39) *International Shoe Co. v. State of Washington*, 326 U.S. 310, 316 (1945); *Asahi Metal Industry Co. Ltd. v. Superior Court of California*, 480 U.S. 102, 113 (1987).
40) *Golf Oil Corp. v. Gilbert*, 330 U.S. 501 (1947).
41) 이태희, 전게서, 181면.
42) *Golf Oil Corp. v. Gilbert*, 330 U.S. 501, 506-07 (1947); *Piper Aircraft Co. v. Reyno*, 454 U.S. 235, 254-55 n.22 (1981).

【사실관계】

신청인 Asahi(이하 '아사히')는 타이어 밸브 어셈블리를 일본에서 제조하는 일본회사로서 Cheng Shin Rubber Industrial Co. (이하 'Cheng Shin')을 포함한 여러 타이어 제조회사에 판매하였다. 대만회사인 Cheng Shin에 대한 아사히의 어셈블리 판매량은 1978년에서 1982년까지 연간 최소 10만개이었으며, 일본에서 타이완으로 운송되었다. Cheng Shin은 자신의 타이어 완성품에 그 어셈블리를 장착하여 미국을 포함한 전세계에 판매하였으며, 그 중 캘리포니아주에 대한 판매는 매출의 20%를 차지하였다.

아사히는 자신의 밸브 어셈블리가 장착된 타이어가 궁극적으로 캘리포니아에서 판매되리라는 점은 알고 있었으나, 타이완에 있는 Cheng Shin에 대한 판매가 캘리포니아주에서 소송의 대상이 될 것이라는 점에 대해서는 전혀 생각하지 못하였다. 그러나 Cheng Shin이 제조한 타이어의 결함으로 인한 자동차 사고가 발생했다는 이유로 자동차 사고 피해자가 Cheng Shin을 상대로 캘리포니아주 제1심법원에 제조물책임소송을 제기하자, Cheng Shin은 아사히에 대해서 이에 대한 보상(indemnification)을 교차청구(cross−complaint)를 하였다. 이후 본소에 대해서는 화해로 종결되었으나, 교차청구 부분과 관련하여 제1심법원은 아사히가 청구한 자신에 대한 소환장(summons) 파기 신청을 기각하였다. 항소심에서 캘리포니아주 항소법원은 제1심법원에 신청인에 대한 소환장 파기를 명하였으나, 상고심에서 캘리포니아주 대법원은 "**신청인이 타이완에 있는** Cheng Shin**에 제품을 인도함으로써 의도적으로 상업적 유통경로**(stream of commerce)**를 이용한 점과 함께 그 제품 중 일부가 궁극적으로 캘리포니아주에 이르게 될 것이라는 알고 있었다는 것을 고려하면, 적법절차 조항**(Due Process Clause)**에 따라 주법원이 관할권을 행사하는데 충분한 근거가 있다**"고 판시하면서, 주항소심 법원의 결정을 파기하였다. 신청인은 이에 대하여 연방대법원에 상고하였고, 연방대법원은 심리를 허가하였다.

【판결요지】

본 사건의 사실관계는 **인적관할권의 행사가 공정과 실질적 정의에 부합할 정도의 최소한의 관련성을 형성하지 못하므로, 캘리포니아주 대법원의 판결은 파기하며**, 본 판결에 상치되지 않는 후속 절차를 위해서 환송한다.

【판결이유】

이 사건에서 제기된 쟁점은 외국인 피고인이 미국 외에서 제조, 판매, 인도한 부품이 상업적 유통경로(stream of commerce)에 따라 법정지에 이르게 될 것을 알고 있다는 것만으로, 그 자에 대하여 관할권을 행사하는 것이 "공정과 실질적 정의라는 전통적인 관념을 침해하지 않을" 정도의 피고와 법정지간에 "최소한의 관련성"(minimum contacts)이 형성되는지 여부이다. ….

캘리포니아주 관할권확장법은 "캘리포니아주 헌법과 연방헌법에 반하지 않는 근거에서" 관할권 행사를 허용한다. 아사히는 주법원은 연방헌법 제14조의 적법절차 조항에 따라 자신에 대하여 관할권을 행사할 수 없으므로 Cheng Shin의 자신에 대한 소환장을 파기해 줄 것을 신청하였다. ….

연방헌법 제14조의 적법절차 조항은 주법원이 거주자가 아닌 피고인에 대하여 인적관할을 행사하는 권한을 제한한다. "인적관할권을 행사하는 것이 적법절차에 부합하는지를 결정하는 헌법적 시금석은 피고가 의도적으로 '최소한의 관련성'을 법정지 주에 형성하였는지에 있다."…

World-Wide Volkswagen Corp. v. Woodson, 444 U.S. 286, 100 S.Ct. 559, 62 L.Ed.2d 490 (1980) 사건에서 최소한의 관련성 원칙은 **피고의 행위**에 근거하여 한다는 원칙을 적용하면서, 법원은 **소비자**가 일방적인 행위로 피고의 제품을 법정지 법원에 가지고 들어온 것은 피고에 대하여 인적관할을 행사하는 헌법적 근거로서 충분하다는 주장을 받아들이지 않았다. …. 법원은 단순한 예견가능성 개념은 적법절차 조항에 따라 관할권을 행사하는 기초로서는 충분하지 않다고 보았다. 그러나 법원은 … "회사가 법정지 법원에 있는 소비자가 그 제품을 구매할 것이라는 기대하여 그 제품을 상업적 유통경로에 둔 경우에는 그 회사에 대하여 인적관할권을 행사한다면 법정지 법원은 적법절차하의 권한을 초과하지 않은 것이다"고 판단하였다. ….

캘리포니아주 대법원은 입장은 단순한 예견가능성 또는 인식은 피고의 제품이 상업적 유통경로에 있는 동안 법정지주에 그 경로에 의해서 도달했다면 인적관할권을 행사하는 헌법상 충분한 근거가 된다고 판단한 법원들의 입장과 일치한다. 그러나 다른 법원들은 **적법절차 조항은 주법원이 피고에 대해 관할권을 행사하기 위해서는, 피고가 당해 제품이 상업적 유통경로에 의해 법정지에 들어갈 것이라는 것을 안다는 것 이상의 어떤 요건이 요구된다**고 이해한다.

본 법원은 후자의 입장이 적법절차의 요건에 부합한다고 판단한다…. 제품을 상업적 유통경로에 놓는 것만으로는, 그 이상의 행위가 없으면, 피고가 법정지 주에 대하여 의도적으로 한 행위가 아니다. 피고의 추가적인 행위가 있으면 법정지 법원의 시장을 상대로 한 의도 또는 목적을 보여줄 수 있는데, 예컨대, 법정지 주에 있는 시장을 상대로 한 제품의 설계, 법정지 주에서의 광고, 법정지 주내에 있는 고객에게 정기적으로 상담을 제공하기 위한 채널구축, 법정지 주내에서 판매 대리인으로 역할을 하기로 동의한 유통업체를 통한 제품의 마케팅 등이 있다. 그러나 상업적 유통경로로 그 제품이 법정지 주에 이르게 될 것이라는 것을 단순히 피고인이 안다는 사실은, 제품을 유통경로에 둔 행위를 법정지 법원을 향하여 의도적으로 하는 행위로 변경시키지는 못한다.

…

피신청인이 아사히가 Cheng Shin에 판매한 일부 밸브가 캘리포니아주에서 판매될 타이어에 포함될 것이라는 것을 알았다는 것을 입증하였다고 가정하더라도, 피신청인은 아사히가 캘리포니아 시장을 의도적으로 이용하려는 어떠한 행위도 증명하지 못한 것이다. 아사히는 사무실, 대리인, 종업원 또는 재산이 캘리포니아주에 전혀 없다. 아사히는 캘리포니아에서 광고 또는 영업 유인행위를 한 바도 없다. 아사히는 그 밸브를 캘리포니아에 들여올 유통 시스템을 창설, 통제 또는 이용하지 않았다. 아사히가 캘리포니아에서의 판매를 예상하여 제품의 설계를 하였다는 증거는 없다. 상기 사실에 근거하여, 아사히에 대하여 캘리포니아주 법원이 인적관할권을 행사하는 것은 적법절차의 한계를 초과한 것이다.

…

적법절차 조항의 제한은 주법원이 아사히에 대하여 인적관할을 행사하는 것이 "공정과 실질적 정의라는 전통적 개념"에 반하는 경우에는 이를 허용하지 아니한다. 본 법원은 각 사건에서 관할권 행사의 합리성의 판단은 여러 요소의 평가에 달려있다고 판시한바 있다. 법원은 피고의 부담, 법정지주의 이익, 구제를 받는데 있어서 원고의 이익을 고려하여야 한다. 또한 가장 효율적인 분쟁해결을 획득하는데 있어서 주정부 사법체계 간의 이익과 근본적이고 실체적인 사회적 정책을 조장하는데 있어서 각주 상호간의 공동적 이해관계도 형량하여야 한다.

본 사건에서 이러한 요소들을 고려하면, 물품을 상업적 유통경로에 두는 것에 대한 문제를 제외하고도, 아사히에 대하여 관할권을 행사하는 것이 불합리한 것이 드러난다.

본 사건에서 피고의 부담은 극심하다. …. 본 사건에서 원고와 법원이 캘리포니아주가 관할권을 행사하는데 대하여 갖는 이해는 미미하다. … 원고가 캘리포니아 주민이 아니므로, 캘리포니아주가 분쟁에 대하여 갖는 이익은 현저히 축소된다 … World-Wide Volkswagen 사건에서 효율적인 사법적 분쟁해결과 실체적 정책의 증진함에 있어서 법정지 주의 이익뿐만 아니라 "여러 주"의 이익을 고려할 것을 요구한다. 이에 따르면 본 사건에서 법원은 캘리포니아주 법원이 관할권을 행사함으로서 영향을 받은 국가들의 절차적 및 실체적 정책을 고려하여야 한다. …

국제적인 맥락, 외국인 피고의 높은 부담, 원고 및 법정지 주의 낮은 이익을 고려하면, 본 사건에서 캘리포니아주가 아사히에 대하여 인적관할권을 행사하는 것은 불합리하고 불공정하다.

2. 송달과 증거조사

(1) 송 달

영미법계 국가는 송달에 대한 책임을 소송당사자에게 부과하는 당사자송달주의를 취하기 때문에 다양한 송달방법이 인정되고 있는데 반하여, 대륙법계 국가에서는 법원의 직권송달주의를 원칙으로 하면서 송달방법이 영미국가에 비하여 상대적으로 제한되고 있다.[43] 국제소송에서 외국에 있는 당사자에 대한 송달이 적법하게 되었는지 여부에 따라 외국판결의 승인 및 집행에 중대한 영향을 미치는 만큼[44], 송달이 법정지 법에 따라 적법하게 이루어지도록 하는데 주의할 필요가 있다.[45]

(2) 증거조사

또한 증거조사에 있어서도 영미법상 증거개시(discovery) 제도가 있어서 증거확보가 용이하다는 점이 특징이다. 증거개시제도에 의하여 선서진술서(deposition)나 질문서(interrogatory)를 통한 증거확보가 가능하다. 선서진술서에 의해 외국에 있는 증인이나 당사자를 상대로 증거확보를 할 수 있으나, 질문서(interrogatory)는 소송당사자에 한정하여 이용할 수 있다. 대륙법계 국가의 경우에는 이러한 증거개시절차가 없다.

이러한 영미법계와 대륙법계의 증거확보제도의 차이점을 인식하고 재판관할권에 대한 합의시 분쟁발생시 증거조사의 편의성도 고려하여 관할법원을 합의하는 것이 필요하다. 특히 분쟁과 관련한 증거의 소재지가 거래의 특성상 특정 장소에 집중적으로 소재할 가능성이 높은 경우에는 그러한 장소에 소재하는 법원을 관할법원으로 합의하는 것이 유리할 수 있다.

---

43) 이태희, 전게서, 187면 참조.
44) 상게서, 188면.
45) 국제소송과 관련한 송달의 적법성에 대한 판례로는 *Gallagher v. Mazda Motor of America, Inc.*, 718 F. Supp. 1079 (1992).

3. 외국판결의 승인 및 집행

(1) 외국판결의 승인

외국판결의 승인이란 외국의 법원에서 행하여진 재판 등이 그 외국법상 가지는 효력을 우리나라에서도 그대로 인정하는 것을 말한다.[46] 판결은 그 나라의 주권행사의 결과이므로[47], 다른 나라에서는 당연히 효력을 인정할 의무가 없다. 따라서 외국판결의 승인에 관해서 일반국제법 또는 조약에서 특별히 정하고 있지 않는 한[48], 각국의 국내법상 외국판결의 승인에 필요한 요건을 갖추어야 한다. 외국판결의 승인을 인정하는 제도가 있는 국가의 경우, 외국 판결의 승인을 하려면 그 외국판결이 국내법상 엄격한 승인 요건을 갖춘 경우에 한하여 승인하는 것이 일반적이다.[49]

우리나라의 경우 외국판결의 승인에 대해서는 민사소송법 제217조가 적용된다. 민사소송법 제217조에 규정된 외국판결의 승인요건으로 1) 외국법원의 확정판결 또는 이와 동일한 효력이 인정되는 재판일 것. 2) 법령 또는 조약에 따라 외국법원의 국제재판관할권이 인정될 것. 3) 패소한 피고가 공시송달이나 이와 유사한 송달에 의하지 아니하고, 방어에 필요한 시간여유를 두고 송달을 받았거나 송달받지 아니하였더라도 소송에 응하였을 것. 4) 외국법원의 판결의 효력을 인정하는 것이 대한민국의 선량한 풍속 기타 사회질서에 어긋나지 아니할 것. 5) 상호보증이 있을 것 등이 요구된다.[50] 법원은 승인요건을 갖춘 경우에는 이를 승인하여야 한다.[51]

우리나라의 민사소송법은 일반적인 외국판결 승인요건에 추가하여, 손해배상에 관한 확정재판의 승인에 대해서는 추가적인 요건을 규정하고 있다. 법원은 손해배상에 관한 확정재판 등이 대한민국의 법률 또는 대한민국이 체결

---

46) 이태희, 전게서, 189면.
47) 상게서.
48) 상게서.
49) Ralph. H. Folsom et al., *Principles of International Business Transactions, Trade and Economic Relations*, Thomson/West (2005). at 729.
50) 이태희, 전게서, 189－193면 참조.
51) 상게서, 193면.

한 국제조약의 기본질서에 현저히 반하는 결과를 초래할 경우에는 해당 확정재판등의 전부 또는 일부를 승인할 수 없다(민사소송법 제217조의2 제1항). 법원은 손해배상에 관한 재판에 대한 위 승인요건을 심리할 때에는 외국법원이 인정한 손해배상의 범위에 변호사보수를 비롯한 소송과 관련된 비용과 경비가 포함되는지와 그 범위를 고려하여야 한다(민사소송법 제217조의2 제2항).

민사소송법 제217조의2 제1항은 징벌적 손해배상과 같이 손해전보의 범위를 초과하는 배상액의 지급을 명한 외국법원의 확정판결 또는 이와 동일한 효력이 인정되는 재판(이하 '확정재판 등'이라 한다)의 승인을 적정 범위로 제한하기 위하여 마련된 규정이므로, 외국법원의 확정재판 등이 당사자가 실제로 입은 손해를 전보하는 손해배상을 명하는 경우에는 민사소송법 제217조의2 제1항을 근거로 승인을 제한할 수 없다(대법원 2015. 10. 15. 선고 2015다1284 판결).

(2) 외국판결의 집행

외국판결을 우리나라에서 집행하기 위해서는 당해 판결에 대하여 우리나라 법원에서 집행판결로 그 적법함을 선고하는 것이 필요하다(민사집행법 제26조 제1항). 집행판결을 요건으로는 1) 외국의 확정판결일 것과(민사집행법 제27조 제2항 제1호) 2) 외국판결이 민사소송법 제217조의 요건을 갖추는 것이 필요하다(민사집행법 제27조 제2항 제2호).

(3) 미국의 외국판결 승인 요건

미국의 경우, 연방법원에 외국판결의 승인을 청구하는 경우에는 상호보증(mutuality and reciprocity)이 요구되지만[52], 대부분의 경우 외국판결의 승인은 주법원에 청구하게 될 것인데 주법원은 이러한 연방법상의 요건에 구속되지 않고 독자적인 원칙에 의하여 판단하게 된다.[53]

그러나 미국 각 주법원의 판례가 적고 통일된 원칙이 없었기 때문에, 미국

---

52) *Hilton v. Guyot*, 159 U.S. 113, 228 (1895).

53) Folsom et al., *supra* note 2, at 306.

통일법위원회(the National Conference of Commissioners on Uniform State Law)는 '통일 외국금전판결 승인법'(Uniform Foreign Money-Judgments Recognition Act 1962, Uniform Foreign-Country Money Judgments Recognition Act 2005)을 작성하였고, 이를 38개 주 및 콜롬비아 특별구, 버진 아일랜드 등에서 입법화하였다.[54] 동 통일법상 외국판결 승인요건으로는 외국판결이 최종판결이고 집행가능하여야 하며(final and conclusive and enforceable)[55], 금전판결이어야 하고 금지명령 또는 특정이행 판결이어서는 안되며, 상호보증은 요건이 아니나 국제예양(comity)와 관련한 기준에 대한 검토는 필요한 것으로 하고 있다.[56] 국제예양이 기준이 되는 경우에는 법원은 1) 당해 외국법원의 인적 및 물적 관할권 2) 적절한 고지여부 3) 판결의 사기 가능성 4) 당해 외국판결의 집행할 경우 미국의 공서양속(public policy)을 침해하는지 여부 등에 대하여 심사하게 된다.[57]

---

54) *Id.* at 307. 통일 외국금전판결 승인법은 1962년 통일법(Uniform Foreign Money-Judgments Recognition Act (1986 and 2010 Supp.))과 2005년 개정 통일법(Uniform Foreign-Country Money Judgments Recognition Act)의 두 가지 버전이 있다(Linda Silberman, *Enforcement and Recognition of Foreign Country Judgments in the United States*, 321 Corp Couns Intl Adviser NL 2(2012)).

1962년 통일법을 채택한 주는 Alaska, Connecticut, Florida, Maine, Maryland, Massachusetts, Missouri, New Jersey, Ohio, Pennsylvania, the Virgin Islands 등이다(*Id.* at 2 n1); https://www.uniformlaws.org/committees/community-home? CommunityKey=9c11b007-83b2-4bf2-a08e-74f642c840bc 참조).

2005년 개정 통일법을 채택한 주는 Alabama, Arizona, California, Colorado, Delaware, District of Columbia, Georgia, Hawaii, Idaho, Illinois, Indiana, Iowa, Michigan, Minnesota, Montana, Nevada, Nebraska, New Mexico, New York, North Carolina, North Dakota, Oklahoma, Oregon, Rhode Island, Tennessee, Texas, Utah, Virginia, Washington 등이다(https://www.uniformlaws.org/committees/community-home?CommunityKey=ae280c30-094a-4d8f-b722-8dcd614a8f3e).

55) 통일법상 외국 금전판결 승인의 요건으로서 최종판결(final and conclusive decision)은 반드시 확정판결일 것을 요구하는 것은 아니다. 따라서 통일법의 적용에 있어서 최종판결과 최종확정판결은 구별되어야 한다. 최종판결에 대하여 피고가 상소를 제기하고자 하거나 상소가 제기된 경우에는, 법원은 승인청구된 절차를 정지할 수 있는 권한이 있다(Uniform Foreign Money-Judgments Recognition Act § 2 Comment and § 6; *Korea Water Resources Corp. v.* Lee, 115 Cal.App.4th 389 (2004)). 그러나 주에 따라 통일법을 입법화할 때, 통일법에 규정된 상소 가능성을 허용하는 문언을 삭제하고 단순히 최종확정판결을 외국금전판결의 승인요건으로 규정한 경우에는, 그러한 주에서는 상소 기간 내 또는 상소제기 중에는 외국판결의 승인을 청구할 수 없다.

56) Folsom et al., *supra* note 2, at 307-08.

4. 외국판결 승인 및 집행에 관한 판례: 한국수자원공사 사건

Korea Water Resources Corp. v. Lee, 115 Cal.App.4th 389 (2004)

【개 요】

본 사건은 한국수자원공사가 미국법원에 불법행위자에 대한 한국 법원의 금전배상 판결의 가집행의 승인을 청구하고 불법행위자의 재산에 대한 압류를 신청한 사건이다. 샌디애고 지방법원은 처음에는 압류명령서를 발부하였으나, 불법행위자가 청구한 약식판결을 인용하자, 한국수자원공사는 이에 대하여 항소를 제기하였고, 본 판결은 그 항소심 판결이다.

【판결요지】

(1) 한국법에서의 "최종적 및 종국적(final and conclusive)"의 정의는 외국 판결의 승인에 적용되는 캘리포니아주 제정법상 "종국적(conclusive)"의 의미를 결정하지 못한다.
(2) 한국의 재판은 캘리포니아주 제정법상 "종국적"이 아니다.

【사실관계】

한국수자원공사는 이종성(이하 'Lee')을 상대로 한국의 1심법원의 금전배상판결의 가집행 판결을 얻은 후 캘리포니아주에서 한국 판결의 승인과 Lee의 샌디애고 카운티에 있는 재산에 대한 압류를 신청하였다. 캘리포니아주 지방법원은 처음에는 압류명령을 발부하고, 한국 상소절차의 진행 중이어서 캘리포니아주 승인절차를 정지하였다. 한국 대법원이 한국 판결이 근거하고 있던 불법행위책임을 파기하고 사건을 원심으로 환송한 후, 캘리포니아주 지방법원은 Lee의 약식판결 청구와 압류해제를 인용하였다.

【판결이유】

캘리포니아가 채택한 통일 외국금전 판결 승인법으로서 캘리포니아주 민사소송법 제1713조는 캘리포니아주의 외국 금전판결 승인 및 집행의 요건을 규정한다: 제1713.2조는 "본장은 그 판결이 내려진 곳에서 최종적이고 종국적이며 집행가능한 외국 판결에 대하여, 상소가 계속 중이거나 상소의 대상이 되는 경우에도, 불구하고 적용된다.

57) *Id.* at 307.

본 법원에 항소가 제기된 쟁점은 캘리포니아주에 판결의 승인을 청구하려면 외국판결이 외국에서 "최종적이고 종국적이며 집행가능" 하여야 한다는 제1713.2조 요건의 의미이다. … 제1713.2조에서 상소 제기중에도 승인 소송이 허용되므로, 본 법원은 Lee가 "최종적이고 종국적이며 집행가능한" 문구의 의미는 한국의 민사소송법이 "최종적이고 종국적인"을 상소절차가 종결된 의미로 정의하는 규정에 따라 결정되어야 한다는 주장은 배척한다. 그럼에도 불구하고, 본 법원은 한국 대법원이 판결의 기초가 된 법적 근거를 배제하였고 그 판결은 더 이상 산정된 손해배상액에 근거하고 있지 않기 때문에, 그 판결은 제1713.2조에서 의미하는 한국에서 "종국적"이 아니다. 따라서 Lee에 대한 약식재판 인정은 타당하다.

제 2 편

국제사법

제 8 장 국제사법

Ⅰ. 국제사법의 구조와 특징

1. 구 조

현행 국제사법은 1962. 1. 15. 제정된 '섭외사법'이라는 명칭으로 되어 있던 법을 2001. 4. 7. 전부 개정하여 '국제사법'이라는 명칭으로 바꾸면서, 그 구조와 내용을 변경한 것이다. 과거 섭외사법은 총 3개장(총칙, 민사에 관한 규정, 상사에 관한 규정)으로 간단히 되어 있었으나, 국제사법은 총 9개장(총칙, 사람, 법률행위, 물권, 채권, 친족, 상속, 어음수표, 해상)으로 세분하여 그 순서도 민사에 관한 규정은 민법의 편제와 유사하게 배열하고, 상사에 관한 규정도 어음수표와 해상으로 구분하였다.

2. 특 징

국제사법의 특징으로 남녀평등의 원칙 구현, 연결점으로서 상거소 개념의 도입, 국제재판관할권에 관한 규정 신설, 법흠결을 보완함으로써 완결된 국제사법 체계의 지향, 선택적 연결방법, 단계적 연결방법, 보정적 연결방법 등 탄력적 연결원칙의 도입, '가장 밀접한 관련'의 원칙 관철, 반정의 적용범위 확대, 당사자 자치의 원칙 확대, 실질법적 내용 고려, 국제조약의 내용 고려 등을 들 수 있다.[1)]

---

1) 법무부, 국제사법 해설 (2001), 12－16면.

3. 기본 개념

국제사법은 동법을 해석 및 적용함에 있어서 필요한 기본적 도구 개념들에 대해서는 별도로 정의를 하고 있지는 않다. 그러나 국제사법을 제대로 적용하려면 그러한 도구 개념에 대한 이해가 필요하므로, 전통적으로 국제사법의 해석에 필요한 기본 개념에 대하여 이론상 및 실무상 논의되어 온 기본적 도구 개념을 설명하면 아래와 같다.

(1) 법률관계 성질결정

국제사법은 계약이나 불법행위 등과 같이 일정한 법률관계를 단위로 하여 각각의 준거법을 지정하고 있으므로, 어느 구체적인 외국적 요소가 있는 문제에 대하여 국제사법규정을 적용하여 준거법을 정하려면 우선적으로 그 문제가 국제사법상 어떠한 법률관계에 해당하는가를 결정하여야 한다.[2] 이와 같이 준거법을 결정하기 위하여 가장 먼저 그 법률관계가 어떠한 법률관계에 해당하는지를 결정하는 과정을 법률관계 성질결정(characterization)이라고 한다. 법률관계 성질결정에 대하여 classification, qualification, interpretation 등의 용어도 사용되고 있다.[3]

국제사법은 법률관계 성질결정의 방법에 대하여 명시적 규정이 없다. 학설상으로는 실질법에 의하여 법률관계 성질을 결정해야 한다는 입장인 ① 법정지법설과 ② 준거법설, 이에 대하여 실질법이 아닌 법정지 국제사법 자체의 입장에서 결정하여야 한다는 ③ 국제사법자체설[4]로 나누어진다.

우리나라의 다수의 견해는 국제사법자체설에 입각한 신법정지법설을 취하여, 법률관계 성질결정의 문제를 법정지 국제사법의 해석문제로 보고, 법정지

---

2) 李秉和, "法律關係性質決定에 관한 國際私法的 考察", 저스티스 통권 제95호 (2006), 215면.

3) 16 Am. Jur. 2d Conflict of Laws § 5 (2021).

4) 국제사법자체설은 그 구체적인 적용방법에 따라 신법정지법설, 비교법설, 저촉규정목적설(이익형량설), 단계적 성질 결정설(기능적 분석설)등 다양한 견해가 제시되고 있다(李秉和, 전게논문, 221－225면 참조).

국제사법의 정신과 목적을 생각해서 문제된 국제사법규정과 다른 여러 나라의 국제사법규정과의 상호관계, 법정지의 실질법과 외국의 실질법상의 개념 등을 참작하여 비교법적으로 검토하여 법률관계를 결정하여야 한다고 한다.5)

법률관계 성질결정은 외국적 요소가 있는 특정 문제가 법정지에서 소송으로 제기된 경우에 필요하고, 해당 문제가 절차법적 문제가 아니라 실체법적 문제라고 판단되면 국제사법을 적용하여 준거법을 정하는데 요구된다. 이 경우 법정지 법원이 모든 비교법적 사항까지 고려하여 법률관계 개념을 결정하라고 하는 것은 현실적인 해결방법이 될 수 없고, 실질법적 개념 정의가 없는 국제사법 자체만으로는 그 법률관계 성질을 결정할 수는 없다. 따라서 법정지에서 해당 법률관계를 어떤 법률관계로 분류하는지에 따라 결정하는 것이 타당하다. 즉 법정지의 실질법과 국제사법을 기준으로 법률관계 성질을 결정하여야 할 것이다. 이러한 결론은 법률관계 성질결정은 법정지법에 따른다는 미국의 판례의 입장과 동일하다.6)

(2) 연결점

연결점은 특정 법률관계와 그 준거법을 연결시켜주는 결정 요소를 말한다. 저촉규정으로의 국제사법이 그 준거법을 지정할 때, 개별 법률관계와 관련된 특정 요소를 매개로 하여 지정된다.7)

연결점 중에 물건소재지, 법정지 등과 같은 단순한 사실상 개념을 좁은 의미의 연결점이라고 하고 국적, 주소, 상거소, 선적국 등 법률상 개념을 연결개념이라고 한다.8) 국제사법은 연결점으로서 국적, 상거소지, 거소, 물건소재지, 법정지, 서명지, 지급지, 행위지, 선적국 등 다양한 연결점으로 사용하고 있으

---

5) 李秉和, 전게논문, 225면; 안강현, 로스쿨 국제거래법 제6판, 박영사 (2020), 141면; 김연 · 박정기 · 김인유, 국제사법, 법문사 (2002), 113면; 서희원, 국제사법강의, 일조각 (1998), 60－61면.

6) 16 Am. Jur. 2d Conflict of Laws § 5, n.7. 미국의 경우 법률관계 성질결정은 원칙적으로 법정지법에 따르지만, 예외적으로 동산인지 부동산인지에 대한 구별은 그 소재지법에 따른다(*Id.* n.8)

7) 안강현, 로스쿨 국제거래법 제6판, 박영사(2020), 145면.

8) 상게서.

며, 속인법의 연결점으로 주소는 사용하지 아니하고 국적과 상거소지만 사용하고 있다.

(3) 연결방법

준거법 결정을 하기 위하여 '연결점과 준거법을 연결하는 방식'을 연결방법이라 한다. 연결방법으로는, 하나의 법률관계에 복수의 준거법을 누적적으로 연결하는 **누적적 연결방법**, 복수의 당사자가 관계된 법률관계에 각 당사자에게 각각 그 요건을 구비하도록 하는 연결하는 **배분적 연결방법**, 복수의 준거법을 선택적으로 연결하는 **선택적 연결방법**, 복수의 준거법을 단계적으로 순위를 정하여 연결하는 **단계적 연결방법**, 하나의 법률관계를 다른 법률관계에 종속하도록 하여 단일한 준거법에 의하여 결정하도록 하는 **종속적 연결방법**, 하나의 법률관계의 준거법에 의해 법률관계가 성립되지 않을 경우 2차적으로 다른 준거법에 의하여 보충적으로 결정하도록 하는 **보정적 연결방법** 등이 있다.[9)]

국제사법은 선택적 연결방법, 종속적 연결방법, 보정적 연결방법, 배분적 연결방법 등 과거 섭외사법보다 다양한 연결방법을 규정하고 있다.

(4) 선결문제

국제사법에 의해 분쟁의 대상이 된 법률관계의 준거법을 결정하려면 먼저 그 전제가 되는 다른 법률관계의 성립 또는 효력이 인정되어야 하는 경우에, 그 전제가 된 법률관계를 선결문제라 한다. 예컨대, 상속인의 양자임을 주장하는 자가 법정상속을 주장하는 경우에, 상속권이 있는지 여부를 해결하기 위해서는 먼저 해당 상속인이 적법한 양자인지 여부가 결정되어야 한다.[10)] 이 경우 상속의 문제인 본문제를 해결하기 위하여, 입양의 효력은 선결문제가 된다.

선결문제의 해결방법에 대하여 법정지 국제사법설, 본문제준거법 국제사법설, 법정지 실질법설, 절충설, 국제절차법설 등이 있다.[11)] 선결문제의 처리

---

9) 안강현, 전게서, 147－148면 참조.

10) 상게서, 154; 안춘수, "국제사법상 선결문제", 법학연구 25권 2호, 연세대학교 법학연구원 (2015), 217－218면.

방법의 선택에 있어서는 고려되어야 할 관점이 다양하여 모든 관점을 만족시키는 이론은 아직 없으므로, 비교우위에 대한 판단에 근거하여 하나의 해결방법을 선택할 수밖에 없다.[12]

Ⅱ. 총 칙

1. 국제사법의 목적

국제사법은 외국적 요소가 있는 법률관계에 관하여 **준거법**을 정하는 것과 **국제재판관할**에 관한 원칙을 정하는 것을 목적으로 한다(국제사법 제1조). 이러한 목적하에 규정된 국제사법의 각 조항은 준거법에 관한 것과 국제재판관할권에 관한 것이라는 두 가지 유형의 규정으로 구분할 수 있다. 이 두 가지 유형 중에서 국제사법의 대부분의 규정은 준거법을 정하는 규정이며, 국제재판관할권에 관한 규정은 단지 3개 조항(총칙에 국제재판관할권의 원칙에 관한 제2조, 각칙에 소비자계약의 관할권에 관한 제27조 제4항-제6항, 근로계약의 관할권에 관한 제28조 제3항-제5항)에 불과하다.

전통적으로 우리나라의 국제사법은 국제적 법률관계에 적용할 준거법을 지정하는 법규를 의미하여 왔다는 점에서, 현행 국제사법은 그 범위를 확대하여 국제재판관할권을 정하는 규정도 국제사법의 범위에 포섭하고 있는 것이 그 특징이다.

2. 국제사법의 적용대상: 외국적 요소가 있는 법률관계

국제사법은 외국적 요소가 있는 법률관계에 적용되는 법이다. 따라서 외국적 요소가 없고 순수한 내국적 법률관계만 있는 경우에는 국제사법이 적용

11) 안강현, 전게서, 155-156면 참고.
12) 안춘수, 전게논문, 251면.

되지 않는다.

어떠한 법률관계가 외국적 요소가 있으려면, 해당 법률관계와 관련된 연결점의 **전부** 또는 **일부**가 외국과 관련이 있어야 한다. 연결점이란 국제사법이 적용되는 법률관계와 준거법을 연결하여 주는 요소를 말하며, 국적, 주소, 상거소, 물건 소재지, 영업소 소재지, 행위지, 서명지, 발행지 등이 대표적인 연결점이다.

판례는 외국적 요소가 있는 법률관계는 ① 연결점의 전부 또는 일부가 외국과 밀접하게 관련되어 있어서 ② 곧바로 내국법을 적용하기보다는 국제사법을 적용하여 그 준거법을 정하는 것이 더 합리적인 법률관계라고 한다. 즉 판례[13]는 국제사법의 적용대상으로서 외국적 요소가 있는 법률관계가 있기 위해서는, 연결점의 전부 또는 일부가 외국과 밀접하게 관련되어 있다는 요건에 추가하여 그 결과 내국법을 그대로 적용하기보다는 국제사법을 적용하여 그 준거법을 정하는 것이 더 합리적인 경우이어야 한다는 요건까지 요구하고 있다.

[관련판례] 대법원 2014. 12. 11. 선고 2012다119443 판결

국제사법 제1조는 "이 법은 외국적 요소가 있는 법률관계에 관하여 국제재판관할에 관한 원칙과 준거법을 정함을 목적으로 한다"고 규정하고 있는바, **외국적 요소가 있는지 여부는 거래당사자의 국적뿐만 아니라 주소, 물건 소재지, 행위지, 사실발생지 등이 외국과 밀접하게 관련되어 있는지 등을 종합적으로 고려하여야 하고, 그 결과 곧바로 내국법을 적용하기보다는 국제사법을 적용하여 그 준거법을 정하는 것이 더 합리적이라고 인정되는 법률관계**에 대하여는 국제사법의 규정을 적용하여 준거법을 정하여야 한다

3. 본국법

본국법이란 연결점을 국적으로 하여 정해지는 준거법을 말한다. 즉 당사자가 그 국적을 갖는 법이 본국법이 된다. 그러나 복수의 국적을 갖는 경우와 국적이 없는 경우가 있을 수 있으므로, 국제사법은 그러한 경우에 국적을 정하

13) 대법원 2014. 12. 11. 선고 2012다119443 판결.

는 원칙을 규정하고 있다. 복수의 국적을 갖는 경우를 국적의 적극적 저촉이라 하고, 국적이 없거나 알 수 없는 경우를 국적의 소극적 저촉이라고 한다.

(1) 국적의 적극적 저촉

당사자의 본국법에 의하여야 하는 경우에 당사자가 둘 이상의 국적을 가지는 때에는 그와 가장 밀접한 관련이 있는 국가의 법을 그 본국법으로 정한다. 다만, 그 국적중 하나가 대한민국인 때에는 대한민국 법을 본국법으로 한다(국제사법 제3조 제1항).

국적의 적극적 저촉의 경우에는 당사자가 가지고 있는 복수의 국적중에서 실질적 관련성의 원칙에 따라 원칙적으로 그 당사자와 가장 밀접한 관련이 있는 국가의 법이 본국법이 된다.

그러나 예외적으로 당사자가 내국국적과 외국국적을 모두 가지고 있는 경우에는, 내국법인 대한민국 법을 본국법으로 한다. 즉 내국법과 외국법 간에 적극적 저촉이 있는 경우에는 내국법 우선주의를 채택한 것이다.

(2) 국적의 소극적 저촉

당사자가 국적을 가지지 아니하거나 당사자의 국적을 알 수 없는 때에는 그의 상거소(常居所)가 있는 국가의 법(이하 "상거소지법"이라 한다)에 의하고, 상거소를 알 수 없는 때에는 그의 거소가 있는 국가의 법에 의한다(국제사법 제3조 제2항).

본국법을 적용하여야 하는 경우에, 국적의 소극적 저촉이 있으면 상거소지법을 적용하고, 상거소도 없는 경우에는 거소지법을 적용한다. 국제사법은 연결점으로서 섭외사법에서 사용하던 주소를 사용하지 않고, 사실적인 개념이 상거소를 연결점으로 사용하고 있으므로, 국적이 없거나 알 수 없는 경우 국적 대신 상거소를 보충적 연결점으로 한 것이다.

(3) 일국수법 국가의 본국법

가. 본국법의 경우

본국법을 정해야 하는 경우, 당사자가 지역에 따라 법을 달리하는 국가의 국적을 가지는 때에는 그 국가의 법 선택규정에 따라 지정되는 법에 의하고, 그러한 규정이 없는 때에는 당사자와 가장 밀접한 관련이 있는 지역의 법에 의한다(국제사법 제3조 제3항). 지역에 따라 법을 달리하는 국가란 해당 국가가 단일 법체계를 가지지 아니하고 복수의 여러 개의 상이한 법체계를 가지는 경우로서 '일국수법 국가' 또는 '불통일법 국가'를 말한다. 일국수법 국가의 예로는 연방국가로서 미국, 캐나다, 스위스, 영국 등이 이에 해당한다.

연방국가와 같은 일국수법 국가인 경우에는 지역에 따라 법체가 다르므로 그 국가내의 복수의 법체계 중에서 어느 법체계의 법을 본국법으로 하여야 하는지 문제가 된다. 국제사법은 원칙적으로 그 국가 내의 복수의 법체계 중 어느 지역의 법을 준거법으로 하는지를 정하는 법인 준국제사법에 해당하는 법 선택규정에 의하도록 하고 있다(간접지정설).

그러나 그 국가에 준국제사법 규정이나 원칙이 없는 경우에는 당사자와 가장 밀접한 관련지역의 법이 본국법이 된다. 준국제사법이 없는 경우에 실질적 관련성의 원칙에 따라 가장 밀접한 관련지역의 법을 적용하도록 한 것이다. 대부분의 연방국가의 경우에는 준국제사법에 해당하는 규정이나 원칙이 있으나, 예컨대, 아프리카 등에서 한 국가 내에서 부족간 또는 소수 민족간 법체계가 다를 경우 그 상호간의 법 선택에 관한 규정이나 원칙이 없거나 불분명한 경우가 있을 수 있다.[14] 그러한 경우 국제사법 제3조 제3항 후단에 의하여 밀접 관련지 원칙에 따라 적용될 지역의 법을 결정한다.

---

14) 아프리카 국가 중 짐바브웨의 경우, 보통법과 부족 관습법간, 부족 관습법 상호간의 법의 선택문제에 대해서는 T. W. Bennett, *Conflict of Laws – The Application of Customary Law and the Common Law in Zimbabwe*, the International and Comparative Law Quarterly Vol. 30, No. 1 (Jan. 1981), at 59–103 참조.

나. 본국법 이외의 경우

국제사법 제3조 제3항은 '본국법이 준거법으로 되는 경우'에 적용되는 것으로 규정되어 있다. 그러나 본국법 이외의 사유로 일국수법 국가의 법이 준거법으로 적용되는 경우에 대하여는 국제사법 규정이 없으므로, 그러한 경우에도 다음과 같은 이유로 동 조항이 유추적용되는 것으로 보아야 할 것이다.

예컨대, 국제사법의 제3조 제2항은 상거소지법을 '상거소가 있는 국가의 법(이하 상거소지법 이라 한다)'으로 정의하고 있고, 상거소지법을 '상거소가 있는 지역의 법'으로는 정의하지 않고 있다. 일국수법 국가에 상거소가 있는 경우 상거소지법이 준거법이 된다면 상거소가 있는 **국가의 법**을 적용해야 하며, 상거소자 있는 **지역의 법**을 직접 적용할 수 없다. 따라서 상거소가 있는 국가가 일국수법 국가라면 그 국가에서 상거소지법을 정하기 위해서는 그 국가의 법 중 어느 법이 상거소지법이 되는지를 결정할 기준이 필요하다.

또한 당사자의 상거소를 알 수 없는 때에 보충적 연결점으로 거소를 적용하여 상거소지법 대신에 거소지법이 적용해야 하는 경우에도, 거소지법은 '그의 거소가 있는 **국가의 법**'(국제사법 제4조)이 되므로, 거소지가 일국수법 국가에 있는 경우에도 동일한 문제가 발생한다.

국제사법이 '외국법이 준거법으로 적용되는 모든 경우' 그 국가가 일국수법 국가인 때에 대하여 국제사법 제3조 제3항과 같은 일반적인 기준을 규정하였다면 이러한 문제가 해결될 수 있으나, 국제사법은 본국법이 적용되는 경우로 한정하여 제3조 제3항을 규정하고 있어서 법규정의 흠결이 발생할 수 있다. 따라서 국제사법 제3조 제3항은 본국법 이외의 사유로 외국법이 준거법으로 적용되는 경우, 그 국가가 일국수법 국가인 때에도 유추적용 되는 것으로 해석할 필요가 있다.

4. 상거소지법

일반적으로 속인법으로서의 연결점은 국적과 주소, 상거소 등이 있다. 국제사법은 속인적 연결점으로서 주소 대신에 상거소를 그 연결점으로 하고 있다. 상거소(常居所, habitual residence) 개념은 헤이그 국제사법회의에서 채택한 각종 협약을 비롯한 각종 국제조약 및 대다수의 입법례에서 연결점으로 널리 사용되고 있다.[15] 상거소란 일응 생활의 중심지이며, 일정한 장소에서 상당기간 동안 정주(定住)한 사실이 인정되면 그곳이 상거소로 인정될 것이다.[16] 상거소의 존재 여부는 구체적인 상황에 따라 당사자의 체류기간, 체류목적, 가족관계, 근무관계 등 관련 요소를 종합적으로 고찰하여 판단해야 할 것이다.[17]

국제사법상 당사자의 상거소가 연결점이 되어 상거소지법에 의하여야 하는 경우에, 그 상거소를 알 수 없는 경우에는 상거소지법을 정할 수 없게 되는 문제가 생긴다. 국제사법은 그러한 경우에 보충적 연결점으로서 거소를 상거소 대신 사용하도록 하고 있다. 당사자의 상거소지법(常居所地法)에 의하여야 하는 경우에 당사자의 상거소를 알 수 없는 때에는 그의 거소가 있는 국가의 법에 의한다(국제사법 제4조).[18]

5. 외국법의 적용

(1) 외국법의 법적성격 및 적용

국제사법에 의하여 적용될 준거법이 외국법인 경우에 그 외국법의 법적 성격이 문제된다. 외국법을 법률로 보는 견해와 외국법의 단순한 사실로 보는 견해가 나누어 질 수 있으나, 국제사법은 외국법을 법률로 보는 입장에서 외국법의 적용과 관련한 조항을 두고 있다.

법원은 이 법에 의하여 지정된 외국법의 내용을 직권으로 조사 · 적용하여야 하며, 이를 위하여 당사자에게 그에 대한 협력을 요구할 수 있다(국제사법 제5조). 외국법도 법률이므로 그 법원이 직권으로 그 내용을 조사 · 적용하도록 하고 있다. 그러나 법원이 외국법에 대한 내용을 파악하는데 한계가 있으므로 당사자에게 그에 대한 협력을 요구할 수 있도록 하고 있다.

15) 법무부, 전게서, 30면.
16) 상게서, 31면.
17) 상게서.
18) 상게서.

(2) 외국법이 불분명한 경우

법원의 조사와 당사자의 협력에도 불구하고 외국법의 내용이 불분명한 경우에는 해결방법에 대해서 국제사법은 명문의 규정을 두지 않고 학설과 판례에 그 해석을 맡기고 있다.[19] 판례는 "외국적 요소가 있는 법률관계에 관하여 적용될 외국법규의 내용을 확정하고 그 의미를 해석함에 있어서는 **그 외국법이 그 본국에서 실제로 해석 · 적용되고 있는 의미와 내용에 따라 해석 · 적용되어야 하고**, 그 본국에서 최고법원의 법해석에 관한 판단은 특별한 사정이 없는 한 존중되어야 할 것이나, 소송과정에서 그에 관한 판례나 해석 기준에 관한 자료가 충분히 제출되지 아니하여 **그 내용의 확인이 불가능한 경우 법원으로서는 일반적인 법해석 기준에 따라 법의 의미와 내용을 확정할 수밖에 없다**"고 한다(대법원 2007. 6. 29. 선고 2006다5130 판결). 이러한 법원의 입장을 조리적용설(條理適用說)이라고 한다.

[관련판례] 대법원 2016. 5. 12. 선고 2015다49811 판결

외국적 요소가 있는 법률관계에 관하여 적용될 외국 법규의 내용을 확정하고 그 의미를 해석하는 경우에는 그 외국법이 그 본국에서 현실로 해석·적용되고 있는 의미·내용대로 해석·적용하는 것이 원칙이며, 소송 과정에서 그 외국의 판례나 해석 기준에 관한 자료가 제출되지 아니하여 그 내용의 확인이 불가능한 경우에만 일반적인 법해석 기준에 따라 법의 의미·내용을 확정할 수 있다.

6. 준거법의 범위

국제사법은 국가간의 사법의 불일치 문제를 해결하기 위한 것이므로, 전통적으로 국제사법에 의하여 지정되는 준거법은 사법이었으며, 공법은 준거법의 범위에서 제외되는 것이 원칙이었다.[20] 그러나 최근 공법과 사법의 구별이 불분명한 그 중간적인 성격의 법들이 생겨나고, 사법에도 공법적인 내용이 포함되기도 하는 사법의 공법화 현상도 생겨나고 있다.

---

19) 법무부, 전게서, 34면.
20) 상게서, 35면.

국제사법은 이러한 현실을 고려하여, 준거법으로 지정되는 외국법의 규정은 공법적 성격이 있다는 이유만으로 그 적용이 배제되지 아니한다(국제사법 제6조)는 규정을 두고 있다. 따라서 외국법은 비록 공법적 성격을 가지더라도 당해 사법적 법률관계에 영향을 미치는 한 적용될 수 있으며, 준거법 소속국의 강행법규가 공법이기 때문에 적용될 수 없다는 이른바 '외국공법 부적용의 원칙(外國公法 不適用의 原則)'은 더 이상 주장될 근거가 없다.[21)]

국제사법은 준거법 소속국인 외국의 공법(公法)을 반드시 적용해야 한다고 규정하지 않고 단지 공법(公法)이라는 이유만으로 적용이 배제되는 것은 아니라는 소극적인 규정방식을 취하고 있다.[22)] 따라서 준거법이 외국법인 경우 그 국가의 공법이 당연히 적용될 수 있는 것은 아니고, 그 적용여부는 국제사법적 고려에 의하여 판단해야 한다.[23)]

7. 국제적 강행법규

제7조는 국제사법에 의하여 **외국법이 준거법으로 지정되더라도** 입법목적에 비추어 준거법에 관계없이 적용되어야 하는 법정지인 대한민국의 강행법규는 여전히 적용됨을 명시하였다. 입법목적에 비추어 준거법에 관계없이 해당 법률관계에 적용되어야 하는 대한민국의 강행규정은 이 법에 의하여 외국법이 준거법으로 지정되는 경우에도 이를 적용한다(국제사법 제7조). 여기서 대한민국의 강행법규란 당사자의 합의에 의해 그 적용을 배제할 수 없다는 의미의 '단순한 강행법규'가 아니라, 당사자의 합의에 의하여 적용을 배제할 수 없을 뿐만 아니라 준거법이 외국법이라도 그 적용이 배제되지 않는 '국제적 강행법규'를 말한다.[24)] 이러한 강행법규로는 대외무역법, 외국환거래법이나[25)] 공정거래법 등이 있다.

---

21) 법무부, 전게서, 36면.
22) 상게서.
23) 상게서.
24) 상게서, 38-39면.
25) 상게서, 38면.

따라서 국제적 강행법규의 규정이 적용되기 위해서는 외국법이 준거법으로 되는 경우에 문제되며, 그 외국법이 준거법으로 되는 근거를 구별하지 않는다. 외국법이 준거법인 경우, 법정지법으로서 대한민국 법의 입법목적을 고려할 때 외국법이 준거법이 되는 때에도 대한민국법을 강행적으로 적용하도록 되어 있으면, 그러한 규정은 국제적 강행규정이다. 하급심 판례에서 공정거래법은 국제적 강행규정으로 본 것이 있으나,[26] 약관규제법[27]과 상법상 대리상의 보상청구권(상법 제92조의2)[28]은 국제적 강행규정이 아니라고 한 판례가 있다.

[관련판례]

국제적 강행법규 인정 판례: 공정거래법

서울고등법원 2010. 2. 11. 선고 2009나31323 판결

「국제사법」은 제7조에서, 입법목적에 비추어 준거법에 관계없이 해당 법률관계에 적용되어야 하는 대한민국의 강행규정은 이 법에 의하여 외국법이 준거법으로 지정되는 경우에도 이를 적용한다고 규정하고 있다.

공정거래법의 입법목적은, 사업자의 시장지배적 지위의 남용과 과도한 경제력의 집중을 방지하고, 부당한 공동행위 및 불공정거래행위를 규제하여 공정하고 자유로운 경쟁을 촉진함으로써 창의적인 기업활동을 조장하고 소비자를 보호함과 아울러 국민경제의 균형 있는 발전을 도모하는 것이다. 공정거래법은 제32조 제1항에서, 사업자 또는 사업자단체는 부당한 공동행위, 불공정거래행위 및 재판매가격 유지행위에 해당하는 사항을 내용으로 하는 것으로서 대통령령이 정하는 국제적 협정이나 계약을 체결하여서는 아니된다고 규정하면서, 제34조에서, 위 제32조 제1항의 규정에 위반하거나 위반할 우려가 있는 국제계약이 있는 때에는 당해사업자 또는 사업자단체에 대하여 계약의 취소, 계약내용의 수정 · 변경 기타 시정을 위한 필요한 조치를 명할 수 있다고 규정하고 있다.

위와 같은 **공정거래법의 입법목적과 관련규정을 고려하면, 공정거래법은 당사자의 합의에 의하여 적용을 배제할 수 없을 뿐만 아니라, 계약관계의 준거법이 외국법으로 지정되었더라도 그의 적용이 배제되지 않은 강행규정에 해당한다고 할 것이다.**

---

26) 서울고등법원 2010. 2. 11. 선고 2009나31323 판결.
27) 서울고등법원 2010. 2. 11. 선고 2009나31323 판결.
28) 서울고등법원 2005. 1. 14. 선고 2004나14040 판결.

국제적 강행법규 부인 판례: 약관규제법

서울고등법원 2010. 2. 11. 선고 2009나31323 판결

「약관의 규제에 관한 법률」(이하 하약관규제법'이라고 한다)에 의하면, △약관이라 함은 그 명칭이나 형태 또는 범위를 불문하고 계약의 일방 당사자가 다수의 상대방과 계약을 체결하기 위하여 일정한 형식에 의하여 미리 마련한 계약의 내용이 되는 것을 말하고(제2조), △약관규제법의 입법목적은, 사업자가 그 거래상 지위를 남용하여 불공정한 내용의 약관을 작성 · 통용하는 것을 방지하고, 불공정한 내용의 약관을 규제하여 건전한 거래질서를 확립함으로써 소비자를 보호하고 국민생활의 균형 있는 향상을 도모하는 것이다(제1조). 피고들이 배급 · 판매대리 계약을 체결하기에 앞서 이 사건 계약과 같은 내용의 일정한 계약서를 마련해 두고 사용하여 왔다면, 이 사건 계약은 약관규제법에 정한 약관에 포함될 수 있다.

이 사건 계약에서는 그 준거법을 캐나다 온타리오주 법으로 정하였고, 「국제사법」 제27조에서 소비자보호를 위하여 준거법 지정과 관련하여 소비자계약에 관한 강행규정을 별도로 마련해 두고 있는 점이나 위에서 본 바와 같은 **약관규제법의 목적에 비추어 볼 때, 약관규제법이 국제적 강행법규에 해당하여 외국의 법률이 준거법으로 지정되어 있는 경우에까지 적용된다고 볼 만한 근거가 없다.** 따라서, 이 사건 계약에 관해 우리나라의 약관규제법이 적용됨을 전제로 하는 원고의 위 주장은 이유 없다.

대법원 2010. 8. 26. 선고 2010다28185 판결

국제사법 제27조에서 소비자 보호를 위하여 준거법 지정과 관련하여 소비자계약에 관한 강행규정을 별도로 마련해 두고 있는 점이나 약관의 규제에 관한 법률(이하 '약관규제법'이라 한다)의 입법목적을 고려하면, **외국법을 준거법으로 하여 체결된 모든 계약에 관하여 당연히 약관규제법을 적용할 수 있는 것은 아니다**…. 원심은[29] … 외국의 법률이 준거법으로 지정되어 있는 이 사건 계약의 경우에는 우리나라의 약관규제법이 적용될 여지가 없다는 이유로 이를 배척하였다. …원심의 위와 같은 판단은 정당한 것으로 수긍이 가고, 거기에 상고이유로 주장하는 바와 같은 준거법 및 약관규제법의 적용에 관한 법리오해의 위법이 없다.

국제적 강행법규 부인 판례: 대리상의 보상청구권

서울고등법원 2005. 1. 14. 선고 2004나14040 판결

---

29) 서울고등법원 2010. 2. 11. 선고 2009나31323 판결.

원고는, 이 사건에 적용되는 준거법에 관하여, 대리상의 보상청구권을 규정한 대한민국 상법 제92조의 2가 대기업 등으로부터 소규모 대리상들을 구제하기 위한 강행규정으로서 준거법이 대한민국의 법이 아닌 경우에도 적용되어야 할 뿐만 아니라 위 보상청구권은 대리상 계약이 종료된 이후에 발생하는 것이고 피고들이 불법행위에 기하여 원고의 독점판매권을 침해하였으니, 이 사건 계약이 유효함을 전제로 그 준거법을 정한 위 제13조 a항은 적용되지 않고 재판지인 대한민국의 법이 적용되어야 한다고 주장한다.

살피건대, **대한민국 상법 제92조의 2가 규정하고 있는 대리상의 보상청구권은 대리상 계약에 의한 당초의 보수에 부수하여 발생하는 계약상의 권리를 법에서 정하고 있는 것이어서 비록 그 입법취지에 일부 강행법규의 성격이 포함되어 있다 하더라도 공정거래, 소비자 보호 등과 같이 입법 목적에 비추어 준거법에 관계없이 해당 법률관계에 적용되어야 할 강행규정이라고 볼 수 없고**….. 제32조는 불법행위가 행하여진 곳이 대한민국이거나 불법행위 당시 대한민국 내에 가해자와 피해자의 상거소가 있는 경우에도, 가해자와 피해자간에 존재하는 법률관계가 불법행위에 의하여 침해되는 경우에는 그 법률관계의 준거법에 의하도록 규정하고 있으므로, 원고의 위 주장은 받아들이지 않는다.

8. 준거법 지정의 예외

(1) 제도의 취지

국제사법은 실질적 관련성을 고려한 준거법이 지정될 수 있도록 국제사법 각칙에서 개별 법률관계별로 준거법을 규정하고 있다. 그러나 국제사법 조항에 따라 정해진 준거법이 그 법률관계와 관련성이 현저히 떨어지는 경우가 발생할 수 있고, 그 경우 형식적 요건을 갖춘 준거법을 그대로 적용한다면 실질적 관련성이 있는 법을 준거법으로 지정하려는 국제사법의 목적에 반하는 결과를 초래한다. 국제사법은 실질적 관련성이 떨어지는 법이 준거법으로 지정된 경우에 그 적용을 배제하고 다른 법을 준거법으로 적용할 수 있는 예외를 허용하고 있다.

(2) 준거법 지정의 예외(제8조 제1항)

국제사법에 의하여 지정된 준거법이 해당 법률관계와 근소한 관련이 있을 뿐이고, 그 법률관계와 가장 밀접한 관련이 있는 다른 국가의 법이 명백히 존재하는 경우에는 그 다른 국가의 법에 의한다(국제사법 제8조 제1항). 이 예외 조항을 적용하기 위한 요건으로서 첫째, 국제사법에 의하여 지정된 준거법이 해당 법률관계와 근소한 관련이 있을 뿐이고, 둘째, 그 법률관계와 가장 밀접한 관련이 있는 다른 국가의 법이 존재해야 하며, 셋째, 그것이 명백한 경우이어야 한다.[30]

미국법은 실질적 관련성을 고려하기 위한 기준을 적용해서[31] 구체적 사건에서 판례를 통해 실질적 관련성이 있는 법을 준거법으로 정하므로, 준거법의 지정에 있어서 구체적 타당성을 도모할 수 있으나, 우리나라 국제사법의 경우는 각 법률관계별로 준거법을 결정하는 방법을 개별 조항에서 규정하고 있다. 국제사법과 같은 준거법 규정 형식에서는 각 법률관계의 상세한 차이를 모두 세분화하여 규정할 수 없거나 새로운 유형의 분쟁이 발생하는 것을 전부 고려하여 규정할 수 없는 한계가 있으므로, 각 법규정에 따라 정해진 준거법이 구체적 사건에서 실질적 관련성이 떨어지는 경우가 발생하는 경직성이 생길 수 있다. 이러한 점에서 본 조항은 실질적 관련성이라는 국제사법의 준거법 지정의 원칙을 간접적으로 표현한 조항으로 볼 수 있다.

---

30) 법무부, 전게서, 42면.

31) Restatement (Second) of Conflict of Laws § 6(2) (1971):

(2) When there is no such directive, the factors relevant to the choice of the applicable rule of law include:

(a) the needs of the interstate and international systems,

(b) the relevant policies of the forum,

(c) the relevant policies of other interested states and the relative interests of those states in the determination of the particular issue,

(d) the protection of justified expectations,

(e) the basic policies underlying the particular field of law,

(f) certainty, predictability and uniformity of result, and

(g) ease in the determination and application of the law to be applied.

[관련판례] 대법원 2006.5.26. 선고 2005므884 판결

국제사법 제8조 제1항은 "이 법에 의하여 지정된 준거법이 해당 법률관계와 근소한 관련이 있을 뿐이고, 그 법률관계와 가장 밀접한 관련이 있는 다른 국가의 법이 명백히 존재하는 경우에는 그 다른 국가의 법에 의한다."라고 규정하고 있는데, … … **원 · 피고는 모두 대한민국에 상거소(常居所)를 가지고 있을 뿐만 아니라 종전 주소지인 미주리 주의 법에 따른 선택에 의한 주소(domicile of choice)를 대한민국에 형성하였으므로 대한민국의 법률인 민법은 이 사건에 대하여 충분한 관련성을 구비한 준거법으로 볼 수 있고**, 따라서 이와는 다른 견해를 전제로 한 상고이유의 주장은 더 나아가 살펴볼 필요 없이 이유 없다.

(3) 예외가 적용되지 아니하는 경우(제8조 제2항)

그러나 본조의 준거법 지정의 예외 조항은, 당사자가 합의에 의하여 준거법을 선택하는 경우에는 이를 적용하지 아니한다(국제사법 제8조 제2항). 당사자자치가 허용되는 경우, 당사자가 합의로 준거법을 선택한 경우에는 당사자가 모든 사정을 고려하여 합의로 정한 준거법을 법률의 규정으로 변경하는 것이 타당하지 않기 때문이다. 따라서 국제사법 제25조, 제38조 제2항 등에 의하여 당사자가 합의로 준거법을 선택한 경우에는 준거법 지정의 예외 조항은 적용되지 않는다.

(4) 예외 조항 적용의 예시

준거법 지정의 예외 조항이 적용될 수 있는 사례로는 다음과 같은 경우가 제시되고 있다. 첫째, 불법행위는 다양한 유형으로 발생할 수 있음에도 불구하고, 각 유형별로 세분화된 유형에 따라 저촉규범을 상세히 규율하는 데는 한계가 있으므로, 다양한 불법행위의 유형에 대응하여 연결대상을 세분화하고 그에 적합한 연결원칙을 정립할 필요성이 있다.[32] 불법행위에는 신체상해, 원자력사

32) 미국은 불법행위에 있어서 가장 밀접한 관련성 원칙(the most significant relationship rule)에 따라 다양한 유형의 불법행위에 맞는 지정이 가능하다(Restatement (Second) of Conflict of Laws § 145 (1971). 스위스 국제사법의 경우 불법행위 유형을 세분화하여 교통사고, 제조물책임, 부정경쟁, 경쟁방해, 임미시온, 인격침해 등에 대하여 준거법 지정 원칙을 규정하고 있다(스위스 국제사법 제134조－제139조, 법무부, 전게서, 286－287면

고, 교통사고, 제조물책임, 의료과실, 부정경쟁, 인격침해 등 다양한 유형이 있을 수 있다. 그러나 국제사법에서는 불법행위의 준거법에 관하여 전통적인 불법행위지법 원칙(lex loci delicti)을 취하면서도 공통의 속인법(제32조 제2항), 종속적 연결(제32조 제3항), 준거법의 사후적 합의(제33조) 등 불법행위지법 원칙을 다소 완화하고 있으나, 불법행위의 다양한 유형별로 그에 대한 특칙을 두지는 않았으므로, 국제사법 규정에 의해서 정해지는 불법행위의 준거법이 특정 유형의 불법행위와 실질적 관련성이 현저히 떨어지는 경우에는 이 예외조항을 활용함으로써 적절한 결론을 도출할 수 있다.[33]

둘째, 선박의 편의치적(便宜置籍, flag of convenience)의 경우, 구체적인 사안에서 선적이 선적국과의 유일한 관련인 경우에는 예외조항에 의하여 선적국법 대신 가장 밀접한 관련이 있는 다른 국가의 법이 준거법으로 적용될 여지가 있다.[34] 그러나 편의치적이라는 이유만으로 당연히 예외조항이 바로 적용되는 것은 아니며, 예외조항의 적용에 앞서 당해 사안에서 국제사법 제8조의 요건이 구비되는지 여부를 신중하게 검토해야 한다.[35]

(5) 관련판례

[편의치적]: 대법원 2014. 7. 24. 선고, 2013다34839 판결

본 판결은 선박이 편의치적 되어 있어 선적만이 선적국과 유일한 관련이 있고 해당 법률관계와 가장 밀접한 관련이 있는 다른 국가의 법이 명백히 존재하는 경우, 다른 국가의 법을 준거법으로 보아야 한다는 판결이다.

"국제사법 제8조 제1항, 제60조 제1호, 제2호의 내용과 취지에 비추어 보면, 선원의 임금채권을 근거로 하는 선박우선특권의 성립 여부나 선박우선특권과 선박저당권 사이의 우선순위를 정하는 준거법은 원칙적으로 선적국법이라고 할 것이나, **선박이 편의치적이 되어 있어 그 선적만이 선적국과 유일한 관**

참조).

33) 법무부, 전게서, 43면.

34) 상게서.

35) 상게서.

련이 있을 뿐이고, 실질적인 선박 소유자나 선박 운영회사의 국적과 주된 영업활동장소, 선박의 주된 항해지와 근거지, 선원들의 국적, 선원들의 근로계약에 적용하기로 한 법률, 선박저당권의 피담보채권을 성립시키는 법률행위가 이루어진 장소 및 그에 대하여 적용되는 법률, 선박경매절차가 진행되는 법원이나 경매절차에 참가한 이해관계인 등은 **선적국이 아닌 다른 특정 국가와 밀접한 관련이 있어 앞서 본 법률관계와 가장 밀접한 관련이 있는 다른 국가의 법이 명백히 존재하는 경우에는 다른 국가의 법을 준거법으로 보아야 한다.**"

9. 반 정

(1) 반정의 의의

반정(反定, renvoi)은 외국적 요소가 있는 특정 법률관계에 대하여 법정지 국제사법은 외국법을 준거법을 지정하고 있으나, 그 외국의 국제사법에 의하면 법정지법 또는 제3국법을 준거법으로 지정하는 경우, 법정지 법원은 그 외국의 국제사법 규정까지 고려하여 법정지법 또는 제3국법을 적용하는 것을 말한다.[36)]

국제사법은 반정을 인정하여 반정 조항을 규정하고 있으나, 반정의 범위는 원칙적으로 반정에 의하여 법정지법을 적용하게 되는 직접반정(remission)만 인정하며(제9조), 예외적으로 어음 · 수표 행위능력에 한하여 반정에 의하여 제3국법을 적용하는 전정(轉定, transmission)을 인정한다(제51조).

(2) 직접반정

가. 직접반정의 적용

국제사법에 의하여 외국법이 준거법으로 지정된 경우에 그 국가의 법에 의하여 대한민국 법이 적용되어야 하는 때에는 대한민국의 법(준거법의 지정에 관한 법규를 제외한다)에 의한다(국제사법 제9조 제1항). 직접반정은 특정

36) 법무부, 전게서, 45-46면 각주 21. 안강현, 전게서, 157면 참조.

법률관계에 준거법으로 지정된 외국법이 그 준거법을 지정하는 법규에서 우리나라 법을 준거법으로 적용하도록 하도록 하고 있는 경우, 그 외국법의 규정을 고려하여 법정지법인 우리나라의 법을 적용하는 것을 말한다. 이 경우 법정지인 대한민국법에서 '준거법 지정에 관한 법규' 즉 국제사법을 제외하지 않으면, 준거법 지정에서 이중반정을 포함한 무한 순환이 일어날 수밖에 없으므로, 직접반정만 허용하기 위하여 국제사법 규정에 해당하는 대한민국법은 제외한 것이다.

직접반정이 적용되는 범위를 속인법으로서 본국법이 준거법으로 적용되는 경우에 한정하지 않고, 외국법이 준거법으로 적용되는 경우로 폭넓게 규정하고 있다.[37] 이는 반정을 인정함으로써 국제적 판결의 일치, 구체적 사건에 보다 타당한 법의 적용, 법정지법을 적용하여 외국법의 적용에 따른 어려움의 완화 가능 등의 실제적 효용을 고려한 것이다.[38]

나. 반정이 허용되지 않는 경우

국제사법은 반정이 적절하지 않은 경우에 대해서는 직접반정을 허용하지 아니한다(국제사법 제9조 제2항). 동 조항에 따라 반정이 허용되지 않는 경우로는 ① 당사자가 합의에 의하여 준거법을 선택하는 경우 ② 이 법에 의하여 계약의 준거법이 지정되는 경우 ③ 제46조의 규정에 의하여 부양의 준거법이 지정되는 경우 ④ 제50조 제3항의 규정에 의하여 유언의 방식의 준거법이 지정되는 경우 ⑤ 제60조의 규정에 의하여 선적국법이 지정되는 경우 ⑥ 그 밖에 제1항의 규정을 적용하는 것이 이 법의 지정 취지에 반하는 경우 등이 있다.

당사자가 합의로 준거법을 선택한 경우에도 반정을 인정하면 당사자자치를 인정한 취지에 반하므로 반정이 적용되지 않도록 한 것이다. 계약의 준거법에 반정이 적용되지 않도록 한 것은 관련 국제조약에서 반정을 배제하고 있는 것을 고려한 것이다.[39] 부양의 준거법에 반정을 배제한 것은 부양의무의 준거법에 관한 헤이그 협약(Convention on the Law Applicable to Maintenance Obligations,

37) 법무부, 전게서, 46면.
38) 상게서.
39) 상게서, 48면.

2 October 1973)에서 반정을 배제한 것을 고려한 것이다.[40] 유언의 방식의 준거법에 반정을 배제한 것은 유언방식의 준거법에 관한 헤이그 협약(Convention of on the Conflicts of Laws Relating to the Form of Testamentary Dispositions, 5 October 1961)이 반정을 배제한 것을 고려한 것이다.[41] 해상에 관한 준거법 중 선박에 관한 물권의 준거법 등을 선적국법으로 정한 이유는 선박에 관한 이해관계자들의 예측가능성을 높이고자 하는데 있는데, 반정이 적용될 경우 이러한 예측가능성이 깨져 버리고 선적국의 국제사법 규정을 확인하는 것도 쉬운 일이 아니므로 신속을 요하는 해상분쟁 처리에 적합하지 않기 때문이다.[42] 그러나 주의할 점은 해상편에서 선적국법이 적용되는 모든 경우에 반정이 배제되는 것이 아니라 제60조에 규정된 사유에 의하여 선적국법이 준거법으로 적용되는 경우에 한하여 반정이 배제되므로, 제61조(선박충돌)와 제62조(해양사고구조)의 경우에는 반정이 허용된다는 점이다.[43] 선박충돌은 불법행위와, 해양사고구조(해난구조)는 사무관리와 그 성질이 유사한데 국제사법이 법정채권 발생원인인 불법행위와 사무관리의 경우에 대하여 반정을 인정하고 있는 것과 일관성이 있다.[44]

국제사법은 기타 반정을 인정하는 것이 국제사법이 외국법을 준거법으로 지정한 취지에 반하는 경우에는 허용되지 아니함을 명시하고 있다. 이는 독일 국제사법이 외국법이 준거법으로 지정된 경우에 반정으로 그 지정한 취지에 반하지 않는 경우에만 반정을 허용하는 것으로 규정하는 것과 같이[45] 열거된 반정 불허사유에 해당하지 않더라도 반정이 불허되는 경우를 포괄적으로 규정한 것이다. 반정이 불허되는 포괄적 규정에 해당하는 경우는 각 법률분야별로 논의가 이루어져야 할 것이나, 독일 국제사법 제4조의 해석론을 참고할 때 반정의 허용이 제한되는 기타 분야는 다음과 같은 사안을 생각해 볼 수 있을 것이다.[46]

---

40) 법무부, 전게서, 48면.
41) 상게서.
42) 상게서, 49면.
43) 상게서.
44) 상게서.
45) 독일 국제사법 제4조 제1항 제1문 (상게서, 227면).

첫째, 선택적 연결의 경우 반정이 제한될 수 있다. 국제사법은 법률행위의 방식 또는 유언의 방식에 관하여 선택적 연결을 인정함으로써 가능한 한 법률행위의 방식 또는 유언이 유효하게 될 수 있도록 하는 “favor negotii(법률행위에 유리하게)” 원칙에 따르고 있는데(제17조, 제50조 제3항), 만일 반정에 의하여 이러한 선택적 연결이 부정된다면 그 취지에 반한다.[47]

둘째, 종속적 연결의 경우 반정이 제한될 수 있다. 국제사법에서 불법행위를 계약의 준거법에 종속적으로 연결하는(제32조 제3항) 취지는 복잡한 법률관계를 하나의 법질서에 연결하고자 하는 데 있는데, 반정이 인정되어 종속적 연결이 깨어진다면 양자를 동일한 준거법에 연결하고자 하는 취지가 몰각될 수 있다.[48]

셋째, 제8장(어음·수표)의 조항들의 경우에는 반정이 허용되지 않는다고 할 것이다. 어음 · 수표에 관한 준거법 조항들은 이미 당해 분야의 법저촉이 있는다는 것을 전제하여 마련된 저촉규범을 통일하기 위한 국제조약에 근거한 것이기 때문이다. 만약 이 분야에 반정을 인정하게 되면 준거법에 관한 원칙을 통일하려는 조약의 취지가 몰각될 수 있기 때문이다. 그러나 어음 · 수표에 명시적으로 전정을 허용하는 조항(제51조 제1항 단서)의 경우에는 물론 예외이다.[49]

다. 전정(transmission)

국제사법은 어음 · 수표 행위능력에 한하여 전정을 인정하는 규정을 두고 있다. 환어음, 약속어음 및 수표에 의하여 채무를 부담하는 자의 능력은 그의 본국법에 의한다. 다만, 그 국가의 법이 다른 국가의 법에 의하여야 하는 것을 정한 경우에는 그 다른 국가의 법에 의한다(국제사법 제51조 제1항).

이 규정에 의하여 어음 · 수표 행위능력에 관하여, 국제사법이 지정한 어음 · 수표 행위자의 본국법이 제3국법을 준거법을 지정하는 경우 법정지 법원은 제3국법을 준거법으로 적용하게 된다.

46) 법무부, 전게서, 49면.
47) 상게서.
48) 상게서, 50면.
49) 상게서.

라. 숨은반정

국제사법에 의해 준거법으로 지정된 외국이 그 국제사법 규정에 법정지법이나 제3국법을 준거법으로 지정하는 규정이 없는 경우에는 원칙적으로 반정이 인정되지 않는다. 그러나 해당 외국법이 그 법률관계에 대하여 관할권 규정을 두고 있고 그 관할권 규정에 의하면 법정지의 관할권이 인정되는 경우라면, 법정지 법원은 그 외국의 관할권 조항에 준거법 지정의사도 숨어 있다고 보고, 외국의 관할권 규정을 참작하여 반정을 인정하는 것을 '숨은 반정'이라고 한다. 우리나라 판례는 국제사법 제9조 제1항의 반정조항을 유추적용한 숨은 반정의 법리를 인정한다.

[관련 판례] 대법원 2006.5.26. 선고 2005므884 판결

이혼 등에 관한 미주리 주의 법률… 미주리 주의 주법원 판결…, 미국 연방대법원 및 각 주법원의 관련 판결들 및 학설 등에 근거하여 일반적으로 승인되어 있는 이혼에 관한 미국 국제사법의 일반원칙 …을 종합하여 보면, 원 · 피고는 늦어도 원고가 미군 복무를 마친 다음 그 자유의지에 따라서 피고 및 사건본인들과 함께 대한민국에 정착한 시점부터는 **선택에 의한 주소**(domicile of choice)**를 대한민국에 형성하였다고 볼 수 있고**, 여기에 피고가 이 사건 소장 부본을 적법하게 송달받고 적극적으로 응소하였다는 점까지 고려한다면, 원 · 피고의 본국법인 동시에 종전 주소지를 관할하는 **미주리 주의 법에 비추어 대물 소송**(in rem)**에 해당하는 이 사건 이혼청구와 대인 소송**(in personam)**에 해당하는 이 사건 친권자 및 양육자지정 청구 등에 대하여 모두 <u>대한민국 법원이 재판관할권을 행사하는 것은 정당하다</u>고 볼 수 있으므로…**

… 이 사건에 적용될 준거법에 관하여 보건대, 국제사법 제39조, 제37조 제1호에 의하면 이혼에 관하여는 부부의 동일한 본국법이 제1차적으로 적용되는데, 미국은 지역에 따라 법을 달리하는 국가이므로 국제사법 제3조 제3항에 따라서 미국 국적을 보유한 원 · 피고 사이의 이혼청구사건 등에 대한 준거법을 결정함에 있어서는 종전 주소지를 관할하는 미주리 주의 법규정 등을 검토해야 할 것인데, … **미주리 주의 법과 미국의 국제사법에 관한 일반원칙 등에 의하면 미국 국적을 보유한 원 · 피고가 모두 선택에 의한 주소**(domicile of choice)**를 대한민국에 형성한 상태에서 대한민국 법원에 제기된 이 사건 이혼, 친권자 및 양육자지정청구에 관해서는 <u>원 · 피고의 현재 주소</u>**<u>(domicile)</u>**<u>가 소속된 법정지의 법률이 준거법이 되어야 할</u>**

것이므로, 결국 '준거법 지정시의 반정(反定)'에 관한 국제사법 제9조 제1항 등을 유추적용한 '숨은 반정'의 법리에 따라서 이 사건에 대해서는 이혼, 친권자 및 양육자지정 등을 규율하는 법정지법인 우리 민법을 적용하여야 한다.

10. 공서양속에 반하는 규정의 적용배제

(1) 공서조항(公序條項)

국제사법은 우리나라의 사회질서에 반하는 외국법의 규정의 적용을 배제하고 있는데, 이러한 조항을 공서조항이라고 한다. 외국법에 의하여야 하는 경우에 그 규정의 적용이 대한민국의 선량한 풍속 그 밖의 사회질서에 명백히 위반되는 때에는 이를 적용하지 아니한다(국제사법 제10조).

공서조항을 둔 목적은 외국법이 준거법으로 적용되는 경우, 그 외국법을 적용한 결과로 자국의 기본적인 사회질서나 제도가 파괴될 수 있는 경우를 방지하고자 하는데 있다.

공서조항에 의하여 외국법의 적용이 배제되기 위한 요건으로서 ① 추상적인 외국법 자체가 아니라 외국법의 '적용결과'로 인해 우리나라의 기본적인 사회질서가 파괴될 우려가 있는 경우이어야 하며, ② 외국법의 적용결과가 우리나라의 사회질서에 '명백히' 위반되어야 한다.[50)]

공서조항에 의하여 우리나라의 기본적인 사회질서에 반하는 것으로 인정될 수 있는 예로는 도박채무의 유효성을 인정하는 외국법, 일부다처제를 허용하는 외국법 등이 있을 수 있다. 공서조항에 의하여 외국법의 적용이 배제되는 경우에는 법정지법으로서 우리나라의 법이 적용된다.

(2) 관련판례

가. 사회질서 위반의 의미: 대법원 2006. 5. 26. 선고 2005므884 판결

국제사법 제10조는 "외국법에 의하여야 하는 경우에 그 규정의 적용이 대

---

50) 법무부, 전게서, 51면.

한민국의 선량한 풍속 그 밖의 사회질서에 명백히 위반되는 때에는 이를 적용하지 아니한다."라고 규정하고 있는데, 이는 대한민국 법원이 외국적 요소가 있는 소송사건에 대하여 **준거법으로 외국법을 적용해야 할 경우에 이로 인하여 대한민국의 선량한 풍속 그 밖의 사회질서에 명백히 위반되는 결과가 발생하는지 여부 등을 심리해야 한다는 것일 뿐이고, 이와는 달리 대한민국 법원이 국내법을 적용함으로 인하여 외국법상의 공서양속에 위반하는 결과가 야기되는지 여부를 심리해야 한다는 취지는 아니다**.

나. 멕시코 책임조항: 대법원 1999. 12. 10 선고 98다9038 판결

운송인의 배상책임을 법정 금액보다 제한하는 것을 금지하는 우리 상법 제790조 제1항, 제789조의2의 규정들이 모두 강행규정인 점은 논지가 주장하는 바와 같으나, 우리 상법이 이 사건 법률관계의 준거법이 아닌 이상 위 규정들이 당연히 이 사건에 적용될 수는 없으며, 한편 **섭외법률관계에 있어서 당사자가 준거법으로 정한 외국법의 규정이나 그 적용의 결과가 우리 법의 강행규정들에 위반된다고 하더라도 그것이 섭외사법 제5조가 규정하는 '선량한 풍속 기타 사회질서'에 관한 것이 아닌 한** 이를 이유로 곧바로 당사자 사이의 섭외법률관계에 그 외국법의 규정을 적용하지 아니할 수는 없다고 할 것이다.

그런데, 이 사건에서 멕시코 국내법에 의하여 산정한 피고의 손해배상액이 상당히 근소한 액수인 사실은 원심이 인정한 바와 같고, 그와 같은 결과가 우리 상법의 위 규정들에서 정하고 있는 운송인의 책임제한액수에 미달되는 것임은 논지가 주장하는 바와 같으나, 원심이 인정한 바와 같이 이 사건 선하증권상의 멕시코 책임조항은 당사자가 멕시코 국내의 공로 및 고속도로 등에서 화물의 무장강탈사건 등 불법행위가 빈번하게 발생하는 사정을 감안하여 당초의 선하증권상의 약관과는 별도의 특약사항으로서 첨부하게 된 것인 점을 고려하면, 위와 같은 사정만으로 곧바로 피고의 손해배상책임을 정함에 있어서 멕시코 국내법이나 이를 준거법으로 정한 위 멕시코 책임조항을 적용하는 것이 섭외사법 제5조가 규정하는 '선량한 풍속 기타 사회질서'에 반하는 것이 되어 그 적용을 배제하여야 한다고 할 수는 없다.

다. 영국법 준거약관:

1) **대법원 2005. 11. 25. 선고 2002다59528,59535 판결**

이 사건 보험계약에 적용되는 영국 협회선박기간보험약관(이하 '이 사건 보험약관'이라 한다)은 그 첫머리에 이 보험은 영국의 법률과 관습에 따른다고 규정하고 있는바, 이러한 **영국법 준거약관은 오랜 기간에 걸쳐 해상보험업계의 중심이 되어 온 영국의 법률과 관습에 따라 당사자 사이의 거래관계를 명확하게 하려는 것으로서, 그것이 우리나라의 공익규정 또는 공서양속에 반하는 것이라거나 보험계약자의 이익을 부당하게 침해하는 것이라고 볼 수 없어 유효하**[다.]

2) **대법원 1991. 5. 14. 선고 90다카25314 판결**

보험증권 아래에서 야기되는 일체의 책임문제는 외국의 법률 및 관습에 의하여야 한다는 외국법 준거약관은 동 약관에 의하여 외국법이 적용되는 결과 우리 상법 보험편의 통칙의 규정보다 보험계약자에게 불리하게 된다고 하여 상법 제663조에 따라 곧 무효로 되는 것이 아니고 동 약관이 보험자의 면책을 기도하여 본래 적용되어야 할 공서법의 적용을 면하는 것을 목적으로 하거나 합리적인 범위를 초과하여 보험계약자에게 불리하게 된다고 판단되는 것에 한하여 무효로 된다고 할 것인데 **해상보험증권 아래에서 야기되는 일체의 책임문제는 영국의 법률 및 관습에 의하여야 한다는 영국법 준거약관은 오랜 기간 동안에 걸쳐 해상보험업계의 중심이 되어 온 영국의 법률과 관습에 따라 당사자간의 거래관계를 명확하게 하려는 것으로서 우리나라의 공익규정 또는 공서양속에 반하는 것이라거나 보험계약자의 이익을 부당하게 침해하는 것이라고 볼 수 없으므로 유효하다.**

라. 도박채무: 서울지법 1999. 7. 20. 선고 98가합48946 판결

… 원고는 미합중국 네바다주로부터 공인도박장개설면허를 받아 위 주소지에서 호텔과 카지노(Tropicana Resort and Casino)를 운영하고 있는 자로서 고객들이 위 카지노 내에서 신용도박을 하고자 하는 경우에는 …. 도박신용을 제

공하고 있다.

…. 피고들은 위와 같은 방식에 따라 원고와의 사이에 각 신용대부약정… 을 체결하고 원고에게 마커를 발행한 다음, 원고로부터 별지 채권내역서 기재 상당액의 칩을 빌렸으나, 원고에게 위 칩 또는 위 칩 상당액의 금원을 반환하지 아니하고 있다.

…. 원고와 피고들은 동인들 사이에 체결한 위 각 신용대부약정…의 성립 및 효력에 관하여 미합중국 네바다주법을 준거법으로 정하기로 합의하였다고 봄이 상당하고, 따라서 이 사건 신용대부약정의 성립 및 효력에 관한 미합중국 네바다주법의 규정이 섭외사법 제5조에서 규정하고 있는 대한민국의 선량한 풍속 기타 사회질서에 위반하는 사항을 내용으로 하는 것이 아닌 이상 이 사건 신용대부약정의 성립 및 효력에 관하여는 미합중국 네바다주법이 적용된다고 할 것이다.

… **미합중국 네바다주법의 규정**(이하, 위 네바다주법의 규정이라고만 한다)**에 의하면 원고와 피고들사이에 체결된 이 사건 신용대부약정과 그 신용대부약정에 따라 부담하게 된 도박채무는 모두 유효할 뿐만 아니라 법적인 절차를 통하여 그 이행이 강제될 수 있다고 할 것이다.**

… 섭외사법 제5조는 '외국법이 준거법으로 되는 경우에 있어서 그 외국법의 규정이 대한민국의 선량한 풍속 기타 사회질서에 위반하는 사항을 내용으로 하는 것인 때에는 이를 적용하지 아니한다'라고 규정하고 있는 바, 이는 외국법을 준거법으로 적용한 결과 대한민국의 사법적 사회질서를 중대하게 침해하는 경우 일정한 한도에서 그 외국법의 적용을 배제하는 데 그 목적이 있다고 할 것이므로, 섭외사법 제5조에 의하여 당사자들이 합의한 준거법인 위 **네바다주법의 규정의 적용을 배제하기 위하여는 ① 당사자들이 합의한 준거법인 위 네바다주법의 규정 그 자체가 대한민국의 강행법규에 위반되는지 여부뿐만 아니라 ② 위 네바다주법의 규정이 적용된 결과가 대한민국의 사법질서에 미치는 영향과 ③ 위 네바다주법의 규정의 적용을 배척하는 것이 국제사법질서를 현저하게 무시하게 되는 결과가 되는지 여부등을 종합적으로 고려하여 판단하여야 할 것이다.**

그러므로 살피건대, 대한민국에 있어서 도박행위는 국민일반의 건전한 경제생활과 근로관념의 보호와 이로 인한 부차적인 범죄 방지를 위하여 특별법에 의하여 예외적으로 인정되는 경마, 경륜등 소위 공영도박의 경우를 제외하고는 일반적으로 금지되고 있어 … **위 네바다주법의 규정은 위와 같은 취지에서 도박행위를 엄격하게 제한하고 있는 대한민국의 강행법규에 명백히 위배된다고 할 것이다.**

나아가… 위 **네바다주법의 규정을 적용하여 이 사건 신용대부약정과 그 신용대부약정에 따라 부담하게 된 도박채무의 유효성을 인정하고 더 나아가 법적 절차에 의한 위 도박채무의 강제회수에 조력하는 것은 앞서 살펴본 바와 같은 취지에서 도박행위를 엄격하게 제한하고 있는 대한민국의 사법질서를 중대하게 침해하는 결과를 초래한다고 보지 않을 수 없다.**

또한… …**섭외사법 제5조의 규정에 따라 당사자들이 합의한 준거법인 위 네바다주법의 규정을 적용하지 아니하는 것이 국제사법질서를 현저하게 무시하게 되는 결과를 초래한다고는 볼 수 없다고 할 것이다.** … 따라서 위 신용대부약정의 성립 및 효력에 관하여는 섭외사법 제5조의 규정에 따라 당사자들이 합의한 준거법인 위 네바다주법의 규정을 적용하지 아니하고 **법정지법인 대한민국법의 규정을 적용함이 상당하다고 할 것이다…**

마. 징벌적 손해배상금: 서울지법 동부지원 1995. 2. 10. 선고 93가합19069 판결

1) 공서양속 위반 여하(민사소송법 제203조 제3호)

… **외국판결의 성립절차가 한국민인 피고의 방어권을 현저히 침해한 경우에는 절차에 관한 공서양속위반으로 우리 나라에서 승인될 수 없다 할 것인바,** … 이 사건에 있어 원고는 피고가 소장 등을 송달받은 후 응소를 하지 아니한 채 한국으로 돌아가자… 한국에 있는 피고의 종전의 국내주소로 결석판결을 신청할 예정인 사실을 등기우편으로 통지한 다음 … 피고가 소장과 소환장을 송달받고도 답변 등을 하지 아니한 사실과 위와 같은 결석판결 신청예정 통지 사실을 기재한 선서진술서, 원고 자신 및 담당의사의 피해 등에 관한 선서진술

서 등을 첨부하여 미화 금 500,000달러의 배상을 구하는 결석판결을 신청하여 이를 기초로 이 사건 미국판결이 선고된 사실을 인정할 수 있고, 달리 결석판결을 신청함에 있어 결석당사자에게 결석판결 신청예정사실이나 결석판결신청서를 사전에 송달하여야 한다는 규정은 찾아볼 수 없는바, … 피고로서는 최초 미화 금 50,000달러를 초과하는 합리적 손해액의 배상을 구한다고 기재된 소장을 송달받음으로써 앞으로 소송의 진행에 따라 더 많은 금액이 청구되어 인용될 수도 있음을 당시 충분히 예상할 수 있었다고 봄이 상당함에도 별다른 응소를 하지 아니한 채 귀국함으로써 그 후에 있어서의 방어기회를 스스로 포기한 결과가 된다 할 것이고, 달리 피고가 방어의 기회를 박탈당하였다거나 이 사건 미국판결이 그 성립절차에 있어 우리 나라의 공서양속에 반한다고 보아야 할 특단의 사정도 찾아 볼 수 없으므로 이 부분 피고의 위 주장은 이유 없다.

2) 판결의 내용이 공서양속에 위반하는지 여부

… 민사소송법 제447조 제1항에 의하면 집행판결은 재판의 당부를 조사하지 아니하고 하여야 하므로 이 사건 미국판결의 사실관계에 관하여는 실질적으로 심사할 수 없다 할 것이고, 이는 위 판결이 결석판결이라 하여 달리 볼 것이 아니므로 결국 피고가 원고를 폭행, 강간하였다는 사실은 이 사건에 있어 움직일 수 없는 전제가 된다 할 것이고, 나아가 검찰의 불기소처분은 기판력을 갖는 확정판결이 아니어서 저촉문제가 발생할 여지가 없으므로 이 부분 피고의 위 주장은 어느 것이나 이유 없다.

… **징벌적 배상이란 가해자에게 특히 고의 등의 주관적인 악사정이 있는 경우에 보상적 손해배상**(Compensatory damages)**에 덧붙여 위법행위에 대한 징벌과 동종행위의 억지를 주목적으로 하여 과하여지는 손해배상으로서 코몬로상 인정되고 있는 구제방법의 일종**인바, 이는 **불법행위의 효과로서 손해의 전보만을 인정하는 우리의 민사법 체계에서 인정되지 아니하는 형벌적 성질을 갖는 배상형태로서 우리 나라의 공서양속에 반할 수가 있으므로 이 사건 미국판결에 과연 이러한 징벌적 배상이 포함되어 있는지 여부에 관하여 살펴보기로 한다.**

… 위 인정사실과 앞서 본 이 사건 미국판결에 이른 사실관계를 종합하여

볼 때, … 별도로 징벌적 배상을 구분적시하거나 징벌적 배상을 포함한다는 취지의 기재가 없는 점 등에 비추어 보면 이 사건 미국판결에는 징벌적 배상이 포함되지 아니하였다고 봄이 상당하므로 피고의 위 주장은 이유 없다.

3) 승인의 제한

(가) 섭외사법 제13조 제3항에 의하면 외국에서 발생한 사실이 대한민국의 법률에 의하여 불법행위가 되는 경우일지라도 피해자는 대한민국의 법률이 인정한 손해배상 기타의 처분 이외에 이를 청구하지 못한다는 내용의 저촉규정을 두어 우리 나라에서 재판이 이루어지는 섭외적 법률관계에 있어 외국법의 적용을 일정 한도로 제한함으로써 우리 나라 손해배상법의 지침적 기능(Leitbildfunktion)을 전제로 하고 있고, 위와 같은 저촉규정의 적용 여부를 판단함에 있어서는 외국판결의 기초가 된 사실관계와 우리 나라와의 연결, 즉 이른바 사건의 내국관련성(Inlandsber hrung)의 정도가 그 중요한 고려요소가 된다 할 것인데, 이 사건의 경우에는 원 · 피고가 모두 한국민인 점, 미국판결에서 인용된 지나치게 고액이라고 보이는 손해배상액 전부에 대한 집행을 승인할 경우 피고의 한국에서의 생활기반이 파탄에 이를 우려가 있다는 점 등에 비추어 볼 때 사건의 내국관련성의 정도가 상대적으로 강하다고 봄이 상당하다 할 것이어서 … 이 사건 미국판결에는 비록 징벌적 배상이 명시적으로 언급되어 있지는 아니하다 하더라도 그 배상액의 결정에 있어서 잠재적으로 이에 대한 고려가 내포되어 있다고 볼 여지가 있다 할 것인바, 이러한 경우에는 헌법상의 법치국가원리로부터 파생되어 민사법질서에 있어서도 그대로 타당하다고 할 수 있는 이른바 비례의 원칙을 적용하여 **우리 나라 손해배상법에서의 기준에 비추어 볼 때 비정상적으로 고액이라고 보이는 부분 전부를 승인하지 아니하고 우리 나라에서 인정될 만한 상당한 금액을 현저히 초과하는 부분에 한하여는 우리 나라의 공서양속에 반한다고 보아 승인을 제한할 수 있다고 보는 것이 상당하다** 할 것이다.

(나) 위와 같은 관점에서 출발하여 결론적으로 외국판결의 승인 여부를 판단함에 있어서는 우리나라 실질사법적 정의의 보호측면에서, 집행될 내용 및 당해 사안과 우리 나라와의 관련성 등으로부터 보아 당해 외국판결의 집행을

용인하는 것이 우리 나라의 사회통념 내지 법감정상 도저히 참을 수 없는 가혹한 결과를 가져오지는 않는지 여부 등 제반 요소를 참작하고 이들과 함께 민사소송법 제477조 제1항 이 규정하는 실질심사 금지의 원칙을 관철하여 국가간 파행적 법률관계의 발생을 억제하고 법적 안정성을 기함으로써 외국판결의 존중이라는 승인제도 본래의 취지를 살린다는 측면을 상호 비교형량하여 구체적, 개별적으로 타당한 결론을 도출함이 상당하다 할 것인바, 이러한 측면에서 볼 때 이 사건 미국판결은 그 인정된 손해배상액의 1/2의 한도로 승인을 제한함이 상당하다 할 것이다.

바. 파양 불인정 국가 사례 1: 서울가법 1992. 4. 23. 선고 91드63419 판결

… 이 사건 파양에 적용될 준거법은 섭외사법 제21조 제2항, 제2조 제3항에 의하여 양친인 피고의 본국법인 미합중국 오하이오주의 법률이라고 할 것이다.

그러나, 양친의 본국법인 위 오하이오주법에 의하면 파양제도가 인정되지 않기 때문에 위 법에 준거하는 한 어떠한 경우에도 원고와 피고는 파양을 할 수가 없다고 할 것인바, …이 사건과 같은 경우에까지 파양을 인정하지 않는다면 입양 이후 미합중국에 거주하고 있는 양부인 피고가 양자인 원고를 성년에 이르도록 부양하지 않았을 뿐만 아니라 한번도 상면하지 않는 등 피고의 원고에 대한 유기에 의하여 전혀 양친자로서의 실체를 갖고 있지 않은 양친자관계가 원고의 의사에 반하여 영속되어 장래 당사자 사이에 있어서 서로 예기하지도 않고 희망하지도 않는 상속, 부양 등과 같은 여러가지 법률관계가 발생하도록 하는 부당한 결과가 생길 수 있어 이는 **양자의 복지를 최우선으로 하는 양자제도의 취지에 비추어 출생 이래 대한민국에 거주하고 있고 장래에도 대한민국에서 생활하여야 할 양자인 원고의 복지에 합치하지 않는 것으로서 결국 대한민국의 선량한 풍속 기타 사회질서에 위반하는 것을 내용으로 하고 있다 할 것이므로**, 이 사건에 관하여는 섭외사법 제5조에 의하여 외국법으로서 양친의 본국법인 미합중국 오하이오주법을 적용하지 아니하고 **파양을 인정하는 법정지법인 우리나라 민법을 적용하기로 한다.**

사. 파양 불인정 국가 사례2: 서울가법 1990. 11. 28. 자 89드73468 심판

… 청구인은 대한민국 국민이고, 피청구인은 미합중국 테네시(Tennessee)주 태생의 미합중국 국민으로서 1977. 6. 4. 청구인이 피청구인의 양자로 입양된 사실을 인정할 수 있고 ….

우선 대한민국 국민인 청구인이 미합중국 국민인 피청구인을 상대로 파양을 구하는 이 사건에 적용될 준거법에 관하여 살펴보면, 섭외사법 제21조 제2항은 파양은 양친의 본국법에 의한다고 규정하고 있어 일응은 양친인 피청구인의 본국법인 미합중국 테네시주법이 이 사건에 적용될 준거법이 되나 위 법은 파양을 인정하지 아니하므로 위 법을 준거법으로 하는 이상 청구인과 피청구인간의 파양은 허용될 수 없는데 아래에서 보는 바와 같이 청구인은 자신이 피청구인의 양자로 입양된 사실은 알지 못하고 있었다가 최근에야 이를 알게 되었고 피청구인을 만난 사실도 없을 뿐 아니라 입양 이후 현재까지 피청구인은 청구인에게 아무런 소식도 전하지 아니하고 있는 등 양친으로서 청구인을 돌본 바도 전혀 없어 **청구인과 피청구인간에는 실질적인 양친자관계가 전혀 존재하지 아니하고 또한 양자인 청구인이 그 관계의 청산을 간절히 바라고 있음에도 미합중국 테네시주법을 적용하여 청구인에게 이러한 형식적인 양친자관계의 존속을 강요하는 것은 입양제도가 양자의 복지를 그 목적으로 하는 제도라는 점에 비추어 볼 때 선량한 풍속 기타 사회질서에 위반하는 것이라고 아니할 수 없으므로 섭외사법 제5조의 규정에 따라 이 사건에 대하여는 외국법인 양친의 본국법 즉 미합중국 테네시주법을 적용하지 아니하고 법정지법인 대한민국법을 적용함이 상당하다고 할 것이다.**

앞서 본 각 증거와 … 증언에 심리의 전취지를 종합하면, 청구인은 … 혼인외의 자인데 청구인이 8세가 되던 …. 송탄시 엔젤라보육원으로 보내져 그곳에서 성장한 사실, 청구인은 위 보육원을 나와 혼자서 생활하다가 …혼인신고를 하려고 호적을 열람해 보고서야 … 비로소 자신이 피청구인의 양자로 입양된 사실을 알게 되었는데, 청구인은 피청구인을 만난 사실도 없었을 뿐 아니라 피청구인이 누구인지도 아는 바 없고 다만 청구인이 위 보육원에 있을 때 보육원 원장에 의해서 입양되었을 것으로 짐작만 될 뿐인 사실을 각 인정할 수

있고 달리 반증없다.

아. 파양의 준거법: 서울가법 1989. 9. 22. 자 89드16588 심판

미합중국 국적의 루이주아나주 시민인 피청구인이 1976. 9. 13. 우리나라 국민인 청구인을 우리나라의 법률에 따라 입양한 사실을 인정할 수 있다…. 그런데 우리나라 국적을 가진 청구인이 미합중국 국적을 가진 피청구인을 상대로 제기한 이 사건 파양심판청구는 이른바 섭외적 법률관계에 속한 사건이라 할 것이므로 먼저 이 사건에 적용될 준거법 관하여 보건대, 섭외사법 제21조 제2항에 규정한 바에 의하면 파양은 양친의 본국법에 의하도록 되어 있어 이 사건 파양심판은 양친인 피청구인의 본국법인 미합중국의 법률에 따라야 할 것이고 특히 미합중국은 지방에 따라 법이 상이한 국가이므로 섭외사법 제2조 제3항에 의하여 피청구인이 속하는 루이아나주의 법률이 적용되어야 할 것이나, 한편 **미합중국의 경우 지방에 따라 다소 차이가 있으나 통상 입양의 요건을 엄격하게 제한하는 대신 입양을 계기로 양자와 친생부모와의 친자관계를 소멸시키고 양친자관계만을 존속시키므로 따로 파양제도를 두지 아니하고 있고 이와 같은 태도는 피청구인이 속하는 루이아나주에서도 동일하다고 보여지는바, 루이아나주의 법률에 따르는 한 청구인과 피청구인은 파양할 수 없으므로 양친자관계가 영속된다 할 것인데,** 뒤에 보는 바와 같이 **양친인 피청구인이 양자인 청구인을 유기한 행방을 감추어버리고 청구인은 생모인 청구외 1의 보호아래 양육되고 있는 이 사건의 경우 이미 허울만 남은 양친자관계를 존속시키는 것은 우리나라의 공서양속에 반하는 결과를 초래한다 할 것이므로 섭외사법 제5조의 규정에 따라 루이아나주의 법률을 적용하지 아니하고 파양의 준거법으로 우리나라 민법을 적용하기로 한다.**

자. 이혼의 준거법: 서울가법 1984. 2. 10. 자 83드209 제1부심판

청구인은 우리나라 국민이고, 피청구인은 미합중국에 주소를 둔 필립핀공화국 국적을 가진 자로서 미합중국 군대에 구성원이 되어 우리나라에서 근무하던 자인데 위 양인이 1981. 12. 28. 우리나라에서 우리법에 따른 혼인신고를 마치고 그 무렵부터 동거를 시작한 사실 및 피청구인은 그후 청구인에게 자기

가 먼저 미합중국에 돌아가서 청구인을 그곳으로 데려가도록 하는 절차를 밟겠다고 약속하고 1982. 5.초순경 단신 미합중국으로 떠나간 후 지금까지 생활비를 전혀 보내지 않은 것은 물론이고 소식마저 끊은채 혼인생활을 계속할 아무런 성의도 보이지 않고 있는 사실을 인정할 수 있다.

사실관계가 위와 같다면 본건 이혼에 관하여 우리나라 법원에 재판권이 있고 본원이 그 관할권을 가지고 있음은 명백하다고 할 것이어서 먼저 그 준거법에 관하여 보건대, **부의 본국법인 필립핀공화국의 민법은 이혼을 금지하고 있는 것으로 해석되며 반정도 인정되지 아니하므로 결국 부의 본국법인 필립핀공화국의 법률이 준거법으로 적용되어야 할 것이나 이를 고집한다면 청구인은 여하한 경우에도 피청구인과 이혼할 수 없다는 부당한 결론에 도달하게 되는바 우리의 법률이 협의 이혼은 물론 재판상 이혼도 비교적 넓게 인정하고 있는 취지에 비추어 볼 때 필립핀공화국의 이혼에 관한 위 법제도는 우리의 선량한 풍속이나 사회질서에 위반하는 것이라고 할 수밖에 없어서 본건에서는 우리의 섭외사법 제5조에 의하여 필립핀공화국의 법률을 적용하지 아니하고 우리나라 민법을 적용하기로 한다.**

다시 본건 이혼원인 사유를 판단하건대, 앞에서 인정한 사실에 의한 피청구인의 소위는 우리 민법 제840조 제2호가 정한 재판상 이혼사유에 해당하는 것이므로 이를 이유로 하는 청구인의 본건 이혼 심판청구는 정당하다 하여 이를 인용하기로 하고 심판절차 비용은 피청구인의 부담으로 하여 주문과 같이 심판한다.

차. 지연손해금: 대법원 1990. 4. 10. 선고 89다카20252 판결

뉴욕협약 제5조 제2항 나호에 의하면 중재판정의 승인이나 집행이 그 국가의 공공의 질서에 반하는 경우에는 집행국 법원은 중재판정의 승인과 집행을 거부할 수 있게 규정하고 있는바, 이는 중재판정이나 승인이 집행국의 기본적인 도덕적 신념과 사회질서를 보호하려는데 그 취지가 있다 할 것이므로 그 판단에 있어서는 국내적인 사정뿐만 아니라 국제적 거래질서의 안정이라는 측면도 함께 고려하여 제한적으로 해석하여야 할 것이다.

논지는 이 사건 중재판정에 있어서 피고가 불출석한 채 원고의 일방적인

출석으로 심리를 종결하였고, 중재법원은 피고가 원고에게 배상할 금액을 결정함에 있어서 논리와 합리적 고려를 도외시함으로써 당초의 매매대금보다 더 큰 배상금액을 인정하였을 뿐 아니라 그 지연이자 계산에 있어서도 뚜렷한 근거없이 준거법인 영국의 법정이율로 하지 아니하고 고율인 미국의 우대금리를 적용하였으며, 중재판정문에 이유를 붙이지 아니하였으니 위 중재판정의 승인이나 집행은 대한민국의 공공질서(이자에 관한 법질서)에 반하므로 원심으로서는 그 승인을 거부하였어야 할 것임에도 불구하고 이 점에 관한 피고의 주장을 제대로 판단하지 아니한 채 위 중재판정을 승인함으로써 판단을 유탈하여 이유를 갖추지 못하고 뉴욕협약 제5조 제2항 나호의 법리를 오해한 위법을 저질렀다는 것이다.

기록에 의하여 살펴보면, 원심의 판단에는 위와 같은 주장을 배척한 취지가 포함되어 있다고 볼 수 있고, 이 사건 중재절차에 있어서 통지에 관한 특약이 우리나라의 법 원리에 반한다고 볼 수 없는 이상, 앞에서 본 바와 같이, 설시의 사유로 피고가 참석하지 못한 가운데 이 사건 중재판정이 내려졌다 하여 그 집행이 우리나라의 공공질서에 반하는 것은 아니며, 중재법원이 인정한 배상금액에 관한 집행이 우리나라의 공공질서에 반한다고 볼 근거가 없고, 한편 국제 상거래에 있어서 일방당사자의 채무불이행에 관하여는 일반적으로 승인된 적절한 국제금리에 따른 지연손해금의 지급을 명함이 관행이라 할 것인데 영국 런던중재법원이 피고에 대하여 일반적으로 적용되는 국제금리인 미국은행 우대금리(그 최고이율도 연 2할 5리로서 우리나라 이자제한법의 제한범위내이다)에 따른 지연손해금의 지급을 명한 것은 상당하고, 중재판정서에 자세한 이유기재가 없다 하더라도 그것만으로는 우리나라의 공공질서에 반한다고 볼 수 없으니 같은 취지의 원심판단은 정당하고 이 점에 관한 위 논지는 모두 이유없다.

카. 소송신탁: 서울고법 1989. 5. 15. 선고 88나44126 판결

… 위 보험계약의 준거법인 영국의 해상보험법(Marine Insurance Act. 1906) 제79조 제2항에 의하면 "보험자가 분손(a partial loss)에 대하여 보험금을 지급한 경우 보험자는 보험의 목적에 대한 권리 또는 잔존할 수 있는 부분의 보험목적에 대한 권리를 취득할 수 없으나, 피보험자가 본법에 따라 보상받을 한도

내에서 손해를 일으킨 사고의 발생시부터 보험의 목적에 존재하며 또 보험의 목적에 관련한 피보험자의 일체의 권리와 구제수단에 대위한다"고 규정되어 있는 바, 이 경우 보험자는 위와 같은 대위권에 기하여 그 자신의 이름으로 소송을 수행할 수 없고 다만 손해를 보상받은 피보험자가 보험자의 위와 같은 권한행사를 위하여 행하는 소송에 있어서 자신의 이름을 빌려주고 필요한 모든 협조를 다하여야 할 의무가 있는 것으로 해석되며, 보험자가 자신의 이름으로 소송을 수행하기 위하여서는 영국의 재산법(The Law of property act, 1925) 제136조의 규정에 따라 피보험자의 소권을 양도받아야 하는데 이 경우 소권의 양도는 서면에 의하여 이루어져야 하고 채무자에 대한 명시적인 서면통지가 있어야 하며, 이와 같은 권리의 양도는 통지가 행하여진 날로부터 유효할 뿐 소급효가 없는 것으로 해석되고 있는바, 원고가 1987. 5. 17. 위 헌터 플라이우드로부터 그가 피고에 대하여 갖는 위 손해배상청구권을 서면으로 양도받은 사실은 앞서 인정과 같으나 원고는 이 사건 소송제기시인 1987. 6. 17.까지 위 양도사실을 피고에게 통지하지 아니하였음을 자인하면서 이 사건 제3차 변론기일인 1987. 12. 9.에야 비로소 위 갑 제8호증을 피고에게 제시함으로써 서면통지를 한다고 주장하고 있으므로 결국 이 사건 소송제기시에는 원고가 위 헌터 플라이우드의 피고에 대한 위 손해배상청구권을 원고명의로 행사할 수 있는 권한이 없었다 할 것이어서 위 손해배상청구권은 1987. 6. 18. 소멸하였다 할 것이다.

이에 대하여 원고는, 첫째 **영국법상 보험자가 피보험자에게 보험금을 지급한 후에도 피보험자의 권리를 보험자명의로 행사할 수 없는 것으로 되어 있는 것은 영국에서 일반적으로 소송신탁이 유효하게 행하여지기 때문인데 우리나라에서는 소송신탁은 신탁법에 의하여 금지되어 있으므로 위와 같은 영국법의 법리는 우리나라의 선량한 풍속, 기타 사회질서에 반하는 것으로서 섭외사법 제5조의 규정에 의하여 이 사건에서 적용될 수 없는 것이라고 주장하나 위와 같은 영국법의 법리가 섭외사법 제5조에 규정된 선량한 풍속, 기타 사회질서에 반하는 것이라고는 볼 수 없으므로** 원고의 위 주장은 이유없다 할 것이다 ….

Ⅲ. 국제재판관할권

1. 국제사법의 목적 중 하나로서 국제재판관할권 원칙

우리 국제사법은 준거법을 정하는 규정 외에 국제재판관할권에 관한 원칙에 관한 규정을 포함하고 있는 것이 특징이다. 국제사법 제1조는 국제사법의 목적으로 외국적 요소가 있는 법률관계에 관하여 국제재판관할권에 관한 원칙과 준거법을 정함을 목적으로 한다(국제사법 제1조)고 규정하고 있다. 국제재판관할권에 관한 원칙 결정을 국제사법의 목적에 추가한 것은 2001. 4. 7. 섭외사법을 국제사법으로 개정하면서 된 것이며, 개정전에는 섭외적 생활관계에 관한 준거법을 정하는 것만을 목적으로 하고 있었다.[51] 국제재판관할권 문제는 민사소송법상 내국 관할권의 확장적 적용문제인 long arm jurisdiction의 문제로 보아 민사소송법에서 다루는 국가도 있으나,[52] 우리나라는 이를 국제사법상의 문제로 보아 국제사법의 목적 중의 하나로 규정하고 있다.

2. 국제재판관할권 원칙

국제재판관할권에 관한 직접적인 규정은 국제사법 제2조에 규정되어 있다. 법원은 당사자 또는 분쟁이 된 사안이 대한민국과 실질적 관련이 있는 경우에 국제재판관할권을 가진다. 이 경우 법원은 실질적 관련의 유무를 판단함에 있어 국제재판관할 배분의 이념에 부합하는 합리적인 원칙에 따라야 한다(국제사

51) 개정전 법률(섭외사법, 법률 제966호, 1962. 1. 15. 제정) 제1조(목적) 본법은 대한민국에 있어서의 외국인 및 외국에 있어서의 대한민국 국민의 섭외적 생활관계에 관하여 준거법을 정함을 목적으로 한다.

52) 미국 판례에서는 내국 또는 각주 법원의 인적 관할권의 확장 요건으로서 최소관련성(minimum contact)이 요구된다. 최소관련성 요건을 충족시키기 위해서 '상업적 유통경로의 이용(Stream of Commerce)'으로 충분한지 아니면 '목적적 이용행위(Purposeful Availment)'까지 필요한지에 대해서 주법원 판례에서 상반된 판결이 나오자, 연방대법원은 Asahi Metal Industry Co. v. Superior Court, 480 U.S. 102 (1987)에서 미국 헌법상 적법절차(due process of law)의 요건을 만족시키기 위해서는 Purposeful Availment가 필요하다고 판시하였다.

법 제2조 제1항). 법원은 국내법의 관할 규정을 참작하여 국제재판관할권의 유무를 판단하되, 제1항의 규정의 취지에 비추어 국제재판관할의 특수성을 충분히 고려하여야 한다(국제사법 제2조 제2항).

국제사법 제2조 제1항은 대한민국이 국제재판관할권을 갖는 경우의 기준으로 '대한민국과 실질적 관련이 있는 경우'를 규정하고 있는데, 이는 추상적인 기준으로 제시된 것이어서 구체적으로 어떤 경우가 실질적 관련이 있는 경우인지는 구체적인 판례 등에 의하여 해석되어야 할 문제이다.

'실질적 관련성'은 우리나라 법원이 재판관할권을 행사하는 것을 정당화할 수 있을 정도로 당사자 또는 분쟁 대상이 우리나라와 관련성을 갖는 것을 의미하며, 구체적 인정여부는 법원이 개별 사건에서 종합적인 사정을 고려하여 판단하게 될 것인데, 일차적으로는 국내법상 토지관할 규정을 참작하되 국제재판관할의 특수성을 함께 고려하여야 할 것이다.[53]

이러한 원칙 규정만을 둔 이유는 국내에서 "국제관할권에 관한 이론 발전이 충분히 이루어지지 않았고, 국재재판관할에 관한 전세계적인 협약이 성안 중에 있는 단계에서 국내법에 완결된 내용을 두기는 어렵기 때문에 과도기적인 조치로 종래 대법원 판례(1992. 7. 28. 선고 91다41897 판결, 1995. 11. 21. 선고 93다39607 판결 등)가 취해온 입장을 반영하여 국제사법 총칙에는 국제재판관할권에 관한 일반원칙만을 규정하고, 각칙인 채권의 장에서 사회, 경제적 약자인 소비자와 근로자를 보호하기 위한 국제재판관할에 관한 개별조항을"[54] 규정하였기 때문이다. 국제사법은 국제재판관할권에 대해서 추상적인 원칙 규정만을 두고 있으므로, 실제 적용사례를 이해하기 위해서는 국제재판관할권에 관한 판례를 참고하는 것이 매우 중요하다.

판례에서는 당사자의 일방이 내국인인 경우뿐만 아니라, 외국인간의 소송이나 재외동포간의 소송에 대해서도 대한민국과 실질적 관련성을 인정하여 국제재판관할권을 인정한 사례들도 있다.[55]

---

53) 법무부, 전게서, 24－25면.

54) 상게서, 23면.

55) 예컨대, 본국에 주소를 둔 재외동포 甲이 일본국에 주소를 둔 재외동포 乙을 상대로 3건의 대여금채무에 대한 변제를 구하는 소를 대한민국 법원에 제기한 사안에서, 3건의

3. 국제재판관할권 관련 판례

각종 유형의 소송과 관련된 아래 판례에서, 법원은 국제관할권 인정과 판단의 구체적 기준을 제시하고 있다.

(1) 국제재판관할권 결정원칙

가. 대법원 2005. 1. 27. 선고 2002다59788 판결

국제재판관할을 결정함에 있어서는 당사자 간의 공평, 재판의 적정, 신속 및 경제를 기한다는 기본이념에 따라야 할 것이고, **구체적으로는 소송당사자들의 공평, 편의 그리고 예측가능성과 같은 개인적인 이익뿐만 아니라 재판의 적정, 신속, 효율 및 판결의 실효성 등과 같은 법원 내지 국가의 이익도 함께 고려하여야 할 것이며, 이러한 다양한 이익 중 어떠한 이익을 보호할 필요가 있을지 여부는 개별 사건에서 법정지와 당사자와의 실질적 관련성 및 법정지와 분쟁이 된 사안과의 실질적 관련성을 객관적인 기준으로 삼아 합리적으로 판단하여야 할 것이다.** …이 사건 소송은 강제적 행정절차 및 그 절차규정에 따라 도메인 이름을 이전하라는 행정패널의 판정이 내려진 이후 도메인 이름의 선등록자가 그 등록자 명의를 되찾는 것을 주목적으로 제기한 것인 바, … 이 사건에서 도메인 이름의 선등록자인 원고는 행정패널의 판정이 내려져 집행되기 이전까지는 대한민국 내의 자신의 주소지를 사업 중심지로 삼아 회원들에게 이 사건 도메인 이름을 포함한 여러 도메인 이름들을 이메일 주소용으로 사용할 수 있도록 제공하는 서비스업을 영위하면서 도메인 이름을 사용하고 있

대여금 청구 중 2건은 분쟁이 된 사안과 대한민국 사이에 실질적 관련성이 있어 대한민국 법원에 국제재판관할권이 인정되고, 나머지 1건도 당사자 또는 분쟁이 된 사안과 법정지인 대한민국 사이에 실질적 관련성이 있다고 볼 수는 없지만 변론관할에 의하여 대한민국 법원에 국제재판관할권이 생겼다고 봄이 타당하다고 한 사례가 있다(대법원 2014. 4. 10. 선고 2012다7571 판결). 또한 우리나라에서 발생한 외국항공기의 불시착 사고와 관련하여, 사망한 항공기 외국인승무원의 유가족인 외국인이 그 외국항공사를 상대로 제기한 손해청구 소송에서 법원은 대한민국과의 실질적 관련성을 인정하여 대한민국 법원에 국제재판관할권이 있다고 판단하였다(대법원 2010. 7. 15. 선고 2010다18355 판결).

없고, 그 웹사이트의 주된 이용언어는 한국어이었으며 그 주된 서비스권역 역시 대한민국이었던 것으로 보여지며, 도메인 이름에 대한 이전 판정으로 인하여 영업상의 손해가 발생한 곳 역시 원고의 사업본거지이므로, 과연 그러한 이용행위가 침해행위인지 여부 및 손해의 유무를 판정하기 위한 증거들은 모두 대한민국에 소재한다고 보여지고, 따라서 분쟁이 된 사안과 대한민국 사이에 대한민국 법원이 재판관할권을 행사하는 것을 정당화할 수 있을 정도로 실질적 관련성이 있다 할 것이다.

… 피고가 해결정책에 따른 판정을 신청할 당시에 원고의 주소지를 중심지로 하는 영업에 영향을 미치게 된다는 점을 충분히 알 수 있었을 것이므로 자신이 지정한 상호관할지 법원 이외에 대한민국 법원에 소송이 제기될 가능성을 충분히 예견할 수도 있었다 할 것이다.

… 재판관할이라는 것은 얼마든지 중첩적으로 인정될 수 있는 것이고, 위와 같은 분쟁의 실질적인 내용 기타 기록상 인정되는 제반 사정에 비추어 볼 때 대한민국이 이 사건 분쟁에 관하여 국제재판관할을 행사하기에 현저히 부적절한 법정지국이라고 인정되지도 아니한다.

또한, … 위 절차규정에 따라 선택된 상호관할법원을 당해 도메인 이름을 둘러싼 분쟁에 관한 전속적 관할로 하는 내용의 합의가 성립하게 된다고 해석할 수는 없고, 단지 행정패널에 의한 판정에 불복을 구하는 등록자가 신청자에 의하여 선택된 상호관할지 법원이 아닌 다른 법원에 제소하는 경우 그 불복을 구하는 판정의 집행을 정지시킬 기회를 상실한다는 효과가 있을 뿐이며, …, 이러한 법리에 따를 때 이 사건의 경우에도 상호관할지 법원 중 피고가 선택한 등록기관 소재지 법원을 전속관할로 하는 합의가 성립되었다고 볼 수는 없고, 따라서 상호관할에 관한 해결정책 및 절차규정의 조항들이 대한민국 법원에 국제재판관할권이 있다고 인정하는 데에 방해가 되는 것도 아니다.

나. 대법원 2014. 4. 10. 선고 2012다7571 판결

국제사법 제2조가 제1항에서 "법원은 당사자 또는 분쟁이 된 사안이 대한민국과 실질적 관련이 있는 경우에 국제재판관할권을 가진다. 이 경우 법원은 실질적 관련의 유무를 판단함에 있어 국제재판관할 배분의 이념에 부합하는

합리적인 원칙에 따라야 한다"고 규정하고, 이어 제2항에서 "법원은 국내법의 관할 규정을 참작하여 국제재판관할권의 유무를 판단하되, 제1항의 규정의 취지에 비추어 국제재판관할의 특수성을 충분히 고려하여야 한다"고 규정하고 있으므로, 당사자 간의 공평, 재판의 적정, 신속 및 경제를 기한다는 기본이념에 따라 국제재판관할을 결정하여야 한다. 구체적으로는 소송당사자들의 공평, 편의 그리고 예측가능성과 같은 개인적인 이익뿐만 아니라 재판의 적정, 신속, 효율 및 판결의 실효성 등과 같은 법원 내지 국가의 이익도 함께 고려하여야 하며, 이러한 다양한 이익 중 어떠한 이익을 보호할 필요가 있는지는 개별 사건에서 법정지와 당사자의 실질적 관련성 및 법정지와 분쟁이 된 사안과의 실질적 관련성을 객관적인 기준으로 삼아 합리적으로 판단하여야 한다.

다. 대법원 1995. 11. 21. 선고 93다39607 판결

… 섭외사건의 국제 재판관할에 관하여 일반적으로 승인된 국제법상의 원칙이 아직 확립되어 있지 아니하고 이에 관한 우리 나라의 성문법규도 없는 이상, **섭외사건에 관한 외국 법원의 재판관할권 유무는 당사자간의 공평, 재판의 적정, 신속을 기한다는 기본이념에 따라 조리에 의하여 결정함이 상당하고, 이 경우 우리 나라의 민사소송법의 토지관할에 관한 규정 또한 그 기본이념에 따라 제정된 것이므로, 그 규정에 의한 재판적이 외국에 있을 때에는 이에 따라 외국 법원에서 심리하는 것이 조리에 반한다는 특별한 사정이 없는 한 그 외국 법원에 재판관할권이 있다고 봄이 상당하다**….

라. 대법원 2019. 6. 13. 선고 2016다33752 판결

국제사법 제2조 제2항은… 제1항에서 정한 실질적 관련성을 판단하는 구체적 기준 또는 방법으로 국내법의 관할 규정을 제시한다. … **민사소송법 관할 규정은 국제재판관할권을 판단하는 데 가장 중요한 판단 기준으로 작용한다.** 다만 이러한 관할 규정은 국내적 관점에서 마련된 재판적에 관한 규정이므로 국제재판관할권을 판단할 때에는 국제재판관할의 특수성을 고려하여 국제재판관할 배분의 이념에 부합하도록 수정하여 적용해야 하는 경우도 있다. …**국제재판관할에서도 피고의 주소지는 생활관계의 중심적 장소로서 중요한 고려요**

소이다. 국제재판관할에서 특별관할을 고려하는 것은 분쟁이 된 사안과 실질적 관련이 있는 국가의 관할권을 인정하기 위한 것이다. …. **그러나 그 재산이 우연히 대한민국에 있는 경우까지 무조건 국제재판관할권을 인정하는 것은 피고에게 현저한 불이익이 발생할 수 있다.** 따라서 원고의 청구가 피고의 재산과 직접적인 관련이 없는 경우에는 그 재산이 대한민국에 있게 된 경위, 재산의 가액, 원고의 권리구제 필요성과 판결의 실효성 등을 고려하여 국제재판관할권을 판단해야 한다. … **예측가능성은 피고와 법정지 사이에 상당한 관련이 있어서 법정지 법원에 소가 제기되는 것에 대하여 합리적으로 예견할 수 있었는지를 기준으로 판단해야 한다…. 국제재판관할권은 배타적인 것이 아니라 병존할 수도 있다.** 지리, 언어, 통신의 편의 측면에서 다른 나라 법원이 대한민국 법원보다 더 편리하다는 것만으로 대한민국 법원의 재판관할권을 쉽게 부정할 수는 없다.

마. 대법원 2021. 2. 4. 선고 2017므12552 판결

국제재판관할권에 관한 국제사법 제2조는 가사사건에도 마찬가지로 적용된다. 따라서 가사사건에 대하여 대한민국 법원이 재판관할권을 가지려면 대한민국이 해당 사건의 당사자 또는 분쟁이 된 사안과 실질적 관련이 있어야 한다…. 그런데 가사사건은 일반 민사사건과 달리 공동생활의 근간이 되는 가족과 친족이라는 신분관계에 관한 사건이거나 신분관계와 밀접하게 관련된 재산, 권리, 그 밖의 법률관계에 관한 사건으로서 사회생활의 기본토대에 중대한 영향을 미친다. **가사사건에서는 피고의 방어권 보장뿐만 아니라 해당 쟁점에 대한 재판의 적정과 능률, 당사자의 정당한 이익 보호, 가족제도와 사회질서의 유지 등 공적 가치를 가지는 요소도 고려할 필요가 있다.** 따라서 가사사건에서 '실질적 관련의 유무'는 국내법의 관할 규정뿐만 아니라 당사자의 국적이나 주소 또는 상거소(常居所), 분쟁의 원인이 되는 사실관계가 이루어진 장소(예를 들어 혼인의 취소나 이혼 사유가 발생한 장소, 자녀의 양육권이 문제되는 경우 자녀가 생활하는 곳, 재산분할이 주요 쟁점인 경우 해당 재산의 소재지 등), 해당 사건에 적용되는 준거법, 사건 관련 자료(증인이나 물적 증거, 준거법 해석과 적용을 위한 자료, 그 밖의 소송자료 등) 수집의 용이성, 당사자들 소송 수행의 편의와 권익보호의 필요성,

판결의 실효성 등을 종합적으로 고려하여 판단하여야 한다. …

재판상 이혼과 같은 혼인관계를 다투는 사건에서 대한민국에 당사자들의 국적이나 주소가 없어 대한민국 법원에 국내법의 관할 규정에 따른 관할이 인정되기 어려운 경우라도 이혼청구의 주요 원인이 된 사실관계가 대한민국에서 형성되었고(부부의 국적이나 주소가 해외에 있더라도 부부의 한 쪽이 대한민국에 상당 기간 체류함으로써 부부의 별거상태가 형성되는 경우 등) **이혼과 함께 청구된 재산분할사건에서 대한민국에 있는 재산이 재산분할대상인지 여부가 첨예하게 다투어지고 있다면, 피고의 예측가능성, 당사자의 권리구제, 해당 쟁점의 심리 편의와 판결의 실효성 차원에서 대한민국과 해당 사안 간의 실질적 관련성을 인정할 여지가 크다.**

나아가 피고가 소장 부본을 적법하게 송달받고 실제 적극적으로 응소하였다면 이러한 사정은 대한민국 법원에 관할권을 인정하는 데 긍정적으로 고려할 수 있다.

(2) 제한적 주권면제이론에 따른 국제재판관할권

가. 대법원 1998. 12. 17. 선고 97다39216 전원합의체 판결

… 국제관습법에 의하면 국가의 주권적 행위는 다른 국가의 재판권으로부터 면제되는 것이 원칙이라 할 것이나, **국가의 사법적**(私法的) **행위까지 다른 국가의 재판권으로부터 면제된다는 것이 오늘날의 국제법이나 국제관례라고 할 수 없다.** 따라서 우리 나라의 영토 내에서 행하여진 외국의 사법적 행위가 주권적 활동에 속하는 것이거나 이와 밀접한 관련이 있어서 이에 대한 재판권의 행사가 외국의 주권적 활동에 대한 부당한 간섭이 될 우려가 있다는 등의 특별한 사정이 없는 한, 외국의 사법적 행위에 대하여는 당해 국가를 피고로 하여 우리 나라의 법원이 재판권을 행사할 수 있다고 할 것이다.

나. 서울민사지법 1994. 6. 22. 선고 90가합4223 판결

… 피고는 국제법의 일반적인 주권면제원칙에 의하여 피고 정부기관 및 그 산하기관들은 대한민국 법원의 재판권으로부터 면제된다는 취지의 주장을 하므

로… 과연 당원이 피고에 대하여 재판권을 가지는지 여부에 관하여 본다.

살피건대, **외국국가 혹은 외국기관의 행위는 언제나 국내법원의 재판권으로부터 면제되는 것은 아니고, 그 행위의 성질에 비추어 주권적, 공법적 행위가 아닌 사경제적 또는 상업활동적 행위에 관하여는 국내법원의 재판권으로부터 면제되지 아니하고 이에 복종하여야 한다**고 할 것인데 … 원고의 이 사건 청구가 원 · 피고 사이의 부동산임대차계약을 둘러싼 피고의 불법행위 혹은 계약상 과실을 원인으로 한 금원지급청구로서 그 행위가 사경제적 또는 상업활동적 성질을 가지고 있는 이 사건에 있어 피고는 국내법원의 재판권으로부터 면제되지 아니한다고 할 것이고 따라서 당원은 피고에 대하여 재판권을 가진다고 할 것이므로 피고의 위 주장은 이유 없다…

(3) 외국법인의 국내 영업소등 보통재판적에 의한 관할권

대법원 2000. 6. 9. 선고 98다35037 판결

…우리 민사소송법 제4조는 제1항에서 법인 등의 보통재판적은 그 주된 사무소 또는 영업소에 의하고 사무소와 영업소가 없는 때에는 그 주된 업무담당자의 주소에 의할 것을 규정하고, 제2항에서 제1항의 규정은 외국법인 등의 보통재판적에 관하여 대한민국에 있는 사무소, 영업소 또는 업무담당자의 주소에 적용됨을 정하고 있는바, 위 **민사소송법의 규정에 의하면 외국법인 등이 대한민국 내에 사무소, 영업소 또는 업무담당자의 주소를 가지고 있는 경우에는 그 사무소 등에 보통재판적이 인정된다고 할 것이므로,** 증거수집의 용이성이나 소송수행의 부담 정도 등 구체적인 제반 사정을 고려하여 그 응소를 강제하는 것이 앞서 본 민사소송의 이념에 비추어 보아 심히 부당한 결과에 이르게 되는 특별한 사정이 없는 한, **원칙적으로 그 분쟁이 외국법인의 대한민국 지점의 영업에 관한 것이 아니라 하더라도 우리 법원의 관할권을 인정하는 것이 조리에 맞는다** 할 것이다…

(4) 외국인간 이혼, 친권지정 및 양육자 지정에 대한 재판관할권

대법원 2006. 5. 26. 선고 2005므884 판결

미합중국 미주리 주에 법률상 주소를 두고 있는 **미합중국 국적의 남자**(원고)가 대한민국 국적의 여자(피고)와 대한민국에서 혼인 후, **미합중국 국적을 취득한 피고**와 거주기한을 정하지 아니하고 대한민국에 거주하다가 피고를 상대로 이혼, 친권자 및 양육자지정 등을 청구한 사안에서…

원 · 피고는 거주기한을 정하지 아니하고 대한민국에 거주하고 있으므로 쌍방 모두 대한민국에 상거소(常居所)를 가지고 있다고 할 수 있고, 여기에 그 혼인이 대한민국에서 성립되었고 그 혼인생활의 대부분이 대한민국에서 형성되었다는 점까지 고려한다면, **이 사건 이혼청구 등은 대한민국과 실질적 관련이 있다고 볼 수 있으므로 국제사법 제2조 제1항의 규정에 의하여 대한민국 법원은 이 사건에 대하여 재판관할권을 가진다고 할 수 있다**. 한편, 이혼 등에 관한 미주리 주의 법률 …의 관련 규정들…, 미주리 주의 주법원 판결…, 미국 연방대법원 및 각 주법원의 관련 판결들 및 학설 등에 근거하여 일반적으로 승인되어 있는 이혼에 관한 미국 국제사법의 일반원칙…을 종합하여 보면, 원 · 피고는 늦어도 원고가 미군 복무를 마친 다음 그 자유의지에 따라서 피고 및 사건본인들과 함께 대한민국에 정착한 시점부터는 선택에 의한 주소(domicile of choice)를 대한민국에 형성하였다고 볼 수 있고, 여기에 피고가 이 사건 소장 부본을 적법하게 송달받고 적극적으로 응소하였다는 점까지 고려한다면, 원 · 피고의 본국법인 동시에 종전 주소지를 관할하는 미주리 주의 법에 비추어 대물 소송(in rem)에 해당하는 이 사건 이혼청구와 대인 소송(in personam)에 해당하는 이 사건 친권자 및 양육자지정 청구 등에 대하여 모두 대한민국 법원이 재판관할권을 행사하는 것은 정당하다고 볼 수 있으므로, **결국 국제사법 제2조 제2항에 규정된 '국제재판관할의 특수성'을 충분히 고려하더라도 이 사건에 대한 대한민국 법원의 재판관할권 행사에는 아무런 문제가 없다**.

(5) 전속적 국제관할합의

가. 외국법원 전속적 관할합의의 유효 요건: 대법원 1997. 9. 9. 선고 96다20093 판결

… 대한민국 법원의 관할을 배제하고 외국의 법원을 관할법원으로 하는 전속적인 국제관할의 합의가 유효하기 위하여는, **당해 사건이 대한민국 법원의 전속관할에 속하지 아니하고, 지정된 외국법원이 그 외국법상 당해 사건에 대하여 관할권을 가져야 하는 외에, 당해 사건이 그 외국법원에 대하여 합리적인 관련성을 가질 것이 요구된다고 할 것이고, 한편 전속적인 관할 합의가 현저하게 불합리하고 불공정한 경우에는 그 관할 합의는 공서양속에 반하는 법률행위에 해당하는 점에서도 무효라 할 것이다.**

이 사건이 미합중국 뉴욕주법원과 관련성을 갖는다고 볼 만한 점은, 피고가 뉴욕주에도 영업소(지점)를 가지고 있다는 점과 피고를 위하여 운송물 인도업무를 담당하였다가 운송물을 멸실시킨 보세창고업자가 미국인이고 그 운송물이 멸실된 곳이 미합중국의 텍사스주라는 것 정도라 할 것인데, 한편 원고와 피고는 모두 대한민국에 주된 사무소를 두고 대표자 및 사원들이 한국인들로 구성된 대한민국의 법인인데다가, 운송물의 목적지는 텍사스주로서 뉴욕주와는 전혀 관련이 없고, 운송물이 멸실된 경위에 관하여 원 · 피고 사이에 전혀 다툼이 없어서 이 사건의 심리에 필요한 중요한 증거방법은 모두 대한민국 내에 있는 한국인 증인들이거나 문서들이며, 운송인의 책임 범위나 면책 요건에 관한 미합중국의 법이 대한민국의 법보다 운송인인 피고에게 더 유리하다고 볼 만한 자료도 없고, 그 밖에 이 사건 소송물의 가액이 극히 소액인 점 등에 비추어 보면, 뉴욕주법원에서 소송을 수행하는 것이 피고에게도 여러 가지로 불편할 뿐이므로, 이 사건 전속적 관할 합의는 사건이 그 지정된 외국법원에 대하여 합리적인 관련성을 결여함으로써 전속적 관할 합의가 유효 요건을 구비하지 못하여 무효라고 할 것이다….

나. 전속관할 약관 배제사례: 서울지법 1996. 2. 2. 선고 95가합 31060 판결

선하증권의 이면약관상 외국법원의 전속관할 규정에도 불구하고 불법행위자인 선박대리점과 피해자인 그 증권 매입은행이 국내법인이고 불법행위지도 국내라는 이유로, 그 약관 규정의 적용을 배제한 사례.

1. 본안전 항변에 대한 판단

중국의 운송업체인 소외 이에이에스 익스프레스 쉬핑 리미티드(EAS Express Shipping Ltd., 이하 소외 이에이에스라고 한다)의 국내 선박대리점인 피고가 위 이에이에스를 대리하여 소외 주식회사 삼청물산(이하 소외 삼청물산이라 한다)으로부터 운송을 인수하고 선하증권을 발행하면서 당시 위 삼청물산으로부터 인도받은 화물을 아직 선적하지 아니하였음에도 이를 선적하였다는 기재가 있는 선하증권을 발행함으로써 위 선하증권의 기재내용을 믿고 위 삼청물산으로부터 위 선하증권 등의 선적서류를 매입한 원고에게 손해를 입게 하였다고 주장하면서 피고에 대하여 불법행위에 기한 손해배상을 구하는 원고의 이 사건 소에 대하여, 피고는 위 선하증권의 이면 약관에 위 선하증권으로 인한 소송은 운송인의 본점이 있는 국가인 중국의 법원에서 하여야 한다는 취지의 관할규정이 있으므로, 중국이 아닌 대한민국의 법원에 제소한 원고의 이 사건 소는 부적법하여 각하되어야 한다고 항변한다.

살피건대, … 피고가 위 이에이에스를 대리하여 위 삼청물산에게 발행하여 준 선하증권의 이면약관에는 제3조에서 관할에 관하여 '이 선하증권으로 인한 어떠한 분쟁도 운송인의 본점이 있는 국가에서 결정되어야 한다.(Any dispute arising under this Bill of Lading shall be decided in the country where the carrier has his principal place of business…)'라고 규정하고 있고, 위 선하증권상의 운송인인 위 이에이에스의 본점이 있는 국가는 중국인 사실은 인정되나, **이와 같이 외국법인인 운송인의 선하증권에 이 선하증권으로 인한 소송은 특정 외국법원의 전속관할에 속한다는 규정이 있다고 하여도** 그의 국내 선박대리점인 피고가 국내에서 불법행위를 하였고, 그로 인하여 손해를 입었다고 주장하는 원고가 피고를 상대로 손해배상청구를 하는 경우까지 이 약관을 적용하기로 한 취지라고 해석할 수는 없을 뿐만 아니라, 나아가 원고의 피고에 대한 이 사건 청구는 선박대리점으로서의 불법행위를 원인으로 한 손해배상청구로서 그 원인사실이 발생한 곳이 국내이고, 따라서 그 준거법도 섭외사법 제13조의 규정에 따라 국내법이며, 원고와 피고가 모두 국내법인인 점과 이로 인한 재판절차의 편의와 집행의 실효성을 감안하더라도 **이 사건을 국내에서 재판하지 아니하고 운송인의 본점이 있는 외국 법원에서 재판하는 것은 오히려 불합리하다고 아니할 수 없어 위와 같은 약관 규정은 원고와 피고 사이에서는 그 효력이나 적용이 없다고 보는 것이 상당하므로,** 피고의 위 본안전 항변은 받아들이지 아니한다.

(6) 관할합의의 방식: 서울고등법원 2020. 6. 9. 선고 2019나2044652 판결

원고는, 이 사건 개발자 배포계약… 에 따른 전속적 국제재판관할합의(이하 '이 사건 관할합의'라 한다)는 민사소송법 제29조 제2항에서 정한 '서면에 의한 관할합의'가 아니므로 무효라고 주장한다….

그런데 관할합의의 방식에 관하여는 민사소송법 제29조 제2항이 국내 법원 간의 관할에 관하여 '관할의 합의는 서면으로 하여야 한다'고 정하고 있는바, 결국 전자적 방식으로 체결된 국제거래 계약에 포함된 전속적 국제재판관할합의가 유효한지 여부는 국제사법 제2조 제2항에 따라 위 민사소송법 규정을 참작하되 국제재판관할의 특수성을 충분히 고려하여 판단하여야 한다… **국제재판관할합의의 방식은 법정지법에 따라 판단할 사항으로서,** 이 사건 소송이 계속된 곳이자 관할이 배제된 법정지는 대한민국이다. 대한민국의 전자문서 및 전자거래 기본법은 제4조에서 "전자문서는 다른 법률에 특별한 규정이 있는 경우를 제외하고는 전자적 형태로 되어 있다는 이유로 문서로서의 효력이 부인되지 않는다."라고 정하고 있고, 민사소송 등에서의 전자문서 이용 등에 관한 법률은 제13조 제1항에서 전자문서에 대한 증거조사에 관하여 '문자 등에 관한 정보에 대한 증거조사는 전자문서를 모니터, 스크린 등을 이용하여 열람하는 방법으로 할 수 있다'고 명시함으로써 전자문서에 대한 증거조사 방법에 관하여 정하고 있다. 이러한 법률 규정들에 따라 전자문서는 민사소송법 제29조 제2항에 정한 관할합의에 필요한 서면요건을 구비한 것으로 봄이 타당하다.

(7) 제조물책임소송 관할권

가. 대법원 1995. 11. 21. 선고 93다39607 판결

섭외사건의 국제재판관할에 관하여 일반적으로 승인된 국제법상의 원칙이 아직 확립되어 있지 아니하고, 이에 관한 우리 나라의 성문법규도 없는 이상 섭외사건에 관한 외국 법원의 재판관할권 유무는 당사자간의 공평, 재판의 적정, 신속을 기한다는 기본이념에 따라 조리에 의하여 이를 결정함이 상당하다 할 것이고, 이 경우 우리 나라의 민사소송법의 토지관할에 관한 규정 또한 위 기본이념에 따라 제정된 것이므로 위 규정에 의한 재판적이 외국에 있을 때에는 이에 따라 외국 법원에서 심리하는 것이 조리에 반한다는 특별한 사정이 없는 한 그 외국 법원에 재판관할권이 있다고 봄이 상당하다고 할 것이며 …, **특히 물품을 제조하여 판매하는 제조자의 불법행위로 인한 손해배상 책임에 관한 제조물책임 소송에 있어서 손해 발생지의 외국 법원에 국제재판관할권이 있는지 여부는 제조자가 당해 손해 발생지에서 사고가 발생하여 그 지역의 외국 법원에 제소될 것임을 합리적으로 예견할 수 있을 정도로 제조자와 손해 발생지와의 사이에 실질적 관련이 있는지 여부에 따라 결정함이 조리상 상당하다고 할 것이고, 이와 같은 실질적 관련을 판단함에 있어서는 예컨대 당해 손해 발생지의 시장을 위한 제품의 디자인, 그 지역에서의 상품광고, 그 지역 고객들을 위한 정기적인 구매상담, 그 지역 내에서의 판매대리점 개설 등과 같이 당해 손해 발생지 내에서의 거래에 따른 이익을 향유하려는 제조자의 의도적인 행위가 있었는지 여부가 고려될 수 있을 것이다.**

기록에 의하면, 피고 회사는 미합중국 플로리다주에 주소나 영업소를 두지 아니하고 단지 같은 주에 본점이 있는 원고 메츠사에게 1981년 이후 수년간 무선전화기를 판매하여 왔을 뿐임이 명백한바, 이러한 사정만으로는 피고가 자신이 제조한 상품의 하자로 인한 사고가 위 플로리다주에서 발생하여 이에 관한 소송이 그 지역의 외국법원에 제소될 것임을 합리적으로 예견할 수 있을

정도로 피고 회사와 위 플로리다주와의 사이에 실질적 관련이 있다고 보기 어렵다 할 것이므로 손해 발생지인 위 플로리다주 법원에 국제재판관할권을 인정하지 아니함이 조리상 상당하다 할 것이다.

나. 대법원 2015. 2. 12. 선고 2012다21731 판결

제조물의 결함으로 인하여 발생한 손해를 배상한 제조물 공급자 등이 제조업자를 상대로 외국 법원에 구상금 청구 소송을 제기한 경우에도 제조업자가 그 외국 법원에 구상금 청구의 소를 제기당할 것임을 합리적으로 예견할 수 있을 정도로 제조업자와 그 법정지 사이에 실질적 관련성이 있는지를 고려하여야 한다.

… [제조업자] 드레코는 미국에 주소나 영업소, 판매대리점 등을 두지 않았고, 미국의 소비자에게 이 사건 압력밥솥에 관하여 상품광고나 구매상담 등의 영업활동을 하지 않았던 사실을 알 수 있다. … 이와 같은 사실관계를 앞서 본 법리에 따라 살펴보면, [제조업자] <u>드레코가 미국에 주소나 영업소, 판매대리점 등을 두거나 미국 소비자에게 이 사건 압력밥솥에 관하여 상품광고 또는 구매상담 등의 영업행위를 한 것이 전혀 없는 이상</u>, <u>단지 미국 뉴욕 주에 주소를 둔 에이씨에이에 2회에 걸쳐 이 사건 압력밥솥을 주문자상표부착방식으로 제작하여 수출하였고, 이 사건 압력밥솥의 결함으로 인해 손해를 입은 피해자 중 일부가 미국 뉴욕 주에 거주하고 있다는 사정만으로는</u>, 피고가 이 사건 뉴욕법원에 그 구상금 청구의 소를 제기당할 것임을 합리적으로 예견할 수 있을 정도로 피고와 미국 뉴욕 주 사이에 실질적 관련성이 있다고 보기 어렵다.

(8) 불법행위 관할권: 서울지법 동부지원 1995. 2. 10. 선고 93가합19069 판결

가. 재미교포로서 미합중국 미네소타주에 거주하던 원고(미국적과 한국적을 모두 보유하고 있다)는 1992. 4. 7. 같은 주 램지군 제2재판관할구 지방법원(이하 이 사건 미국법원이라 한다)에 … 피고를 상대로 한국유학생인 피고가 같은 해 3. 29. 같은 주 로즈빌시에 있는 피고의 아파트에서 원고를 폭행, 강간하였음을

이유로 이로 인한 정신적 고통, 치료비, 수입상실 기타 비용 등 미화 합계 금 50,000달러를 초과하는 합리적 손해의 배상을 구하는 손해배상청구의 소를 제기하였다.

나. 이에 관한 소장과 소환장은 같은 날 피고에게 교부송달의 방법에 의하여 송달되었는데 피고는 이에 대한 응소를 하지 아니한 채 같은 해 4. 23. 우리나라로 귀국하였고, 이에 원고는 같은 해 12. 7. 미국법원에 청구금액을 미화 금 500,000달러로 확정한 결석판결(Default Judgement)을 신청하였다.

다. 이에 따라 위 미국법원은 …결석판결명령에 의하여 피고가 원고를 폭행, 강간한 사실(이하 이 사건 불법행위라 한다)을 인정한 위에, 피고는 원고에게 이와 같은 행위로 인하여 발생한 신체적 및 심리적 상해로 인한 정신적 손해, 과거 및 장래의 임금상실, 기왕의 치료비 및 장래의 추가적 치료비 기타 비용 등 미화 합계 금 500,000달러의 손해를 배상하라는 판결…을 선고하였고, 이 판결은 … 미국법원 서기…에 의하여 등록(Entry)되었다.

2. 집행판결 요건에 관한 판단

외국법원에 의하여 선고된 판결이 우리 나라에서 승인되기 위하여는 먼저 위 판결이 확정되어 있어야 하는 이외에 민사소송법 제203조 각 호의 요건을 구비하고 있어야 하는바, 이하에서는 이 사건 미국판결이 위와 같은 요건을 구비하였는지 여부에 관하여 살펴보기로 한다. …

나. 재판관할권의 구비 여부(민사소송법 제203조 제1호)

(1) 당사자의 주장

(가) 피고의 주장

피고는, 외국법원의 재판관할권에 관하여는 민사소송법이나 섭외사법 등에 명문규정이 없고 이에 관한 조약도 없으므로 조리에 따라 판단하여야 하고, 국제민사소송법의 기본이념에 비추어 보면 섭외적 재산관계소송에 있어서는 피고의 불이익을 방지하기 위하여 피고주소지주의를 취함이 원칙이라 할 것인데, 이 사건의 경우 피고는 미국에서 소장 등을 송달받은 후 귀국하였고, 그 후 원고는 미국법원의 관할구역 안에 거주하지도 않는 피고를 상대로 결석판결을 신청, 이에 따라 판결이 선고되었는바, 이는 순간법칙(자발적으로 주의 경계 내에 있고 소장의 송달을 받았으면 설사 피고가 그 주에 일시적으로 체재한 경우라 하더라도 인적 관할권이 생기며 소장 송달을 받은 직후 주의 경계밖으로 퇴거해도 주가 관할권을 잃지 않는다는 원칙)을 채용한 결과이어서 승인될 수 없다고 주장한다.

(나) 원고의 주장

원고는, 외국법원의 재판관할권의 결정기준에는 재산소재지, 불법행위지 및 합의나 응소 등의 기준도 있으므로 피고의 주소는 재판관할권 인정을 위한 하나의 기준에 불과하다 할 것인데, 피고는 미국에 유학을 가 이 사건 불법행위 당시까지 이미 아파트를 세내어 약 4개월 동안 거주하고 있었고 이 사건 미국판결은 위와 같이 미국 내에 주소를 둔 피고에게 소장 등이 송달된 후 소송절차가 진행되어 내려졌으므로 이 사건 미국법원은 소제기 당시 피고에 대한 재판관할권을 가지고 있었다 할 것이고, 그 후 피고가 귀국하였다 하여 이미 발생한 관할권이 없어지는 것이 아님은 물론 피고는 일시체류자(Transient)가 아니었으므로 순간법칙의 적용대상이 아니라 할 것이며, 가사 이 사건 미국법원이 피고의 주소지 관할법원이 아니라 하더라도 최소한 불법행위지의 관할법원으로서의 재판관할권은 가지고 있었다고 주장한다.

(2) 판 단

…변론의 전취지를 종합하면, 피고는 1992. 12. 초순경 유학생자격으로 미국 미네소타주로 가 그 곳에 있는 햄린대학교 기숙사에 거주하면서 같은 해 12. 9.부터 위 대학교 부설 ELS어학센터에 적을 두고 어학연수를 하면서 미네소타대학원 진학준비를 하게 되었는데 2개월 후에는 같은 주 램지군 로즈빌시 렉싱톤가 2206 아파트 8호를 세얻어 이 사건 불법행위시까지 거주한 사실을 인정할 수 있는바, 우리나라에는 민사사건에 관하여 일반적으로 외국법원의 재판관할권을 부정하는 취지의 법령 또는 조약은 물론 구체적으로 미합중국 미네소타주에 거주하는 피고에 대한 불법행위로 인한 손해배상청구소송에 관하여 이 사건 미국법원의 재판관할권을 부정하는 법령이 존재하지 아니함은 당원에 현저한 사실이므로 이 사건 미국법원은 원 · 피고 사이의 소송에 관한 적법한 재판관할권을 갖추고 있었다고 볼 것이다.

(9) 해고무효-소송 관할권: 대법원 1992. 7. 28. 선고 91다41897 판결

… 섭외사건에 관하여 국내의 재판관할을 인정할지의 여부는 국제재판관할에 관하여 조약이나 일반적으로 승인된 국제법상의 원칙이 아직 확립되어 있지 않고 이에 관한 우리나라의 성문법규도 없는 이상 결국 당사자간의 공평, 재판의 적정, 신속을 기한다는 기본이념에 따라 조리에 의하여 이를 결정함이 상당하다 할 것이고, 이 경우 우리나라의 민사소송법의 토지관할에 관한 규정 또한 위 기본이념에 따라 제정된 것이므로 위 규정에 의한 재판적이 국내에 있을 때에는 섭외사건에 관한 소송에 관하여도 우리나라에 재판관할권이 있다고 인정함이 상당하다고 할 것이다. …원심이 **미합중국 하와이주의 법률에 의하여 설립된 외국법인인 피고 회사의 사무소가 서울에 있고 여기서 근무하던 외국인인 원고들이 피고 회사로부터 부당해고되었음을 이유로 손해배상을 청구하는 이 사건 소송은 민사소송법 제10조 소정의 재판적이 인정되므로 국내에 재판관할권이 있다고 판단한 것은 정당하고…**

(10) 내국인과 외국인간 이혼청구

가. 서울가법 1989. 9. 20. 자 88드65835 심판

…대한민국의 국적을 가진 청구인과 일본국 국적을 가진 피청구인은 1984. 12. 10. 일본국에서 혼인신고를 함으로써 섭외사법 제15조 제1항, 일본국 민법 제739조 제1항에 따라 법률상의 부부인 사실을 인정할 수 있다.

이 사건은 **대한민국의 국적을 가[진].. 청구인이 일본국의 국적을 가진 피청구인을 상대로 우리나라 법원에 이혼심판을 청구하고 있는 사건**으로서 이른바 섭외적 법률관계에 속하는 사건이라 할 것인바, 먼저 이사건에 대한 재판관할권에 관하여 살피건대, 아래에서 인정하는 바와 같이 **일본국의 국적을 가진 피청구인이 청구인을 유기하고 행방 불명된 경우 우리나라의 법원에 재판관할권을 인정하지 않는다면 이는 청구인에 대한 법의 보호를 거부하는 셈이 되어 국제사법생활에 있어서의 정의, 공평의 원칙에 어긋나는 부당한 결과를 가져온**

다 할 것이므로 이 사건에 대하여는 청구인의 본국이며 주소지국인 우리나라의 법원에 재판관할권이 있다 할 것이고 민사소송법 제25조, 제3조에 의하면 당원이 그 관할법원임이 명백하다.

나. 서울가법 1986. 12. 30.자 85드6506 심판

… 청구인은 대한민국의 국민으로서 서울 중구 도동에서 출생한 이래 계속 대한민국에 거주하다가 1978. 12. 18. 서울에서 미합중국의 국적을 가진 일리노이주의 시민인 피청구인과 대한민국의 법에 따라 혼인신고를 한 사실이 인정된다.

그런데 이 사건에 있어서 **대한민국의 국적을 가진 청구인이 미합중국의 국적을 가진 피청구인을 상대로 우리나라 법원에 이혼심판을 청구**하고 있으므로 이는 이른바 섭외적 법률관계에 속하는 사건이라고 할 것인 바, 먼저 이 사건에 대한 재판관할권에 관하여 살피건대, **청구인이 대한민국의 국적을 가진 자로서 대한민국에 주소를 가지고 있음은 위에서 본 바와 같고, 피청구인은 아래에서 보는 바와 같이 청구인을 유기하고 현재 행방불명이므로 이 사건의 재판관할권은 청구인의 본국이며 주소지국인 우리나라에 있다고 할 것이고,** 피청구인의 보통재판적이 국내에 없으므로 인사소송법 제3조에 의하여 대법원 소재지의 가정법원인 당원에 그 관할권이 있다고 할 것이다….

다. 서울고법 1985. 11. 4. 선고 84르285 판결

… **청구인은 우리나라 국적을 가진 여자이고, 피청구인은 중화민국 국적을 가진 남자**로서 1963. 5. 1.에 혼인신고한 법률상 부부인데, 그들 슬하에 2남을 낳은 사실을 인정할 수 있다.

먼저 피청구인은 대한민국 법원에 이 사건에 대한 재판권이 없다고 다투고 있으므로 살피건대, 섭외사법 제18조에 이혼은 그 원인된 사실이 발생할 당시의 부의 본국법에 의한다고 규정하고 있고 인사소송법 제25조에 이혼…에 관한 소는 부의 보통재판적 있는 지의 지방법원의 관할에 전속한다고 규정하고 있는 점등을 고찰할 때 섭외적 이혼등의 사건에 대한 관할권은 부의 본국법원에 있는 것으로 인정함이 원칙이라고 할 수 있으나, 뒤에서 보는 바와 같이

이 사건의 경우 청구인과 피청구인이 우리나라에서 결혼식을 거행하고 동거하다가 피청구인이 대만으로 건너가고 청구인이 우리나라에 남아있는 사례에 있어 부의 **본국법원 관할권의 원칙을 고수하게 되면 사법적 국제생활의 신속하고 정의로운 해결에 장애가 될 우려가 있을 뿐 아니라 특히 이 사건에 있어서 피청구인이 적극적으로 다투고 있으므로 그 이익이 부당하게 침해될 우려가 없다고 보여지므로 청구인의 주소가 있는 우리나라 법원에도 예외적으로 이 사건에 대한 재판관할권이 있다**고 할 수 있어 피청구인의 위 항변은 받아들이지 아니한다….

(11) 외국인간 가사사건

가. 외국인간 가사사건: 대법원 1994. 2. 21.자 92스26 결정

외국인간의 가사사건에 관하여 우리나라의 법원에 재판관할권이 있는지 여부는, 우리나라 가사소송법상의 국내토지관할에 관한 규정을 기초로 외국인 사이의 소송에서 생기는 특성을 참작하면서 당사자간의 공평과 함께 소송절차의 적정하고 원활한 운영과 소송경제 등을 고려하여 조리와 정의관념에 의하여 이를 결정하여야 할 것이다. 우리 가사소송법 제46조가 이혼부부간의 자의 양육에 관한 처분과 그 변경 및 친권을 행사할 자의 지정과 그 변경 등을 포함하는 마류 가사비송사건에 관하여 이를 상대방의 보통재판적 소재지의 가정법원의 관할로 하도록 규정하고 있는 점을 참작하여 볼 때, 이 사건과 같이 외국에서 이혼 및 출생자에 대한 양육자지정의 재판이 선고된 외국인 부부사이의 출생자에 관하여 부부 중 일방인 청구인이 상대방을 상대로 친권을 행사할 자 및 양육자의 변경심판을 청구하고 있는 사건에 있어서, **우리나라의 법원이 재판권을 행사하기 위하여는, 상대방이 우리나라에 주소를 가지고 있을 것을 요하는 것이 원칙이고, 그렇지 않는 한 상대방이 행방불명 또는 이에 준하는 사정이 있거나 상대방이 적극적으로 응소하고 있는 등의 예외적인 경우를 제외하고는, 우리나라의 법원에 재판관할권이 없다고 해석하는 것이 상당하다.**

원심이 적법하게 확정한 사실관계에 의하면, 상대방은 미국 하와이주에 거주하고 있고 청구인인 재항고인만이 사건본인과 함께 국내에 거주하고 있다

는 것이므로, 우리나라의 법원이 이 사건에 대하여 재판관할권이 없다고 한 원심의 판단은 앞에서 설시한 법리에 비추어 옳다고 판단되고, 거기에 소론과 같은 법리오해 등의 위법이 없다.

나. 외국인간 이혼심판청구: 대법원 1975. 7. 22. 선고 74므22 판결

… 원심이 청구인과 피청구인은 다같이 미합중국에 국적을 둔 사람들로서 청구인은 1964년 단신 우리나라에 와서 주거지에 거주하고 있는 사실을 확정한 다음 이러한 **외국인간의 이혼심판청구사건에 대한 재판청구권의 행사는 소송절차상 공평 및 정의관념에 비추어 상대방인 피청구인이 행방불명 기타 이에 준하는 사정이 있거나 상대방이 적극적으로 응소하여 그 이익이 부당하게 침해될 우려가 없다고 보여져 그들에 대한 심판의 거부가 오히려 외국인에 대한 법의 보호를 거부하는 셈이 되어 정의에 반한다고 인정되는 예외적인 경우를 제외하고는 상대방인 피청구인의 주소가 우리나라에 있는 것을 요건으로 한다**고 풀이하는 것이 상당하다고 볼 것이라는 전제하에 이 사건의 경우 상대방인 피청구인은 계속 미국에 거주하여 우리나라에 와서 거주한 사실조차 없는 사람이고 그의 미국내주소가 명백하여 행방불명이라 볼 수 없고 적극적으로 응소하려는 것도 아니라고 보여진다는 점 등으로 보아 청구인의 주소지의 재판관할권을 인정하여야 할 예외적인 경우에도 해당하지 않으므로 이 사건재판관할권이 우리나라 법원에 있다 할 수 없다고 판단하였음은 정당하고 논지에서 지적하는 바와 같은 섭외사법이 인정하는 외국인에 대한 우리나라 재판권에 관한 법리를 오해한 위법있다고 볼 수 없다….

(12) 차관협정 및 중개: 대법원 1972. 4. 20. 선고 72다248 판결

우리나라의 회사와 일본국 회사간의 차관협정 및 그 협정의 중개에 대한 보수금지급 약정이 일본 국내에서 체결되었다 할지라도 그 중개인의 영업소가 우리나라에 있다면 다른 사정이 없는 한 우리나라의 법원은 그 중개보수금 청구 사건에 관하여 재판관할권이 있다.

…피고회사의 서울지사가 이 사건 차관협정 체결 이후에 설치되었거나 또

는 이 협정이 대한민국 이외의 지역에서 체결되었다 하여 피고는 이 사건에 관하여 우리나라의 재판권을 거부하지 못한다 할 것이다. 특히 섭외사법 제28조, 제9조에 의하여 이 사건의 차관 협정과 이것에 따르는 보수금 지급 약정의 행위지 법으로서 이 사건에 적용될 일본국상법 제516조의 규정에 의하면 상행위로 인한 채무의 이행지는 그 행위의 성질 또는 당사자의 의사표시에 의하여 정하여 지지 아니할 때에는 특정물 인도채무를 제외한 그 밖의 채무이행은 채권자의 영업소에서 할 것이라고 규정하고 있다.

그러므로 이 사건 차관협정과 여기에 따르는 보수금 약정이 일본 국내에서 체결되었다 할지라도 이것으로 말미암아 발생된 보수금지급 채무의 이행지는 다른 사정이 없는 한 채권자인 원고의 영업소소재지인 서울특별시라 할 것이요, 따라서 이 이행지 관할 법원에 이 사건에 대한 재판관할권이 있다고 보는 것이 상당하다.

(13) 상표권과 특허권 등 지식재산권 관련 소송 관할권

가. 상표권: 대법원 2018. 6. 21. 선고 2015후1454 판결

상표권은 등록국법에 의하여 발생하는 권리로서 등록이 필요한 **상표권의 성립이나 유 · 무효 또는 취소 등을 구하는 소는 일반적으로 등록국 또는 등록이 청구된 국가 법원의 전속관할에 속하고**(대법원 2011. 4. 28. 선고 2009다19093 판결 등 참조), 그에 관한 준거법 역시 등록국 또는 등록이 청구된 국가의 법으로 보아야 한다.

따라서 원고가 미국 법인이라고 하더라도 우리나라에서 서비스표를 등록받아 사용하기 위하여 우리나라에 등록출원을 한 이상 그 등록출원의 적법 여부에 관한 준거법은 우리나라 상표법이다.

나. 특허권: 대법원 2011. 4. 28 선고 2009다19093 판결

당해 사건이 외국 법원의 전속관할에 속하는지 여부와 관련하여 **특허권은 등록국법에 의하여 발생하는 권리로서 법원은 다른 국가의 특허권 부여행위와 그 행위의 유효성에 대하여 판단할 수 없으므로 등록을 요하는 특허권의 성립**

에 관한 것이거나 유 · 무효 또는 취소 등을 구하는 소는 일반적으로 등록국 또는 등록이 청구된 국가 법원의 전속관할로 볼 수 있으나, 그 주된 분쟁 및 심리의 대상이 특허권의 성립, 유 · 무효 또는 취소와 관계없는 특허권 등을 양도하는 계약의 해석과 효력의 유무일 뿐인 그 양도계약의 이행을 구하는 소는 등록국이나 등록이 청구된 국가 법원의 전속관할로 볼 수 없다.

다. 직무발명에 의한 통상실시권: 대법원 2015. 1. 15. 선고 2012다4763 판결

원고는 대한민국 법률에 의하여 설립된 법인이고 피고는 대한민국 국민으로서 대한민국에 거주하고 있는 사실, 이 사건은 원고의 피고에 대한 영업방해금지청구의 선결문제로서 피고가 원고와 맺은 근로계약에 따라 완성되어 대한민국에서 등록한 원심판시 특허권 및 실용신안권에 관한 직무발명(이하 '이 사건 직무발명'이라 한다)에 기초하여 외국에서 등록되는 특허권 또는 실용신안권에 대하여 원고가 통상실시권을 취득하는지 여부가 문제가 되고 있는데, 피고가 이 사건 직무발명을 완성한 곳이 대한민국인 사실을 알 수 있다.

그리고 원고가 이 사건 **직무발명에 기초하여 외국에 등록되는 특허권이나 실용신안권에 대하여 통상실시권을 가지는지 여부는 특허권이나 실용신안권의 성립이나 유 · 무효 등에 관한 것이 아니어서 그 등록국이나 등록이 청구된 국가 법원의 전속관할에 속하지도 아니한다**(대법원 2011. 4. 28. 선고 2009다19093 판결 참조). 이러한 사정들을 앞서 본 법리에 비추어 보면, 이 사건의 당사자 및 분쟁이 된 사안은 대한민국과 실질적인 관련성이 있어 대한민국 법원은 이 사건에 대하여 국제재판관할권을 가진다고 봄이 타당하다.

Ⅳ. 국제사법 각칙

국제사법 각칙은 사람, 법률행위, 물권, 채권, 친족, 상속, 어음 · 수표, 해상 등으로 구분하여 각 법률관계별로 준거법 결정원칙을 규정하고 있다.

1. 사 람

법률상 권리의 주체가 될 수 있는 사람에는 자연인과 법인이 모두 포함되므로, 국제사법은 제2장에서 자연인과 법인에 관한 법률관계에 대한 준거법을 규정하고 있다.

(1) 권리능력

사람의 권리능력은 그의 본국법에 의한다(국제사법 제11조). 권리능력은 법률상 권리 · 의무의 주체가 될 수 있는 자격을 의미한다. 사람의 능력과 신분은 각국의 역사, 풍습, 윤리관, 경제 등에 기초를 두고 있으므로 속인법으로서 본국법에 의한다는 것이 국제사법상 전통적 원칙이며 우리의 통설이기도 하다.[56)]

국제사법은 권리능력의 유무는 그 본국법에 의하도록 하고 있으나, 권리능력의 시기와 종기에 대해서는 명시적으로 준거법을 규정하고 있지는 않다. 개정전 법률하에서 우리 학설은 그에 관하여 일반적 권리능력의 준거법인 당사자의 본국법에 의한다는 견해(본국법설)와 문제가 된 개개의 법률관계의 준거법에 의한다는 견해(법률관계준거법설)의 대립이 있었는 바, 위 두 가지 해석은 국제사법에서도 마찬가지로 가능하다 할 것이다.[57)] 따라서 시기와 종기의 문제는 학설에 맡겨져 있다.

---

56) 법무부, 전게서, 53면.
57) 상게서.

(2) 실종선고

가. 예외적 관할권 규정 및 취지

국제사법은 실종선고에 대해 일정한 경우에 대한민국에 예외적 관할권을 인정하는 규정을 두고, 그 예외적 관할권이 인정되는 경우에는 대한민국 법을 적용하여 실종선고를 할 수 있도록 한다. 법원은 외국인의 생사가 분명하지 아니한 경우에 대한민국에 그의 재산이 있거나 대한민국 법에 의하여야 하는 법률관계가 있는 때, 그 밖에 정당한 사유가 있는 때에는 대한민국 법에 의하여 실종선고를 할 수 있다(국제사법 제12조).

실종선고에 대한 대한민국 법원의 예외적 관할권을 인정하는 조항을 둔 이유는, 실종선고는 권리능력의 소멸을 다루는 문제이므로 원칙적으로 국제사법 제11조에 의해 당사자의 본국법에 의하여야 할 것이지만, 당사자의 본국에만 실종선고의 관할권을 인정한다면 부당한 사태가 발생할 수 있기 때문이다.[58] 예컨대, 외국인에 대한 법률관계가 우리나라와 관계를 가지고 있을 경우 외국인의 본국에서 실종선고가 이루어지지 않는 한 그 부재자를 둘러싼 우리나라에서의 그 법률관계는 확정되지 아니하고 불안정한 상태로 방치될 수 있다.[59] 국제사법은 이러한 문제를 고려하여, 외국인 실종자의 우리나라에서의 법률관계에 대한 불안정을 제거할 필요한 있는 예외적인 경우에 우리나라 법원에 관할권이 있음을 명시하고 있다. 섭외사법에 비하여, 국제사법은 우리나라 법원이 외국인에 대한 실종선고를 할 수 있는 예외적 관할권의 적용범위를 확대하였다.[60]

나. 예외적 관할권 행사 요건

대한민국 법원이 생사가 분명하지 않은 외국인에 대하여 실종선고의 관할권을 예외적으로 행사하기 위해서는 ① 대한민국에 그의 재산이 있거나, ② 대한민국 법에 의하여야 하는 법률관계가 있는 때, 또는 ③ 그 밖에 정당한 사유가 있는 때에 해당하여야 한다.

---

58) 법무부, 전게서, 55면.
59) 상게서.
60) 상게서.

대한민국에 재산이 있는 경우란 물권, 채권, 지식재산권 등 재산권의 목적물이 한국에 있거나 재산권을 한국에서 재판상 행사할 수 있는 경우를 의미하며, 대한민국 법에 의하여야 하는 법률관계가 있는 때란 우리나라 법이 준거법으로 적용되는 법률관계가 있는 때를 의미한다.[61] 그 밖에 정당한 사유에는 외국인 부부가 한국에 상거소를 두고 있다가 그 중 일방이 실종된 경우에, 비록 '부재자가 대한민국에 재산을 가지지 않거나 또는 대한민국 법에 의하여야 하는 법률관계가 없더라도' 그 혼인관계를 해소시키기 위해서 우리 법원이 실종선고의 관할권을 갖는 것이 타당한 경우 등이 있을 수 있다.[62] 이러한 경우에는 우리나라 법원이 예외적 관할권을 행사함으로써 상거소인 우리나라에서 실종된 외국인을 둘러싼 법률관계의 불안정을 제거할 수 있게 된다.

(3) 행위능력

가. 원 칙

행위능력 문제는 권리능력과 마찬가지로 속인법인 행위자의 본국법이 준거법이 된다. 사람의 행위능력은 그의 본국법에 의한다(국제사법 제13조 제1항 제1문).

나. 혼인에 의한 성년의제(成年擬制, emancipation by marriage)

국제사법은 혼인에 의한 성년의제의 경우에도 당사자의 본국법을 그 준거법으로 한다(국제사법 제13조 제1항 제2문). 국제사법은 '혼인에 의한 성년의제'라는 용어를 사용하는 대신 '행위능력이 혼인에 의하여 확대되는 경우'로 표현하고 있다.

종래의 통설은 혼인에 의한 성년의제는 이를 혼인의 일반적 효력의 문제로 보았으나, 최근 외국의 학설은 혼인에 의한 성년의제 제도는 혼인한 남녀의 경우에는 자연적 성년연령에 도달하지 아니하더라도 성년과 동일하게 취급하는 것으로 이해하여 이를 행위능력의 문제로 보는 것이 일반적이다.[63] 만약 이를 혼인의 일반적 효력의 준거법에 의하도록 한다면 국제사법 제37조(혼인의 일

---

61) 법무부, 전게서, 56면 각주 24.
62) 상게서, 55면.
63) 상게서, 58면.

반적 효력)의 단계적 연결에 의하여 본국법 이외에도 상거소지법 또는 밀접관련지법이 준거법으로 되는 경우에는, 준거법이 자주 변경되거나 확정되기 어려운 부당한 결과가 나올 수도 있다.[64]

국제사법은 혼인에 의한 성년의제가 미성년자의 행위능력이 확대되는 문제로 본다는 점을 분명히 하여 이 문제가 '혼인의 효력'의 문제인지 '행위능력'의 문제인지에 대한 논란을 없애고 있다. 따라서 혼인에 의한 성년의제는 일반 행위능력의 준거법과 동일한 원칙으로서 그 본국법에 의하도록 하고 있다.

성년의제는 혼인에 의한 성년의제 이외에도, 미국에는 군입대로 인한 성년의제(emancipation by military enlistment), 법원의 결정에 의한 성년의제(emancipation by court permission) 등도 있으나[65] 국제사법은 이러한 경우에 대한 준거법에 대하여 명시적으로 언급하고 있지 않다. 이러한 성년의제 제도는 모두 미성년자의 행위능력을 확대하는 문제이므로 행위능력의 준거법으로서 본국법을 적용하는 것이 타당하다.

다. 국적 변경에도 기 취득한 행위능력 유지

국가마다 완전한 행위능력의 취득 요건의 차이가 있다. 특히 성년연령의 차이도 있으며 혼인에 의한 성년의제 등 성년의제의 인정여부도 차이가 있을 수 있다. 행위능력이 본국법에 의하도록 하고 있는데, 기존의 본국법에 의하여 완전한 행위능력을 취득한 자가 국적이 변경되어 새로운 본국법에 의하면 행위능력이 상실되거나 제한된다면, 이는 법적 안정성을 해할 수 있다.

이러한 문제를 고려하여, 국제사법은 이미 취득한 행위능력은 국적의 변경에 의하여 상실되거나 제한되지 않도록 규정하고 있다(국제사법 제13조 제2항).

---

64) 법무부, 전게서, 58면.

65) https://www.nolo.com/legal-encyclopedia/emancipation-of-minors-32237.html, 2021. 7. 16. 최종접속.

(4) 한정후견과 성년후견의 준거법

가. 원칙 및 예외

한정후견과 성년후견의 선고는 행위능력의 제한 문제이므로 원칙적으로 행위능력의 준거법을 규정하고 있는 국제사법 제13조가 적용된다. 국제사법은 한정후견과 성년후견의 원칙적인 준거법에 대하여는 별도의 규정을 두지 않고, 대한민국 법원이 외국인에 대하여 예외적으로 대한민국 법에 따라 한정후견과 성년후견 관련 심판의 관할권을 행사할 수 있는 경우에 대하여 규정하고 있다.[66]

대한민국 법원은 대한민국에 상거소 또는 거소가 있는 외국인에 대하여 대한민국 법에 의하여 한정후견개시, 성년후견개시, 특정후견개시 및 임의후견감독인선임의 심판을 할 수 있다(국제사법 제14조).

나. 예외적 관할권의 행사 요건

후견개시 또는 후견감독인 선임의 심판 제도는 해당 지역에 거주하는 자에 대하여 행사하여야만 충분한 효과를 거둘 수 있는 속지적인 성질을 가지므로, 우리나라에 거주하는 외국인의 행위능력을 제한할 필요가 있을 때에는 우리나라에 그 심판의 관할권을 인정해야 한다.[67] 국제사법은 ① 대한민국에 상거소 또는 거소를 가지는 외국인의 경우 ② 본국법에 의하면 한정후견 또는 성년후견의 원인이 없더라도 대한민국 법에 의해 한정후견 또는 성년후견의 원인이 있다면, 본인의 보호 및 내국거래의 안정을 위하여 우리나라 법원이 대한민국 법에 의하여 한정후견 및 성년후견의 심판을 할 수 있도록 하고 있다.[68]

다. 한정후견과 성년후견의 원인과 심판의 효력에 관한 준거법

본조에 따라 대한민국 법원이 예외적 관할권 행사하여 우리나라에서 한정후견 또는 성년후견의 심판을 하는 경우, 그 원인과 심판의 효력은 모두 대한민국 법에 의하게 된다.[69] 그러나 외국에서 한정후견 또는 성년후견의 심판을

66) 법무부, 전게서, 60면.
67) 상게서, 60－61면.
68) 상게서, 61면.

하는 경우에는 그 원인 및 심판의 효력에 관한 준거법은 당해 외국법이 정할 사항이라 할 것이다.[70]

(5) 거래보호

가. 거래보호 조항의 취지

국제사법상 행위능력의 준거법은 그 본국법이므로, 본국과 행위지의 행위능력 기준에 차이가 있는 경우 행위지의 거래안전을 해할 수 있다. 행위자가 그 본국이 아닌 곳에서 거래행위를 하는 경우에 거래상대방은 행위자가 본국법에 의하면 행위능력 제한이 있는 사실을 알기 어렵다. 국제사법은 그러한 경우를 고려한 거래보호 조항을 두고 있다. 행위지에서 거래상대방은 문화적, 법률적으로 차이가 있는 국가인 행위자의 본국이 본국법상 행위능력을 제한하고 있는지를 보통의 경우에는 알기 어렵기 때문이다.

나. 적용 요건

법률행위를 행한 자와 그 상대방이 법률행위의 성립 당시 동일한 국가 안에 있는 경우에, 그 행위자가 그의 본국법에 의하면 무능력자이더라도 법률행위가 행하여진 국가의 법에 의하여 능력자인 때에는, 그의 무능력을 주장할 수 없다. 다만, 상대방이 법률행위 당시 그의 무능력을 알았거나 알 수 있었을 경우에는 그러하지 아니하다(국제사법 제15조 제1항). 이 규정이 적용되기 위한 요건으로는 ① 법률행위 성립당시 행위자와 그 상대방이 동일한 국가에 있을 것, ② 행위자가 본국법에 의하면 무능력자이지만 행위지법에 의하면 능력자일 것, ③ 행위자가 본국법에 의하면 무능력자라는 사실에 대하여 행위당시 거래상대방이 선의, 무과실일 것이 요구된다. 적용 요건으로서 법률행위의 행위자와 상대방이 동일한 국가에 있기만 하면 되므로, 그 행위지가 대한민국인지 외국인지를 불문하므로, 동 조항은 내국법이 준거법으로 적용되는 경우에 한하지 않고 외국법이 준거법으로 적용되는 경우에도 적용 가능한 쌍방적 저촉규정이다.[71]

69) 법무부, 전게서, 61면.
70) 상게서.
71) 상게서, 64면.

다. 적용이 없는 경우

그러나 이러한 거래보호 조항은 친족법 또는 상속법의 규정에 의한 법률행위 및 행위지 외의 국가에 있는 부동산에 관한 법률행위에는 이를 적용하지 아니한다(국제사법 제15조 제2항). 친족법 또는 상속법과 같은 신분법은 속인적 성격이 강하므로 거래안전보다는 속인법으로서 본국법을 준거법으로 적용하는 것이 타당하고, 부동산은 부동산 소재의 법질서와 밀접한 관련을 가지고 있으므로 행위지 이외의 국가에 소재하는 부동산에 대해서는 행위지법에 의한 제한보다는 부동산에 소재지법이 준거법으로 적용되도록 관철할 필요가 있기 때문이다.

(6) 법인 및 단체

국제사법은 법인 또는 단체에 대한 일반적인 준거법을 규정하고 있다. 법인 또는 단체는 그 설립의 준거법에 의한다(국제사법 제16조 본문). 다만, 외국에서 설립된 법인 또는 단체가 대한민국에 주된 사무소가 있거나 대한민국에서 주된 사업을 하는 경우에는 대한민국 법에 의한다(국제사법 제16조 단서).

가. 설립준거법주의

일반적으로 법인과 단체에 대하여 설립시 준거한 법을 그 속인법으로 보는 설립준거법설과 본거지법을 그 속인법으로 보는 본거지설로 견해가 대립되어 있다.[72] 국제사법은 완결된 국제사법 체제를 지향하고 준거법 결정에 법적 불안정을 제거하기 위하여 법인 또는 단체의 속인법을 설립준거법으로 명시하고 있다.[73]

설립준거법설을 취할 경우 속인법이 고정되고 그 확인이 용이하여 법적 안정성을 확보할 수 있다는 장점이 있는데 반하여, 본거지법설은 본거지의 개념과 범위가 분명하지 않고 그 결정이 쉽지 않으며 본거지를 이전한 경우 준거법이 변경되는 문제가 있다.[74] 또한 본거지법설에 따르면, 설립준거법 국가와

---

72) 법무부, 전게서, 66면.
73) 상게서.

본거지법 국가가 일치하지 않는 외국법인의 경우 그 법인격을 부인하게 될 우려가 있고, 실제로 조세회피 및 금융상의 편의 등 여러 이유로 외국의 이른바 조세피난처(tax haven) 법을 준거법으로 하여 특수목적회사를 설립하고 모든 사업활동은 그와 다른 본거지에서 이루어지는 경우에는 조세피난처 국가의 법인으로 인정되지 않으면 조세피난처에 설립한 목적을 달성할 수 없게 된다.75)

나. 대한민국 법에 의하는 경우

외국법을 준거법으로 하여 설립된 법인이 실제 주된 사업활동은 대한민국에서 하는 경우에는 행위지인 대한민국의 거래안전 등 이익을 보호할 필요가 있다. 국제사법은 이러한 경우를 고려하여, 외국법에 의해 설립된 법인 또는 단체가 대한민국에 주된 사무소를 두거나 대한민국에서 주된 사업을 하는 경우에는 그 설립준거법이 아니라 대한민국 법에 의하도록 하는 예외를 규정하고 있다.

다. 준거법의 적용범위

국제사법은 법인과 단체의 준거법의 적용범위에 관하여 별도의 규정을 두고 있지 않으며, 이를 학설과 판례에 맡기고 있다.76)

[관련판례] 대법원 2018. 8. 1. 선고 2017다246739 판결

… 이 사건에는 외국적 요소가 있으므로 국제사법에 따라 준거법을 정해야 한다. 국제사법 제16조 본문은 "법인 또는 단체는 그 설립의 준거법에 의한다."라고 하여 법인의 준거법은 원칙적으로 설립 준거법을 기준으로 정하고 있다. **이 조항이 적용되는 사항을 제한하는 규정이 없는데, 그 적용 범위는 법인의 설립과 소멸, 조직과 내부관계, 기관과 구성원의 권리와 의무, 행위능력 등 법인에 관한 문제 전반을 포함한다고 보아야 한다. 따라서 법인의 구성원이 법인의 채권자에 대하여 책임을 부담하는지, 만일 책임을 부담한다면 그 범위는 어디까지인지 등에 관하여도 해당 법인의 설립 준거법에 따라야 한다.**

이 사건 법인은 대한민국의 구 농어업경영체법에 의하여 설립되었으므로, 이 사건

---

74) 법무부, 전게서, 67면.
75) 상게서.
76) 상게서.

법인의 구성원인 피고들이 이 사건 법인의 채권자인 원고에 대하여 연대책임을 지는지가 문제된 이 사건에 관하여는 이 사건 법인의 설립 준거법인 대한민국의 법이 준거법이 된다.

2. 법률행위

(1) 법률행위의 방식

가. 준거법

법률행위의 방식이란 법률행위가 성립하기 위하여 필요한 의사표시의 외부적 표현방법(증여에 있어 서면의 형식, 유언에 있어 자필방식이나 증인의 참여 등)을 말한다.[77]

법률행위의 방식은 원칙적으로 그 행위의 준거법인 법률행위의 실질의 준거법에 의한다(국제사법 제17조 제1항). 법률행위가 그 실질의 준거법상 방식을 갖추지 못한 경우에도, 행위지법에 의한 방식을 갖춘 법률행위는 유효하다(국제사법 제17조 제2항). 국제사법은 법률행위의 방식의 유효 가능성을 높이기 위해, 법률행위의 실질의 준거법에 의한 방식 외에 행위지법에 의한 방식도 유효한 것으로 하고 있다.

계약 당사자가 서로 다른 국가에 있는 격지자간에 계약의 경우에는, 계약 당사자 중 일방의 국가의 법이 정한 방식의 요건을 충족하면 유효한 방식으로 인정된다(국제사법 제17조 제3항). 격지자 간의 계약은 계약 당사자 일방의 행위지법의 방식을 갖추면 유효한 것으로 인정하므로, 쌍방의 행위지법 요건을 중첩적으로 충족할 필요가 없다.

대리인에 의한 법률행위의 경우에는 행위지법에 의한 방식의 유효성을 판단하는데 있어서, 대리인이 있는 국가를 기준으로 행위지법을 정한다(국제사법 제17조 제4항). 대리인에 의한 법률행위의 경우에는 본인의 행위지가 아닌 대리인의 행위지를 기준으로 행위지법을 정하게 된다.

법률행위의 종류에 따라서는 행위지법에 의한 법률행위의 방식을 인정함

77) 법무부, 전게서, 69면 각주 28.

으로써 법률행위의 실질과 방식의 준거법이 분리되는 것이 바람직하지 않은 경우가 발생할 수 있다. 그러한 특정 종류의 법률행위는 그 법률행위의 성질상 실질의 준거법을 방식에도 관철시킬 필요가 있다. 국제사법은 이러한 점을 고려하여, 법률행위의 실질의 준거법과 방식의 준거법을 분리되지 않도록 하기 위하여 일정한 종류의 법률행위에 대해서는 행위지법에 의한 방식 인정의 예외가 적용되지 않도록 하고 있다. 물권 그 밖에 등기하여야 하는 권리를 설정하거나 처분하는 법률행위의 방식에 관하여는 행위지법의 예외를 인정하고 있는 국제사법 제17조 제2항 내지 4항의 규정을 적용하지 아니한다(국제사법 제17조 제5항). 물권 기타 등기하여야 하는 권리의 경우에는 원칙적으로 그 소재지 또는 등기지가 가장 밀접한 관계를 갖기 때문에 권리의 실질과 방식을 모두 그 소재지법에 의할 수 있도록 한 것이다.

나. 적용범위

법률행위의 방식의 준거법을 규정하는 국제사법 제17조는 원칙적으로 모든 법률행위에 적용된다. 채권행위, 물권행위, 친족 · 상속법상 법률행위에 적용되고, 계약뿐 아니라 단독행위와 일방적 의사표시(청약, 승낙, 계약의 해제 · 해지 등)에도 적용된다.[78] 단독행위 또는 일방적 의사표시의 경우, 법률행위의 방식과 관련한 행위지법을 정하는데 있어서는 그 발송한 곳을 행위지로 보는 것이 타당하다.[79]

다만, 소비자계약의 방식은 국제사법 제17조 제1항 내지 제3항에도 불구하고 소비자의 상거소지법에 의한다(국제사법 제27조 제3항).

(2) 임의대리

국제사법은 제3장 법률행위 부분에서 대리권 중 임의대리에 대해서만 규정하고, 법률의 규정에 의하여 대리권이 발생하는 법정대리에 대해서는 별도의 규정을 두고 있지 않다. 따라서, 법정대리는 대리권 발생의 원인이 되는 각 법

78) 안강현, 전게서, 196면.
79) 상게서.

률관계의 준거법(친권, 후견의 준거법 등)이 적용된다.

가. 내부관계: 본인과 대리인간의 관계

본인과 대리인간의 관계는 당사자간의 법률관계의 준거법에 의한다(국제사법 제18조 제1항). 대리권은 많은 경우 위임계약 등에 기초하여 부여되는데 본인과 대리인간의 내부관계는 그러한 대리권이 부여된 법률관계의 준거법에 따른다는 것이다.[80]

나. 외부관계: 본인과 제3자의 관계

외부관계는 본인을 대리한 대리인의 대리권 행사의 효과가 제3자에 대하여 미치는 효과에 대한 것이다. 대리인의 행위로 인하여 본인이 제3자에 대하여 의무를 부담하는지의 여부는 대리인의 영업소가 있는 국가의 법에 의하며, 대리인의 영업소가 없거나 영업소가 있더라도 제3자가 이를 알 수 없는 경우에는 대리인이 실제로 대리행위를 한 국가의 법에 의한다(국제사법 제18조 제2항).

대리관계의 외부에 있는 제3자의 입장에서는 내부관계의 준거법을 알기 어려울 뿐만 아니라 외부관계의 경우 거래의 안전을 보호할 필요가 있기 때문이다.[81] 국제거래에서 활동하는 상업적인 대리인은 독립적 대리인으로서 대리인의 영업소가 그 활동의 중심이 되므로 대리인이 영업소를 가지는 경우에는 그 영업소 소재지법에 의하도록 하였다.[82] 대리인의 영업소 소재지를 아는 본인 및 제3자에 대하여 준거법 관계의 안정성과 명확성을 보장할 수 있고, 지속적인 대리관계의 경우 실제 대리행위가 행해지는 곳에 상관없이 일관성 있는 준거법의 적용을 받게 되는 장점이 있다.[83]

그러나 대리인의 영업소가 없거나 영업소를 제3자가 알 수 없는 경우에는 대리인의 영업소를 기준으로 그 국가에 법에 의하도록 하는 것이 불가능하거나 불합리하므로, 대법원 판례[84]의 입장을 반영하여 대리행위지법에 의하도록

---

80) 법무부, 전게서, 73면.
81) 상게서.
82) 상게서, 74면.
83) 상게서.
84) 대법원 1987. 3. 24. 선고 86다카715 판결(표현대리나 무권대리의 추인은 거래의 안전을

함으로써, 거래안전과 제3자의 기대를 보호하고 있다.[85)]

대리인이 본인과 근로계약 관계에 있고, 그의 영업소가 없는 경우에는 본인의 주된 영업소를 그의 영업소로 본다(국제사법 제18조 제3항). 고용관계에 있는 종속적 대리인의 경우에는, 독립적인 상업적 대리인과 달리 일반적으로 대리인 자신의 영업소가 별도로 없고, 대리인은 스스로 의사를 결정을 하는 것이 아니라 본인의 영업소의 지시를 받아 대리업무를 수행하는데 불과하다. 따라서 국제사법은 종속적 대리인이 자신의 영업소를 별도로 가지고 있는 않는 경우, 본인의 주된 영업소를 대리인의 영업소로 보고 그 영업소의 소재지법을 임의대리의 준거법으로 본 것이다.

다. 당사자자치 허용

임의대리의 경우 본인은 제2항 및 제3항의 규정에 불구하고 대리의 준거법을 선택할 수 있다. 다만, 준거법의 선택은 대리권을 증명하는 서면에 명시되거나 본인 또는 대리인에 의하여 제3자에게 서면으로 통지된 경우에 한하여 그 효력이 있다(국제사법 제18조 제4항).

임의대리의 준거법에 대한 당사자자치는 일정한 요건하에만 허용된다. ① 준거법의 선택은 본인만 할 수 있고, ② 준거법 선택은 서면으로 하여야 하며, ③ 본인의 준거법 선택은 대리권을 증명하는 서면(위임장 등)이나 본인 또는 대리인이 제3자에게 통지한 서면에 명시되어야 그 효력이 인정된다. 대리행위의 상대방인 제3자는 준거법의 선택을 할 수 없다. 또한 본인의 준거법 선택에 대하여 대리행위의 상대방인 제3자의 동의는 그 요건이 아니다.[86)]

이러한 요건은 대리의 준거법에 관한 헤이그협약(Hague Convention on the Law Applicable to Agency, 1978)이 본인 또는 **제3자**가 서면으로 준거법을 선택하

보호하기 위한 제도인 만큼 계약체결지법인 캘리포니아주법에 의하여 판단되어야 할 것이다.); 대법원 1988. 2. 9. 선고 84다카1003 판결(임의대리에 있어서 대리인 혹은 대리인으로 칭한 자와 거래를 한 상대방에 대하여 본인에게 거래당사자로서의 책임이 있는 지의 여부는 거래의 안전 내지 상대방 보호를 위한 측면을 고려할 때 대리행위지법에 의하여 판단되어야 함이 상당하다.).

85) 법무부, 전게서, 74면.

86) 상게서, 75면.

고 그 선택을 상대방이 명시적으로 **동의**한 경우에만 당사자의 선택에 의한 준거법을 인정하는 것과 다르다(동 협약 제14조).[87]

라. 무권대리

대리권이 없는 대리인과 제3자간의 관계에 관하여는 제2항의 규정을 준용한다(국제사법 제18조 제5항). 무권대리의 경우 본인과 제3자간의 관계인 유권대리에서의 외부관계에 준거법에 따르도록 하고 있다. 대리권 행사로 본인이 제3자에게 의무를 부담하는지 여부에 대하여, 유권대리와 무권대리를 동일한 준거법에 의하도록 함으로써 양자를 동일한 법에 따라 처리될 수 있도록 한 것이다.

3. 물 권

(1) 물권의 준거법

가. 물권 자체의 준거법

국제사법은 동산과 부동산에 대하여 모두 동일한 준거법 원칙을 적용한다(동칙주의).[88] 동산 및 부동산에 관한 물권 또는 등기하여야 하는 권리는 그 목적물의 소재지법에 의한다(국제사법 제19조 제1항). 물건은 장소와 밀접한 관계가 있고 물권에 대해서는 그 소재지의 법질서와 관계가 많은 만큼 국제사법은 목적물 소재지법을 물권의 준거법으로 규정한다.

물권의 준거법은 물권행위 자체에 대하여 적용되고, 그 원인이 되는 채권행위에는 적용이 되지 않는다.[89] 채권행위에 대해서는 채권의 준거법이 적용된다. 물권의 준거법은 물권의 종류, 내용, 존속기간 등에 대하여 적용된다.[90] 국제사법은 동산 및 부동산에 대해서는 물권뿐만 아니라 등기하여야 하는 권리에 대해서도 물권과 동일하게 목적물 소재지법에 의하도록 하고 있다. 국가에

---

87) https://assets.hcch.net/docs/68b15c35-5a56-4f67-9eca-c4aa8a792aa0.pdf, 2021. 7. 17. 최종접속.
88) 안강현, 전게서, 198면.
89) 상게서.
90) 상게서, 201면 참조.

따라서는 동산 및 부동산에 대하여 등기를 함으로써 물권적 대항력이 인정되는 권리를 부여하는 경우가 있으므로[91], 그러한 권리에 대하여 물권과 동일하게 그 목적물 소재지법에 의하도록 한 것이다.

나. 물권의 득실변경

동산 및 부동산에 대한 물권 및 등기하여야 하는 권리의 득실변경은 그 원인된 행위 또는 사실의 완성 당시 그 목적물의 소재지법에 의한다(국제사법 제19조 제2항). 본 조는 물권의 득실변경의 요건 및 효과에 대해서 적용되며, 그러한 변경으로 발생한 물권의 내용과 효력에 대해서는 제1항의 물권자체의 준거법이 적용된다.[92] 본 조에 따라 물권변동을 초래하는 물권행위의 방식은 그 행위 당시 목적물 소재지법에 의하여야 하고, 일반 다른 법률행위와 같이 행위지법에 의한 방식으로 할 수 없다(국제사법 제17조 제5항).

취득시효와 같은 물권변동의 요건이 진행되는 도중 물건의 소재지가 변경되는 경우에는 본 조에 따라 물권변동의 '원인이 된 요건 또는 사실의 완성 당시' 그 목적물 소재지법에 의하여야 한다.

[관련판례] 서울중앙지법 2017. 8. 25. 선고 2017가합518187 판결

국제사법 제19조 … 제2항은 "제1항에 규정된 권리의 득실변경은 그 원인된 행위 또는 사실의 완성 당시 그 목적물의 소재지법에 의한다."라고 규정하고 있다. … 원고가 위 경매사이트에서 이 사건 어보를 낙찰받을 당시 이 사건 어보가 미국 버지니아

---

91) 등기함으로써 물권적 효력이 인정되는 권리의 예로 미국의 CC&Rs가 있다. 미국에는 토지를 분할하여 양도하는 경우에, 토지를 분할하여 양도하는 자가 각 분할된 토지에 대한 권리행사를 제한하는 약정(covenants, conditions and restrictions: CC&Rs)을 작성하고 이를 등기하면, 그러한 제한은 물권과 유사하게 향후 각 분할된 토지의 양수인에게 모두 미친다. 이런 방법으로 제한이 될 수 있는 권리행사는 토지를 일정한 용도로만 사용하도록 하거나 일정한 용도로는 사용을 금지하는 것(예컨대, 학교, 병원, 고아원, 주류판매 금지 등), 조망권을 보호하기 위하여 건물 기타 토지 정착물의 높이를 제한하는 것 등이다. 이러한 권리제한이 등기(recording)가 되면 물권적 제한(deed restriction)이 되어 변동된 토지소유권자에게 효력이 미친다("run with the land"); https://journal.firsttuesday.us/197/197/, 2021. 7. 21. 최종접속; https://www.millionacres.com/real-estate-investing/commercial-real-estate/how-deed-restrictions-can-affect-an-investment-property/, 2021. 7.21. 최종접속.

92) 안강현, 전게서, 202면.

> 주에 있었던 사실 …을 인정할 수 있으므로, 원고가 이 사건 어보에 관한 소유권을 취득하였는지 여부에 관한 준거법은 그 원인된 행위 또는 사실의 완성 당시 그 목적물의 소재지법인 미국 버지니아주법이라고 봄이 타당하다. … 버지니아주법[은] … 도품에 대한 선의취득을 인정하지 않고 있다. 따라서 원고가 비록 경매사이트에서 이 사건 어보를 낙찰받았다고 하더라도 위에서 본 바와 같이 이 사건 어보는 도품이므로, 원고는 버지니아주법에 따라 이 사건 어보에 관한 소유권을 취득하지 못하였다고 판단된다.

(2) 운송수단

국제사법은 항공기와 철도차량과 같이 국제적으로 운항하거나 운행하는 운송수단에 대하여는, 그 특수성을 고려하여 목적물 소재지법에 의한 일반 물권의 준거법에 의하지 않고 그 물권에 대하여 특칙을 두고 있다.

항공기에 관한 물권은 그 국적소속국법에 의하고, 철도차량에 관한 물권은 그 운행허가국법에 의한다(제20조). 항공기, 철도차량과 같은 운송수단은 계속적인 이동으로 인하여 물권의 일반적 준거법인 목적물 소재지법에 의할 경우 목적물의 계속적 이동으로 준거법이 변경되어 법적 안정성을 확보할 수 없으므로, 운송수단에 관하여는 일정한 장소에 준거법을 고정시키기 위하여 국제사법은 운송수단의 준거법 결정에 있어 소재지법주의에 대한 예외를 인정한다.[93]

국제사법은 운송수단은 그 자체가 이동을 전제한 물건이므로 가장 밀접한 관련이 있는 장소를 선정하여 그곳의 법에 준거법을 고정시키는 것이 타당하다고 보고, 항공기에 관한 물권의 경우에는 그 국적소속국법에, 철도차량에 관한 물권의 경우에는 그 운행허가국법에 각각 연결하였다.[94] 항공기의 경우 국적을 취득한 국가, 철도차량의 경우 철도운행을 허가한 국가에 격납고 등 최종적인 근거지가 있고, 이들 국가가 해당 항공기 또는 철도차량에 대한 안전점검 등을 포함한 행정규제를 실시하고 조세도 부과하며, 이를 이용한 운송사업자 역시 대부분 이들 국가에 주된 사업소를 가지기 때문이다.[95]

---

93) 법무부, 전게서, 78면.
94) 상게서.

운송수단 중 선박에 관한 물권은 해상의 장인 국제사법 제60조에서 별도로 규정하고 있으며, 자동차는 항공기 및 철도차량과 달리 일반화된 동산이므로 운송수단에 관한 국제사법 제20조가 적용되지 않고 일반 물권의 준거법으로서 목적물 소재지법을 따른다.

(3) 무기명증권

무기명증권에 관한 권리의 득실변경은 그 원인된 행위 또는 사실의 완성 당시 그 무기명증권의 소재지법에 의한다(제21조).

가. 소재지법주의

무기명으로 발행된 주권, 사채권, 물품증권 등은 그 자체로서 권리를 화체(化體)하고 있고 그 권리의 득실변경도 증권의 양도에 의하여 이루어지고 있기 때문에 그 득실변경에 관하여 일반 동산과 다를 바가 없다.[96] 따라서 무기명증권에 관한 권리의 득실변경에 관하여는 일반 동산과 마찬가지로 그 원인된 행위 또는 사실의 완성 당시 무기명증권 자체의 소재지법에 따르도록 하였다.[97] '무기명증권에 관한 권리'에는 무기명증권 자체에 대한 권리와 무기명증권에 의하여 화체된 권리가 포함되므로, 증권 자체뿐만 아니라 그에 화체된 권리도 증권의 소재지법에 의한다.[98] 그러나 어느 유가증권이 무기명증권인지의 여부는 당해 증권에 화체된 권리의 준거법에 의하여 결정되어야 할 것이다.[99]

무기명증권이 실물로 보유되고 있는 것이 아니라 그것이 예탁결재원 등에 예치되고 그에 대한 권리변동이 증권의 교부에 의해서가 아니라 계좌 이체에 의해 일어나는 경우에는 무기명증권의 소재지가 결정적인 의미를 가지지 아니하므로 본 조항이 적용되지 않는다고 볼 것이다.[100]

---

95) 법무부, 전게서, 78－79면.
96) 상게서, 80면.
97) 상게서.
98) 상게서, 80－81면.
99) 상게서, 81면.
100) 상게서

나. 무기명증권에 대한 약정담보물권

이 조항이 무기명증권에 관한 권리의 득실변경을 규정하고 있기 때문에 무기명증권을 대상으로 하는 모든 물권관계의 변동을 포함하는 것으로 해석할 수 있을 것이나, 이를 명백히 하기 위하여 제23조 단서에서 무기명증권을 대상으로 하는 약정담보물권은 이 조항에 따르도록 하는 명문의 규정을 두고 있다.[101] 무기명증권에 대해서는 그 소유권뿐만 아니라 약정담보물권으로 그 물권이 변동되는 경우에도 그 무기명증권 소재지법에 의한다.

(4) 이동중의 물건

가. 일반적인 경우

이동중의 물건은 운송수단과 달리 그 자체가 이동이 전제된 물건은 아니어서 항공기 또는 철도차량과 동일하게 취급할 수 없다. 물건의 이동 중에 그 물건에 대하여 소유권 이전이나 질권설정 등 처분행위가 있는 경우 그로 인한 물권변동의 준거법을 확정하는 것이 필요하다. 이 경우 장소 이동이 없는 일반적인 물건과 동일하게 목적물 소재지법에 의할 경우, 그 소재지 특정과 관련하여 불필요한 분쟁이 발생할 수도 있으므로, 국제사법은 소재지법을 적용하는데 대한 예외를 규정하고 있다. 이동중의 물건에 관한 물권의 득실변경은 그 목적지법에 의한다(제22조).

이동중인 물건의 경우 물건의 소재지가 밀접한 연결점이라고 하기 어렵고, 소재지법주의를 관철할 경우 연결점이 계속 변경되어 법적 안정성이 저해될 수 있으므로 물권의 득실변경을 하나의 고정된 장소에 연결할 필요가 있다.[102] 이동중인 물건에 대한 처분은 목적물의 이동 또는 운송의 종료와 더불어 현실적인 효과를 발생하는 것이므로 그와 관련하여 물건이 향하고 있는 목적지가 가장 밀접한 관련이 있는 것으로 볼 수 있다.[103] 목적물이 여러 장소를 경유하는 경우에는 최종 목적지의 법을 기준으로 판단하여야 할 것이다.[104]

---

101) 법무부, 전게서, 81면.
102) 상게서, 82면.
103) 상게서.

나. 운송물을 표창하는 유가증권이 발행된 경우

이동중인 물건과 관련하여 선하증권, 화물상환증과 같이 그 물건에 관한 권리를 표창하는 운송증권이 발행된 경우 그 물건에 대한 처분은 증권에 의해서만 가능한지, 증권의 인도는 그 물건 자체의 인도와 동일한 효력을 갖는지 등의 문제가 생길 수 있다.[105]

이 문제에 대하여는 이동중인 물건에 관한 것이므로 목적지법에 따라야 한다는 주장, 증권의 성질과 효력의 문제이므로 증권발행의 기초인 운송계약의 준거법에 따라야 한다는 주장, 운송계약의 준거법과 목적지법이 누적적으로 적용되어야 한다는 주장, 증권의 물권적 효력이기 때문에 증권의 소재지법이 적용되어야 한다는 주장 등이 대립하고 있으나, 실무에서는 통상 증권의 소재지법에 의하여 처리하고 있다.[106]

(5) 채권 등에 대한 약정담보물권

채권 · 주식 그 밖의 권리 또는 이를 표창하는 유가증권을 대상으로 하는 약정담보물권은 담보대상인 권리의 준거법에 의한다(국제사법 제23조 본문) 다만, 무기명증권을 대상으로 하는 약정담보물권은 제21조의 규정에 의한다(국제사법 제23조 단서).

유체물이 아닌 채권 등 권리를 약정담보물권의 대상으로 하는 경우에는 동산과 달리 그 목적물의 소재지 자체는 없으며, 권리를 표창하는 유가증권이 무기명증권이 아닌 기명 또는 지시증권인 경우 목적물의 소재지가 그 유가증권과 실질적 관련성이 거의 없다.

그러나 채권(債權) 또는 기타의 권리를 대상으로 하는 약정담보물권의 경우에는 그 목적인 권리 자체가 유형의 물건에 상당하므로 그 **권리 자체의 준거법이** 유형의 물건에 대한 약정담보물권의 준거법인 물건의 소재지법에 상당하다고 볼 수 있다.[107] 국제사법은 채권 등 권리를 약정담보물권의 대상으로 하

104) 법무부, 전게서, 82면.
105) 상게서, 83면.
106) 상게서, 83면 각주 36.

는 경우에는 담보대상인 권리 자체의 준거법에 의하도록 하고 있으므로, 채권질(債權質)은 채권의 준거법에 의하고, 주식질(株式質)은 주식회사의 속인법(屬人法)에 의하게 된다.[108] 국제사법 제23조는 배서 또는 교부에 의해 유가증권에 대한 권리의 득실변경이 일어나는 통상적인 경우에 적용되며, 유가증권이 결제기구 또는 중개기관에 예치되고 그에 대한 권리변동이 유가증권의 교부에 의해서가 아니라 계좌이체에 의해 일어나는 경우에까지 적용되는 것은 아니다.[109]

무기명증권을 대상으로 하는 약정담보물권에 대해서는, 증권에 의해 표창되는 권리 자체의 준거법이 아니라 증권의 소재지법에 의한다. 이는 기명 또는 지시증권과 달리 증권상에는 권리자가 기재되지 않으므로, 그 권리의 설정 또는 이전되는 장소가 중요하게 된다. 따라서 무기명증권에 대한 약정담보물권은 무기명증권에 관한 권리의 득실변경과 동일한 문제로서 제21조에 따라 무기명증권의 경우에는 그 소유권뿐만 아니라 약정담보물권도 그 원인이 된 행위 또는 사실의 완성당시 그 무기명증권의 소재지법에 의하도록 한 것이다.

유치권과 같은 법정담보물권의 준거법은 우리나라에 그에 대한 확립된 학설·판례가 없고, 외국에서도 의견 대립이 있다는 이유로 법정담보물권 일반에 대한 준거법에 대하여 국제사법에 규정을 두고 있지 않으나,[110] 법정담보물권 중에 하나인 선박우선특권에 대해서만 해상의 장인 제60조 제1항에 규정을 두고 있다.

(6) 지식재산권의 보호

가. 지식재산권 침해의 준거법

국제사법은 지식재산권의 보호에 관한 조항은 지식재산권의 보호가 문제

---

107) 법무부, 전게서, 84－85면.
108) 상게서, 85면.
109) 상게서.
110) 상게서. ① 법정담보물권 역시 물권이므로 그 성립과 효력이 목적물의 소재지법에 의한다는 견해, ② 법정담보물권은 성립에 있어 물권의 준거법과 피담보채권의 준거법을 누적적으로 적용하여야 한다는 견해, ③ 법정담보물권의 성립 및 효력 모두에 있어서 물권의 준거법과 피담보채권의 준거법을 누적적으로 적용해야 한다는 견해가 있다(법무부, 전게서, 85면 각주 39).

되는 모든 경우에 대하여 규정하지 않고, 침해와 관련하여서만 그 침해가 일어난 국가의 법을 그 준거법 규정하고 있다. 지식재산권의 보호는 그 침해지법에 의한다(제24조).

전통적으로 지식재산권 제도는 각 국가의 주권의 행사의 문제로서 국제조약이 없는 한 개별국가의 법률에 의하여 규정되는 사항이다. 따라서 지식재산권의 보호는 그 보호가 요구되는 개별 국가에서 이를 보호하고 있는 경우에 한하여 인정될 수 있다.[111]

지식재산권의 보호가 요구되고 있는 국가의 법에 의하여 지적재산권의 성립, 소멸, 이전 등에 관한 법률관계 일체를 결정하는 것을 보호국법주의(保護國法主義)라고 한다.[112] 국제사법은 지식재산권의 모든 분야에 관하여 보호국법주의를 명시하는 대신 현실적으로 가장 문제가 되며 입법의 필요가 큰 지식재산권의 침해 문제에 대하여만 준거법을 규정하였다.[113] 따라서 침해문제를 제외한, 지식재산권의 성립, 이전 등의 전반적인 문제는 제24조에 포함되지 않으므로, 여전히 학설과 판례에 맡겨져 있다.[114]

나. 지식재산권 침해와 불법행위와의 관계

지식재산권 침해의 법적성격은 불법행위이므로, 지식재산권 침해에 대한 준거법을 규정한 국제사법 규정은 불법행위에 대한 준거법을 규정한 제32조의 특칙으로 볼 수 있다. 따라서 지식재산권 침해에 대한 특칙 규정 외에, 불법행위에서 인정되는 준거법에 관한 사후적 합의(국제사법 제33조) 및 불법행위로 인한 손해배상책임의 제한(국제사법 제32조 제4항)도 적용될 수 있는지 여부가 문제되나, 지식재산권의 침해가 불법행위로서의 법적 성질을 가지는 이상 적극적으로 해석하여야 할 것이다.[115]

---

111) 법무부, 전게서, 87면.
112) 상게서.
113) 상게서, 87－88면.
114) 상게서, 88면.
115) 상게서, 88－89면.

다. 국제조약과의 관계

이 조항은 지식재산권에 관한 국제조약에 대하여 보충적인 저촉규정으로서의 의미를 가지므로, 특허, 상표, 저작권 등 지식재산권의 종류별로 관련 국제조약이 저촉규정을 두고 있는 경우에는 우선적으로 그에 따르고, 관련 국제조약이 존재하지 않거나 저촉규정을 두고 있지 않은 경우에만 적용된다.[116)]

[관련판례] 저작권침해 관련 국제조약이 있는 경우
서울고등법원 2012. 7. 25. 선고 2011나70802 판결

국제사법 제24조는 "지식재산권의 보호는 그 침해지법에 의한다."고 규정하고 있으나 이는 지식재산권에 관한 국제조약에 준거법에 관한 규정이 없는 경우를 대비한 보충적 성격의 규정이므로, 국제조약에 법률관계에 적용될 준거법에 관한 규정이 있는 경우에는 그에 따라 준거법을 결정하여야 한다. 그런데 대한민국은 1996. 8. 21., 미국은 1989. 3. 1. 각각 베른협약(Berne Convention for the Protection of Literary and Artistic Works)에 가입한 동맹국(a country of the Union)이고, … 베른협약 제5조 제2항 제2문은 '저작자의 권리에 대한 보호의 범위와 이를 보호하기 위하여 주어지는 구제의 수단은 오로지 보호가 요구된 국가의 법률에 따라 규율된다.'고 규정하고 있다. 베른협약의 '보호가 요구된 국가(the country where protection is claimed)'는 '그 영토 내에서의 보호가 요구되고 있는 국가', 즉 '보호국'을 의미하며, 특히 저작재산권 침해와 관련하여 '그 영토 내에서의 침해행위에 대하여 보호가 요구되고 있는 국가', 즉 '침해지국'을 의미하는데…, [미국법인인] 원고가 자신의 저작재산권 침해행위가 대한민국에서 발생하였음을 주장하며 이에 대한 보호를 요구하고 있으므로, 결국 대한민국 법률이 보호국법이자 침해지국법으로서 이 사건에 적용될 준거법이다.

라. 기타 지식재산권의 준거법

판례는 상표권의 성립, 유 · 무효, 취소 등의 준거법은 등록국 또는 등록이 청구된 국가로 본다.

---

116) 법무부, 전게서, 89면.

[관련판례] 상표권: 대법원 2018. 6. 21. 선고 2015후1454 전원합의체 판결

상표권은 등록국법에 의하여 발생하는 권리로서 등록이 필요한 상표권의 성립이나 유 · 무효 또는 취소 등을 구하는 소는 일반적으로 등록국 또는 등록이 청구된 국가 법원의 전속관할에 속하고 …, **그에 관한 준거법 역시 등록국 또는 등록이 청구된 국가의 법으로 보아야 한다.** 따라서 원고가 미국 법인이라고 하더라도 우리나라에서 서비스표를 등록받아 사용하기 위하여 우리나라에 등록출원을 한 이상 그 등록출원의 적법 여부에 관한 준거법은 우리나라 상표법이다.

4. 채 권

국제사법은 채권의 준거법을 채권의 발생원인에 따라 채권적 법률행위 중 가장 중요한 계약의 준거법과 법정채권의 준거법으로 나누어 규정하고 있다.

(1) 계약의 준거법

계약의 준거법은 당사자간의 준거법에 대한 합의가 있는 준거법의 주관적 연결의 경우와 준거법 합의가 없는 객관적 연결의 경우로 나누어진다.

가. 준거법의 주관적 연결

1) 당사자자치

계약의 당사자가 준거법을 합의로 선택한 경우, 당사자의 의사를 존중하여 주관적 연결에 의해 준거법이 결정되도록 하는 당사자자치를 인정하고 있다. 계약은 당사자가 명시적 또는 묵시적으로 선택한 법에 의한다. 다만, 묵시적인 선택은 계약내용 그 밖에 모든 사정으로부터 합리적으로 인정할 수 있는 경우에 한한다(국제사법 제25조 제1항).

[관련판례] 대법원 2012. 10. 25. 선고 2009다77754 판결

국제사법 제25조 제1항은 "계약은 당사자가 명시적 또는 묵시적으로 선택한 법에 의한다. 다만 묵시적인 선택은 계약 내용 그 밖에 모든 사정으로부터 합리적으로 인정할 수 있는 경우에 한한다."고 규정하여 계약의 준거법을 당사자가 자유롭게 선택할 수 있도록 하면서, 당사자의 준거법 선택은 명시적인 지정뿐만 아니라 묵시적인

지정도 가능하도록 하고 다만 그것이 부당하게 확대되는 것을 방지하기 위하여 묵시적인 선택은 계약 내용 그 밖에 모든 사정으로부터 합리적으로 인정할 수 있는 경우로 제한하고 있다. 따라서 **당사자가 계약의 준거법으로 지역에 따라 법을 달리하는 이른바 연방제국가의 어느 특정 지역의 법을 지정하지 않고 단순히 연방제국가의 법이라고만 약정한 경우, 선택된 법이 특정 지역의 법이 아니라 연방제국가의 법이라는 사정만으로 그러한 준거법 약정이 내용을 확정할 수 없는 것으로 당연 무효라고 보아서는 아니 되고, 계약 문언, 계약 전후의 사정, 거래관행 등 모든 사정을 고려하여 당사자가 그 국가의 어느 지역의 법을 지정한 것으로 합리적으로 인정되는지 여부까지 살펴보아야 한다.** 나아가 지역에 따라 법을 달리하는 연방제국가라고 하더라도, 어느 법률관계에 관하여 그 국가 전체에 통일적으로 적용되는 이른바 연방법이 존재한다면 적어도 그 법률관계에 관하여는 연방법이 적용되어 지역에 따라 법을 달리한다고 할 수는 없으므로, 당사자가 그 법률관계에 관한 준거법으로 연방제국가의 법을 준거법으로 선택한 약정은 그 국가의 연방법을 준거법으로 선택한 약정으로서 유효하다고 할 것이다.

2) 준거법의 부분지정

당사자는 계약의 전부에 대해서 모두 동일한 준거법을 선택하여야 하는 것은 아니므로, 단일 계약 내의 특정한 사항 내지 문제 등 계약의 일부에 대해서 다른 준거법을 선택할 수 있다. 국제사법은 준거법의 부분지정을 인정하므로, 당사자는 계약의 일부에 관하여도 준거법을 선택할 수 있다(국제사법 제25조 제2항). 따라서 계약 전체의 준거법을 선택하였더라도, 계약의 특정사항에 대해서는 다른 준거법을 선택할 수 있다. 준거법의 부분지정을 허용하는 것을 일반적으로 준거법의 분할 또는 분열(dépeçage)이라고 한다.[117]

당사자가 계약의 일부에 대해서만 준거법을 지정하고, 나머지 부분에 대해서는 준거법을 지정하지 않은 경우에는 준거법의 지정이 없는 부분에 관하여는 객관적 연결에 의하여 가장 밀접한 국가의 법이 준거법이 된다.

117) 법무부, 전계서, 91면 각주 45.

[관련판례]

1. 영국법 준거약관 부분지정: 대법원 2016. 6. 23. 선고 2015다5194 판결

국제사법 제25조는 제1항 본문 및 제2항에서, "계약은 당사자가 명시적 또는 묵시적으로 선택한 법에 의한다.", "당사자는 계약의 일부에 관하여도 준거법을 선택할 수 있다."라고 규정하고, 제26조 제1항에서 "당사자가 준거법을 선택하지 아니한 경우에 계약은 그 계약과 가장 밀접한 관련이 있는 국가의 법에 의한다."라고 규정하고 있다. 따라서 **외국적 요소가 있는 계약에서 당사자가 계약의 일부에 관하여만 준거법을 선택한 경우에 그 해당 부분에 관하여는 당사자가 선택한 법이 준거법이 되지만, 준거법 선택이 없는 부분에 관하여는 계약과 가장 밀접한 관련이 있는 국가의 법이 준거법이 된다.**

…. 이 사건 보험계약에는 ① "본 보험증권에 따라 발생하는 책임에 관한 모든 문제는 영국의 법률과 관습이 적용된다(All questions of liability arising under this policy are to be governed by the laws and customs of England)."라는 내용의 준거법 약관(이하 '이 사건 준거법 약관'이라고 한다)[이]…포함되어 있다. … 이 사건 **준거법 약관은 이 사건 보험계약 전부에 대한 준거법을 지정한 것이 아니라 보험자의 '책임' 문제에 한정하여 영국의 법률과 관습에 따르기로 한 것이므로** 보험자의 책임에 관한 것이 아닌 사항에 관하여는 이 사건 보험계약과 가장 밀접한 관련이 있는 우리나라의 법이 적용된다고 할 것인데, 약관의 설명의무에 관한 사항은 약관의 내용이 계약내용이 되는지 여부에 관한 문제로서 보험자의 책임에 관한 것이라고 볼 수 없으므로…, 이에 관하여는 영국법이 아니라 우리나라의 약관규제법이 적용된다.

2. 선하증권 지상약관: 대법원 2018. 3. 29. 선고 2014다41469 판결

국제계약에서 준거법 지정이 허용되는 것은 당사자자치(party autonomy)의 원칙에 근거하고 있다. 선하증권에 일반적인 준거법에 대한 규정이 있음에도 운송인의 책임범위에 관하여 국제협약이나 그 국제협약을 입법화한 특정 국가의 법을 우선 적용하기로 하는 이른바 '지상약관(Clause Paramount)'이 준거법의 부분지정(분할)인지 해당 국제협약이나 외국 법률규정의 계약 내용으로의 편입인지는 기본적으로 당사자의 의사표시 해석의 문제이다. **일반적 준거법 조항이 있음에도 운송인의 책임범위에 관하여 국제협약을 입법화한 특정 국가의 법을 따르도록 규정하고, 그것이 해당 국가 법률의 적용요건을 구비하였다면, 특별한 사정이 없는 한 운송인의 책임제한에는 그 국가의 법을 준거법으로 우선적으로 적용하는 것이 당사자의 의사에 부합한다.**

3) 준거법의 사후적 변경

당사자는 합의에 의하여 당사자의 선택 또는 제26조의 객관적 연결의 규정에 의한 준거법을 변경할 수 있다(국제사법 제25조 제3항 본문). 국제사법은 당사자의 합의로 준거법을 사후에 변경하는 것을 허용하고 있다.

다만, 합의로 준거법을 변경하더라도 계약체결후 이루어진 준거법의 변경은 계약의 방식의 유효성과 제3자의 권리에 영향을 미치지 아니한다(국제사법 제25조 제3항 단서). 이는 준거법을 합의로 변경함으로써 이미 확정된 계약의 방식이나 제3자의 권리가 소급적으로 영향을 받지 않도록 준거법의 사후적 변경의 효력을 제한한 것이다. 국제사법은 준거법의 사후적 변경에 대하여 소급효를 인정할 것인지 아니면 장래에 대한 효력만을 인정할 것인지에 대하여는 이를 명시하지 아니하고 학설과 판례의 해석에 맡겨 놓고 있다.[118] 따라서 본 조항은 준거법의 사후적 변경에 대한 소급효 인정여부에 관계없이 계약의 방식의 유효성과 제3자의 권리는 준거법의 사후적 변경으로 영향을 받지 않는다는 취지를 규정한 것이다.

4) 국내계약에 대한 외국 준거법 지정

계약과 관련된 모든 요소가 한 국가와 관련이 있는 순수한 국내계약임에도 불구하고, 그 국내의 강행규정의 적용을 회피하기 위하여 계약과 전혀 관계없는 다른 국가의 법을 선택하는 것을 제한하기 위하여, 그러한 경우에는 계약과 관련된 국가의 강행규정은 준거법 선택으로 인하여 적용이 배제되지 않는다. 모든 요소가 오로지 한 국가와 관련이 있음에도 불구하고 당사자가 그 외의 다른 국가의 법을 선택한 경우에 관련된 국가의 강행규정은 그 적용이 배제되지 아니한다(국제사법 제25조 제4항). 따라서 순수한 국내계약이라도 당사자자치에 의하여 다른 국가의 법을 준거법으로 선택하는 것은 금지되지 않고 허용되지만, 국내계약에 적용되는 강행규정은 외국법을 준거법으로 선택하더라도 적용된다.

여기서의 강행법규는 "당사자의 계약에 의하여 배제될 수 없는 법규" 즉,

---

118) 법무부, 전게서, 92면 각주 47.

단순한 강행법규를 의미하며, 국제사법 제7조의 국제적 강행법규와는 구별된다.[119]

5) 준거법 합의의 성립 및 유효성에 관한 준거법

준거법 선택에 관한 계약조항의 성립과 그 유효성 여부에 대하여 다툼이 있는 경우에 준거법 합의조항의 준거법을 어떻게 결정하여야 할지 문제가 된다. 통상 준거법 합의조항 자체에 대해서는 별도로 준거법을 명시적으로 합의하는 경우가 거의 없고, 계약 자체에 대한 준거법은 계약이 유효하다고 인정될 때 적용되는 것이기 때문에 계약 또는 준거법 조항의 효력이 다투어지는 경우에는 적용될 수 없다. 따라서 국제사법은 이러한 경우를 고려하여, 준거법 선택에 관한 당사자의 합의의 성립 및 유효성에 관하여는 제29조의 규정을 준용한다(국제사법 제25조 제5항)고 규정한다. 준거법 선택에 관한 당사자의 합의의 성립여부 또는 유효성 여부에 대하여 다툼이 있는 경우에는, 계약이 유효하게 성립되었을 것을 전제하고 계약의 준거법에 의해서 준거법 합의의 성립 및 유효성 문제를 판단하도록 한 것이다. 계약의 준거법에 의하게 되면 당사자의 합리적 기대에 부합되고 당해 계약을 둘러싼 문제 전반에 관하여 통일적 판단이 가능해지는 이점이 있다.[120]

나. 준거법의 객관적 연결

1) 밀접관련지 원칙

당사자가 준거법을 합의로 선택하지 않은 경우에, 객관적 연결에 의한 준거법을 결정하도록 하고 있다. 당사자가 준거법을 선택하지 아니한 경우에 계약은 그 계약과 가장 밀접한 관련이 있는 국가의 법에 의한다(국제사법 제26조 제1항). 당사자가 준거법을 합의하지 않은 계약에 대해서는 실질적 관련성의 원칙에 따라 밀접관련지 국가의 법에 의한다. 국제사법은 구법인 섭외사법에서 규정한 객관적 연결에 있어서 행위지법의 원칙을 채택하지 아니하고, 밀접관련지 원칙을 채택한 것이다.[121]

119) 법무부, 전게서, 92면 각주 48.
120) 상게서, 93면 각주 49.
121) 상게서, 95면.

2) 특징적 이행에 근거한 밀접관련지 추정

제1항에 규정한 밀접관련지는 해석의 문제로서 분명하지 않을 수 있으므로, 국제사법은 계약의 유형별로 특징적 이행을 하는 당사자의 상거소 또는 영업소가 있는 국가가 밀접관련지 국가임을 예시적으로 명시하고 있다.

당사자가 계약에 따라 다음 각호중 어느 하나에 해당하는 이행을 행하여야 하는 경우에는 계약체결 당시 그의 상거소가 있는 국가의 법(당사자가 법인 또는 단체인 경우에는 주된 사무소가 있는 국가의 법)이 가장 밀접한 관련이 있는 것으로 추정한다(국제사법 26조 제2항 본문). 다만, 계약이 당사자의 직업 또는 영업활동으로 체결된 경우에는 당사자의 영업소가 있는 국가의 법이 가장 밀접한 관련이 있는 것으로 추정한다(국제사법 26조 제2항 단서).

1. 양도계약의 경우에는 양도인의 이행(제26조 제2항 제1호)
2. 이용계약의 경우에는 물건 또는 권리를 이용하도록 하는 당사자의 이행 (제26조 제2항 제2호)
3. 위임 · 도급계약 및 이와 유사한 용역제공계약의 경우에는 용역의 이행 (제26조 제2항 제3호)

국제사법은 밀접관련지를 정함에 있어서, 계약의 유형별로 계약의 특징적 이행(characteristic performance)을 하는 당사가 누구인지를 추정하는 규정을 두고 있다. 양도계약의 경우 양도인, 이용계약의 경우 이용하도록 하는 당사자, 위임 · 도급계약의 경우에는 용역의 이행을 하는 당사자가 특징적 이행을 하는 당사자이다. 따라서 개인인 경우에는 특징적 이행을 하는 당사자의 상거소, 법인 또는 단체의 경우에는 그 주된 사무소 소재지의 법을 준거법으로 적용하되, 특징적 이행을 하는 당사자가 직업 또는 영업활동으로 계약을 체결한 경우에는 상거소 또는 주된 사무소 소재지 대신 그 영업소 소재지법을 준거법으로 적용한다.

다만, 특징적 이행에 근거한 밀접관련지에 대한 규정은 간주가 아닌 추정조항이므로 추정을 번복하기 위한 반대사실을 증명은 허용된다. 또한 제2항 각호는 특징적 이행의 예를 제한적으로 열거한 것이 아니라 예시적 열거로 이해해야 할 것이다.[122)]

[관련판례]
1. 신용장대금 상환의 법률관계 준거법: 대법원 2011. 1. 27. 선고 2009다10249 판결

국제사법 제26조 제1항은 외국적 요소가 있는 법률관계에서 당사자가 준거법을 선택하지 아니한 경우에 계약은 그 계약과 가장 밀접한 관련이 있는 국가의 법에 의하여야 한다고 규정하고, 제26조 제2항 제3호에서는 위임사무의 준거법은 위임사무 이행의무 당사자의 계약체결 당시의 주된 사무소 등의 소재지법을 가장 밀접한 관련이 있는 법으로 추정하고 있다.

그런데 신용장에 기한 환어음 등을 매입하는 매입은행은 신용장 개설은행의 수권에 의하여 매입하긴 하지만, 이는 어디까지나 자기의 계산에 따라 독자적인 영업행위로서 매입하는 것이고 신용장 개설은행을 위한 위임사무의 이행으로서 신용장을 매입하는 것은 아니므로, **신용장 개설은행과 매입은행 사이의 신용장대금 상환의 법률관계에 관한 준거법의 결정에는 위임사무의 이행에 관한 준거법의 추정 규정인 국제사법 제26조 제2항 제3호를 적용할 수 없고, 환어음 등의 매입을 수권하고 신용장대금의 상환을 약정하여 신용장대금 상환의무를 이행하여야 하는 신용장 개설은행의 소재지법이 계약과 가장 밀접한 관련이 있는 국가의 법으로서 준거법이 된다고 할 것이다.**

2. 선박대리점 계약의 준거법: 대법원 2012. 7. 16.자 2009마461 결정

국내에 영업소가 있는 선박대리점이 외국의 선박소유자 등과의 선박대리점계약에 기하여 외국 선적의 선박에 관하여 항해 등에 관한 사무의 처리를 위탁받아 그 사무를 처리하는 경우에, 그 **선박대리점계약에 의하여 발생하는 채권 및 채무의 종류·내용과 효력, 그리고 변제 그 밖의 방법에 의한 소멸 등의 사항에 관하여 당사자가 준거법을 따로 선택하지 아니하였다면, 다른 특별한 사정이 없는 한 국제사법 제26조 제2항 단서에 의하여 계약과 가장 밀접한 관련이 있는 것으로 추정되는 선박대리점의 영업소가 있는 우리나라의 법이 준거법이 된다.**

3) 부동산 관련 계약에 대한 밀접관련지 특칙

부동산에 대한 권리를 대상으로 하는 계약은 일반 계약과 달리 부동산 소재지법을 밀접관련지법으로 추정한다. 이는 부동산은 전통적으로 그 소재지와

---

122) 법무부, 전게서, 96면 각주 52.

밀접한 관련이 있는 것으로 인정되어 온 것을 고려하여 부동산에 관한 계약에서 물권과 채권을 모두 소재지법에 의해서 동일하게 규율하려는 것이다. 부동산에 대한 권리를 대상으로 하는 계약의 경우에는 부동산이 소재하는 국가의 법이 가장 밀접한 관련이 있는 것으로 추정한다(국제사법 26조 제3항). 다만, 부동산에 관련 계약의 밀접관련지에 대한 규정은 간주가 아닌 추정 조항이므로 추정을 번복하기 위한 반대사실을 증명은 허용된다.

다. 지연손해금의 준거법

지연손해금은 채무의 이행지체에 대한 손해배상으로서 본래의 채무에 부수하여 지급되는 것이므로, 본래의 채권채무관계를 규율하는 준거법에 의하여 결정되어야 한다.

[관련판례] 대법원 1997. 5. 9. 선고 95다34385 판결

지연손해금이란 채무의 이행지체에 대한 손해배상으로서 본래의 채무에 부수하여 지급되는 것이므로 본래의 채권채무관계를 규율하는 준거법에 의하여 결정되어야 하는 것이고, 한편 **섭외사건에 있어서 절차에 관하여는 법정지법에 의하여야 함**은 소론과 같으나, **소송촉진등에관한특례법 제3조 제1항 소정의 법정이율에 관한 규정은** 비록 소송촉진을 목적으로 소송절차에 의한 권리구제와 관련하여 적용되는 것이기는 하지만 **그 실질은 금전채무의 불이행으로 인한 손해배상의 범위를 정하기 위한 것이므로 이를 절차법적인 성격을 가지는 것이라고만 볼 수 없으므로** 원심이 피고에게 위 신용장에 따른 대금지급의무의 지체에 대한 지연손해금의 지급을 명함에 있어 위 소송촉진등에관한특례법을 적용하지 아니하고 원본채권의 준거법인 캐나다법을 적용하여 채무이행을 명하는 판결선고가 있기까지는 연 5푼 1리의, 판결선고 후에는 연 8푼의 이율을 적용한 조치는 정당[하다.]

라. 채권 관련 기타 판례

1) 상계 관련 준거법: 대법원 2015. 1. 29. 선고 2012다108764 판결

외국적 요소가 있는 채권들 사이에서의 상계의 요건과 효과에 관한 법률관계가 상계의 준거법에 따라 해석 · 적용된다고 하더라도, 채권자가 대한민국

의 민사집행법에 의하여 가압류명령 또는 채권압류명령 및 추심명령을 받아 채권집행을 한 경우에, 채권가압류명령 또는 채권압류명령을 받은 **제3채무자가 채무자에 대한 반대채권을 가지고 상계로써 가압류채권자 또는 압류채권자에게 대항할 수 있는지 여부는 집행절차인 채권가압류나 채권압류의 효력과 관련된 문제이므로, 특별한 사정이 없는 한 대한민국의 민사집행법 등에 의하여 판단함이 원칙이고 상계의 준거법에 의할 것은 아니다.**

2) 도산법정지법 적용범위: 대법원 2015. 5. 28. 선고 2012다104526, 104533 판결

외국적 요소가 있는 계약을 체결한 당사자에 대한 회생절차가 개시된 경우, 그 계약이 쌍방미이행 쌍무계약에 해당하여 관리인이 이행 또는 해제 · 해지를 선택할 수 있는지 여부, 그리고 계약의 해제 · 해지로 인하여 발생한 손해배상채권이 회생채권인지 여부는 도산법정지법(倒産法廷地法)인 채무자회생법에 따라 판단되어야 하지만, **그 계약의 해제 · 해지로 인한 손해배상의 범위에 관한 문제는 계약 자체의 효력과 관련된 실체법적 사항으로서 도산전형적인 법률효과에 해당하지 아니하므로 국제사법에 따라 정해지는 계약의 준거법이 적용된다.**

3) 채권자취소권의 준거법: 대법원 2016. 12. 29. 선고 2013므4133 판결

채권에 관한 법률관계에 외국적 요소가 있을 경우에, 당사자가 그 준거법을 선택한 바가 없고, 「국제사법」에도 당해 법률관계에 적용할 준거법을 정하는 기준에 관한 직접적 규정이 없는 경우에는 그 법률관계와 가장 밀접한 관련이 있는 국가의 법에 의하여야 한다(국제사법 제26조 등). **외국의 법률에 의하여 권리를 취득한 채권자가 우리나라에서 채권자취소권을 행사할 경우의 준거법에 관해서도 「국제사법」은 달리 정한 바가 없다.** 그러므로 이때에도 그 법률관계와 가장 밀접한 관련이 있는 국가의 법이 준거법이 되어야 할 것인데, 채권자취소권의 행사에서 피보전권리는 단지 권리행사의 근거가 될 뿐이고 취소 및 원상회복의 대상이 되는 것은 사해행위이며, 사해행위 취소가 인정되면 채무자와 법률행위를 한 수익자 및 이를 기초로 다시 법률관계를 맺은 전득자 등

이 가장 직접적으로 이해관계를 가지게 되므로 거래의 안전과 제3자의 신뢰를 보호할 필요도 있다. 이러한 요소 등을 감안하면, **외국적 요소가 있는 채권자 취소권의 행사에서 가장 밀접한 관련이 있는 국가의 법은 취소대상인 사해행위에 적용되는 국가의 법이라고 할 것이다.**

4) 책임보험계약에서 제3자의 직접청구권: 대법원 2017. 10. 26. 선고 2015다42599 판결

제3자가 외국의 법률이 준거법인 책임보험계약의 피보험자에 대하여 대한민국 법률에 의하여 손해배상청구권을 갖게 되어 우리나라에서 보험자에 대한 직접청구권을 행사할 경우의 준거법을 정하는 기준에 관하여 국제사법에는 직접적인 규정이 없다. **책임보험계약에서 보험자와 제3자 사이의 직접청구권에 관한 법률관계는 그 법적 성질이 법률에 의하여 보험자가 피보험자의 제3자인 피해자에 대한 손해배상채무를 병존적으로 인수한 관계에 해당한다.** … 국제사법 제34조는 채권양도 및 채무인수의 법률관계를 동일하게 취급하여, 채권의 양도가능성, 채무자 및 제3자에 대한 채권양도의 효력은 양도되는 채권의 준거법에 의하도록 규정하고(제1항), 채무인수에 대하여도 이를 준용하고 있다(제2항). 또한 국제사법 제35조는 법률에 의한 채권의 이전에 관하여, 그 이전의 원인이 된 구채권자와 신채권자 사이의 법률관계의 준거법에 의하지만, 만약 이러한 법률관계가 존재하지 아니하는 경우에는 채권양도 및 채무인수의 경우와 마찬가지로 이전되는 채권의 준거법에 의하도록 규정하고 있다. 이에 비추어 보면, **채무인수 및 법률에 의한 채권의 이전에 관하여 이전되는 채무·채권의 준거법에 의하도록 한 국제사법 제34조 및 제35조의 기준은 법률에 의한 채무의 인수의 경우에도 참작함이 타당하다.**

그런데 보험자가 피보험자의 손해배상채무를 병존적으로 인수하게 되는 원인은, 피보험자가 제3자에 대하여 손해배상채무를 부담하는 것과는 별개로, 그 기초가 되는 보험자와 피보험자 사이의 법률관계인 책임보험계약에 관하여 제3자의 보험자에 대한 직접청구권을 인정하는 법 규정이 존재하기 때문이다. 그리고 제3자 직접청구권이 인정되는 경우에 보험자가 제3자에 대하여 부담하는 구체적인 책임의 범위와 내용은 책임보험계약에 따라 정해질 수밖에 없고,

책임보험계약에 따라 보험자와 피보험자가 부담하는 권리의무도 변경된다.

위와 같은 사정들을 종합하여 보면, **외국적 요소가 있는 책임보험계약에서 제3자 직접청구권의 행사에 관한 법률관계에 대하여는 그 기초가 되는 책임보험계약에 적용되는 국가의 법이 가장 밀접한 관련이 있다고 보이므로, 그 국가의 법이 준거법으로 된다고 해석함이 타당하다.**

(2) 소비자계약

다수의 국가의 국내 실질법에서 소비자를 보호하기 위한 강행규정을 두고 있다. 그런데 당사자들이 외국법을 준거법으로 지정함으로써 그러한 실질법상의 제한을 임의로 회피할 수 있다면 실질법의 입법취지가 잠탈되므로 이들 약자를 보호하기 위한 저촉법적 차원의 고려가 요청된다.[123]

국제사법은 이러한 점을 고려하여 소비자계약에 대해서는 당사자자치를 제한하는 등 일반 계약의 준거법에 대한 특칙을 두고 있다. 따라서 제27조 제1항의 소비자계약에 해당하는 경우에는, 제25조, 제26조의 규정에도 불구하고 소비자계약의 특칙이 적용된다. 또한 국제사법은 소비자계약 관련 분쟁에서, 소비자의 이익을 보호하기 위한 국제재판관할권에 대한 특칙도 준거법에 대한 특칙과 함께 규정하고 있다.

가. 소비자계약의 정의

소비자계약의 특칙이 적용되기 위해서는 소비자계약에 해당하여야 하는데, 국제사법상 소비자가 체결하는 모든 계약이 소비자계약에 해당하는 것이 아니고, 국제사법 제27조 제1항 각호에 열거된 요건을 갖춘 국제성이 있는 특수한 유형의 소비자계약만이 소비자계약에 해당함을 주의하여야 한다.

국제사법상 소비자계약의 요건으로는, 소비자가 직업 또는 영업활동 외의 목적으로 체결하는 계약이 소비자의 상거소지국을 기준으로 한 다음 각호 중 어느 하나에 해당하는 경우이어야 한다(국제사법 제27조 제1항).

1. 소비자의 상대방이 계약체결에 앞서 그 국가에서 광고에 의한 거래의

123) 법무부, 전게서, 100면.

권유 등 직업 또는 영업활동을 행하거나 그 국가 외의 지역에서 그 국가로 광고에 의한 거래의 권유 등 직업 또는 영업활동을 행하고, 소비자가 그 국가에서 계약체결에 필요한 행위를 한 경우(제1호)

2. 소비자의 상대방이 그 국가에서 소비자의 주문을 받은 경우(제2호)
3. 소비자의 상대방이 소비자로 하여금 외국에 가서 주문을 하도록 유도한 경우(제3호)

첫째, 소비자계약이 되기 위해서는 소비자가 직업 또는 영업활동 외의 목적으로 체결하여야 한다. 소비용 목적이 아닌 직업 또는 영업적 목적으로 체결하는 계약은 소비자계약이 될 수 없다.

둘째, 소비자계약이 되기 위해서는, 소비자의 상대방이 직업 또는 영업활동으로 한 일정한 행위가, '소비자의 상거소'를 중심으로 규정된 제27조 제1항 각호 중에 하나에 해당하여야 한다.

제27조 제1항 제1호에 해당하기 위해서는 '**소비자의 상거소가 있는 국가에서**' 소비자의 상대방이 계약 체결 전에 광고에 의한 권유 등 직업 또는 영업활동을 하거나 '**소비자의 상거소가 있는 국가 외의 지역에서**' '**소비자의 상거소가 있는 국가로**' 광고에 의한 거래의 권유 등 직업 또는 영업활동을 하고, 소비자가 그 '**상거소가 있는 국가에서**' 계약체결에 필요한 행위를 하여야 한다. 예컨대, 소비자의 상대방이 외국에서 소비자의 상거소가 있는 국가로 온라인으로 광고 등 권유행위를 하고, 소비자가 그 상거소에서 온라인으로 계약체결을 한 경우에는 제27조 제1항 제1호에 해당할 수 있다.

제27조 제1항 제2호에 해당하기 위해서는, 소비자의 상대방이 '**소비자의 상거소가 있는 국가에서**' 소비자의 주문을 받아야 한다. 소비자의 상대방이 소비자를 상대로 한 적극적인 권유 등의 행위를 한 바가 없어도, 소비자의 상대방이 그 주문을 받은 장소가 소비자의 상거소지인 경우에는 제27조 제1항 제2호에 해당한다.

제27조 제1항 제3호에 해당하기 위해서는, 소비자의 상대방이 소비자로 하여금 자신의 '**상거소가 아닌 외국에 가서**' 주문을 하도록 유도한 경우이어야 한다. 예컨대, 외국에 가서 쇼핑 관광을 할 목적으로 단체관광객을 모집하고,

소비자의 실제 주문은 외국 관광지 현지에서 이루어졌다면, 상거소가 아닌 외국에서의 주문이라도 제27조 제1항 제3호에 해당한다.

나. 소비자계약의 준거법

국제사법은 소비자계약의 준거법을 주관적 연결의 경우와 객관적 연결의 경우로 구분하여 규정하고 있다.

1) 주관적 연결

소비자계약에 해당하는 경우에 당사자가 준거법을 선택하더라도 소비자의 상거소가 있는 국가의 강행규정에 의하여 소비자에게 부여되는 보호를 박탈할 수 없다(국제사법 제27조 제1항). 소비자계약의 경우에도 준거법의 선택에 있어서 당사자자치는 인정되므로(제25조), 당사자가 선택한 준거법은 준거법으로 유효하다. 다만, 당사자가 선택한 준거법이 소비자의 상거소에 있는 국가의 소비자보호를 위한 강행규정에 반하는 경우에는 그 조항만 적용이 배제된다. 따라서 당사자자치에 의한 준거법 자체가 소비자의 상거소지법으로 변경되는 것이 아님을 주의할 필요가 있다.

소비자의 상거소지법상 강행규정이 당사자가 선택한 준거법보다 소비자에게 유리한 점이 있는 경우 그 범위 내에서는 상거소지법의 보호를 받게 된다.[124] 여기서의 강행법규는 "당사자의 계약에 의하여 배제될 수 없는 법규" 즉, 단순한 강행법규를 의미하므로, 국제사법 제7조의 국제적 강행법규와는 구별된다.[125]

2) 객관적 연결

당사자가 준거법을 선택하지 아니한 경우에 소비자계약은 객관적 연결을 규정한 제26조의 규정에 불구하고 소비자의 상거소지법에 의한다(제27조 제2항). 소비자계약에 대해서는 객관적 연결의 원칙을 규정하는 제26조를 따르지 않고, 언제나 소비자의 상거소지법이 그 준거법이 된다.

3) 소비자계약의 방식

124) 법무부, 전게서, 101면.
125) 상게서, 101면 각주 55.

소비자계약의 방식은 법률행위의 실질의 준거법 또는 행위지법을 기준으로하는 제17조 제1항 내지 제3항의 규정에 불구하고 소비자의 상거소지법에 의한다(제27조 제3항). 소비자계약의 경우 계약방식의 준거법도 언제나 소비자의 상거소지법이 된다.

다. 소비자계약의 재판관할권

소비자계약의 경우 국제사법 제2조의 국제재판관할권에 대한 특칙을 규정하고 있다. 따라서 소비자계약에 해당하는 경우에는, 제2조의 규정 외에도 제27조에 규정된 관할권 요건까지 검토하여, 국제재판관할권이 인정되는지 여부를 판단하여야 한다.

1) 소비자가 소를 제기하는 경우

소비자계약의 경우에 소비자는 그의 상거소가 있는 국가에서도 상대방에 대하여 소를 제기할 수 있다(제27조 제4항). 이는 제2조에 의한 일반재판관할권에 추가하여 인정되는 **추가적 관할권**이다. 따라서 소비자가 제기한 소가 제2조 또는 제27조 제4항의 요건 중 어느 하나에 해당하면 국제재판관할권이 인정된다. 소비자를 보호하기 위하여, 소비자에 대해서 '원고는 피고의 법정지를 따른다'(actor sequitur forum rei)는 대륙법계 민사소송법 일반원칙과 달리 원고가 자신의 법정지인 상거소지에서 소를 제기할 수 있는 국제재판관할권을 인정한 것이다.[126]

2) 소비자의 상대방이 소를 제기하는 경우

소비자계약의 경우에 소비자의 상대방이 소비자에 대하여 제기하는 소는 소비자의 상거소가 있는 국가에서만 제기할 수 있다(제27조 제5항). 이는 소비자를 보호하기 위하여 소비자의 상대방이 소비자를 상대로 소를 제기하는 경우 소비자의 상거소가 있는 국가만이 **전속적 · 배타적 관할권**을 갖도록 한 것이다. 소비자가 그 상대방이 있는 국가에 가서 소송방어 활동을 하지 않아도 되도록 한 규정이다.

---

126) 법무부, 전게서, 102면.

3) 관할에 대한 합의

국제사법은 소비자계약에 대해서도 관할합의를 허용하고 있으나, 그 합의의 방식 또는 시기에 제한을 가하여 그러한 요건을 갖춘 관할합의에 대해서만 그 효력을 인정한다.

첫째, 소비자계약의 당사자는 서면에 의하여 국제재판관할에 관한 합의를 할 수 있다(제27조 제6항 본문). 소비자계약에 대한 국제재판관할 합의는 서면에 의해서만 할 수 있으므로, 구두에 의한 합의는 그 효력이 없다.

둘째, 그 합의는 다음 각호중 어느 하나에 해당하는 경우에 한하여 그 효력이 있다(제27조 제6항 단서).

1. 분쟁이 이미 발생한 경우(제1호)
2. 소비자에게 이 조에 의한 관할법원에 추가하여 다른 법원에 제소하는 것을 허용하는 경우(제2호)

본 조에 의하면, 소비자계약의 관할합의는 분쟁 발생후 사후적 합의이거나(사후적 관할합의) 추가적 관할합의인 경우에만 그 효력이 있다(추가적 관할합의). 따라서 사전적 관할합의인 경우에는 추가적 관할합의가 아닌 한 그 효력이 없다.

(3) 근로계약

다수의 국가는 사용자로부터 사회적, 경제적 약자인 근로자를 보호하기 위한 강행규정을 두고 있다. 그런데 당사자들이 외국법을 준거법으로 지정함으로써 그러한 실질법상의 제한을 임의로 회피할 수 있다면 실질법의 입법취지가 잠탈되므로 약자인 근로자를 보호하기 위한 저촉법적 차원의 고려가 요청된다.[127)]

국제사법은 이러한 점을 고려하여 근로계약에 대해서는 당사자자치를 제한하는 등 일반 계약의 준거법에 대한 특칙을 두고 있다. 따라서 근로계약의 경우에는, 제25조, 제26조의 규정에도 불구하고 근로계약의 특칙이 적용된다.

---

127) 법무부, 전게서, 100면.

또한 국제사법은 근로계약 관련 분쟁에서, 근로자의 이익을 보호하기 위한 국제재판관할권에 대한 특칙도 준거법에 대한 특칙과 함께 규정하고 있다.

가. 근로계약의 준거법

국제사법은 근로계약의 준거법을 주관적 연결의 경우와 객관적 연결의 경우로 구분하여 규정하고 있다. 국제사법은 소비자계약과 달리 근로계약에 대해서는 별도로 정의를 하고 있지 아니하지만, 근로계약에 관한 준거법 조항은 개별적 근로계약에만 적용되고 단체협약 등 단체적 근로계약에는 적용되지 않는다.[128]

1) 주관적 연결

근로계약의 경우에 당사자가 준거법을 선택하더라도 객관적 연결을 규정한 제2항의 규정에 의하여 지정되는 준거법 소속 국가의 강행규정에 의하여 근로자에게 부여되는 보호를 박탈할 수 없다(국제사법 제28조 제1항).

근로계약의 경우에도 준거법의 선택에 있어서 당사자자치는 인정되므로(제25조), 당사자가 선택할 수 있는 법의 범위는 제한되지 아니하며[129] 당사자가 선택한 준거법은 준거법으로 유효하다. 다만, 당사자 자치에 의하여 선택한 준거법이 객관적 연결에 의하여 지정되는 준거법 소속 국가의 강행규정에 반하는 경우에는 그 조항만 적용이 배제된다. 따라서 당사자자치에 의한 준거법 자체가 객관적 연결에 의한 준거법으로 변경되는 것이 아님을 주의할 필요가 있다.

객관적 연결에 의한 준거법상 근로계약과 관련한 강행규정이 당사자가 선택한 준거법보다 근로자에게 유리한 점이 있는 경우 그 범위 내에서는 객관적 연결에 의한 준거법의 보호를 받게 된다.[130] 여기서의 강행법규는 "당사자의 계약에 의하여 배제될 수 없는 법규" 즉, 단순한 강행법규를 의미하므로,[131] 국제사법 제7조의 국제적 강행법규와는 구별된다.[132]

128) 법무부, 전게서, 106면 각주 57.
129) 상게서, 106면.
130) 상게서, 101면.
131) 상게서, 106면 각주 58.
132) 상게서, 101면 각주 55.

2) 객관적 연결

i) 준거법 결정 원칙: 일상 노무제공지 원칙

당사자가 준거법을 선택하지 아니한 경우에 근로계약은 제26조의 규정에 불구하고 근로자가 일상적으로 노무를 제공하는 국가의 법에 의하며, 근로자가 일상적으로 어느 한 국가안에서 노무를 제공하지 아니하는 경우에는 사용자가 근로자를 고용한 영업소가 있는 국가의 법에 의한다(제28조 제2항).

근로계약에 대해서는 일반 계약에서 객관적 연결의 원칙을 규정하는 제26조를 따르지 않고, 근로자의 일상 노무제공지 국가의 법을 원칙적인 준거법으로 하고 있다. 이는 근로자의 이익을 보호하기 위하여 근로자에게 그 내용이 익숙하거나 예측가능한 법을 준거법으로 하기 위함이다.

그러나 근로자가 일상적으로 어느 한 국가안에서 노무를 제공하지 아니하는 경우에는 근로자의 일상 노무제공지를 기준으로 할 수 없으므로, 사용자가 근로자를 고용한 영업소가 있는 국가의 법에 의하도록 하고 있다. 이러한 경우에는 근로자의 실제 노무제공지보다는 사용자가 그 영업소에서 근로자를 고용할 때 근무지에 관한 조건이나 규정을 계약서에 두는 경우가 많을 것이므로, 근로자를 고용한 사용자의 영업소 소재지법에 의하도록 한 것으로 볼 수 있다. 예컨대, 여러 사업장을 1년에 몇 개월씩 순회하면서 노무를 제공하는 공연자 또는 기술자 등과 같은 근로자의 경우에는 일상적인 노무제공지가 없다고 할 수 있으므로, 본 조에 의해 준거법을 정할 수 있다.

판례는 일상 노무제공지가 문제될 수 있는 선원근로계약의 준거법에 대해서 선적국을 일상 노무제공지로 보고 있으며[133], 일상 노무제공지가 없는 경우로 보지는 않는다.

ii) 객관적 연결 관련판례: 선원근로계약의 준거법

대법원 2007. 7. 12. 선고 2005다39617 판결

선박우선특권에 의하여 담보되는 채권이 선원근로계약에 의하여 발생되는 임금채권인 경우 그 임금채권에 관한 사항은 선원근로계약의 준거법에 의하여

133) 대법원 2007. 7. 12. 선고 2005다39617 판결.

야 하고, **선원근로계약에 관하여는 선적국을 선원이 일상적으로 노무를 제공하는 국가로 볼 수 있어** 선원근로계약에 의하여 발생되는 임금채권에 관한 사항에 대하여는 특별한 사정이 없는 한 **국제사법 제28조 제2항에 의하여 선적국법이 준거법이 되므로,** 결국 선원임금채권의 대위에 관한 사항은 그 선원임금채권을 담보하는 선박우선특권에 관한 사항과 마찬가지로 선적국법에 의한다.

3) 기타 채권관련 판례

직무발명 보상금청구권 준거법: 대법원 2015. 1. 15. 선고 2012나4763 판결

직무발명에서 특허를 받을 권리의 귀속과 승계, 사용자의 통상실시권의 취득 및 종업원의 보상금청구권에 관한 사항은 사용자와 종업원 사이의 고용관계를 기초로 한 권리의무 관계에 해당한다. 따라서 직무발명에 의하여 발생되는 권리의무는 비록 섭외적 법률관계에 관한 것이라도 그 성질상 등록이 필요한 특허권의 성립이나 유·무효 또는 취소 등에 관한 것이 아니어서, 속지주의의 원칙이나 이에 기초하여 지식재산권의 보호에 관하여 규정하고 있는 국제사법 제24조의 적용대상이라 할 수 없다. 직무발명에 대하여 각국에서 특허를 받을 권리는 하나의 고용관계에 기초하여 실질적으로 하나의 사회적 사실로 평가되는 동일한 발명으로부터 발생한 것이며, 당사자들의 이익보호 및 법적 안정성을 위하여 직무발명으로부터 비롯되는 법률관계에 대하여 고용관계 준거법 국가의 법률에 의한 통일적인 해석이 필요하다. 이러한 사정들을 종합하여 보면, **직무발명에 관한 섭외적 법률관계에 적용될 준거법은 그 발생의 기초가 된 근로계약에 관한 준거법으로서 국제사법 제28조 제1항, 제2항 등에 따라 정하여지는 법률이라고 봄이 타당하다. 그리고 이러한 법리는 실용신안에 관하여도 마찬가지로 적용된다고 할 것이다.**

나. 근로계약의 재판관할권

1) 근로자가 소를 제기하는 경우

근로계약의 경우에 근로자는 자신이 일상적으로 노무를 제공하거나 또는 최후로 일상적 노무를 제공하였던 국가에서도 사용자에 대하여 소를 제기할 수 있으며, 자신이 일상적으로 어느 한 국가안에서 노무를 제공하지 아니하거

나 아니하였던 경우에는 사용자가 그를 고용한 영업소가 있거나 있었던 국가에서도 사용자에 대하여 소를 제기할 수 있다(제28조 제3항).

이는 제2조에 의한 일반 재판관할권에 추가하여 인정되는 **추가적 관할권**이다. 따라서 근로자가 제기한 소가 제2조 또는 제28조 제3항의 요건 중 어느 하나에 해당하면 국제재판관할권이 인정된다. 근로자를 보호하기 위하여, 근로자가 일상 노무제공지가 있거나 있었던 경우에는 '원고는 피고의 법정지를 따른다'는 대륙법계 민사소송법 일반원칙과 달리 원고가 자신의 법정지인 일상 노무제공지에서 소를 제기할 수 있는 국제재판관할권을 인정한 것이다. 일상적 노무제공지가 없는 근로자의 경우에는 사용자의 영업소를 중시하여 자신을 고용한 영업소가 있거나 있었던 국가에 재판관할권을 인정하고 있다.

근로자는 근로계약 중에 사용자에 대하여 소를 제기할 수 있지만, 근로계약이 종료된 후에도 미지급 임금의 지급청구 등 사용자를 상대로 소를 제기할 수 있으므로 과거의 일상 노무제공지에서도 소를 제기할 수 있고, 사용자의 영업소가 근로자를 고용한 후에 폐지되는 경우도 있으므로 자신을 고용한 사용자의 영업소가 있었던 곳에서도 소를 제기할 수 있다.

2) 사용자가 소를 제기하는 경우

근로계약의 경우에 사용자가 근로자에 대하여 제기하는 소는 근로자의 상거소가 있는 국가 또는 근로자가 일상적으로 노무를 제공하는 국가에서만 제기할 수 있다(제28조 제4항).

이는 근로자를 보호하기 위하여 사용자가 근로자를 상대로 소를 제기하는 경우 근로자의 상거소가 있는 국가 또는 근로자의 일상 노무제공지 국가에 **전속적 · 배타적 관할권**을 갖도록 한 것이다. 근로자가 사용자가 있는 국가에 가서 소송방어 활동을 해야 되는 등 불이익이 발생하지 않도록 하기 위한 규정이다.

3) 관할에 대한 합의

국제사법은 근로계약에 대해서 관할합의를 허용하고 있으나, 그 합의의 방식 또는 시기에 제한을 가하여 그러한 요건을 갖춘 관할합의에 대해서만 그 효력을 인정한다.

근로계약의 당사자는 서면에 의하여 국제재판관할에 관한 합의를 할 수 있다. 다만, 그 합의는 다음 각호중 어느 하나에 해당하는 경우에 한하여 그 효력이 있다(제28조 제5항).

1. 분쟁이 이미 발생한 경우(제1호)
2. 근로자에게 이 조에 의한 관할법원에 추가하여 다른 법원에 제소하는 것을 허용하는 경우(제2호)

본 조에 의하면, 근로계약의 관할합의는 분쟁 발생후 사후적 관할합의 또는 추가적 관할합의인 경우에만 그 효력이 있다. 따라서 사전적 관할합의인 경우에는 추가적 관할합의가 아닌 한 그 효력이 없다.

[관련판례] 사후적 관할합의: 대법원 2006. 12. 7. 선고 2006다53627 판결

국제사법 제2조 제1항에 의하면, 대한민국 법원은 당사자 또는 분쟁이 된 사안이 대한민국과 실질적 관련이 있는 경우에 국제재판관할권을 갖는 것이고, 같은 법 제28조 제5항에 의하면, 국제재판관할에 관한 합의는 분쟁이 이미 발생한 경우(제1호) 또는 근로자에게 이 조에 의한 관할법원에 추가하여 다른 법원에 제소하는 것을 허용하는 경우(제2호)에 한하여 허용되는 것이므로, **근로계약의 당사자가 분쟁이 발생하기 전에** 대한민국 법원의 국제재판관할권을 배제하기로 하는 내용의 합의를 하였다고 하더라도, **그러한 합의는 국제사법 제28조 제5항에 위반하는 것이어서 아무런 효력이 없다.**

(4) 계약의 성립 및 유효성

가. 준거법 원칙

계약의 성립 및 유효성은 그 계약이 유효하게 성립하였을 경우 이 법에 의하여 적용되어야 하는 준거법에 따라 판단한다(국제사법 제29조 제1항).

국제사법은 계약의 성립 및 유효성은 계약에 준거법에 따라 판단하도록 명시하고 있다. 원래 계약의 준거법은 계약이 유효한 경우에 그 효력이 있으나, 계약의 성립 및 유효성이 다투어지는 경우에도 계약이 유효하게 성립되었다고 전제하였을 때 적용될 계약의 준거법에 따라 판단하도록 한 것이다.

'계약의 성립'이란, 청약과 승낙에 의한 계약의 성립을 말하고, '계약의 유

효성'이란 계약의 방식상의 유효성과 대비되는 계약의 실질적 유효성을 말한다.[134] 따라서 계약의 유효성은 청약 또는 승낙의 유효성(錯誤, 詐欺 또는 强迫 등 意思表示의 瑕疵에 의한 영향)과 계약의 적법성 등을 포함하는 개념이므로, 계약의 유효성(validity)은 계약에 따른 당사자들의 권리의무, 즉 효력(effect)과 구별해야 한다.[135]

나. 계약의 성립을 부정하기 위한 상거소지법 원용

계약의 준거법(제29조 제1항)에 따라 당사자의 행위의 효력을 판단하는 것이 모든 사정에 비추어 명백히 부당한 경우에는 그 당사자는 계약에 동의하지 아니하였음을 주장하기 위하여 그의 상거소지법을 원용할 수 있다(국제사법 제29조 제2항).

계약의 준거법 원칙을 관철할 경우 당사자 일방에게 예측하지 않은 불이익을 줄 수 있는데, 예컨대 당사자들이 구두로 중요한 계약조건에 관하여 합의한 뒤에 일방당사자가 계약조건을 확인하는 서면을 송부하면서 자신의 약관을 첨부하여 그것이 적용됨을 선언한 데 대하여 상대방이 침묵한 경우에 발생한다.[136]

이 경우 준거법에 따라서는 상대방의 침묵에 의해서도 확인 서면에 첨부된 약관을 승낙한 것으로 해석될 수도 있는 바, 이를 막기 위하여 상대방은 상거소지법을 원용할 수 있다.[137] 제2항은 제1항과 달리 계약에 대한 동의, 즉 계약의 성립에만 적용되고 유효성에는 적용되지 아니한다.[138]

(5) 사무관리

가. 사무관리지법 원칙

국제사법은 사무관리의 준거법을 사무관리지법을 원칙으로 한다. 사무관

---

134) 법무부, 전게서, 109면 각주 59.
135) 상게서.
136) 상게서, 110면.
137) 상게서.
138) 상게서.

리는 그 관리가 행하여진 곳의 법에 의한다(국제사법 제30조 제1항 본문).

나. 종속적 연결

1) 당사자간의 법률관계에 종속적 연결

다만, 사무관리가 당사자간의 법률관계에 기하여 행하여진 경우에는 그 법률관계의 준거법에 의한다(국제사법 제30조 제1항 단서). 당사자간의 법률관계에 기하여 사무관리가 이루어진 경우에는 사무관리와 당해 법률관계가 밀접한 관계가 있으므로, 사무관리지법에 의하지 않고 종속적 연결을 인정하여 그 법률관계의 준거법에 의한다.

종속적 연결(從屬的 連結)은 법률관계와 준거법의 실질적 관련성을 담보하는 최선의 연결을 확보한다는 차원에서 형식에 흐르던 연결원칙에 대한 수정이론으로 등장한 것이다.[139] 종속적 연결은 나라마다 다른 실질법의 입장 때문에 생기는 법률관계의 성질결정의 어려움을 덜어주고, 청구권경합의 문제를 완화하며, 당사자의 신뢰를 바탕으로 하나의 법질서로의 연결을 도모함으로써 내적 · 외적 판단을 일치시키고 일관성 있는 법적 판단을 가능하게 한다는 점에서 저촉법적 정의를 도모하는 것으로 이해된다.[140]

사무관리에 있어 종속적 연결은 기본적으로 당사자간의 법률관계로 한정하고 있다(제1항 단서).[141] 종속적 연결에 의하여, 사무관리의 준거법을 계약의 준거법과 동일하게 한다면 법률관계의 성질결정 등과 관련된 어려운 문제를 피할 수 있으며, 또한 이것은 보다 밀접한 관련이 있는 법과의 연결을 확보하는데 도움이 되는 접근방식이기도 하다.[142]

2) 제3자간의 법률관계에 종속적 연결

그러나 제3자간의 법률관계에 있어서도 그 성질상 종속적 연결을 인정할 필요가 있다.[143] 다른 사람의 채무를 변제함으로써 발생하는 청구권은 그 채무

---

139) 법무부, 전게서, 112면.
140) 상게서, 112면 각주 62.
141) 상게서, 112면.
142) 상게서.
143) 상게서.

의 준거법에 의한다(국제사법 제30조 제2항). 국제사법은 독일과 같이 타인의 채무의 변제에 기한 청구권은 그 채무의 준거법에 의하도록 하여 사무관리지법에 대한 예외를 인정한 것이다.[144)]

(6) 부당이득

가. 부당이득지법 원칙

부당이득은 그 이득이 발생한 곳의 법에 의한다(국제사법 제31조 본문). 국제사법은 부당이득의 준거법을 부당이득지법을 원칙으로 한다. '그 이득이 발생한 곳'은 이득의 직접적인 원인이 되는 재화의 이전이 현실로 행하여진 장소를 말한다.[145)]

나. 종속적 연결

다만, 부당이득이 당사자간의 법률관계에 기하여 행하여진 이행으로부터 발생한 경우에는 그 법률관계의 준거법에 의한다(국제사법 제31조 단서).

본조는 부당이득의 종속적 연결을 급부와 관련된 경우로 제한하고 있다.[146)] 급부와 관련된 부당이득의 예로는 계약이 이행된 후 해제되어 청산의 방법으로 부당이득의 반환을 구하는 경우를 들 수 있는데, 종속적 연결에 의하면 이 경우 부당이득은 이행의 근거가 된 계약자체의 준거법에 따르게 된다.[147)]

종속적 연결의 취지는 각국은 무효나 취소된 채권관계를 청산하는 관계에 있어 부당이득, 손해배상, 계약해제 등의 다양한 방법을 자국법의 체계와 역사적 발전에 맞추어 사용하여 왔는 바, 하나의 법률관계에서 나오는 다양한 구제수단에 각각 다른 준거법을 정하여 규범의 중첩이나 공백을 초래하기보다는 이들 모두에게 공통된 준거법을 정하는 것이 바람직하기 때문이다.[148)] 급부부

---

144) 법무부, 전게서, 112면.
145) 안강현, 전게서, 232면.
146) 법무부, 전게서, 115면.
147) 상게서.
148) 상게서.

당이득의 유형에서 부당이득지는 당사자들의 관계와 관계없이 우연에 의해서도 정해질 수 있는 만큼 당사자간의 법률관계보다 실질적 관련성이 적다.149)

[관련판례] 대법원 2015. 2. 26. 선고 2012다79866 판결

가집행선고부 제1심판결에 기하여 금원을 지급하였다가 다시 상소심판결의 선고에 의해 그 가집행선고가 실효됨에 따라 금원의 수령자가 부담하게 되는 원상회복의무는 성질상 부당이득의 반환채무이지만(대법원 2005. 1. 14. 선고 2001다81320 판결 참조), 이러한 원상회복의무는 가집행선고의 실효가 기왕에 소급하는 것이 아니기 때문에 본래부터 가집행이 없었던 것과 같은 원상으로 회복시키려는 **공평의 관념에서 민사소송법이 인정한 법정채무이므로, 국제사법 제31조 단서에 정한 '부당이득이 당사자 간의 법률관계에 기하여 행하여진 이행으로부터 발생한 경우'에 해당한다고 볼 수 없다.**

원심이 가지급물은 그 성질이 당사자 간의 법률관계에 기하여 행하여진 이행으로부터 발생한 경우가 아니라 법원의 가집행선고부 판결에 기한 것이라는 이유로 이 사건 가지급물반환신청의 지연손해금 비율에 관하여 영국법이 적용되어야 한다는 원고들의 주장을 배척하고 [소송촉진등에 관한] 특례법 제3조 제1항을 적용한 조치는 정당하고, 거기에 상고이유 주장과 같이 국제사법 제31조에 관한 법리를 오해한 위법이 없다.

(7) 불법행위

가. 불법행위지법 원칙

국제사법은 불법행위의 준거법에 대하여 불법행위지법을 원칙으로 하고 있다. 불법행위는 그 행위가 행하여진 곳의 법에 의한다(국제사법 제32조 제1항). 판례에 의하면, 불법행위지에는 행동지와 결과발생지 모두가 포함된다고 해석된다.150)

그러나 불법행위지법을 적용함에 있어서는 불법행위에 대한 단계적 연결에 의한 특칙까지 고려하여야 한다. 불법행위 준거법의 적용과 관련한 특칙에 의하면, 불법행위에 대해서는 준거법의 사후적 합의(제33조)가 최우선으로 적용

149) 법무부, 전게서, 115면.
150) 상게서, 119면. 대법원 2019. 4. 23. 선고 2015다60689 판결; 대법원 1983. 3. 22. 선고 82다카1533 전원합의체 판결; 대법원 2008. 4. 24. 선고 2005다75071 판결.

되고, 그 다음으로 종속적 연결(제32조 제3항), 그 다음으로 공통의 속인법으로서 공통의 상거소지법(제32조 제2항) 순으로 적용되고, 그러한 특칙이 적용되지 않는 경우에 불법행위지법이 적용된다.151)

[관련판례] 대법원 2019. 4. 23. 선고 2015다60689 판결
소송사건에 적용할 법률은 법원이 직권으로 조사할 사항이고 외국적 요소가 있는 법률관계에 관한 것은 국제사법에 따라 준거법을 정하여야 한다. 국제사법 제32조 제1항에서는 **불법행위는 그 행위가 행하여진 곳의 법에 의한다고 규정하고, 불법행위가 행하여진 곳에는 손해의 결과발생지로서 법익침해 당시 법익의 소재지도 포함된다.**

[관련판례] 광주고등법원 2018. 12. 5. 선고 2017나13822 판결
이 사건 불법행위지는 대한민국과 일본에 걸쳐 있으므로 불법행위로 인한 손해배상청구권에 관하여 판단할 준거법은 대한민국법 또는 일본법이 될 것이다. 그런데 이 사건에서 원고들은 자신들에게 보다 유리한 준거법으로 대한민국법을 선택하려는 의사를 가지고 있다고 추인되고, 이와 같이 **준거법이 될 수 있는 여러 국가의 법이 있을 경우 법정지의 법원은 당해 사안과의 관련성의 정도, 피해자의 권리보호의 필요성과 가해자의 준거법에 대한 예측가능성 및 방어권보장 등 당사자 사이의 공평, 형평과 정의, 재판의 적정성 등을 함께 고려하여 준거법을 선택·결정할 수 있다**고 할 것인데 위와 같은 요소를 모두 고려할 때 대한민국법을 준거법으로 함이 옳다고 보인다.

나. 공통의 상거소를 기준으로 한 공통의 속인법

불법행위가 행하여진 당시 동일한 국가안에 가해자와 피해자의 상거소가 있는 경우에는 제1항의 규정에 불구하고 그 국가의 법에 의한다(제32조 제2항). 가해자와 피해자의 속인법이 동일한 경우에는 불법행위지법보다는 당사자의 기대에 부합하는 보다 익숙한 법으로서 공통의 속인법을 우선하여 적용한다.

본 조항은 “불법행위의 준거법을 그 원인된 사실이 발생한 곳의 법에 의하도록 규정한 취지는 불법행위가 행하여진 사회적 조건을 고려하여 그 곳에

151) 법무부, 전게서, 118면.

서의 법 의식을 기준으로 하여 판단해서 처리하는 것이 일반적으로 국내법을 적용해서 처리하는 것보다 형평의 견지에서 합리적이고 실제적이라고 할 수 있고 또 그리하는 것이 당사자의 기대에도 상응하는 것이라고 할 수 있기 때문이라고 할 것이므로 **양 당사자가 모두 내국인인 경우에 있어서 원인사실의 발생지**(불법행위지)**가 단순히 우연적이고 형식적인 의미를 갖는데 그치는 경우에는**" 국제사법을 적용해서 처리할 합리적 이유가 없다고 본 판례의 취지에 따라 규정된 조항이다.152)

예컨대, 동일한 국가에서 외국에 파견된 직원들 상호간의 불법행위, 해외 단체 여행객들이 해외 현지에서의 상호간의 불법행위 등은 불법행위장소가 우연히 외국일 뿐이므로, 불법행위지법이 적용되지 아니하고 내국인들 상호간에는 보다 익숙한 공통의 상거소지법이 적용된다.

다. 종속적 연결

가해자와 피해자간에 존재하는 법률관계가 불법행위에 의하여 침해되는 경우에는 제32조 제1항 및 제2항의 규정에 불구하고 그 법률관계의 준거법에 의한다(제32조 제3항). 종속적 연결은 제1항의 불법행위지법 및 제2항의 공통의 속인법에 우선하여 적용되는 준거법의 원칙이다.153)

이러한 종속적 연결의 취지는 당사자간에 존재하는 법률관계가 있고, 이러한 법률관계로 형성되는 의무가 불법행위로 인하여 침해되는 경우에 당사자들은 그 법률관계에 적용되는 법규범에 의하여 규율될 것을 예견할 수 있으므로 당사자간의 기존 법률관계에 의하여 불법행위의 성립 여부 등을 판단하는 것이 가장 적절하다는 것이다.154) 예컨대, 임차인이 고의 또는 과실로 임대목적물을 파손하여 임대차계약의 존속이 불가능해졌다면, 그 경우 불법행위가 성립되는지 여부는 그 임대차계약의 준거법에 의한다.155)

---

152) 대법원 1979. 11. 13. 선고 78다1343 판결.
153) 법무부, 전게서, 120면.
154) 상게서.
155) 상게서.

[관련판례] 대법원 2018. 3. 29. 선고 2014다41469 판결

국제사법 제32조 제1항, 제3항은 불법행위는 그 행위가 행하여진 곳의 법에 의하되, 가해자와 피해자 사이에 존재하는 법률관계가 불법행위에 의하여 침해되는 경우에는 그 법률관계의 준거법에 의한다고 규정한다. 이 사건 선하증권 소지자인 **원고들과 운송인인 피고 사이의 법률관계는 원칙적으로 이 사건 선하증권의 준거법에 의하여야 하고, 그 법률관계가 피고의 불법행위에 의하여 침해된 경우에 적용할 준거법 역시 이 사건 선하증권의 준거법이 된다.** 앞서 본 바와 같이 이 사건 선하증권의 일반적 · 전체적 준거법은 영국법이고 운송인의 책임제한에 관한 준거법은 미국 해상화물운송법이므로, 불법행위를 원인으로 하는 손해배상청구에서도 이와 같다.

라. 불법행위 책임의 제한

제32조 제1항 내지 제3항의 규정에 의하여 외국법이 적용되는 경우에 불법행위로 인한 손해배상청구권은 그 성질이 명백히 피해자의 적절한 배상을 위한 것이 아니거나 또는 그 범위가 본질적으로 피해자의 적절한 배상을 위하여 필요한 정도를 넘는 때에는 이를 인정하지 아니한다(제32조 제4항).

본 조항은 미국법에서 인정되는 징벌적 손해배상(懲罰的 損害賠償, punitive damages) 기타 과도한 금액의 배상 등을 제한하는 규정이다.[156] 이 규정도 성격상으로는 공서조항(公序條項)의 일반적 규율에 맡길 수 있는 것이나, 규제의 현실적 필요가 큰 부분이라는 실질적 고려에 따라 이를 명문화한 것이다.[157]

마. 불법행위 유형별 특칙 규정 없음

스위스 국제사법[158]과 미국의 리스테이먼트[159]는 불법행위를 유형별로 구

---

156) 법무부, 전게서, 121면.

157) 상게서.

158) 스위스 국제사법은 도로교통사고(제134조), 제조물책임(제135조), 부정경쟁(제136조), 경쟁방해(제137조), 임미시온(제138조), 인격침해(제139조) 등에 유형별 특칙을 두고 있다(법무부, 전게서, 121면 각주 70).

159) 미국의 Restatement(Second, 1971)는 제146조에서 제155조 사이에 인신사고, 유체물에 대한손괴, 명예훼손, 출판물에 의한 명예훼손, 프라이버시 침해, 혼인관계 침해, 악의의 起訴 등 개별적 불법행위를 유형화하고 특칙에 해당하는 조문을 두고 있다(법무부, 전게서, 121면 각주 71).

체화한 준거법 특칙을 규정하고 있으나[160], 국제사법은 그러한 규정을 두고 있지 않다. 다양한 불법행위 유형을 하나의 단일한 준거법을 규정하는 것은 불법행위의 실질적 관련성과 떨어진 법이 준거법으로 적용될 수 있다.

국제사법은 불법행위의 유형에 대응하는 특칙을 명문화하지 않고 있으므로, 국제사법에 의해 결정된 불법행위의 준거법이 실질적 관련성이 거의 없고 보다 밀접한 관련이 있는 다른 국가의 법이 명백히 존재하는 경우에는 준거법 지정의 예외에 관한 국제사법 제8조를 활용하여 해결할 수 있다.[161]

(8) 준거법에 관한 사후적 합의: 제한된 범위에서의 당사자자치

국제사법은 사무관리, 부당이득, 불법행위 등 법정채권의 준거법에 대하여 준거법의 사후적 합의를 허용함으로써 제한적인 범위 내에서 당사자자치를 허용하고 있다. 법정채권에 대한 준거법의 선택은 ① 시기적 제한으로서 법정채권이 발생한 후 사후적 준거법 합의만 가능하며, ② 선택대상인 준거법의 범위도 법정지법인 대한민국 법만 선택 가능하다.

당사자는 법정채권의 준거법을 규정하는 제30조 내지 제32조의 규정에 불구하고 사무관리 · 부당이득 · 불법행위가 발생한 후 합의에 의하여 대한민국 법을 그 준거법으로 선택할 수 있다. 다만, 그로 인하여 제3자의 권리에 영향을 미치지 아니한다(제33조).

준거법의 사후적 합의는 사무관리, 부당이득, 불법행위 등 법정채권이 발생하는 경우에 각 준거법의 단계적 연결에서 최우선적으로 적용된다.

(9) 채권의 양도 및 채무의 인수

가. 채권양도의 준거법

1) 채권의 양도인과 양수인간의 관계

채권의 양도인과 양수인간의 법률관계는 당사자간의 계약의 준거법에 의

---

160) 법무부, 전게서, 121면.
161) 상게서.

한다(국제사법 제34조 제1항 본문). 채권 양도인과 양수인간의 관계에 있어서는 당사자자치를 인정하여 그들간의 계약에 적용되는 법에 의하도록 하였다.[162]

2) 채권의 양도가능성, 채무자 및 제3자에 대한 효력

다만, 채권의 양도가능성, 채무자 및 제3자에 대한 채권양도의 효력은 양도되는 채권의 준거법에 의한다(국제사법 제34조 제1항 단서). 이 경우 준거법은 양도의 목적인 채권의 준거법에 의한다.[163]

이러한 것은 채권의 성립에서부터 소멸에 이르기까지의 일어나는 당해 채권 자체의 문제로서 당해 채권과 가장 밀접한 관련이 있다고 보기 때문이다.[164] 특히 제3자에 대한 관계에서도 제3자의 이익만이 아니라 양도인, 양수인, 채무자, 제3자간의 이익을 균형있게 고려하여, 양도의 목적인 채권 자체의 준거법에 의하도록 규정하였다.[165]

[관련판례] 선박우선특권에 의해 담보되는 채권의 양도: 대법원 2007. 7. 12. 선고 2005다47939 판결

국제사법 제60조 제1호, 제2호에서 선적국법에 의하도록 규정하고 있는 사항은 선박우선특권의 성립 여부, 일정한 채권이 선박우선특권에 의하여 담보되는지 여부, 선박우선특권이 미치는 대상의 범위, 선박우선특권의 순위 등으로서 선박우선특권에 의하여 담보되는 채권 자체의 양도 및 대위에 관한 사항은 포함되어 있지 않다고 해석되므로, **특별한 사정이 없는 한 그 피담보채권의 양도가능성, 채무자 및 제3자에 대한 채권양도의 효력에 관한 사항은 국제사법 제34조 제1항 단서에 의하여 그 피담보채권의 준거법에 의하여야 하고**, 그 피담보채권의 임의대위에 관한 사항은 국제사법 제35조 제2항에 의하여 그 피담보채권의 준거법에 의하여야 한다.

나. 채무인수의 준거법

채권양도를 규정한 제34조 제1항은 채무인수에 이를 준용한다(국제사법 제34조 제2항). 채무인수는 그 제도의 성질상 채권양도와 유사하므로 채권양도에

162) 법무부, 전게서, 125-126면.
163) 상게서, 126면.
164) 상게서.
165) 상게서.

관한 규정을 준용한다.[166]

다. 적용범위

국제사법 제34조의 채권양도 및 채무인수에 대한 규정은 계약상의 채권 또는 채무뿐만 아니라 법정채권(法定債權)의 양도 또는 채무의 인수에 대하여도 적용된다.[167] 이를 명확히 하기 위하여 조문의 위치도 계약에 관한 채권과 법정채권에 이어 제34조를 규정한 것이다.[168]

(10) 법률에 의한 채권의 이전

법률에 의한 채권의 이전은 법률에 의하여 채권이 당연히 제3자에게 이전되는 경우를 말하며, 변제에 의한 대위 등 법정대위나 임의대위에 관한 문제가 이에 해당한다.[169]

가. 구채권자와 신채권자간의 법률관계가 존재하는 경우

구채권자와 신채권자간의 법률관계가 존재하는 경우, 법률에 의한 채권의 이전은 그 이전의 원인이 된 구채권자와 신채권자간의 법률관계의 준거법에 의한다(국제사법 제35조 제1항 본문). 예컨대, 보험자가 보험금을 지급하였을 때 인정되는 보험자 대위는 보험자와 보험계약자간의 법률관계인 보험계약의 준거법에 의한다. 보증인이 대위변제를 한 경우 인정되는 변제자 대위의 경우 보증인과 채무자간의 법률관계인 보증계약의 준거법에 의한다. 본조는 당사자가 간의 법률관계 등으로 변제할 정당한 이익이 있는 자가 변제한 경우의 법정대위에 적용된다.

다만, 이전되는 채권의 준거법에 채무자 보호를 위한 규정이 있는 경우에는 그 규정이 적용된다(국제사법 제35조 제1항 단서). 이 경우 준거법이 변경되는 것은 아니고, 준거법에도 불구하고 채무자 보호를 위해 채권의 준거법에 있는

166) 법무부, 전게서, 127면.
167) 상게서.
168) 상게서.
169) 상게서, 128면.

보호 규정이 적용되는 것이다.[170]

나. 구채권자와 신채권자간의 법률관계가 존재하지 않은 경우

구채권자와 신채권자간에 제35조 제1항과 같은 법률관계가 존재하지 아니하는 경우에는 이전되는 채권의 준거법에 의한다(국제사법 제35조 제2항). 이 경우는 이전의 객체가 되는 채권 자체의 준거법에 의한다. 본조는 변제할 정당한 이익이 없이 변제하는 임의대위에 적용된다.

[관련판례] 임의대위의 준거법: 대법원 2007. 7. 12. 선고 2005다39617 판결

선박우선특권은 일정한 채권을 담보하기 위하여 법률에 의하여 특별히 인정된 권리로서 일반적으로 그 피담보채권과 분리되어 독립적으로 존재하거나 이전되기는 어려우므로, 선박우선특권이 유효하게 이전되는지 여부는 그 선박우선특권이 담보하는 채권의 이전이 인정되는 경우에 비로소 논할 수 있는 것인바, **국제사법 제60조 제1호, 제2호에서 선적국법에 의하도록 규정하고 있는 사항은** 선박우선특권의 성립 여부, 일정한 채권이 선박우선특권에 의하여 담보되는지 여부, 선박우선특권이 미치는 대상의 범위, 선박우선특권의 순위 등으로서 **선박우선특권에 의하여 담보되는 채권 자체의 대위에 관한 사항은 포함되어 있지 않다고 해석되므로, 그 피담보채권의 임의대위에 관한 사항은 특별한 사정이 없는 한 국제사법 제35조 제2항에 의하여 그 피담보채권의 준거법에 의하여야 한다.**

5. 친 족

(1) 혼인의 성립

국제사법은 혼인의 성립에 대해서 혼인의 성립요건을 실질적 성립요건과 형식적 성립요건인 방식의 준거법을 구분하여 규정하고 있다.

혼인의 성립과 관련한 제도인 약혼이나 혼인의 해소와 관련한 제도인 별거에 대해서는 별도의 규정을 두지 않고 학설과 판례에 맡겨 놓고 있은데, 그 이유는 제도가 각국마다 차이가 있어서 구체적인 기준을 제시하기 어렵고 명시적 규정을 둘 경우 준거법의 고정으로 부당한 결과가 생길 수 있으며, 별도

170) 법무부, 전게서, 129면.

의 규정이 없이도 혼인과 이혼의 규정을 유추적용할 수 있기 때문이다.[171)]

가. 혼인의 실질적 성립요건

혼인의 성립요건은 각 당사자에 관하여 그 본국법에 의한다(국제사법 제36조 제1항). 국제사법은 혼인의 실질적 성립요건에 대하여 속인법인 본국법을 준거법으로 하는 본국법주의를 채택하고 있다. 이는 혼인을 전통적으로 신분법적 행위로 보아 속인법의 연결점으로 그 본거에 속하는 본국을 준거법으로 하고 변동이 많은 주소를 연결점으로 하지 않은 것이다.

혼인의 성립요건은 혼인을 유효하게 성립시키기 위한 적극적 또는 소극적 요건을 말하며, 여기에는 혼인연령, 부모의 동의, 근친혼 또는 중혼금지, 혼인의사의 흠결, 사기나 강박 또는 착오에 의한 혼인의 취소 등이 포함된다.[172)]

특히 혼인의 장애사유 중 부부중 일방이 그 요건을 갖추지 못한 경우에 쌍방에게 혼인의 장애사유가 되는 것을 쌍면적 혼인장애사유라 하고, 부부중 그 일방에게만 장애사유로 적용되는 것을 편면적 혼인장애사유라고 한다.

혼인의사의 존부에 대해서는 종래 학설들은 이를 당사자 일방에 대하여만 문제가 되는 일면적 요건으로 해석하였고 서울가정법원의 다수 실무례에서도 같은 입장을 취하고 있었으나[173)], 대법원 판례는 국제결혼에서 혼인의사와 관련하여 부부 일방은 진정한 혼인의 의사가 있으나 타방은 혼인의 의사가 없는 경우 '당사자간에 혼인의 합의가 없는 때'로서 민법 제815조 제1호의 혼인무효사유에 해당한다고 하여, 부부 일방의 혼인의사 흠결을 쌍면적 혼인장애사유의 취지로 판단하였다.[174)]

[관련판례] 대법원 2010. 6. 10. 선고 2010므574 판결

민법 제815조 제1호가 혼인무효의 사유로 규정하는 '당사자 간에 혼인의 합의가 없는 때'란 당사자 사이에 사회관념상 부부라고 인정되는 정신적 · 육체적 결합을 생기게 할 의사의 합치가 없는 경우를 의미하므로, 당사자 일방에게만 그와 같은 참다운

---

171) 법무부, 전게서, 130면 각주 80.
172) 안강현, 전게서, 246면.
173) 전연숙, "국제가사소송사건의 실태분석 및 개선방안," 국제사법연구 제12호 (2006), 70면.
174) 대법원 2010. 6. 10. 선고 2010므574 판결.

부부관계의 설정을 바라는 효과의사가 있고 상대방에게는 그러한 의사가 결여되었다면 비록 당사자 사이에 혼인신고 자체에 관하여 의사의 합치가 있어 일응 법률상의 부부라는 신분관계를 설정할 의사는 있었다고 하더라도 그 혼인은 당사자 간에 혼인의 합의가 없는 것이어서 무효라고 보아야 한다. …. 피고는 원고와 사이에 참다운 부부관계를 설정하려는 의사가 없음에도 단지 한국에 입국하여 취업하기 위한 방편으로 혼인신고에 이르렀다고 봄이 상당하고, 설령 피고가 한국에 입국한 후 한 달 동안 원고와 계속 혼인생활을 해왔다고 하더라도 이는 피고가 진정한 혼인의사 없이 위와 같은 다른 목적의 달성을 위해 일시적으로 혼인생활의 외관을 만들어 낸 것이라고 보일 뿐이므로 그 판단을 달리하기 어렵다. 그렇다면 원·피고 사이에는 혼인의사의 합치가 없어 그 혼인은 민법 제815조 제1호에 따라 무효라고 보아야 한다.

나. 혼인의 방식

1) 혼인의 방식의 선택적 연결 허용

혼인의 방식은 혼인거행지법 또는 당사자 일방의 본국법에 의한다(국제사법 제36조 제2항 본문). 혼인의 방식에 대해서는 선택적 연결을 허용되므로, 혼인의 방식은 혼인거행지법 또는 당사자 일방의 본국법의 방식 중 하나의 갖추면 유효한 것이 된다. 이는 혼인이 단순히 거행지법의 방식을 갖추지 않았다는 이유로 혼인의 성립이 부정되는 것을 막고 혼인을 보호하기 위하여 혼인의 방식을 넓게 선택적으로 인정한 것이다.[175]

[관련판례] 대법원 2019. 12. 27. 선고 2018두55418 판결

국제사법에 의하면, 혼인의 성립요건은 각 당사자에 관하여 그 본국법에 의하고(제36조 제1항), 혼인의 방식은 혼인거행지법 또는 당사자 일방의 본국법에 의한다(제36조 제2항 본문). 이 규정은 우리나라 사람들 사이 또는 우리나라 사람과 외국인 사이의 혼인이 외국에서 거행되는 경우 그 혼인의 방식, 즉 형식적 성립요건은 그 혼인거행지의 법에 따라 정하여야 한다는 취지이고, **그 나라의 법이 정하는 방식에 따른 혼인절차를 마친 경우에는 혼인이 유효하게 성립하는 것이고 별도로 우리나라의 법에 따른 혼인신고를 하지 않더라도 혼인의 성립에 영향이 없으며,** 당사자가 「가족관계의 등록 등에 관한 법률」 제34조, 제35조에 의하여 혼인신고를 한다 하더라도 이는 창설적 신고가 아니라 이미 유효하게 성립한 혼인에 관한 **보고적 신고에 불과하다.**

175) 법무부, 전게서, 131면.

2) 내국법 특칙

다만, 대한민국에서 혼인을 거행하는 경우에 당사자 일방이 대한민국 국민인 때에는 대한민국 법에 의한다(국제사법 제36조 제2항 단서). 내국인과 내국에서의 법률관계의 보호를 위하여 인정한 대한민국 법에 의한 방식만 인정한 '내국인 조항'[176]이다. 본 조항이 적용되기 위해서는 ① 혼인거행지가 대한민국이어야 하며, ② 혼인당사자 일방의 국적이 대한민국이어야 한다.

이러한 경우에 한국법이 아닌 타방 당사자의 본국법에 의한 방식만으로 혼인이 성립되는 것을 인정한다면 그 혼인관계가 우리 호적부에 전혀 명시되지 않은 채 유효하게 성립되어 신분관계에 혼란을 가져올 수 있으며, 그 혼인관계에서 출생한 자녀의 국적이나 지위가 불안정해지는 문제점을 고려한 것이다.[177]

(2) 혼인의 일반적 효력

혼인의 일반적 효력은 부부의 신분에 관한 문제로서 전통적으로 속인법을 그 준거법으로 하였다. 국제사법은 혼인의 일반적 효력은 본조에서 규정하고, 혼인의 재산적 효력인 부부재산제는 제38조에서 별도로 규정하고 있다.

혼인의 일반적 효력은 단계적 연결에 의하여 준거법을 정하도록 하고 있으며, 준거법 결정에 있어서 부부 쌍방의 연결점을 모두 고려하도록 하는 부부평등의 원칙을 취하고 있다.

가. 단계적 연결

혼인의 효력의 준거법은 복수의 준거법 중에서 다음과 같은 단계적 연결 방법에 의하여 정한다.

혼인의 일반적 효력은 다음 각호에 정한 법의 순위에 의한다(국제사법 제37조).

1. 부부의 동일한 본국법(제1호)
2. 부부의 동일한 상거소지법(제2호)

---

176) 법무부, 전게서, 131면 각주 81.
177) 상게서, 131면.

3. 부부와 가장 밀접한 관련이 있는 곳의 법(제3호)

제1단계로 신분문제에 있어 기본원칙인 본국법주의에 따라 부부의 동일한 본국법에 의하고(제1호), 부부의 국적이 서로 달라서 동일한 본국법이 없는 경우에는 2단계로서 부부의 동일한 상거소지법(常居所地法)에 의하고(제2호), 부부의 동일한 상거소지법도 없는 경우에는 최종 3단계로 부부와 가장 밀접한 관련이 있는 곳의 법이 준거법이 된다(제3호).178)

주의할 점은 본조에서 사용하는 연결점으로서 부부의 '동일한 본국법'은 부부의 '공통 본국법'과 구별된다는 것이다. 국제사법은 공통 본국법(제46조 부양)과 동일한 본국법을 분리하여 각각 다른 의미로 사용하고 있는 바, 이는 당사자중 중국적자가 있는 경우 의미에 차이가 생길 수 있기 때문이다.179) 양 당사자가 하나의 국적만을 가지고 있을 때에는 동일한 본국법과 공통 본국법의 의미가 일치하지만, 당사자중 중국적자(重國籍者)가 있는 경우에는 '동일한 본국법'은 국제사법 제3조 제1항에 의하여 결정된 그의 본국법과 상대방의 본국법이 일치해야 한다는 의미이며, '공통 본국법'이란 그의 여러 국적중 상대방과 공통되는 국적이 있을 경우 그 본국법을 의미한다.180)

나. 적용범위

혼인의 일반적 효력을 규정한 제37조는 부부재산제(제38조)와 부부간의 부양(제46조)를 제외한 모든 혼인의 효력 문제에 적용된다.181)

(3) 부부재산재

혼인의 효력 중 재산적 효력과 관련한 준거법은 혼인의 일반적 효력(제37조)과 별도로 제38조에서 규정하고 있다. 부부재산제의 준거법에 대하여 원칙적으로 혼인의 일반적 효력의 준거법과 일치시키고 있으며, 제한된 범위 내에서 당사자자치를 인정하고 있고, 내국거래 보호조항을 두고 있다.182)

---

178) 법무부, 전게서, 133-134면.
179) 상게서, 134면.
180) 상게서, 134면 각주 83.
181) 상게서.

가. 혼인의 일반적 효력 준용

부부재산제 관하여는 혼인의 일반적 효력(제37조)의 규정을 준용한다(국제사법 제38조 제1항). 부부재산제에는 법정재산제와 부부재산계약 두 가지가 있는데, 본조는 양자에 모두 적용된다. 부부재산제는 원칙적으로 혼인의 일반적 효력의 준거법이 준용되므로, 1. 부부의 동일한 본국법(제1호), 2. 부부의 동일한 상거소지법(제2호), 3. 부부와 가장 밀접한 관련이 있는 곳의 법(제3호) 순으로 단계적 연결에 의하여 그 준거법이 정해진다.

준거법을 정함에 있어서 연결시점을 '혼인 당시'로 할지(고정주의), 아니면 '현재'로 할지(변경주의) 선택의 문제가 생기는 데, 국제사법은 변경주의를 채택하였다.[183] 연결시점의 기준을 현재로 한 것은 부부재산제가 현재의 혼인생활과 밀접한 관련을 갖고 있고, 국제사법에서 부부재산제의 준거법을 혼인의 일반적 효력에 일치시키고 있으므로 그 연결시점도 일치시키는 것이 타당하기 때문이다.[184]

나. 당사자자치

부부재산제는 혼인과 관련한 신분법이라는 측면도 있지만 재산과 관련한 제도로서 재산법적 측면도 있다. 국제사법은 이러한 재산법적 성격을 고려하여 제한된 범위에서 당사자자치를 허용하면서, 당사자가 선택한 준거법이 있는 경우에는 이를 혼인의 일반적 효력을 준용하여 결정되는 준거법보다 우선적으로 적용하도록 하고 있다. 부부재산제에 관한 준거법을 당사자가 합의에 의하여 선택할 수 있도록 하면서, 그 방식과 선택 가능한 준거법의 범위를 제한하고 있다.

부부가 합의에 의하여 다음 각호의 법중 어느 것을 선택한 경우에는 부부재산제는 제1항의 규정에 불구하고 그 법에 의한다(제38조 제2항 본문). 다만, 그 합의는 일자와 부부의 기명날인 또는 서명이 있는 서면으로 작성된 경우에 한

---

182) 법무부, 전게서, 137면.
183) 상게서.
184) 상게서.

하여 그 효력이 있다(제38조 제2항 단서).

1. 부부중 일방이 국적을 가지는 법(제1호)
2. 부부중 일방의 상거소지법(제2호)
3. 부동산에 관한 부부재산제에 대하여는 그 부동산의 소재지법(제3호)

본조에 따라 부부가 합의로 부부재산제에 관한 준거법을 선택하려면 다음과 같은 요건을 갖추어야 한다. ① 합의는 서면으로 작성하여야 한다. ② 그 서면에는 합의의 일자와 부부의 기명날인 또는 서명이 있어야 한다. ③ 선택가능한 준거법으로서 1. 부부 중 일방이 국적을 가지는 법 2. 부부 중 일방의 상거소지법 3. 부동산에 관한 부부재산제에 대하여는 그 부동산 소재지법 중에서 하나를 선택하여야 하며, 그 외의 준거법은 선택할 수 없다.

국제사법이 부부재산제에 당사자자치를 인정한 이유로는 ① 부부재산제는 재산적 측면이 강하므로 부부의 의사에 의해 자유로운 재산관계의 형성과 관리를 가능하게 하는 것이 타당하며, ② 부부재산제의 원칙적 준거법에 단계적 연결방법이 도입됨으로써 밀접관련지와 같이 준거법의 예측이 곤란한 경우가 생기므로 예측가능성을 확보해 주기 위해 준거법 선택을 인정하는 것이 바람직하고, ③ 원칙적 준거법에 변경주의를 취하므로 부부재산제에 명확성과 고정성을 바라는 당사자의 의사를 존중해 주는 것이 좋다는 것 등이 있다.[185)]

다. 내국거래 보호조항

부부재산제는 재산관련 거래의 상대방인 제3자의 이해관계에도 영향을 미치므로, 외국법에 의한 부부재산제에 따른 행위가 대한민국에 있는 재산과 관련하여 이루어지는 경우에는 선의의 제3자를 포함한 내국거래를 보호할 필요가 있다. 국제사법은 이러한 점을 고려하여 외국법에 의한 부부제산제에 대해서 내국거래를 보호하는 규정을 두고 있다. 부부재산제에 단계적 연결이 도입되고 당사자자치에 의한 법 선택도 인정되므로 거래 상대방의 입장에서 볼 때 종전에 비해 준거법이 불명확해졌으므로 내국거래 보호를 도모할 필요가 더욱 크다.[186)]

185) 법무부, 전게서, 138면.

1) 선의의 제3자 보호

외국법에 의한 부부재산제는 대한민국에서 행한 법률행위 및 대한민국에 있는 재산에 관하여 이를 선의의 제3자에게 대항할 수 없다. 이 경우 그 부부재산제에 의할 수 없는 때에는 제3자와의 관계에 관하여 부부재산제는 대한민국 법에 의한다(제38조 제3항). 외국의 부부재산제와 대한민국의 부부재산제가 다를 수 있으므로, 국제사법은 ① 외국법에 의한 부부재산제가 적용되는 경우 ② 대한민국에서 행한 법률행위 및 대한민국에 있는 재산에 관하여는 ③ 선의의 제3자에게, 그 외국법에 의한 부부재산제로 대항할 수 없도록 하고 있다. 이 경우 선의의 제3자에 대항할 수 없게 되어 그 외국의 부부재산제에 의할 수 없는 때에는 대한민국 법에 의한 부부부재산제에 의한다.

선의의 제3자 보호조항은 외국의 부부재산제가 법정재산제인 경우와 부부재산계약인 경우 모두 적용된다.

2) 등기된 부부재산계약

외국법에 의하여 체결된 부부재산계약은 대한민국에서 등기한 경우 제3항의 규정에 불구하고 이를 제3자에게 대항할 수 있다(제38조 제4항). 외국법에 의한 부부재산계약을 대한민국에 등기한 경우 그 부부재산계약은 제3자의 선의, 악의 여부와 관계없이 언제나 제3자에게 대항할 수 있다. 등기에 의하여 제3자가 보호되는 제도는 부부재산계약에만 적용되며, 법정재산제에는 적용되지 않음을 주의하여야 한다.

(4) 이 혼

가. 혼인의 일반적 효력 준용

이혼은 혼인관계의 해소이므로 혼인과 밀접한 관련이 있어서, 국제사법은 이혼의 준거법에 대해서는 혼인의 일반적 효력의 규정을 준용한다. 즉 이혼에 관하여는 제37조의 규정을 준용한다(제39조 본문). 따라서 혼인과 이혼은 동일한 준거법에 의한다.

---

186) 법무부, 전게서, 139면.

준거법을 결정하기 위한 연결점의 기준시점은 '혼인 당시'가 아니라 '현재'이므로 변경주의가 적용됨을 주의하여야 한다. 최근 각국의 이혼법은 유책주의(有責主義)가 아닌 파탄주의(破綻主義)를 취하고 있으며 파탄주의에 의할 때 국제이혼법에서 중요한 문제는 '현재' 그 이혼을 인정할 것인지 여부의 문제이므로 변경주의를 채택하게 된 것이다.[187]

나. 내국인 조항

다만, 부부중 일방이 대한민국에 상거소가 있는 대한민국 국민인 경우에는 이혼은 대한민국 법에 의한다(제39조).

부부중 일방이 한국에 상거소를 둔 한국인인 경우 그가 협의이혼 신고서를 한국에서 호적공무원에게 제출하면, 호적공무원은 부부의 동일한 본국이 한국이거나 동일한 상거소지가 한국이라면 준거법인 한국법의 요건을 검토하여 수리하면 되지만 그러한 공통점이 없다면 밀접관련지법을 준거법으로 적용해야 하는데 이는 확정하기가 매우 곤란하다.[188] 혼인의 효력 문제와는 달리 이혼의 경우에는 동일한 상거소지도 없는 경우가 자주 발생하게 되므로 이러한 문제의 발생가능성은 매우 클 것이므로, 이러한 실무상의 난점을 피하기 위해 둔 것이 바로 단서 규정이다.[189]

(5) 혼인중의 친자관계

가. 선택적 연결

국제사법은 부부의 본국법 중 어느 하나에 의해서라도 혼인중의 친자관계가 성립하면 이를 인정하는 선택적 연결방법을 취한다.[190] 혼인중의 친자관계의 성립은 자(子)의 출생 당시 부부중 일방의 본국법에 의한다(제40조 제1항). 이때 연결시점은 신분관계의 고정성을 위하여 신분관계가 성립되는 '자(子)의 출생 당시'이다.[191] 친자관계의 성립에는 부인(否認)되지 아니할 것을 전제로 하

187) 법무부, 전게서, 142면.
188) 상게서, 142-143면.
189) 상게서, 143면.
190) 상게서, 145-146면.

므로 친자관계 성립은 당연히 친자관계의 부인 문제를 포함하는 것으로 해석된다.[192]

나. 보조적 준거법

제1항의 경우 부(夫)가 자(子)의 출생전에 사망한 때에는 사망 당시 본국법을 그의 본국법으로 본다(제40조 제2항). 본조는 자가 출생하기 전에 부(夫)가 사망하면 제1항에 따른 자의 출생당시 부(夫)의 본국법은 없게 되므로, 그러한 경우에 대비하여 부(夫)의 사망당시 본국법을 자의 출생당시 부(夫)의 본국법으로 보는 간주하는 내용의 보조적 준거법 규정을 둔 것이다.

(6) 혼인 외의 친자관계

가. 혼인외 친자관계 성립 일반의 준거법

혼인외 친자관계는 부(父)를 알 수 없거나 확정되지 않는 경우를 고려하여 모의 본국법을 준거법으로 하며, 연결시점을 고정하여 '자의 출생당시' 모의 본국법으로 하고 있다. 혼인 외의 친자관계의 성립은 자(子)의 출생 당시 모의 본국법에 의한다(제41조 제1항 본문). 이렇게 규정한 이유는 국가에 따라서 혼인중 출생자와 혼인외 출생자에 대한 권리를 달리 규정하는 경우가 많으므로, 명확한 고정적인 준거법이 필요하기 때문이다.

나. 부자간의 친자관계 성립의 준거법

다만, 부자간의 친자관계의 성립은 자(子)의 출생 당시 부(父)의 본국법 또는 현재 자(子)의 상거소지법에 의할 수 있다(제41조 제1항 단서). 혼인외 자와의 부자관계는 부양이나 상속문제와 관련될 수 있는 만큼, 자의 이익을 보호하기 위하여 가능한한 성립이 가능하도록 배려할 필요가 있다. 국제사법은 부자관계의 성립은 부의 본국법에 의하거나 자의 상거소지법에 의할 수 있도록 하고 있다. 따라서 부자관계의 성립은 ① 자의 출생당시 모의 본국법, ② 자의 출생당시 부의 본국법, ③ 현재 자의 상거소지법 중 어느 하나에 의하여 인정되면 된

191) 법무부, 전게서, 146면.
192) 상게서.

다. 그러나 혼외자에 대한 모자관계는 자의 출생당시 모의 본국법에 의해서만 인정된다.

다. 인지의 경우 추가적 선택적 연결 허용

혼인외 출생자에 대하여 인지제도를 인정하는 국가의 경우에 가능한 한 인지의 성립을 용이하게 하기 위하여, 인지 당시 인지자의 본국법에 의하여 인지를 할 수 있도록 하고 있다. 이는 제1항에 규정된 준거법 외에 추가적으로 인정되는 선택적 연결이다.

인지는 제1항이 정하는 법 외에 인지 당시 인지자의 본국법에 의할 수 있다(제41조 제2항). 따라서 부가 자를 인지하는 경우에는 ① 자의 출생당시 모의 본국법, ② 자의 출생당시 부의 본국법, ③ 현재 자의 상거소지법 외에도 ④ 인지 당시 인지자의 본국법에 의할 수 있다.

라. 보조적 준거법

제1항의 경우 부(父)가 자(子)의 출생전에 사망한 때에는 사망 당시 본국법을 그의 본국법으로 보고, 제2항의 경우 인지자가 인지전에 사망한 때에는 사망 당시 본국법을 그의 본국법으로 본다(제41조 제3항). 본조항은 자의 출생전에 부가 사망한 경우와 인지자가 인지전에 사망한 경우에 대한 보조적 준거법을 규정한 것이다. 우리나라의 경우, 인지자가 인지전에 사망한 때의 인지로는 부모의 사망의 경우 재판상 인지(민법 제864조), 유언인지(민법 제859조 제2항)가 있다.

(7) 혼인 외 출생자에 대한 준정(準正)

가. 선택적 연결에 의한 준거법

혼인외의 출생자가 혼인중의 출생자로 그 지위가 변동되는 경우에 관하여는 그 요건인 사실의 완성 당시 부(父) 또는 모의 본국법 또는 자(子)의 상거소지법에 의한다(제42조 제1항).

준정은 혼인외 출생자로서의 법적지위를 부모의 혼인을 원인으로 하여 혼인중 출생자로 변경시키는 신분법상의 제도이다. 민법상 준정(準正)의 유형은 혼인에 의한 준정, 혼인중의 준정, 혼인해소 후의 준정이 있으며, 1) 혼인에 의한 준정은 혼인전 부(父)로부터 인지(認知)를 받고 있는 자(子)가 부모의 혼인에 의하여 준정되는 것이고, 2) 혼인중의 준정은 혼인외의 자(子)가 혼인중에 비로소 부모로부터 인지를 받음으로써 준정되는 것이며, 3) 혼인해소 후의 준정은 혼인외의 자(子)가 부모의 혼인중에는 인지되지 않았으나 부모의 혼인이 취소되거나 해소된 후에 인지됨으로써 준정되는 것을 말한다.[193] 혼인에 의한 준정의 경우 부모가 혼인한 때에 준정의 효과가 발생하며(민법 제855조 제2항), 그 밖의 준정의 경우에도 명문의 규정은 없으나 부모가 혼인한 때로부터 혼인중의 출생자로 된다고 해석되고 있다.[194]

국제사법은 준정의 준거법에 대한 연결시점을 '요건 사실의 완성당시'로 하는 고정하는 '고정주의'를 취하고 있다. 또한 준정의 성립의 가능성을 높이기 위하여 준거법의 결정에 선택적 연결을 허용하고 있으며, 연결 시점에 부의 본국법, 모의 본국법, 자의 상거소지법 중 하나에 의하도록 하고 있다. 준정은 적출성에 관한 문제이자 인지의 문제이기도 하므로 이 두 경우에 모두 적용될 수 있는 준거법을 선택할 수 있도록 한 것이다.[195]

나. 보조적 준거법

제1항의 경우 부(父) 또는 모가 그 요건인 사실이 완성되기 전에 사망한 때에는 사망 당시 본국법을 그의 본국법으로 본다(제42조 제2항). 본조는 준정의 요건이 완성되기 전에 부 또는 모가 사망한 때를 대비하기 위한 보조적 준거법 규정이다.

(8) 입양 및 파양

가. 입양 당시 양친의 본국법 기준

입양 및 파양은 입양 당시 양친(養親)의 본국법에 의한다(제43조). 입양은 양친자 관계를 발생시키고 파양은 양친자 관계를 해소하는 법률요건이다. 국제

---

193) 법무부, 전게서, 152면 각주 96.
194) 상게서.
195) 상게서, 153면.

사법은 입양과 파양에 의해서 신분관계의 변동이 발생하므로 신분관계의 안정을 위하여 양친의 본국법을 준거법으로 하고 있다. 준거법의 연결시점은 '입양당시' 양친의 본국법으로 고정한 고정주의를 취하고 있다. 국제사법이 양자의 본국법을 기준으로 하지 아니하고 양친의 본국법을 준거법으로 한 이유는 ① 입양에 의해 양자는 양친의 가족 구성원이 되며, ② 입양 후 양자의 생활터전이 되는 것은 양친의 본국이 되는 경우가 보통이고, ③ 여러 명의 양자가 있는 경우에도 준거법이 동일하게 되며, ④ 양자에게 자동적으로 국적까지 부여하는 나라가 많아지고 있으므로 양친의 본국이 정하는 입양에 관한 법제도를 고려할 필요가 있다는 점이다.[196]

그러나 입양의 성립에 관하여 양친의 본국법만 적용하고 양자측의 법이 전혀 고려되지 않을 경우에 자의 이익이 침해되거나 자의 보호가 소홀해지는 문제점에 대하여는 국제사법 제44조의 동의조항을 적용함으로써 해결이 가능할 것이다.[197]

나. 입양과 파양의 준거법 일치

파양은 입양을 해소하는 제도로서 입양과 관련한 당사자의 기대와 밀접한 관계를 가지고 있으므로, 입양과 파양에 동일한 준거법을 적용하고 있다. 이는 입양은 그 성립에서 종료까지 동일한 법에 의해 규율하는 것이 타당하다는 점, 파양은 입양의 성립을 부정하는 것이므로 파양의 준거법을 입양의 요건과 일치시킬 필요가 있다는 점 등을 고려한 것이다.[198] 파양을 인정하지 않는 국가도 다수 있으므로, 입양당시의 양친의 본국법이 파양제도를 인정하지 않는 경우에는 반정여부를 검토하거나 최종적으로 공서문제로 파악하여 우리 법을 적용함으로써 문제를 해결할 수 있을 것이다.[199]

---

196) 법무부, 전게서, 154－155면.
197) 상게서, 155면.
198) 상게서, 155－156면.
199) 상게서, 156면.

(9) 동 의

국제사법은 친자관계 및 양친자관계의 성립에 있어 자를 보호하기 위하여 일괄적인 동의 규정을 두고 있다. 제41조 내지 제43조의 규정에 의한 친자관계의 성립에 관하여 자(子)의 본국법이 자(子) 또는 제3자의 승낙이나 동의 등을 요건으로 할 때에는 그 요건도 갖추어야 한다(제44조).

혼인외의 친자관계, 혼인외 출생자에 대한 준정, 입양에서 부, 모, 양친 등의 본국법이 준거법이 되는 경우가 대부분이어서, 그러한 경우에 자 또는 부부 중 다른 일방이나 제3자의 이익이 보호되지 못할 수 있다. 또한 친자간의 법률관계의 창설에 대하여 자가 이를 원하지 않는 경우도 있고, 인지 등으로 창설된 부자간의 친자관계가 모에게 예기치 않은 영향을 줄 수도 있으며, 특히 자가 성년인 경우에는 부모가 부양을 받을 목적으로 자의 의사에 반하여 인지를 하는 경우도 있을 것이다.[200]

이러한 점을 고려하여 다수의 국가는 친자관계 또는 양친자관계의 성립에 있어서 자나 제3자의 승낙이나 동의를 요건으로 규정하고 있다. 국제사법은 자의 이익을 보호하기 위하여 자의 본국법이 그러한 동의나 승낙을 요건으로 할 경우 그 요건을 갖추도록 하고 있다.

이때 친자관계 성립의 준거법과 자의 본국법은 누적적으로 적용되며, 연결시점은 성립당시 즉, 입양시, 인지시, 준정시가 된다.[201] 한편 동의규정은 친자관계의 성립에만 적용되므로 입양의 효력이나 파양의 경우에는 자의 본국법이 적용되지 아니한다.[202]

(10) 친자간의 법률관계

친자간의 법률관계는 부모와 자(子)의 본국법이 모두 동일한 경우에는 그 법에 의하고, 그 외의 경우에는 **자(子)의 상거소지법**에 의한다(제45조).

친자관계가 성립한 후에 당사자간에는 친자관계에 기초하여 여러 가지 법

200) 법무부, 전게서, 158면.
201) 상게서, 159면.
202) 상게서.

적 권리의무가 발생한다. 국제사법은 친자관계는 자의 이익을 보호하기 위하여 **자의 상거소지법**을 원칙적인 준거법으로 하고 있다. 친자관계의 성립에 자의 상거소지법을 허용하였고, 부양의 경우에도 부양권리자인 자의 상거소지법에 의하고 있으므로 모든 친자관계에 자(子)의 상거소지법을 인정하는 것이 일관되며 또 자의 이익과 보호에도 기여할 수 있기 때문이다.[203)]

그러나 본 규정에 의해 규율되는 내용은 대부분 친권 문제에 관한 것인바 부, 모, 자가 모두 동일한 본국법을 가지고 있는 경우에는 그들의 본국법에 의하는 것이 가정내의 보호조치가 가능한 점 등을 고려하여 이를 자(子)의 상거소지법보다 우선하여 적용한다.[204)] 따라서 부모와 자의 본국법을 연결점으로 하여, 부모와 자의 본국법이 모두 동일한 경우에는 그 본국법에 의하도록 하고 있다. 부모와 자의 본국법이 동일하지 아니한 경우에는 원칙대로 친자관계는 자의 상거소지법에 의한다.

친자관계는 그 관계가 유지되는 동안에 적용되는 것이므로 연결시점은 '현재'로서 변동주의가 적용된다.

(11) 부 양

가. 부양권리자 중심의 준거법

부양은 신분법적인 측면과 함께 재산법적인 측면이 강한 분야이다. 국제사법은 부양에 있어서 이러한 재산적 권리의 측면과 부양권리자의 권리행사를 보호하려는 목적에서 부양권리자를 중시하여 부양권리자의 상거소지법을 부양의 원칙적인 준거법으로 하고 있다. 부양의 의무는 부양권리자의 상거소지법에 의한다(제46조 제1항 본문).

다만, 부양권리자의 상거소지법에 의하면 부양권리자가 부양의무자로부터 부양을 받을 수 없는 때에는 당사자의 **공통 본국법**에 의한다(제46조 제1항 단서). 국제사법은 부양권리자를 가능한 한 인정하기 위하여, 부양권리자의 상거소지법에 의하여 부양권리자의 권리가 인정되지 않을 경우, 부양권리자와 부양의무

---

203) 법무부, 전게서, 160면.
204) 상게서, 160-161면.

자가 공통의 본국법에 의하도록 하고 있다. 이는 부양권리의 인정이 될 수 있는 가능성을 높이기 위한 보정적(補正的) 연결방법[205]이다. '공통 본국법'은 '동일한 본국법'과 그 의미가 다르며, 당사자의 일방 또는 쌍방이 복수의 국적을 가진 경우 그 국적 중 어느 것이나 쌍방에 공통되는 국적이 있으면 그 국가의 법률이 공통 본국법이 되는 것이다.[206]

나. 이혼시 부양의 준거법

대한민국에서 이혼이 이루어지거나 승인된 경우에 이혼한 당사자간의 부양의무는 제1항의 규정에 불구하고 그 이혼에 관하여 적용된 법에 의한다(제46조 제2항). 이때 '이혼에 관하여 적용된 법에 의한다'는 것은 본래의 이혼의 준거법이라는 의미가 아니라 실제로 이혼에 적용된 법에 따른다는 것을 말한다.[207] 본래의 이혼의 준거법인 외국법이 공서에 의해 적용이 배제되어 내국법이 적용되어야 하는 경우에는 내국법이 '이혼에 관하여 적용된 법'이 된다.[208]

일반적인 부양과 달리 이혼 당사자간의 부양은 이혼 후 당사자의 생활을 유지할 수 있도록 하는 점에서 이혼과 밀접한 관련이 있다. 이혼시 부양은 이혼과 매우 밀접한 관련이 있으므로, 통상의 부양의 준거법을 따르지 않고 양자를 통일적으로 취급할 수 있도록 이혼에 적용에 적용된 법에 의하도록 하고 있다. 미국의 경우 이혼 사건에서 '이혼 부양'(Divorce Maintenance)에 관한 명령을 동시에 하고 있을 정도로, 이혼시 부양은 이혼과 실질적 관련성이 있으므로 동일한 준거법에 의해서 판단할 필요가 있기 때문이다.

다. 방계혈족간 · 인척간 부양의무자의 이의제기권

직계혈족이 아닌 방계혈족이나 인척과 같이 친족관계의 범위가 가깝지 못한 경우에는 부양의무를 인정할 필요성이 상대적으로 적다. 국제사법은 상대적으로 친족관계의 범위가 먼 경우, 부양의무자의 이익도 고려하여 부양의무자의

---

205) 원칙적 준거법에 의하면 법률관계의 성립이 인정되지 않는 경우 별도의 준거법에 의하는 것과 같은 연결방법을 補正的 연결이라고 한다(법무부, 전게서, 164면 각주 105).
206) 법무부, 전게서, 164면 각주 104.
207) 상게서, 164－165면.
208) 상게서, 165면.

속인법을 기초로 부양의무가 없음을 주장을 할 수 있도록 한다. 특히 준거법 결정에서 부양의무자를 배제함으로써 나타날 수 있는 부당성을 제거하기 위하여 이의제기권을 인정한 것이다.[209)]

방계혈족간 또는 인척간의 부양의무의 경우에 부양의무자는 부양권리자의 청구에 대하여 당사자의 공통 본국법에 의하여 부양의무가 없다는 주장을 할 수 있으며, 그러한 법이 없는 때에는 부양의무자의 상거소지법에 의하여 부양의무가 없다는 주장을 할 수 있다(제46조 제3항). 부양의무자의 부양의무가 없다는 주장을 용이하게 하기 위하여 먼저 공통의 본국법에 의하여 부양의무가 없음을 주장할 수 있으며, 공통의 법이 없는 경우에는 부양의무자의 상거소지법에 의하여 부양의무가 없음을 주장할 수 있다.

라. 내국법 적용의 특례

부양권리자와 부양의무자가 모두 대한민국 국민이고, 부양의무자가 대한민국에 상거소가 있는 경우에는 대한민국 법에 의한다(제46조 제4항). 내국인 간의 부양의 경우에, 부양의무자의 상거소가 대한민국에 있은 경우에는 당사자의 신뢰와 예측가능성을 고려하고[210)] 부양의무자의 이익도 보호하기 위하여 내국법인 대한민국 법에 의한다.

마. 반정의 불허

본조에 의하여 외국법이 부양의 준거법으로 지정된 경우에 반정이 허용되지 않는다는 점을 주의하여야 한다(국제사법 제9조 제3항). 부양의 준거법 규정은 부양권리자와 부양의무자의 권리와 이익의 국제적 성격을 고려하여 규정된 것이므로, 반정이 적용되면 이러한 준거법 지정 원칙에 왜곡이 일어날 수 있기 때문이다.

(12) 그 밖의 친족관계

친족관계의 성립 및 친족관계에서 발생하는 권리의무에 관하여 이 법에

209) 법무부, 전게서, 165면.
210) 상게서, 165면.

특별한 규정이 없는 경우에는 각 당사자의 본국법에 의한다(제47조). 국제사법에 특별한 명시적 규정이 없는 그 밖의 친족관계의 성립 및 그 권리의무에 대해서 각 당사자의 이익을 모두 고려하기 위하여 각 당사자의 본국법에 의하도록 하고 있다. 준거법의 연결시점은 '현재'로서 변경주의에 의한다.

(13) 후 견

가. 원칙적 준거법

후견은 피후견인의 본국법에 의한다(제48조 제1항). 후견은 후견을 받는 자의 권리를 보호하기 위하여 피후견인의 본국법에 의하도록 하고 있다. 국제사법은 후견에 있어서 상거소지법을 준거법으로 하지 아니하고, 본국법을 준거법으로 하는 본국법주의를 채택하고 있다.

나. 내국법이 적용되는 예외

대한민국에서의 거래를 보호하기 위하여 일정한 경우 외국인에 대해서도 후견을 결정하여야 할 필요가 있다. 국제사법은 대한민국에 거주하는 피후견인을 국내에서 신속하고 적절히 보호하고, 그와 거래하는 내국의 제3자도 보호하기 위하여 대한민국 법이 적용되는 예외를 규정하고 있다.[211)]

특히 외국인의 상거소 또는 거소가 대한민국에 있는 경우에는 해당 외국인이 본국법에 따른 후견인이 선임될 수 없거나 선임되어도 후견업무를 할 수 없는 경우에는 내국거래 안전을 보호하기 위한 후견인의 선임이 법정지법에 의하여 이루어질 필요가 있다. 국제사법은 이러한 경우에 대한민국에 후견에 대한 재판관할권을 인정하고, 대한민국 법을 후견을 준거법으로 적용하는 예외를 인정한다.

대한민국에 상거소 또는 거소가 있는 외국인에 대한 후견은 다음 각호중 어느 하나에 해당하는 경우에 한하여 대한민국 법에 의한다(제48조 제2항).

1. 그의 본국법에 의하면 후견개시의 원인이 있더라도 그 후견사무를 행할 자가 없거나 후견사무를 행할 자가 있더라도 후견사무를 행할 수 없는

---

211) 법무부, 전게서, 169면.

경우(제1호)

2. 대한민국에서 한정후견개시, 성년후견개시, 특정후견개시 및 임의후견감독인선임의 심판을 한 경우(제2호)
3. 그 밖에 피후견인을 보호하여야 할 긴급한 필요가 있는 경우(제3호)

예외적으로 우리나라 법원이 대한민국 법에 의하여 후견에 대한 재판관할권을 행사하기 위한 요건으로 1) 후견이 필요한 외국인이 대한민국에 상거소 또는 거소가 있어야 하며, 2) 제48조 제2항 각호에 열거된 사유 중 하나에 해당하여야 한다. 특히 제48조 제2항 제3호는 내국법이 적용될 수 있는 예외적인 사유를 '그 밖에 피후견인을 보호하여 할 긴급한 필요가 있는 경우'로 포괄적으로 규정하고 있는데, 이러한 사유에 해당하는 예로는 ① 미성년자에게 친권자가 있더라도 우리나라에서 친권을 실효적으로 행사할 수 없거나 ② 피후견인의 본국법에 의하면 후견개시의 원인이 없으므로, 우리나라에 있는 피후견인이 보호받지 못하고 있지 못한 경우 등이 있다.[212)]

[관련판례] 서울가법 2018. 1. 17.자 2017브30016 결정

사건본인에 대한 한정후견 개시 및 한정후견인 선임을 구하는 이 사건에 대하여,… …사건본인은 대한민국 국적을 상실한 이후에도 주로 대한민국에 거주하여 왔고… 대한민국에 입국한 이후 현재까지 대한민국에 거주하고 있는바, 그렇다면 **사건본인은 최소한 대한민국에 거소가 있는 외국인에 해당한다 할 것이다.**

사건본인은 대한민국 내에서 재산을 소유하고 있을 뿐 아니라 위 상가 등에 관한 임대차계약을 체결하거나, 금융기관으로부터 금원을 차용하는 등의 법률행위를 하고 있고, 현재 대한민국 내에서 배우자…와 사이에 이혼소송을 진행하고 있으며… …부(父)… 의 사망으로 인하여 그 상속과 관련한 법률적 분쟁의 당사자가 될 가능성이 높은 것으로 보이는바, **그렇다면 이는 피후견인을 보호하여야 할 긴급한 필요가 있는 경우에 해당한다.**

따라서 **대한민국에 거소가 있는 사건본인에 대한 한정후견 개시 및 한정후견인 선임을 구하는 이 사건에 관하여는 국제사법 제48조 제2항 제3호에 의하여 대한민국 법원이 국제재판관할을 가지고, 대한민국 민법이 준거법으로 적용되며,** 이에 반하는 사건본인의 본안전항변은 이유 없다.

212) 법무부, 전게서, 169면 각주 107.

6. 상 속

(1) 상 속

가. 피상속인의 본국법주의

상속은 사망 당시 피상속인의 본국법에 의한다(제49조 제1항). 상속은 신분문제로서 전통적으로 속인법에 의해서 결정되어 왔는데, 국제사법은 전통적인 준거법으로서 명확성과 고정성을 고려하여[213] 속인법인 피상속인의 본국법주의를 채택하고 있다. 연결시점은 '피상속인의 사망시'로서 사망 당시 최후의 본국을 기준으로 한 고정주의를 채택하고 있다. 상속은 동산과 부동산을 구별하지 아니하고 동일한 준거법이 적용되도록 하는 상속통일주의를 채택하고 있다.[214]

나. 당사자자치 허용

상속은 신분법적 성격이 있지만 동시에 상속재산의 이전 등 재산법과 밀접하게 관련이 있다. 국제사법은 이러한 점을 고려하여, 상속의 준거법에 대하여 제한된 범위내에서 당사자자치를 허용하고 있다. 상속에서의 당사자자치는 피상속인에게 사망 후의 재산관계에 대한 예견가능성을 확보해 주며 또한 부부재산제와 상속을 동일한 준거법으로 규율할 수 있게 하는 장점이 있다.[215]

국제사법은 상속의 준거법을 유언자가 선택할 수 있도록 하지만, 그 방식과 준거법의 선택범위를 아래와 같이 제한하고 있다.

피상속인이 유언에 적용되는 방식에 의하여 명시적으로 다음 각호의 법중 어느 것을 지정하는 때에는 상속은 제1항의 규정에 불구하고 그 법에 의한다(제49조 제2항).

1. 지정 당시 피상속인의 상거소가 있는 국가의 법. 다만, 그 지정은 피상속인이 사망시까지 그 국가에 상거소를 유지한 경우에 한하여 그 효력이 있다(제1호).

---

213) 법무부, 전게서, 171면.
214) 안강현, 전게서, 264면.
215) 법무부, 전게서, 172면.

2. 부동산에 관한 상속에 대하여는 그 부동산의 소재지법(제2호).

따라서 피상속인이 상속의 준거법을 선택하려면 다음의 요건을 갖추어야 한다. 첫째, 준거법의 선택은 유언의 방식에 의하여야 한다. 이는 준거법 지정의 명확성을 기하기 위한 것이다.[216]

둘째, 준거법 지정 당시 피상속인의 상거소지법 또는 부동산 상속에 대해서는 부동산 소지지법 중에서 지정하여야 한다. 피상속인의 상거소지법의 선택은 피상속인이 자신의 생활의 근거지로 되어 온 곳의 법을 적용받고자 하는 필요에 부응하도록 한 것이다.[217] 부동산 상속의 경우 부동산 소재지법을 선택하면, 상속과 부부재산제 및 물권의 준거법이 일치될 수 있어 이들 관계에서 발생하는 복잡한 법률문제를 회피할 수 있고, 실효적이고 신속한 유산채무(遺産債務)의 해결이 가능하게 된다.

셋째, 피상속인의 상거소지지법을 준거법으로 지정한 경우에는, 피상속인이 사망시까지 그 국가에 상거소를 유지하여야 한다. 상거소지법을 상속의 준거법으로 지정한 후에 피상속인이 그 상거소를 사망전에 다른 곳으로 옮기고 그 곳에서 사망하면, 그 지정은 유효하지 않게 된다.

(2) 유 언

유언은 피상속인의 사망으로 그 효력이 발생하므로 엄격한 형식적 요건을 규정하는 국가가 많으며, 또한 유언자의 사후에 유언의 방식이나 유효성에 대하여 다툼이 일어나기 쉬운 분야이다. 따라서 국제사법은 유언의 준거법을 유언 자체에 대한 준거법과 유언의 방식에 대한 준거법으로 나누어 규정하고 있다.

가. 피상속인의 본국법 원칙

유언은 유언 당시 유언자의 본국법에 의한다(제50조 제1항). 이는 유언 자체의 성립과 효력에 관한 준거법으로서, 전통적인 속인법의 입장에서 유언자의

216) 법무부, 전게서, 173면.
217) 상게서, 172-173면.

본국법주의를 채택한 것이다. 연결시점은 '유언 당시'로서 고정주의를 취하고 있으며, 유언자의 사망 당시가 아님을 주의하여야 한다.

유언 자체에 관한 문제는 유언능력, 유언의사의 하자, 유언의 구속력, 유언의 효력발생시기 등을 말한다.[218)]

나. 유언의 변경 또는 철회

유언의 변경 또는 철회는 그 당시 유언자의 본국법에 의한다(제50조 제2항). 유언자가 유언 후 그 유언을 사망전에 변경하거나 철회하는 것이 가능한지 여부, 그 방식 또는 효력은 그 행위를 하는 유언자의 의사와 밀접한 관련이 있으므로 그 행위 당시 유언자의 본국법에 의하도록 하고 있다. 연결시점은 '변경 또는 철회 당시'로 고정주의를 취하고 있다.

다. 유언의 방식

1) 준거법 원칙

국제사법은 유언이 그 형식적 요건을 갖추지 못하여 유언이 성립되지 않는 경우를 가능한 한 줄이고 유언을 보호하기 위하여, 선택적 연결의 범위를 매우 폭넓게 인정하고 있다. 국제사법은 유언의 방식의 준거법으로서 유언자의 국적, 상거소지법, 행위지법, 부동산 소재지법 등을 선택적 연결의 범위에 포함시키고 있다. 따라서 유언자는 선택적 연결의 대상이 되는 법 중에 하나의 방식을 갖추어 유언을 하면 그 방식의 요건을 갖춘 것이 된다.

유언의 방식은 다음 각호중 어느 하나의 법에 의한다(제50조 제3항)

1. 유언자가 유언 당시 또는 사망 당시 국적을 가지는 국가의 법(제1호)
2. 유언자의 유언 당시 또는 사망 당시 상거소지법(제2호)
3. 유언당시 행위지법(제3호)
4. 부동산에 관한 유언의 방식에 대하여는 그 부동산의 소재지법(제4호)

2) 반정의 불허

또한 국제사법 제50조 제3항에 의하여 지정된 유언의 방식의 준거법에 대

218) 법무부, 전게서, 174면 각주 110.

해서는 반정이 허용되지 않음을 주의해야 한다(국제사법 제9조 제4호).

7. 어음 · 수표

(1) 어음수표 행위능력

가. 본국법 원칙과 전정의 허용

국제사법은 어음수표 행위능력에 대하여 일반적 행위능력(제13조)의 특칙으로 별도로 규정을 두고 있다. 어음수표 행위능력은 유효하게 어음수표 행위를 할 수 있는 능력을 말한다.

환어음, 약속어음 및 수표에 의하여 채무를 부담하는 자의 능력은 그의 본국법에 의한다. 다만, 그 국가의 법이 다른 국가의 법에 의하여야 하는 것을 정한 경우에는 그 다른 국가의 법에 의한다(제51조 제1항).

어음수표 행위능력의 준거법은 그 본국법에 의하는 것이 원칙이나, 그 본국법의 국제사법 규칙이 다른 국가에 법에 의하도록 정하고 있는 경우에는 본국법의 규정을 존중하여 그 다른 국가에 법에 의하도록 한다. 국제사법은 직접반정만 허용하는 제9조의 규정에도 불구하고, 어음수표 행위능력에 대해서는 예외적으로 전정(transmission)까지 허용한 것이다.

나. 서명지법 예외

제1항의 규정에 의하면 능력이 없는 자라 할지라도 다른 국가에서 서명을 하고 그 국가의 법에 의하여 능력이 있는 때에는 그 채무를 부담할 수 있는 능력이 있는 것으로 본다(제51조 제2항).

어음수표 행위는 기명날인 또는 서명을 요소로 하는 법률행위이므로 그 행위를 하는 서명지가 그 행위와 밀접한 관련성이 있다. 국제사법은 본국 이외의 국가에서 어음수표에 서명이 이루어진 경우, 서명지의 거래 안전과 당사자의 기대를 보호하기 위하여, 본국법에 의한 어음수표 행위 무능력자라도 서명지법에 의하여 행위능력이 있는 경우에는 어음수표 행위능력을 인정한다.

(2) 수표지급인의 자격

가. 지급지법 원칙

수표는 발행인이 지급인에게 그 지급을 위탁하는 지급위탁증권이므로, 수표의 발행시 원칙적으로 그 지급은 보장되는 것은 아니다. 따라서 대부분의 국가는 수표의 부도를 방지하고 피지급성을 확보하기 위하여 주로 금융기관 등으로 수표지급인의 자격을 엄격하게 제한하고 있다. 수표지급인의 자격은 국가마다 차이가 있을 수 있다. 우리나라의 경우 수표지급인의 자격을 자금관계가 있는 은행으로 제한하고 있다(수표법 제3조).

국제사법은 지급인이 수표의 필요적 기재사항이며 수표의 지급이 지급지와 밀접한 관련이 있는 점을 고려하여, 수표지급인의 자격을 지급지법에 의하도록 하고 있다. 수표지급인이 될 수 있는 자의 자격은 지급지법에 의한다(제52조 제1항).

나. 서명지법 예외

국제사법은 수표지급인의 자격에 대한 지급지법 원칙의 예외로서 일정한 요건하에 서명지법을 적용하도록 하고 있다. 지급지법에 의하면 지급인이 될 수 없는 자를 지급인으로 하여 수표가 무효인 경우에도 동일한 규정이 없는 다른 국가에서 행한 서명으로부터 생긴 채무의 효력에는 영향을 미치지 아니한다(제52조 제2항).

발행인이 수표에 지급인이 될 수 없는 자를 기재한 경우에 그 수표를 무효로 하는 국가와 무효로 하지 않는 국가가 있다. 우리나라는 수표지급인의 자격이 없는 자를 지급인으로 기재하더라도 수표로서의 효력에 영향을 미치지 않는 국가이다(수표법 제3조 단서).

만일 지급지법상 수표지급인의 자격이 없는 자를 기재한 경우 그 수표가 무효로 되는 경우에, 발행인이 지급지법상 수표지급인의 자격이 없는 자를 수표에 기재하면 지급지법의 원칙만 따르면 그 수표는 무효가 될 수밖에 없다. 그러한 경우 서명지가 수표지급인이 자격이 없더라도 그 수표를 유효로 하는 국가라면, 서명지에서 거래안전을 해할 수 있다. 국제사법은 지급법상 수표지급인의 자격이 없는 자를 지급인으로 기재하여 이로 인하여 그 수표가 무효가 되는 경우에도, 그러한 규정이 없는 서명지에서의 서명으로 생긴 수표 채무의 효력에는 영향을 미치지 않도록 하고 있다.

(3) 어음수표 방식

가. 행위지법 원칙: 서명지법

어음수표 행위는 기명날인 또는 서명을 요소로 하는 법률행위이므로 그 방식이 중요하다. 어음수표 행위가 그 방식의 요건을 갖추었는지는 그 행위지가 밀접한 관련을 갖기 때문에, 행위지인 서명지를 기준으로 판단하는 것이 타당하다.

환어음, 약속어음 및 수표행위의 방식은 서명지법에 의한다. 다만, 수표행위의 방식은 지급지법에 의할 수 있다(제53조 제1항). 국제사법은 수표의 경우의 피지급성 확보가 중요하므로, 서명지법 외에 지급지법상 방식을 갖춘 수표행위도 유효한 것으로 한다.

나. 어음수표 행위 독립의 원칙

제1항의 규정에 의하여 행위가 무효인 경우에도 그 후 행위의 행위지법에 의하여 적법한 때에는 그 전 행위의 무효는 그 후 행위의 효력에 영향을 미치지 아니한다(제53조 제2항).

선행행위가 그 서명지법에 의하여 무효인 경우에도, 그 후행행위의 행위지법에 의하면 적법한 경우에는 선행행위의 무효는 후행행위의 효력에 영향을 미치지 않도록 한 것이다. 이는 어음수표행위 독립의 원칙을 표현한 것으로서, 어음수표의 유통성을 보호하기 위한 것이다.

다. 내국인간 어음수표 행위의 특칙

대한민국 국민이 외국에서 행한 환어음, 약속어음 및 수표행위의 방식이 행위지법에 의하면 무효인 경우에도 대한민국 법에 의하여 적법한 때에는 다른 대한민국 국민에 대하여 효력이 있다(제53조 제3항).

이 규정은 대한민국 국민간 어음수표 거래의 경우, 외국에서 한 어음수표 행위가 그 행위지법상 방식을 갖추지 못하여 무효인 경우에도, 대한민국 법상 그 행위가 적법한 경우에는 다른 대한민국 국민에 대하여 효력이 있도록 한 것이다. 이는 내국인간 어음수표 거래는 비록 그 행위지가 외국인 경우에도 당사자가 익숙한 대한민국 법에 의한 어음수표 방식의 유효를 인정함으로써 내국인간 거래에서 당사자의 신뢰와 기대를 보호하기 위한 것이다.

(4) 어음수표의 효력

어음수표 효력의 준거법은 어음수표에 행위에 의해 발생한 어음수표 채무의 준거법을 말한다. 어음수표 채무는 어음수표의 주채무자의 채무와 주채무자가 아닌 자의 채무로 구별할 수 있는데, 국제사법은 이 양자의 채무를 구별하여 준거법 원칙을 규정하고 있다.

가. 어음의 주채무자의 채무와 수표상 채무

환어음의 인수인과 약속어음의 발행인의 채무는 지급지법에 의하고, 수표로부터 생긴 채무는 서명지법에 의한다(제54조 제1항).

환어음은 지급위탁증권이므로 인수인이 어음상 채무에 대한 주채무자이며, 약속어음은 발행인이 주채무자이다. 국제사법은 어음의 주채무자의 채무에 대해서 지급지법을 준거법으로 규정한 것이다. 어음의 주채무자는 지급을 담보하는 자이므로 주채무자의 채무는 지급과 밀접한 관련이 있으므로 서명지법에 의하지 않고 지급지법에 의하도록 한 것이다.

그러나 수표의 경우에는 인수제도가 없고 주채무자가 없으므로 수표채무에 대해서는 행위지인 서명지법에 의하도록 하고 있다.

나. 어음 주채무자 이외의 자의 채무

제1항에 규정된 자 외의 자의 환어음 및 약속어음에 의한 채무는 서명지법에 의한다(제54조 제2항). 배서인과 같은 어음의 주채무자가 아닌 자의 채무는 지급과 밀접한 관련이 없은 채무이므로, 행위지인 그 서명지법에 의하도록 하

고 있다.

다. 소구권 행사기간

환어음, 약속어음 및 수표의 소구권을 행사하는 기간은 모든 서명자에 대하여 발행지법에 의한다(제54조 제3항). 어음과 수표의 지급이 거절된 경우 소지인은 소구의무자에 대하여 소구권(상환청구권)을 행사할 수 있다. 소구의무는 주채무자 이외의 자로서 배서등으로 어음의 전전 유통에 관여된 자에게 인정되는 담보책임이다. 어음과 수표의 발행인은 지급거절로 소구권이 행사되면 결국 최종 소구의무자인 발행인에게까지 재소구될 것임을 알고 이를 발행하는 것이다. 이러한 점을 고려하여 어음수표의 소구권 행사기간은 모든 서명자에 대하여 발행지법에 의하도록 하고 있다.

(5) 원인채권의 취득

어음의 소지인이 그 발행의 원인이 되는 채권을 취득하는지 여부는 어음의 발행지법에 의한다(제55조).

어음수표는 그 원인관계상 채무와 어음수표상의 채무를 구별하여, 원인관계와 어음수표관계는 분리된다. 또한 원칙적으로 원인관계상 하자는 어음수표관계에 영향을 미치지 않고, 다만 예외적으로 영향을 미치는 경우가 있다. 원인관계와 어음관계는 구분되므로, 어음의 소지인이 그 원인채권을 취득하는지 여부에 대해서는 어음의 발행지법에 의한다. 어음은 최초에 발행될 때 발행인은 원인관계상 채무와 관련하여 '지급을 위하여' 또는 '그 담보를 위하여' 교부하는 것인지 아니면 '지급에 갈음하여' 교부하는 것인지를 알 수 있다. 이러한 점을 고려하여 어음 소지인이 원인관계상 채권을 취득하는지 여부는 그 발행지법에 의하도록 한다.

(6) 일부인수 및 일부지급

가. 환어음의 일부인수 및 일부지급

환어음의 인수를 어음 금액의 일부에 제한할 수 있는지 여부 및 소지인이 일부지급을 수락할 의무가 있는지 여부는 지급지법에 의한다(제56조 제1항).

환어음의 일부인수 및 일부지급은 모두 어음의 지급제도 또는 지급의 효력과 관련된 것이므로 일부인수 또는 일부지급의 인정 여부는 지급지법에 의하도록 한 것이다. 우리나라 어음법에서는 환어음의 일부인수(어음법 제26조 제1항 후문)와 일부지급(어음법 39조 제2항)을 모두를 유효한 것으로 인정한다.

나. 약속어음의 일부지급

제1항의 규정은 약속어음의 지급에 준용한다(제56조 제2항). 약속어음은 인수제도가 없으므로 일부인수 자체가 문제될 수 없다. 따라서 본 조는 약속어음에 대해서는 일부지급이 인정되는지 여부만 그 지급지법에 의하도록 규정한 것이다.

(7) 권리의 행사 · 보존을 위한 행위의 방식

환어음, 약속어음 및 수표에 관한 거절증서의 방식, 그 작성기간 및 환어음, 약속어음 및 수표상의 권리의 행사 또는 보전에 필요한 그 밖의 행위의 방식은 거절증서를 작성하여야 하는 곳 또는 그 밖의 행위를 행하여야 하는 곳의 법에 의한다(제57조).

어음수표가 지급거절 된 경우에는 일정기간내에 소구권 보전절차를 취하여만 소구권(상환청구권)을 행사할 수 있다. 본조는 소구권 보전절차로서 대표적인 거절증서의 방식과 작성기간을 포함한 어음수표상의 소구권 보전절차의 방식의 준거법은 보전절차를 하여야 하는 곳의 법에 의하도록 하고 있다. 거절증서외에 '보존에 필요한 그 밖의 행위'를 포함시킨 것은, 수표에 경우에 거절증서 작성 대신 지급인, 제시은행, 어음교환소의 선언 등이 소구권 보전의 방식으로 인정되고 있는 것을 고려한 것이다(수표법 제39조 제2호, 제3호). 보전절차의 종류 및 방식은 그 행위지와 밀접한 관련이 있음을 고려하여 그 행위를 하여야 하는 곳의 법을 준거법으로 한 것이다.

(8) 상실 및 도난

환어음, 약속어음 및 수표의 상실 또는 도난의 경우에 행하여야 하는 절차는 지급지법에 의한다(제58조).

어음수표는 유가증권이므로 이를 도난 또는 분실한 경우 기존의 유가증권을 무효화하는 제권판결을 받아야, 유가증권 없이 제권판결을 제시하여 지급을 청구할 수 있다. 이러한 제권판결 등 어음수표의 도난 또는 상실의 경우에 필요한 절차는 그 지급과 밀접한 측면이 있으므로, 지급지법에 의하도록 한 것이다.

(9) 수표의 지급방법

수표는 지급증권이므로 피지급성 확보와 그 지급과 관련된 법규정이 중요하다. 수표의 지급과 관련된 각종 제도들은 그 지급지가 실질적 관련성이 있는 곳으로 볼 수 있으므로, 국제사법은 제59조에서 수표의 지급방법과 관련된 제도에 대하여 수표의 지급지법이 준거법이 되는 경우를 열거하고 있다.

수표에 관한 다음 각호의 사항은 수표의 지급지법에 의한다(제59조).

1. 수표가 일람출급을 요하는지 여부, 일람후 정기출급으로 발행할 수 있는지 여부 및 선일자수표의 효력(제1호)
2. 제시기간(제2호)
3. 수표에 인수, 지급보증, 확인 또는 사증을 할 수 있는지 여부 및 그 기재의 효력(제3호)
4. 소지인이 일부지급을 청구할 수 있는지 여부 및 일부지급을 수락할 의무가 있는지 여부(제4호)
5. 수표에 횡선을 표시할 수 있는지 여부 및 수표에 "계산을 위하여"라는 문구 또는 이와 동일한 뜻이 있는 문구의 기재의 효력. 다만, 수표의 발행인 또는 소지인이 수표면에 "계산을 위하여"라는 문구 또는 이와 동일한 뜻이 있는 문구를 기재하여 현금의 지급을 금지한 경우에 그 수표가 외국에서 발행되고 대한민국에서 지급하여야 하는 것은 일반횡선수표의 효력이 있다. (제5호)

6. 소지인이 수표자금에 대하여 특별한 권리를 가지는지 여부 및 그 권리의 성질(제6호)
7. 발행인이 수표의 지급위탁을 취소할 수 있는지 여부 및 지급정지를 위한 절차를 취할 수 있는지 여부(제7호)
8. 배서인, 발행인 그 밖의 채무자에 대한 소구권 보전을 위하여 거절증서 또는 이와 동일한 효력을 가지는 선언을 필요로 하는지 여부(제8호)

8. 해 상

(1) 해상의 준거법

가. 선적국법 원칙

1) 원 칙

선박과 이를 운송수단으로 이용하는 해상거래에 적용되는 해상법은 전통적으로 해상에서의 특수한 위험과 그 국제성으로 인하여 법적 분쟁이 발생되었을 경우 그 해결을 위한 국제조약과 준거법 원칙이 일찍부터 발달되어 왔다.

국제사법은 선박에 관한 물권, 담보물권의 우선순위, 선박소유자의 책임범위, 선박소유자의 책임제한과 그 범위, 공동해손, 선장의 대리권 등 선적국법을 준거법으로 하는 경우를 열거하고 있다. 이는 전통적으로 다수 국가들이 선적국법을 그 준거법으로 해온 분야들이다. 특히 해상에 있어서는 선박소유자, 용선자, 저당권자, 우선특권자, 선용품(船用品)공급업자, 화주 등 관련 이해당사자 많은 만큼, 당사자가 예측가능하고 실질적 관련성이 있는 명확한 준거법을 규정하는 것이 중요한 점을 고려한 것이다.

해상에 관한 다음 각호의 사항은 선적국법에 의한다(제60조).

1. 선박의 소유권 및 저당권, 선박우선특권 그 밖의 선박에 관한 물권(제1호)
2. 선박에 관한 담보물권의 우선순위(제2호)
3. 선장과 해원의 행위에 대한 선박소유자의 책임범위(제3호)
4. 선박소유자 · 용선자 · 선박관리인 · 선박운항자 그 밖의 선박사용인이

책임제한을 주장할 수 있는지 여부 및 그 책임제한의 범위(제4호)

5. 공동해손(제5호)
6. 선장의 대리권(제6호)

2) 반정 불허

제60조에 열거된 사유로 선적국법이 준거법으로 지정되는 경우 반정의 적용이 배제된다(제9조 제5호). 반정 적용에 예외를 인정한 것은 선박에 관한 물권의 준거법등을 선적국법으로 정한 이유가 선박에 관한 다수의 이해관계자들의 예측가능성을 높이려고 한 것인데, 반정이 적용될 경우 이러한 예측가능성이 깨져 버리고, 반정에 따른 선적국의 국제사법 규정을 확인하는 것도 쉬운 일이 아니므로 신속을 요하는 해상분쟁 처리의 요청에 부응하기 위해서이다.[219]

나. 관련판례

1) 선박우선특권 준거법 적용범위: 대법원 2014. 12. 11. 선고 2013다203451 판결

선박우선특권의 성립 여부, 일정한 채권이 선박우선특권에 의하여 담보되는지 여부와 선박우선특권이 미치는 대상의 범위는 국제사법 제60조 제1호에 따라 선적국의 법이 준거법이 된다.

2) 선박우선특권 조약 가입한 경우: 대법원 2014. 10. 2.자 2013마1518 결정

러시아 헌법은 제15조 제4항에서 "일반적으로 승인된 원칙, 국제법 및 러시아 연방의 국제조약은 러시아 연방 법률체계의 일부를 구성한다. 러시아 연방의 국제조약이 법률과 달리 정하고 있는 경우에는 국제조약이 적용된다"라고 규정하고 있으므로, **러시아가 선박우선특권에 관한 국제조약에 가입하고 있는 경우에는 러시아 국적선(國籍船)에 대한 선박우선특권에 관하여는 그 국제조약이 러시아 국내법에 우선하여 적용된다.**

3) 나용선 등록된 선박의 선박우선특권: 대법원 2014. 11. 27.자 2014마1099 결정

219) 법무부, 전게서, 174면.

선박우선특권의 성립 여부와 일정한 채권이 선박우선특권에 의하여 담보되는지 여부 및 선박우선특권이 미치는 대상의 범위는 **국제사법 제60조 제1호**에 따라 선적국(船籍國)의 법, 즉 선박소유자가 선박의 등기·등록을 한 곳이 속한 국가의 법이 준거법이 되는 것이고… …, **이러한 법리는 선박이 나용선등록제도에 따라 선적국이 아닌 국가에 나용선등록이 되어 있는 경우에도 마찬가지이다.** …. … 이 사건 선박에 관한 선박우선특권의 준거법은 이 사건 선박의 '나용선등록국법'인 '마샬아일랜드법'이 아니라 '**소유권등록국법**'인 '독일법'이[다.]

4) 편의치적 예외: 대법원 2014. 7. 24. 선고 2013다34839 판결

국제사법 제60조 제1호, 제2호… … 국제사법 제8조 제1항… … 각 규정의 내용과 취지에 비추어 보면, 선원의 임금채권을 근거로 하는 선박우선특권의 성립 여부나 선박우선특권과 선박저당권 사이의 우선순위를 정하는 준거법은 원칙적으로 선적국법이라고 할 것이나, 선박이 편의치적이 되어 있어 그 선적만이 선적국과 유일한 관련이 있을 뿐이고, 실질적인 선박 소유자나 선박 운영회사의 국적과 주된 영업활동장소, 선박의 주된 항해지와 근거지, 선원들의 국적, 선원들의 근로계약에 적용하기로 한 법률, 선박저당권의 피담보채권을 성립시키는 법률행위가 이루어진 장소 및 그에 대하여 적용되는 법률, 선박경매절차가 진행되는 법원이나 경매절차에 참가한 이해관계인 등은 **선적국이 아닌 다른 특정 국가와 밀접한 관련이 있어 앞서 본 법률관계와 가장 밀접한 관련이 있는 다른 국가의 법이 명백히 존재하는 경우에는 그 다른 국가의 법을 준거법으로 보아야 할 것이다.**

5) 선박우선특권의 피담보채권의 양도 및 대위: 대법원 2007. 7. 12. 선고 2005다47939 판결

국제사법 제60조 제1호, 제2호에서 선적국법에 의하도록 규정하고 있는 사항은 선박우선특권의 성립 여부, 일정한 채권이 선박우선특권에 의하여 담보되는지 여부, 선박우선특권이 미치는 대상의 범위, 선박우선특권의 순위 등으로서 **선박우선특권에 의하여 담보되는 채권 자체의 양도 및 대위에 관한 사항은 포함되어 있지 않다고 해석되므로, 특별한 사정이 없는 한 그 피담보채권의**

양도가능성, 채무자 및 제3자에 대한 채권양도의 효력에 관한 사항은 국제사법 제34조 제1항 단서에 의하여 그 피담보채권의 준거법에 의하여야 하고, 그 피담보채권의 임의대위에 관한 사항은 국제사법 제35조 제2항에 의하여 그 피담보채권의 준거법에 의하여야 한다.

(2) 선박충돌

선박충돌의 기본적인 법적성질은 불법행위인데, 국제사법은 해상에서 특수성을 고려하여 선박충돌에 대해서 별도의 준거법을 두고 있다. 국제사법은 선박충돌에 대하여 그 충돌지가 영해와 공해인 경우로 나누어 준거법을 규정하고 있다.

가. 영해에서의 충돌

개항 · 하천 또는 영해에서의 선박충돌에 관한 책임은 그 충돌지법에 의한다(제61조 제1항). 선박충돌의 장소가 영해인 경우에는 그 영해소속국인 충돌지법이 준거법이 된다. 개항 · 하천은 영토의 연장으로 볼 수 있는 점이 영해와 유사하므로 충돌지법에 의한다.

나. 공해에서의 충돌

공해에서의 선박충돌에 관한 책임은 각 선박이 동일한 선적국에 속하는 때에는 그 선적국법에 의하고, 각 선박이 선적국을 달리하는 때에는 가해선박의 선적국법에 의한다(제61조 제2항).

공해에서의 선박충돌은 특정 국가의 영역 내에서의 충돌이 아니므로, 선적국법을 기준으로 준거법을 정하고 있다. 가해선박과 피해선박이 동일 선적국에 속하는 경우에는 그 선적국법에 의한다. 그러나 양 선박의 선적국이 서로 다른 경우에는 가해선박 선적국법에 의한다. 가해선박 선적국법을 준거법으로 하게 되면, 사고 발생이 예기되는 경우 가해선박은 그 준거법을 기준으로 충돌을 회피하지 못할 경우 예상되는 손해배상 등의 책임을 감안하여 사전에 충분한 주의를 할 수 있도록 하는데 도움이 될 수 있다.

(3) 해양사고구조(해난구조)

해양사고구조(salvage)는 해상에서 선박이나 화물이 위난을 당하고 있을 때 이를 구조하는 것을 말한다. 국제사법은 이에 대해 해양사고구조라는 용어를 사용하고 있으나, 상법은 현재 해난구조(海難救助)라는 용어를 사용한다(상법 제882조).[220] 해양사고구조는 사무관리의 특수한 형태로 볼 수 있으나, 국제사법은 해상에서의 구조의 특수성과 해난구조의 전통적인 준거법 규정을 고려하여 별도의 준거법을 두고 있다. 국제사법은 영해에서의 구조와 공해에서의 구조로 나누어 준거법을 규정한다.

가. 영해에서의 구조

해양사고구조로 인한 보수청구권은 그 구조행위가 영해에서 있는 때에는 행위지법에 의한다(제62조 전단). 영해는 국토의 연장으로 보므로, 해양사고 구조지가 영해인 경우에는 행위지법인 영해소속국법이 적용된다.

나. 공해에서의 구조

해양사고구조가 공해에서 있는 때에는 그 보수청구권은 구조한 선박의 선적국법에 의한다(제62조 후단). 구조선박 선적국법에 의하도록 한 이유는 해양사고 구조는 신속한 판단과 결정에 의하여 이루어져 할 긴급한 상황에서 이루어지는 것을 고려한 것이다. 해양사고구조는 구조한 선박측에 인센티브(incentive)를 주어야 구조가 원활히 이루어질 수 있는 것이므로 구조에 대한 장려 차원에서 구조선박 선적국법을 준거법으로 한 것이다.[221] 구조선박 선적국법을 준거법으로 하면, 해양사고 선박 주변에서 구조가 가능한 선박이 항행 중일 경우, 익숙한 자신의 선적국법에 기초하여 보수청구권에 대한 불확실성이 줄어들게 되면 구조 여부를 신속하게 결정을 하는데 도움이 될 것이기 때문이다.

---

220) 상법은 1999. 2. 5. 개정 이전에는 '**해난구조**'라는 용어를 사용하다가 개정 이후에는 '**해양사고구조**'로 용어를 변경하였다. 그러나 그 후 2007. 8. 3. 개정으로 다시 '**해난사고**'라는 명칭으로 변경하여 현재까지 그 용어를 사용하고 있다. 국제사법은 상법의 개정에도 불구하고 여전히 해양사고구조라는 용어를 사용하고 있으나, 상법상 명칭과 일치하도록 하기 위하여 해난구조로 개정되어야 할 것으로 생각한다.

221) 법무부, 전게서, 192면.

부 록

Ⅰ. 의향서: Letter of Intent

LETTER OF INTENT TO FORM NEW COMPANY FOR JOINT VENTURE

This Letter of Intent is entered into as of the ______ day of ______, 19___ among _________, ("Person A"), and _________ ("Person B") with reference to the following facts:

A. Person A is presently engaged in the manufacture and sale in the U.K., the United States and the Reserved Countries (hereinafter defined) of _________ ("Products") under the trademark "______" (the "Mark") and

B. The parties hereto desire to organize a new corporation for the purpose of importing and distributing Products throughout the United States and elsewhere using the Mark.

SUBJECT TO the execution of more formal documentation and our mutual agreement concerning the issues described below, Person A and Person B agree as follows:

I. NEW COMPANY

1. The parties shall cause the formation of a new corporation under the laws of the state of _________ which shall be called ____________ ("New Company").
2. If, after consultation with tax counsel, it is determined that it is in our mutual best interest that New Company shall make an election to be treated as a "Subchapter S" corporation under the United States tax laws, then, in such event:

a) New Company shall be a "Close Corporation" under the appropriate provisions of California law and shall have one class of capital stock, namely common shares, without par value (the "Stock")

b) Person A shall subscribe for fifty (50%) percent of the Stock in consideration for cash payment of U.S.$______

c) Person B shall subscribe for fifty (50%) percent of the Stock in consideration for cash payment of U.S.$______

d) The parties shall enter into a Shareholders agreement which shall provide as follows:

(i) Person A shall be entitled to receive 40% and Person B shall be entitled to receive 60% of all dividends and distributions of profits of New Company

(ii) New Company shall have a board of directors of 3 members of which Person A shall have the right to elect one member and Person B shall have the right to elect two members and

(iii) Person B's Stock shall be vested with 75% of the voting power and Person A's Stock shall be vested with 25% of the voting power on any issue to be voted upon by the stockholders of New Company.

3. If, after consultation with tax counsel, it is determined that it is in our mutual best interest that New Company shall not make an election to be treated as a "Subchapter S" corporation under the United States tax laws, then, in such event:

a. New Corporation shall be a "C Corporation"

b. New Corporation shall have two classes of capital stock, namely Class A Shares and Class B Shares, which shall have the following characteristics:

(i) The holders of the Class A Shares shall be entitled to receive 60% of all dividends and distributions of the profits of New Company, shall have 75% of the voting rights on all issues to be decided by the Shareholders, and shall have the right to appoint 2 directors of New Company.

(ii) The holders of the Class B Shares shall be entitled to receive 40% of all dividends and distributions of the profits of New Company, shall have 25% of the voting rights on all issues to be decided by the shareholders, and shall have the right to appoint 1 director of New Company.

c. Person B shall subscribe for all of the Class A Shares in consideration for the cash payment of U.S.$______

d. Person A shall subscribe for all of the Class B Shares in consideration for the cash payment of U.S.$______

4. The first President and Chief Executive Officer of New Company shall be ___ and the first Chairman of the Board and Executive Vice President of New Company shall be ___, both of whom shall receive a salary and other compensation as established from time to time by the Board of Directors of New Company and reasonably approved by Person A.

II. SHAREHOLDERS AND BY-SELL AGREEMENT

Upon the formation of New Company, New Company and the parties hereto (collectively, "Shareholders") shall enter into a standard form Shareholders and By-Sell Agreement (the "By-Sell Agreement"). The By-Sell Agreement shall, among other things:

1. Contain restrictions upon the sale or transfer of the Stock of New Company owned by the parties, give New Company and the Shareholders certain rights of first refusal to purchase all (or none) of the Stock of a shareholder desiring to transfer his Stock
2. Provide for the purchase of the Stock of a deceased or permanently disabled shareholder
3. Acknowledge and agree that the Shareholders are currently and may continue to be engaged in businesses competing with that of New Company
4. Acknowledge and agree that the parties shall not be obligated to devote any particular amount of time to the business of New Company and shall be free to engage in any other lawful activity, whether or not in direct competition with New Company
5. Provide that no party shall be obligated to offer to New Company any business opportunity that comes to such parties' attention, whether or not such opportunity may be in the same business as that of New Company
6. Provide that to the extent New Company requires a line of credit in order to pay for merchandise and continue operations, subject to the approval of

the Board of Directors of New Company, the Shareholders shall, on an as-need basis, provide such guarantees, letters of credit or other collateral (collectively, "Collateral") required to secure loans from financial institutions to New Company. Person B shall provide 60% of such Collateral and Person A shall provide 40% of such Collateral provided, however, if any financial institution making loans to New Company insists that the Shareholders of New Company be jointly and severally liable for all borrowings, that the Shareholders shall do so, but they shall indemnify each other for the portion of the Collateral for which the others are responsible

7. Automatically expire at such time as the shares of stock of New Company are publicly traded.

III. DISTRIBUTION RIGHTS

Upon the formation of New Company, Person A and New Company shall enter into a distribution agreement (the "Distribution Agreement") granting New Company the right to purchase and resell Products manufactured by or for Person A. The Distribution Agreement shall provide, among other things, for the following:

1. The term of the Distribution Agreement shall be 20 years
2. New Company shall be entitled to purchase its requirements of Products from Person A, who, subject to commitments in existence on the date hereof and others of which Person B from time to time approves, shall fulfill on a priority basis
3. There will be attached to the Distribution Agreement a schedule of all currently existing licensing and distribution contracts concerning the Trademark or Products, and detailed information concerning the terms and conditions thereof
4. New Company's rights to distribute Products shall be exclusive throughout the world, except for the U.K., the countries and territories listed in Exhibit A attached hereto and incorporated herein by this reference (the

"Reserved Countries"), the licensing and distribution contracts referred to in paragraph 3, above, until such contracts expire or are terminated, and such other countries and territories as the parties from time to time agree shall be excluded

5. If Person A is unable or unwilling to fill any orders of New Company for Products, for any reason, including causes beyond Person A's control, New Company may itself manufacture or cause the manufacture by third parties of Products on terms and conditions satisfactory to New Company
6. Person A and Person B will meet from time to time, but not less frequently than quarterly to plan production of Products and agree upon volumes however, all purchases of Products shall be by New Company's written purchase orders and
7. The prices paid by New Company for Products purchased from Person A will be the actual landed cost of Person A, as evidenced by invoices, plus a percentage thereof for Person A's overhead and profit, which shall be negotiated in good faith by the parties and provided for in the Distribution Agreement.

IV. TRADEMARKS

Upon its formation, New Company and Person A shall enter into a standard form trademark license (the "Trademark License") granting New Company rights to use the Trademark. The Trademark License shall provide, among other things, that:

1. The Trademark License shall be perpetual
2. The Trademark License shall grant to New Company the exclusive right to use the Trademark, and all variations thereof developed from time to time, on Products or other products manufactured by or for New Company or sold by New Company
3. The rights granted thereunder shall apply to all countries and territories of the World, except the U.K. and the Reserved Countries
4. If New Company shall sublicense its rights or any part thereof for

products other than _________ or elsewhere than for use in the United States, it will pay to Person A a license fee equal to a percentage of the fee it receives from the licensee, the amount of which percentage shall be negotiated in good faith between the parties and provided for in the Trademark License and

5. New Company shall at its sole cost and expense from time to time register the Trademarks with the United States Patent and Trademark Office and in such other countries and territories of the world in which New Company shall commercially exploit the Trademarks or intend to do so, and thereafter use its best efforts, consistent with the instructions of the Board of Directors of New Company, to maintain such registration in force and effect.

V. MISCELLANEOUS

In addition to the provisions described above, the more formal agreements outlined above shall provide for the following:

1. The binding arbitration of disputes in Los Angeles, California in accordance with the Commercial Rules of Arbitration of the American Arbitration Association.
2. Each party is to bear their own costs in connection with preparing and negotiating such formal agreements provided, however, the costs of organizing New Company shall be reimbursed out of the initial capital of New Company.
3. No party shall make any public announcement without the prior approval of the others.

EXECUTED as of the date and year first written above.

(Signatures of the parties)

Ⅱ. 비밀유지계약: Nondisclosure Agreement

NON-DISCLOSURE AGREEMENT

This Agreement is made and entered into by and between ______________ and its affiliates, and ______ and its affiliates (each being a "party" or collective "parties").

1. **Disclosure**. The parties intend to engage in discussions concerning a potential business relationship (the "Proposed Relationship"). In connection therewith, the parties may disclose to each other technical, financial and/or other information, material, or data which is written, oral or in any other form, electronic or otherwise (collectively "Data") which is considered confidential and proprietary.

2. **Confidential Data**. "Confidential Data" means (a) any Data disclosed by or on behalf of a party ("disclosing party") to the other party ("receiving party"), including, without limitation, (i) any materials, trade secrets, know-how, formulas, processes, algorithms, ideas, strategies, inventions, data, network configurations, system architecture, designs, flow charts, drawings, proprietary information, business and marketing plans, financial and operational information, and all other non-public information, material or data relating to the current and/or future business and operations of the disclosing party, and (ii) any information, material or data provided by third party vendors of the disclosing party; and (b) any analyses, compilations, studies, summaries, extracts or other documentation prepared by the receiving party based on the Data disclosed by the disclosing party.

3. **Public Data**. Notwithstanding any other provision of this Agreement, Data shall not be, or shall cease to be, Confidential Data hereunder: (a) if such Data is known to the receiving party prior to disclosure thereof by the disclosing party; (b) after such Data is published or becomes available to others, without restriction and without breach of this Agreement by the receiving party; (c) after such Data becomes available to the receiving party from others having no obligation to hold such Data in confidence; or (d) if such Data is developed by the receiving party independently of any disclosure of such Data by the disclosing party.

4. **Non-Disclosure Obligation.** Unless otherwise agreed to in writing by the disclosing party, the receiving party agrees (a) not to disclose the Confidential Data; (b) use the same degree of care and diligence to protect such Confidential Data from disclosure to others as such party employs or should reasonably employ to so protect its own information of like importance (but in no event less than reasonable care); and (c) not to reproduce or copy the Confidential Data, in whole or in part, except as necessary for the evaluation or conduct of the Proposed Relationship. Notwithstanding the foregoing, the receiving party may disclose the Confidential Data to such of the receiving party's consultants, agents and affiliates (collectively "receiving party representative") which the receiving party reasonably and in good faith believes should be involved in the evaluation or performance of the Proposed Relationship, provided such receiving party representative is informed of this Agreement and agrees to be bound by the terms hereof, and the receiving party uses best efforts to cause the receiving party representative to observe the terms of this Agreement. The receiving party agrees that a breach of this Agreement by a receiving party representative shall constitute a breach by the receiving party. In the event that the receiving party is required by applicable law, rule, regulation or lawful order or ruling of any court, government agency or regulatory commission to disclose any Confidential Data, the receiving party agrees that it will provide the disclosing party with prompt notice of such request(s) to enable the disclosing party to

seek an appropriate protective order or to take steps to protect the confidentiality of such Confidential Data.

5. **No Additional Rights**. The receiving party shall not have any rights or obligations respecting the Confidential Data other than those specifically set forth in this Agreement. Without limiting the generality of any other provision of this Agreement: (a) no license is hereby or otherwise granted, directly or indirectly, under any patent, copyright or other proprietary right of the disclosing party or its third party vendors; and (b) neither party shall be obligated to disclose Data to the other party or to enter into any further agreements relating to the Proposed Relationship or Data. A party may terminate discussions regarding the Proposed Relationship at any time. The receiving party shall, upon written request of the disclosing party, return to the disclosing party all Confidential Data, including all copies thereof, disclosed hereunder. The receiving party's obligations under this Agreement respecting the Confidential Data shall survive termination of said discussions.

6. **Injunctive Relief**. Both parties acknowledge and agree that the disclosing party and/or its third party vendors (as the case may be) own all rights, title and interest in the Confidential Data. Both parties further acknowledge and agree that the unauthorized disclosure of the Confidential Data will cause irreparable harm to the disclosing party. As a result of the unique nature of the Confidential Data, in addition to all other remedies available, the disclosing party shall be entitled to seek injunctive and other extraordinary relief in a court of competent jurisdiction in order to enforce the receiving party's obligations hereunder.

7. **Other Provisions**. The parties further agree that: (a) this Agreement shall be governed by the laws of the United Kingdom; (b) this Agreement sets forth the entire agreement and understanding between the parties with respect to the subject matter hereof, and none of the terms of this

Agreement may be amended or modified except by a written instrument signed by both parties; (c) a party may waive any rights under this Agreement only by written waiver duly signed by such party, and no failure to exercise or delay in exercising a right under this Agreement shall constitute a waiver of such right; (d) this Agreement shall inure only to the benefit of the parties hereto, and the rights and obligations of each party under this Agreement may not be assigned or delegated without the prior written consent of the other party; (e) no provision of this Agreement shall affect, limit or restrict either party's right to engage in any business in any place and at any time, whatsoever, provided the receiving party does not disclose the Confidential Data in violation of this Agreement; (f) each party agrees not to advertise, or otherwise make known to others, any information regarding this Agreement or the Proposed Relationship except as may be required by law; (g) neither party makes any representations or warranties as to the accuracy or completeness of any Data disclosed hereunder; (h) the invalidity or unenforceability of any provision of this Agreement shall not affect the validity or enforceability of any other provision of this Agreement; (i) all notices under this Agreement must be in writing and shall be deemed to have been delivered to and received by a party, and will otherwise become effective, on the date of actual delivery thereof (by personal delivery, express delivery service or certified mail) to the Notice Address of such party set forth below; (j) this Agreement may be executed in counterparts; and (k) this Agreement is dated for all reference purposes __________.

____________________________	____________________________
By:__________________________	By:__________________________
Name:________________________	Name:________________________
Notice Address:	Notice Address:
____________________________	____________________________
____________________________	____________________________

Ⅲ. 합작투자계약: Joint Venture Agreement

JOINT VENTURE AGREEMENT

THIS JOINT VENTURE AGREEMENT is made in Seoul, Korea on this _______ day of ________, 1999 by and between [ABC Inc.], a corporation organized and existing under the laws of Korea and having its principal office at ABC ________________________________("ABC"), and [insert XYZ name], a corporation organized and existing under the laws of ____________ and having its principal office at ______________________________ ("XYZ").

WHEREAS, ABC and XYZ desire to establish a joint venture company (the "JVC") in Korea for the purpose of designing, manufacturing, installing, exporting, distributing, and providing maintenance services for, product 1, product 2, product 3 and product 4; and

WHEREAS, ABC and XYZ wish to establish the principles under which the JVC will be set up and operated;

NOW, THEREFORE, in consideration of the mutual promises and covenants contained in this Agreement, ABC and XYZ agree as follows:

SECTION 1 DEFINITIONS

Unless the terms or context of this Agreement otherwise provides, the following terms shall have the meanings set out below:

1.1 "Acceptance Period" shall have the meaning given to the term in Section 6.9(b).

1.2 An "Affiliate" of any Party to this Agreement shall mean any corporation, person, firm or other entity which, directly or indirectly, controls said Party or is controlled by said Party or is under common control with said Party, where " control" means power and ability to direct the management and policies of the controlled enterprise through ownership of or control by proxy of twenty percent (20%) or more of voting shares of the controlled enterprise or by contract or otherwise. For the avoidance of doubt, the JVC and a subsidiary of the JVC shall not be an Affiliate of any Party to this Agreement.

1.3 "Agreement" shall mean this agreement to form the JVC.

1.4 "Annual Audit" shall have the meaning given to the term in Section 13.4.

1.5 "Articles of Incorporation" shall mean the Articles of Incorporation of the JVC.

1.6 "Board" shall mean the Board of Directors of the JVC.

1.7 "Business" shall have the meaning given to such term in Section 8.

1.8 "BTA" shall mean a Business Transfer Agreement to be entered into between the JVC and ABC providing for the transfer of the Business to the JVC in the form attached hereto as **Attachment 1.8**.

1.9 "Designee" shall have the meaning given to the term in Section 6.9(b).

1.10 "First Closing Date" shall have the meaning given to the term in Section 6.3.1.

1.11 "Fifth Anniversary Date" shall mean the date that is five (5) years from the Second Closing Date.

1.12 "Force Majeure" shall have the meaning given to the term in Section 19.1(a).

1.13 "Free Sale Period" shall have the meaning given to the term in Section 6.9(b).

1.14 "Government Approval" shall mean all approvals and notifications required under the laws of the relevant jurisdiction to be obtained and/or made in connection with the execution and performance of this Agreement, or the consummation of the transactions contemplated hereunder.

1.15 "HNRP Policies" shall have the meaning given to the term in Section 14.6.

1.16 "ICC" shall have the meaning given to the term in Section 21.1.

1.17 "Independent Auditor" shall have the meaning given to the term in Section 15.2(a).

1.18 "Joint Venture Term" shall mean the term of the JVC as set forth in Section 4 hereof.

1.19 "Korea" shall mean the Republic of Korea.

1.20 "Korean GAAP" shall mean generally accepted accounting principles in Korea, in effect from time to time.

1.21 "Management Personnel" shall mean the Representative Director and such other personnel designated as Management Personnel by the Board.

1.22 “Offeree Party” shall have the meaning given to the term in Section 6.9(b).

1.23 “Option Price” shall have the meaning given to the term in Section 6.7(a).

1.24 “Party” or “ Parties” shall mean either ABC or XYZ individually, or if plural, both collectively.

1.25 “Payment Deadline” shall have the meaning given to the term in Section 6.7(a).

1.26 “Products” shall have the meaning given to the term in Section 5.

1.27 “Proprietary Information” of a Party or the JVC shall mean such technical, engineering, economic, marketing, financial, other information or know–how as may be developed by or owned by a Party or the JVC, which is beneficial to the business of a Party or Business of the JVC, and such other like information as is generally treated as confidential by that Party or the JVC.

1.28 “Related Agreements” shall mean the BTA, an XYZ Trade Name and Trademark License Agreement to be entered into between the JVC and XYZ, and an ABC Trade Name and Trademark License Agreement to be entered into between the JVC and ABC.

1.29 “Second Closing Date” shall have the meaning given to the term in Section 6.3.2.

1.30 “Selling Party” shall have the meaning given to the term in Section 6.9(b).

1.31 “Signing Date” shall mean the date this Agreement is executed by the Parties.

1.32 "Tenth Anniversary Date" shall mean the date that is ten (10) years from the Second Closing Date.

1.33 "United States Dollars", "U.S. Dollars" and "US$" shall mean the lawful currency of the United States of America.

1.34 "Won" and "KRW" shall mean the lawful currency of Korea.

1.35 "Working Personnel" shall mean the employees of the JVC other than Management Personnel.

SECTION 2 PARTIES TO THE AGREEMENT

2.1 The Parties to this Agreement are ABC and XYZ.

2.2 Where references are made in this Agreement to "the two Parties", "each Party", "either Party", "neither Party", "the other Party", "both Parties" or other phrases indicating only two parties, the two parties thus referred to shall be XYZ and ABC, unless otherwise clearly indicated by the context.

SECTION 3 ESTABLISHMENT OF THE JOINT VENTURE COMPANY

3.1 Establishment of the JVC

The Parties hereby agree to initiate all actions necessary to establish the JVC promptly after the Signing Date.

3.2 Name and Address of the JVC; Branches

(a) Name. The name of the JVC shall be ____________ in English and ____________ in Korean.

The use of the name "ABC" or "XYZ" as part of the JVC name shall be subject to the Trade Name and Trademark License Agreements between (i) the JVC and ABC and (ii) the JVC and XYZ.

(b) Address. The legal address of the JVC shall be __________, Korea, or such other address determined by the Board.

(c) Branches. The JVC may establish subsidiaries, branches or representative offices in Korea or elsewhere by a resolution of the Board and approval from any relevant governmental authorities.

3.3 Limited Liability Company

(a) The form of organization of the JVC shall be a limited liability company established under Korean law in the form of a ______ Hoesa.

(b) Except as otherwise provided herein, once a Party has paid in full its contribution in accordance with Section 6.3, it shall not be required to provide any further funds to, or on behalf of, the JVC by way of capital contribution, loan, advance, guarantee or otherwise. Except as otherwise provided pursuant to a written agreement signed by the Party to be charged, creditors of the JVC shall have recourse only to the assets of the JVC and shall not seek repayment from any of the Parties. Subject to this Agreement and the Related Agreements, the JVC shall indemnify the Parties against any and all losses, damages or liability suffered by the Parties in respect of third-party claims arising out of the operation of the JVC. Subject to the above, the profits, risks and losses of the JVC shall be shared by the Parties in proportion to their respective contributions to the JVC's paid-in capital.

(c) The principles of the governance of the JVC are set forth in this Agreement and in the Articles of Incorporation attached hereto as **Attachment 3.3**. In the event of any inconsistency or conflict between this Agreement and the Articles of Incorporation, the provisions of this Agreement shall prevail, and the Parties hereto agree to use their respective voting powers in the JVC and to do all that is necessary to amend the Articles of Incorporation so as to make the same consistent with and to give effect to the terms and conditions of this Agreement.

SECTION 4 JOINT VENTURE TERM

The Joint Venture Term of the JVC shall commence on the First Closing Date and shall be perpetual, subject to the termination rights stated in Section 18 below.

SECTION 5 THE PURPOSE AND SCOPE OF OPERATION

The purpose and scope of the JVC is to (i) design, manufacture, install, export, distribute, and provide maintenance services for, product 1, product 2, product 3 and product, as they are more particularly listed in **Attachment 5** hereto (collectively, the "Products"), and (ii) engage in all other activities which are directly or indirectly related, incidental or conducive to the attainment of the foregoing purposes.

SECTION 6 TOTAL AMOUNT OF INVESTMENT AND PAID-IN CAPITAL

6.1 Total Investment

The total amount of investment (paid-in capital and borrowed funds) required by the JVC shall be ____________ Won.

6.2 Paid-in Capital

The total amount of the JVC's paid-in capital shall be ________________ Won.

6.3 Contributions to Paid-in Capital

6.3.1 First Closing

On a date (the "First Closing Date") to be agreed on by the Parties, but within ______ days after all conditions precedent to the First Closing as set forth in Section 6.4.1 are met, the Parties shall take the following actions:

(a) Initial Share Subscription

(i) XYZ. XYZ shall subscribe for ________ shares of which the par value in the aggregate shall be _________________________ (_______________) Won, representing seventy-five percent (75%) of the paid-in capital of the JVC.

(ii) ABC. ABC shall subscribe for ________ shares of which the par value in the aggregate shall be _________________________ (_______________) Won, representing twenty-five percent (25%) of the paid-in capital of the JVC.

(b) The JVC shall deliver to each Party the stock certificates representing the respective shares to be issued in accordance with Section 6.3.1(a) above.

(c) The JVC shall record each Party on its share registers as a holder of the shares so issued.

(d) Each Party shall sign a Related Agreement as it pertains to that Party, and shall cause ABC and the JVC to sign the BTA.

As a result of the completion of the First Closing, the Parties shall hold the following proportion of the total issued shares of the JVC:

XYZ: seventy-five percent (75%)

ABC: twenty-five percent (25%)

6.3.2 Second Closing

On a date (the "Second Closing Date") to be agreed on by the Parties, but at least ______ days before the closing under the BTA occurs after all conditions precedent to the Second Closing as set forth in Section 6.4.2 are met, the Parties shall take the following actions:

(a) Additional Share Subscription

(i) XYZ. XYZ shall subscribe for ________ shares of which the par value in the aggregate shall be __________________________ (________________) Won, representing seventy-five percent (75%) of the paid-in capital of the JVC.

(ii) ABC. ABC shall subscribe for ________ shares of which the par value in the aggregate shall be ________________________ (______________) Won, representing twenty-five percent (25%) of the paid-in capital of the JVC.

(b) The JVC shall deliver to each Party the stock certificates representing the respective shares to be issued in accordance with Section 6.3.2(a) above.

(c) The JVC shall record each Party on its share registers as a holder of the shares so issued.

As a result of the completion of the Second Closing, the Parties shall hold the following proportion of the total issued shares of the JVC:

XYZ: seventy-five percent (75%)

ABC: twenty-five percent (25%)

6.4 Conditions Precedent to Closing

6.4.1 Conditions Precedent to the First Closing

(a) XYZ shall have reported the foreign investment under the Foreign Investment Promotion Law; and

(b) XYZ and ABC shall each have obtained acceptance by the Korean Fair Trade Commission of a business combination report under the Monopoly Regulation and Fair Trade Law.

6.4.2 Condition Precedent to the Second Closing

All conditions precedent to the Closing (as defined in the BTA) as set forth in Section 9 of the BTA shall have been met.

6.5 Either Party may designate an Affiliate to subscribe for some or all of the shares it is permitted to acquire in the JVC pursuant to Section 6.3 above, provided that, as a condition to the validity of such designation, the Party shall procure from the designated Affiliate, a written undertaking to the other Party and the JVC agreeing to be bound by all provisions of this Agreement, as if it had executed this Agreement in place of the Party by which it has been designated. In addition, the Party making such designation unconditionally guarantees, to and for the benefit of the other Party and the JVC, that it will secure complete and timely observance of the provisions of this Agreement by such designated Affiliate. Any such designation shall be subject to Government Approval, if Government Approval is required.

6.6 Additional Financing or Investment

(a) Borrowed Funds. Additional funds other than the paid-in capital may be borrowed by the JVC by means of intercompany loans or from banks in Korea or abroad, subject to the approval of the Board. For the avoidance of doubt, no Party shall have any obligation, and nothing in this Agreement shall be construed as obligating any Party, to provide such additional funds to, or on behalf of, the JVC by way of intercompany loan, advance, guarantee or otherwise, except and to the extent as expressly provided for in Section 6.3 above.

(b) Additional Contributions. Should the JVC require further funding after the Second Closing Date, the Parties shall, subject to the decision of the Board, and in accordance with the ratio of their respective contributions to the paid-in capital, consider additional investment in the paid-in capital of the JVC. The specific timing, amounts and form of such additional investment shall be decided by the Board based upon the JVC's financial requirements. If the Board determines that additional paid-in capital is required, and a Party elects not to participate in the contribution of such additional capital, the other Party may make such contributions it deems appropriate, and the Board shall allocate to the contributing Party such additional shares as correspond to the amount of its contribution, and the non-contributing Party's percentage of total capital shall be reduced correspondingly on a pro-rata basis; provided that, XYZ acknowledges and agrees that, notwithstanding any provision to the contrary contained herein, (i) ABC's shareholding ratio in the JVC may fall below 25% (25% being referred to as "ABC's Shareholding Ratio") at any time prior to the Fifth Anniversary Date by reason of an election by ABC under this subsection not to participate in the contribution of any additional capital after the Second Closing Date, and (ii) none of ABC's rights and benefits under this Agreement shall be altered, diminished, limited or otherwise restricted whatsoever even if ABC's Shareholding Ratio is reduced for whatever reason (including its election not to participate in the contribution of any additional capital) at any time after the Second Closing Date.

6.7 Put Options

(a) Between the Fifth Anniversary Date and the Tenth Anniversary Date. At any time from and after the Fifth Anniversary Date but before the Tenth Anniversary Date, ABC, at its option and from time to time, shall have the right to sell, in any single transaction or series of transactions, part of its shares in the JVC, to XYZ or a third party designated by XYZ at a price determined in accordance with the formulas set forth in **Attachment 6.7** (the "Option Price"), subject to the condition that ABC's then shareholding ratio after the consummation of each put option hereunder is _____ percent (__%) or more of the total issued shares of the JVC during such period; provided that in case ABC's Shareholding Ratio is reduced after the Second Closing Date by reason of its election not to participate in the contribution of any additional capital under Section 6.6(b) above, then the minimum shareholding ratio that ABC will be required to maintain between the Fifth and Tenth Anniversary Dates for purposes of exercising a put option hereunder shall be computed by multiplying ABC's then shareholding ratio by the above percentage, divided by ABC's Shareholding Ratio. ABC may exercise each put option hereunder by giving a written notice to XYZ (or to a third party designated by XYZ and copied to XYZ), setting forth, among other things, the number of shares to be sold. A contract for the purchase and sale of the shares shall be deemed have been entered into upon the delivery of the written notice to XYZ (or to a third party designated by XYZ and copied to XYZ), and payment of the Option Price for such shares shall be due within thirty (30) days after such delivery (the "Payment Deadline"). After the Payment Deadline, interest shall accrue on the Option Price at a rate of 0.05% per day.

(b) After the Tenth Anniversary Date. At any time after the Tenth Anniversary Date, ABC may freely sell, in any single transaction or series of transactions, all or part of the remaining shares of the JVC to XYZ or a third party designated by XYZ at the Option Price by giving a written notice in a manner consistent with subsection (a) above. A contract for the purchase and sale of the shares shall be deemed have been entered into upon the delivery of the written notice to XYZ (or to a third party designated by XYZ and copied to XYZ), and payment of the Option Price for such shares shall be due on or before the Payment Deadline. After the Payment Deadline, interest shall accrue on the Option Price at a rate of 0.05% per day.

6.8 Initial Public Offering and Listing of the JVC Shares

The Parties shall use their best efforts to cause the JVC, and the JVC shall use its best efforts, to have its shares listed on a recognized stock exchange (or to have its shares registered for trading in the over-the-counter market) as soon as possible after the Fifth Anniversary Date. Once such listing or registration occurs, ABC may sell its shares in the JVC either on the stock exchange, on the over-the-counter market or through private transactions. ABC may (i) sell, in a single transaction or series of transactions, part of its shares in the JVC on the stock exchange or over-the-counter market without the Section 6.9 restrictions, subject only to the condition that ABC's then shareholding ratio after the consummation of each such sale is _____ percent (__%) or more of the total issued shares of the JVC between the Fifth and Tenth Anniversary Dates; <u>provided</u> that in case ABC's Shareholding Ratio is reduced after the Second Closing Date by reason of its election not to participate in the contribution of any additional capital under Section 6.6(b) above, then the minimum shareholding ratio that ABC will be required to maintain between the Fifth and Tenth Anniversary Dates for purposes of this Section shall be computed by multiplying ABC's then shareholding ratio by the above percentage, divided by ABC's Shareholding Ratio, and (ii) sell all or part of the remaining shares in the JVC on the stock exchange or over-the-counter market after the Tenth Anniversary Date without any restrictions under this Agreement. If ABC desires to sell its JVC shares in private transactions even after the JVC shares are listed or registered, ABC may sell, in a single private transaction or series of private transactions, its shares in the JVC, subject to the Section 6.9 restrictions; <u>provided</u> that ABC's then shareholding ratio after the consummation of each such sale is _____ percent (__%) or more of the total issued shares of the JVC between the Fifth and Tenth Anniversary Dates (it being understood and agreed that in case ABC's Shareholding Ratio is reduced after the Second Closing Date by reason of its election not to participate in the contribution of any additional capital under Section 6.6(b) above, then the minimum shareholding ratio that ABC will be required to maintain between the Fifth and Tenth Anniversary Dates for purposes of private transactions hereunder shall be computed by multiplying ABC's then shareholding ratio by the above percentage, divided by ABC's Shareholding Ratio); and provided further that ABC may sell all or part of the remaining JVC shares after the Tenth Anniversary Date regardless of ABC's then shareholding ratio and without any obligation to maintain any minimum shareholding ratio.

6.9 Share Transfer Restrictions

(a) Before and including the Fifth Anniversary Date, no Party shall have the right to sell, transfer or otherwise dispose of all or part of its shares of the JVC to any third party.

(b) If, after the Fifth Anniversary Date, either Party desires to sell, transfer or otherwise dispose of all or any portion of its shares in the JVC, such Party ("Selling Party") shall first offer all such shares by written notice to the other Party ("Offeree Party"), specifying the price, terms and conditions of sale; provided, that in case the Selling Party is ABC, (i) it may sell, transfer or otherwise dispose of all or part of its shares in the JVC hereunder between the Fifth and Tenth Anniversary Dates only if its then shareholding ratio after the consummation of each sale, transfer or other disposition hereunder is _____ percent (__%) or more of the total issued shares of the JVC between the Fifth and Tenth Anniversary Dates (it being understood and agreed that in case ABC's Shareholding Ratio is reduced after the Second Closing Date by reason of its election not to participate in the contribution of any additional capital under Section 6.6(b) above, then the minimum shareholding ratio that ABC will be required to maintain between the Fifth and Tenth Anniversary Dates for purposes of this Section shall be computed by multiplying ABC's then shareholding ratio by the above percentage, divided by ABC's Shareholding Ratio); and (ii) ABC may sell, transfer or otherwise dispose of its remaining shares in the JVC after the Tenth Anniversary Date without any obligation to maintain any minimum shareholding ratio. The Offeree Party may accept this offer with regard to all of the offered shares or may designate one or more persons or legal entities ("Designee") to purchase, whether jointly with the Offeree Party or not, all or any portion of the offered shares in lieu of the Offeree Party. If the Offeree Party and/or Designee does not accept all of the offered shares in writing within ______ (__) days from the date of delivery of such written notice ("Acceptance Period"), then the Selling Party shall thereafter be free to sell, transfer, or otherwise dispose of such offered shares within a period of ___ (__) months ("Free Sale Period") after the expiration of the Acceptance Period; provided, however, that the Selling Party shall not sell, transfer or otherwise dispose of such shares to any third party either (i) at a lower price than the price at which such shares were offered to the Offeree Party and/or Designee, or (ii) on other terms or conditions more favorable than those offered to the Offeree Party and/or Designee. If all of the offered shares are not sold, transferred or otherwise disposed of to third parties upon the terms established herein and within the Free Sale Period, then they shall automatically become subject once more to the terms of this Section as if they had never before been offered for sale; provided, further, that, by giving a ___ days' prior written notice to XYZ (if XYZ is the Selling Party), ABC shall have the right to participate in the sale by XYZ of its shares during the Free Sale Period up to and including all of the shares owned by ABC as of the date of such sale and at a purchase price per share equal to that offered to XYZ by the third party.

(c) The Acceptance Period and/or Free Sale Period shall be extended until any government approval necessary for the sale, transfer or other disposition of the shares in question has been obtained to the satisfaction of the Selling Party, Offeree Party, Designee and/or third party, as the case may be, or officially and finally denied; provided, that the party seeking to extend the Acceptance Period and/or Free Sale Period shall have used due diligence in soliciting such government approval.

(d) Notwithstanding the provisions of subsections (a) and (b) above, (i) each Party may, without restriction, sell, transfer or otherwise dispose of all or any of its shares in the JVC to its Affiliate; provided, that such Party shall purchase or otherwise recover ownership of all said shares whenever it ceases to be an Affiliate of such Party, and (ii) if ABC is required to sell, transfer or otherwise dispose of any portion of its shares of the JVC pursuant to any applicable Korean law, regulation or administrative or court order, ABC shall be free to sell, transfer, or otherwise dispose of such portion of its shares free of the restrictions of this Section 6.9.

(e) Neither Party shall sell, transfer or otherwise dispose of all or any portion of its shares to its Affiliate or to a third party (including a Designee) unless the party acquiring such shares, as a condition precedent to such acquisition, delivers a written undertaking to the other Party and the JVC, in the form and substance acceptable to the other Party and the JVC, agreeing to observe and be bound by all provisions of this Agreement and other agreements related hereto as if such third party were a party hereto and/or thereto.

(f) After completion of and/or compliance with the procedures required in Sections 6.9(b) through 6.9(e) hereof:

(i) The Selling Party shall then make application to the JVC for approval of the transfer by the Board to transfer the offered shares to the Offeree Party at the price determined by the Selling Party and the Offeree Party.

(ii) Provided that Sections 6.9(b) through 6.9(e) above are observed, the Parties shall cause the directors nominated by them to approve such transfer.

(iii) If a transferor who is a Party to this Agreement fails to observe the procedure of Sections 6.9(b) through 6.9(e) above, the Parties shall cause their nominated directors to vote to disapprove a request by such failing Party for transfer of shares to a third party.

(g) No party shall pledge or hypothecate any shares of the JVC nor otherwise use such shares as collateral nor for any other purpose which could result in an involuntary transfer or assignment of such shares or any part thereof to a third party, unless prior consent to such pledge, hypothecation or other such use has been received in writing from the other party.

(h) If either Party shall sell, transfer or otherwise dispose of all of its shares to third party(ies), other than to its Affiliate, the Parties agree that the JVC shall immediately take all action appropriate or necessary to cease all use in any form of such selling or transferring Party's name, trade name or trademark and the Korean equivalent thereof in and by the JVC, unless otherwise agreed in writing with such Party.

(i) Since damages arising from breach of the obligations under this Section 6.9 may be difficult to determine with precision, the Parties agree that any Party found to have breached the terms of Section 6.9 shall pay to the non-breaching Party as liquidated damages:

(i) the greater of (A) twice the fair market value of the shares transferred in violation of this Section, or (B) twice the gross compensation received by the breaching Party in the transaction whereby the breach occurred, if the JVC's shares are not listed on a recognized stock exchange or are not registered for trading in the over-the-counter market at the time of the breach. In such event, the fair market value of the shares shall be determined by a reputable international accounting firm to be agreed between the Parties and at the cost of the breaching Party (and if the Parties fail to agree on such accounting firm within thirty (30) days, appointed by the Korean Institute of the Certified Public Accountants); or

(ii) the greater of (A) the twice the weighted average market price for thirty (30) trading days immediately preceding the day of the transaction whereby the breach occurs, multiplied by the number of the shares transferred in violation of this Section, or (B) twice the gross compensation received by the breaching Party in the transaction whereby the breach occurred, if the JVC shares are listed on a recognized stock exchange or are registered for trading in the over-the-counter market at the time of the breach.

The Parties agree that such liquidated damages are fair and reasonable. Application of this liquidated damage provision shall not prevent the non-breaching Party from enforcing its rights or augmenting its protection by such other remedies as may be available.

(j) Confidentiality. Notwithstanding the transfer of all of their respective shares pursuant to this Section, the Parties agree they will not be relieved of their confidentiality obligations under Section 20.1 hereof. The above-mentioned confidentiality obligations of each Party to the other Party and of the Selling Party to the JVC shall remain in effect for three (3) years following the effective date of such assignment.

SECTION7 OFFSET ASSISTANCE

The JVC will support the efforts of PP Corporation and its subsidiaries, divisions and affiliates (for purposes of this Section, collectively, "PPC") to obtain offset credits as a result of the formation of and business generated by the JVC; provided, however, that the JVC shall not itself incur any obligations or liabilities as a result of such support. Such support shall consist of but not be limited to:

(a) working with representatives of PPC to enlist the support of the cognizant ministry within Korea for the recognition of offset credits associated with JVC activities;

(b) supporting initiatives to obtain recognition of the formation of the JVC as an offset project;

(c) supporting initiatives to make additional investments in the JVC by PPC eligible for offset credit;

(d) supporting initiatives to obtain offset credits for exports, technology transfers and training by the JVC; and

(e) supporting initiatives to permit PPC to accumulate offset credits for future use as a result of the activities of the JVC.

SECTION 8 PURCHASE OF BUSINESS

ABC is currently engaged in the business of designing, manufacturing, installing, distributing, marketing, selling, exporting and providing maintenance services for, product 1, product 2, product 3 and product 4, as further described in the BTA to be executed by the JVC and ABC (the "Business"), and ABC has agreed to transfer the Business to the JVC according to the terms of the BTA in the form of **Attachment 1.8** attached hereto. The Parties agree to cause ABC and the JVC to execute the BTA on the First Closing Date. A detailed list of the assets of ABC to be acquired by the JVC is set forth in the BTA.

SECTION 9 TECHNOLOGY AND TRADEMARKS

9.1 Trade Name and Trademark

On the First Closing Date, the Parties shall cause the JVC to execute (i) XYZ Trade Name and Trademark License Agreement between the JVC and XYZ in the form attached hereto as **Attachment 9.1A**, and (ii) ABC Trade Name and Trademark License Agreement between the JVC and ABC in the form attached hereto as **Attachment 9.1B**.

9.2 New XYZ Products.

If the JVC decides to produce other products in addition to those manufactured under XYZ Trade Name and Trademark License Agreement, the technology and know-how for producing these other products shall be obtained through an appropriate amendment to XYZ Trade Name and Trademark License Agreement or through a separate technology license agreement or agreements, subject to Board approval.

9.3 Licensing Activities.

The JVC shall be authorized to license its technology to other entities, subject to Board approval.

SECTION 10 MEETINGS AND RESOLUTIONS OF SHAREHOLDERS

10.1 The Board shall decide the time and place for convening all meetings of the JVC's shareholders except where Korean law provides otherwise, and notice thereof shall be given as set forth in the Articles of Incorporation.

10.2 All actions and resolutions of the shareholders shall be adopted by the affirmative vote of a majority of all the issued and outstanding voting shares of the JVC, except that resolution of each of the items listed in **Attachment 10.2** shall be adopted by the unanimous vote of all the issued and outstanding voting shares of the JVC. No shareholders' meeting shall be duly constituted unless a majority of all the issued and outstanding shares of the JVC are duly represented therein.

SECTION 11 BOARD OF DIRECTORS

11.1 The Formation of the Board

(a) Authorities. The Board shall direct the operations of the JVC according to Korea law.

(b) Composition. The Board shall consist of __________ (___) directors, (___) of whom shall be nominated by ABC and _(__) of whom shall be nominated by XYZ. At the time this Agreement is executed and each time directors are nominated thereafter, each Party shall notify the other of the names of its nominees.

(c) Term and Replacement. Each director shall be appointed for a term of three (3) years and may serve consecutive terms if re-nominated by the Party which originally nominated such director. If a seat on the Board is vacated by the retirement, resignation, illness, disability or death of a director or by the removal of such director by the Party which originally nominated such director, the Party which originally nominated such director shall nominate a successor to serve such director's remaining term.

(d) If either ABC or XYZ wishes to replace any director which it nominated, with or without cause, the other Party shall exercise its voting right to approve such replacement. The Party proposing the dismissal shall indemnify and hold the JVC and the other Party harmless from any and all damages, liabilities and other expenses that may arise out of such action.

(e) The Representative Director shall preside at all meetings of the Board.

(f) Additional Attendees. Any Management Personnel of the JVC may attend Board meetings upon the invitation of the Board but shall not be entitled to vote unless he or she is a director in his/her own rights.

11.2 Meetings and Powers of Board

(a) Powers. The Board shall have the authority set forth herein and in the Articles of Incorporation.

(b) Meeting. Regular meetings of the Board shall be held at least twice each year. Upon the written request of one (1) or more of the directors of the JVC specifying the matters to be discussed, the Representative Director shall convene an interim meeting of the Board.

(c) Notice and Agenda. Board meetings shall be held at the registered address of the JVC or such other address in Korea or abroad as may be designated by the Board. Meetings shall be held upon fourteen (14) days prior notice to the directors, provided that such notice requirement may be waived by unanimous written consent of all directors and statutory auditors. A notice of a Board meeting shall cover the agenda, time and place of such meeting. The Representative Director shall be responsible for convening and presiding over such meetings.

(d) [Proxies. If a Board member is unable to participate in a Board meeting in person he may issue a proxy and entrust another person to participate in the meeting on his behalf. The representative so entrusted shall have the same rights and powers as the Board member. If a Board member fails to participate or to entrust another to participate, he will be deemed as having waived such right.]

(e) Quorum. _______(___) directors present [in person, by proxy] shall constitute a quorum which shall be necessary for the conduct of business at any meeting of the Board. If at any properly convened meeting, no quorum is constituted because less than _______(___) directors are present [in person or by proxy], then the Board shall reconvene at the same time and place within ten (10) days of the originally scheduled meeting. If at any reconvened meeting no quorum is present, representatives of the Parties shall meet to resolve the situation and take appropriate steps to cause the Board to meet promptly and to act.

(f) Each director present [in person or by proxy] at a meeting of the Board shall have one vote. If upon any resolution there is a deadlock, such resolution shall remain undecided.

(g) Protection of Minority Rights and Unanimous Votes. Resolution of each of the items listed in **Attachment 11.2(g)** shall require the unanimous affirmative vote of each and every director of the Board [voting in person or by proxy] at such meeting.

(h) Simple Majority. Other items that require resolution by the Board must be adopted by the affirmative vote of a simple majority of the directors present [in person, or by proxy] at such meeting where a quorum is present.

(i) Salaries, Expenses and Liabilities. Directors shall not be paid any salaries, except when a director is also an employee of the JVC. The JVC shall be responsible for the reasonable expenses incurred by the appointed directors in attending Board meetings. No director shall have any personal liability for any act performed in his capacity as a director of the JVC in good faith, except for acts as would constitute gross negligence, willful misconduct, violations of the criminal laws of any jurisdiction to which the JVC or relevant director is subject, or willful violation of the Articles of Incorporation.

11.3 Statutory Auditor(s)

(a) The JVC shall have one (1) standing statutory auditor and one (1) non-standing statutory auditor. A standing statutory auditor shall be nominated by XYZ and a non-standing statutory auditor shall be appointed by ABC. Each statutory auditor shall be appointed for a term of three (3) years and may serve consecutive terms if re-nominated by the Party which originally nominated such statutory auditor.

(b) If the Party which originally nominated a statutory auditor wishes to replace him or her, with or without cause, the other Party shall exercise its voting right to approve such replacement. The Party proposing the dismissal shall indemnify and hold the JVC and the other Party harmless from any and all damages, liabilities and other expenses that may arise out of such action.

(c) In case the position of a statutory auditor becomes vacant due to the retirement, resignation, illness, disability or death of a statutory auditor or by the removal of such statutory auditor by the Party which originally nominated such statutory auditor, the Party which originally nominated such statutory auditor shall nominate a successor to serve such statutory auditor's remaining term.

SECTION 12 OPERATIONS AND MANAGEMENT

12.1 Management and Organization

(a) Board and Managers. The JVC shall adopt a management system under which the management organization shall be responsible to and under the leadership of the Board. The JVC shall have a Representative Director and a Finance Manager, who shall be individuals of high professional qualifications and experience. The Representative Director and the Finance Manager shall be nominated by XYZ. The Representative Director and the Finance Manager shall be appointed by the Board pursuant a duly adopted resolution.

(b) <u>Term of Office and Dismissal</u>. The term of office of the Representative Director shall be three (3) years, or as determined by the Board. The Representative Director may be dismissed at any time by a resolution of the Board. If it becomes necessary, due to dismissal or resignation, to replace the Representative Director, XYZ shall nominate his or her replacement for appointment by the Board.

12.2 Responsibilities and Powers of the Representative Director

The duties of the Representative Director shall consist of carrying out the decisions of the Board and organizing, directing and deciding all matters related to the day-to-day operation and management of the JVC in accordance with modern management practices and structures. The Representative Director shall have the power to appoint and dismiss Working Personnel in accordance with Korean law and the labor management policies to be established by the Board. Within the limitations specified in the Articles of Incorporation, this Agreement, and as may be determined by the Board, the Representative Director shall represent the JVC in all matters concerning its day-to-day operations and management. The specific powers and responsibilities of the Representative Director, including his or her right and authority to act on behalf of, and bind, the JVC, shall be as set forth herein and in the relevant provisions of the Articles of Incorporation, or as may be determined by the Board from time to time.

12.3 Annual Plans and Budgets

The Representative Director shall be responsible for the preparation of the annual business plan and budget of the JVC. The annual business plan and budget (including the projected balance sheet, profit and loss statement and cash flow report) for each fiscal year shall be submitted to the Board for approval and shall include comprehensive detailed information on:

(a) procurement of equipment and other assets of the JVC;

(b) the raising and application of funds;

(c) plans with respect to production and sale of the products manufactured by the JVC;

(d) the repair and maintenance of the assets and equipment of the JVC;

(e) the estimated income and expenditures of the JVC covered by the production plan and budget, including annual profit distribution plan;

(f) plans for training the staff and workers of the JVC;

(g) requirements of raw materials, fuel, water, electricity and other utilities, and all other inputs for the next year's production;

(h) personnel and organizational set-up plan of the JVC;

(i) major projects for expanding the scope of production and sales activities; and

(j) any other matter in respect of which the Board may have requested a report.

12.4 Quarterly Management Report

The Representative Director shall prepare a quarterly management report in the form recommended by Board and containing such information as shall be requested by the Board.

12.5 Approval and Implementation of Annual Plans and Budgets

The Board shall examine and approve the annual business plan and budget submitted. The Representative Director shall be responsible for the implementation of the plan and budget approved by the Board.

12.6 Quality Control Program

The JVC shall strive to maintain strict quality standards for all of the products manufactured by the JVC through the adoption of the following measures:

(a) Quality Control Department. The JVC shall establish a quality control department, to be headed by a manager, who shall take responsibility for all of the JVC's quality and reliability work.

(b) Inspections. Strict inspection for conformity to standards shall be carried out on all raw materials, purchased components, finished components and finished products.

(c) Feedback System. Product quality feedback and after-sales systems shall be instituted.

(d) Inspection Facilities. The JVC shall establish a quality inspection facility with appropriate qualification and measuring equipment.

SECTION 13 BASIC OPERATING POLICIES

13.1 The Parties are in agreement on the corporate and operating policies set forth below in this Section. The Parties agree to vote their shares and to cause their nominated directors and other managers to effectuate such policies during the continuance of this Agreement.

13.2 XYZ (together with its permissible transferees hereunder) and ABC (together with its permissible transferees hereunder) shall own the entire issued capital stock of the JVC.

13.3 The books and records of the JVC (i) shall, to the maximum extent allowable, be maintained in the Korean and English languages in accordance with Korean GAAP applied on a consistent basis, and (ii) shall accurately reflect JVC's financial position. For the financial reporting requirements of XYZ, the JVC shall prepare at the times and in the manner required such financial information as is required by subsidiaries of XYZ and Affiliates which are located outside the United States.

13.4 ABC and XYZ agree to cause the books and records of the JVC to be audited at the end of each fiscal year during the term of this Agreement by the Independent Auditor appointed pursuant to Section 15.2 hereof (" Annual Audit"). Such firm of accountants shall yearly provide the Parties with financial reports in the English and Korean languages in a form acceptable to the Parties, bearing in mind any reporting requirements in the United States to which XYZ may be subject. Copies of such Annual Audits shall be provided to the Parties at the JVC's expenses.

13.5 The fiscal year of the JVC shall begin on December 1 and shall end on November 30 of each year; provided, however, that the first fiscal year shall begin on the date the JVC is incorporated and shall end on

November 30 immediately following. All dates herein have reference to the Gregorian calendar.

13.6 In recognition of the language difference between the Parties the results of all shareholders' meetings and Board meetings shall be conducted in the English language and recorded in the Korean and English languages. In the event of conflict between the Korean and English version, the English version shall prevail. The Parties further agree that all significant financial, business, technical or other information and data of JVC shall be translated on a timely basis into the Korean or English language at the JVC's costs, when reasonably requested by a Party.

13.7 The Parties shall exercise the voting rights as shareholders and cause the directors appointed by them to vote in such manner as to give effect to the terms of this Agreement. The Parties shall use their best efforts to ensure the JVC performs and observes all the terms and conditions on its part to be observed and performed under any contract or arrangement from time to time subsisting between the Parties or the JVC.

SECTION 14 LABOR MANAGEMENT AND POLICIES

14.1 Governing Principle

The Representative Director shall formulate a plan for matters concerning the recruitment, employment, dismissal, wages, labor insurance, welfare benefits, bonuses and allowances reward and discipline of the workers and staff members of the JVC (including whether to extend any existing labor contracts) in accordance with modern management standards, practices and policies, the relevant laws and regulations of Korea. The plan shall be submitted for approval of the Board.

14.2 Working Personnel

Employees other than Management Personnel shall be employed by the JVC in accordance with the relevant laws and regulations of Korea, JVC policies, and in the case of any workers duly represented by a labor union, a collective bargaining agreement shall be entered into between the JVC and the labor union after the establishment of the JVC. Such policies and collective bargaining agreement shall establish all terms governing the employment duties and benefits.

14.3 Management Personnel

Management Personnel shall be employed by the JVC in accordance with the terms of individual employment agreements. The detailed terms and conditions of the employment and compensation of the Management Personnel shall be reviewed by the Board.

14.4 Expatriate Personnel

As the JVC's needs require, expatriate Management Personnel and senior technical personnel shall be hired by the JVC upon the recommendation of XYZ. Such personnel shall enter into individual employment agreements with the JVC.

14.5 Conformity with Labor Protection

The JVC shall conform to rules and regulations of the Korean government concerning labor protection and ensure safe and civilized protection. The JVC shall also conform to health, safety and environmental rules and regulations and guidelines of XYZ.

14.6 Human and Natural Resources Protection Policies

In addition to meeting the health, environmental protection and worker safety requirements stipulated by the Korean government the JVC shall adopt XYZ's Human and Natural Resources Protection policies, procedures, programs and standards ("HNRP Policies"), to the extent such do not conflict with Korean Law. The parties shall cause the JVC to observe all internal reporting procedures under the HNRP Policies subject to the foregoing.

SECTION 15 FINANCIAL AFFAIRS AND ACCOUNTING

15.1 Accounting System

(a) Responsibilities. Finance Manager of the JVC, under the leadership of the Representative Director, shall be responsible for the financial management of the JVC.

(a) Procedures. The Representative Director and the Finance Manager shall prepare the accounting system and procedures in accordance with Korean law and Korean GAAP. The JVC shall adopt the operating and financial policies and procedures recommended by XYZ to the extent they are not in conflict with Korean law and Korean GAAP, and shall prepare periodic reporting of financial information as requested by XYZ.

15.2 Auditing

(a) Independent Audit. _______________ and/or its local affiliate, shall be engaged by the JVC as its auditor to examine and verify the annual report on the financial accounts ("Independent Auditor"). The JVC shall submit to the Parties the annual financial statements (including the audited Profit and Loss Account, the Balance Sheet and Cash Flow Balance and Foreign Exchange Balance for the fiscal year) within three (3) months after the end of the fiscal year, together with the audit report of the Independent Auditor. The JVC shall also prepare and distribute to the Parties a monthly report on the business of the JVC.

(b) Party Audits. Each Party may, at its own expense, appoint an accountant (which may be an accountant paid in either abroad or in Korea), on behalf of such Party, to audit the accounts of the JVC. Reasonable cooperation relating to providing access to the accounting books and records shall be given to such accountant and such accountant shall keep confidential from unaffiliated third parties the information disclosed during the course of his audit.

(c) Board Review. The Board shall review and approve the periodic audits of the accounts. In the event that the Board determines that the audits submitted by the Independent Auditor are unable to properly meet the standards set forth above, the Board may replace the Independent Auditor or retain another auditor at JVC's expense, to supplement or adjust the work of the Independent Auditor or to perform specific accounting and auditing tasks.

15.3 Profit Distribution

(a) Proportionate Distributions. The Parties agree in principle that the after-tax profit for each fiscal year shall be distributed to the Parties. Subject to the mandatory provisions of the relevant laws and regulations of Korea, the after-tax profit, if any, of the JVC for each fiscal year shall be distributed (and the shareholders shall vote to approve the distribution of such after-tax profit as a dividend) pursuant to a resolution of the shareholders' meeting held for that fiscal year in proportion to their respective shares in the paid-in capital of the JVC.

(b) Profit Declaration and Payment. All profits of the JVC shall be declared in Won.

(c) Method of Payment. All payments to be distributed under this Section 15 shall at the request of the receiving Party be transmitted electronically to an account at a bank specified in advance by such Party, or pursuant to any other method agreed by the Parties.

(d) Any and all cash distributions or remittances of any kind (including, but not limited to, dividends, and distributions which may be made upon liquidation, dissolution, or reorganization) which may be payable by the JVC to XYZ shall be paid in U.S. Dollars or other currency designated by XYZ, and remitted to such bank account as may be designated from time to time by XYZ. The JVC shall make such tax withholdings from such cash distributions or remittances as are required under Korean law.

(e) If, for any reason, Government Approval cannot be obtained for payment in the manner set forth above, then such payment shall be made in any other currency and/or in any other manner reasonably specified by XYZ.

SECTION 16 TAXATION AND INSURANCE

16.1 Income Tax, Customs Duties and Other Taxes

(a) Tax Payment. The JVC shall pay taxes under the tax laws and regulations applicable to a Korean [______] Hoesa. JVC employees, including Management Personnel and expatriate personnel shall be responsible for and pay their individual income tax in accordance with the tax laws of Korea and their legal domicile. The JVC shall make such tax withholdings from employees' wages as are required by Korean law.

(b) Tax preferences. The JVC will use its best endeavors to apply for and obtain preferential tax treatment, reductions and exemptions, as provided by the relevant regulations.

16.2 Insurance

The JVC shall, at its own cost and expense, take out and maintain full and adequate insurance of the JVC against loss or damage by fire and such other risks as may be decided by the Board. The property, transportation and other items of insurance of the JVC shall be obtained within Korea or as otherwise determined by the Board. The types and amounts of insurance coverage shall be determined by the Board in accordance with applicable Korean laws and XYZ' policies, practices or recommendations, if any.

SECTION 17 REPRESENTATIONS AND WARRANTIES

Each Party represents and warrants to the other that;

(a) it is a corporation duly organized, validly existing and in good standing under the laws of the jurisdiction wherein it is organized and existing;

(b) it has all necessary corporate power and authority to enter into this Agreement and the Related Agreements, and to perform all of the obligations to be performed by it hereunder and thereunder;

(c) subject to the obtaining of all required Government Approvals of this Agreement, this Agreement constitutes a valid and legally binding obligation of the Party and will be enforceable against the Party in accordance with its terms;

(d) this Agreement and the Related Agreements, and the consummation of the transactions contemplated hereby and thereby have been duly authorized and approved by and on behalf of the Party by all requisite corporate actions; and

(e) the execution and delivery of this Agreement and the Related Agreements, and the consummation of the transactions contemplated hereby and thereby, and the fulfillment of and compliance with the terms, and conditions hereof and thereof, do not (i) violate any judicial or administrative order, award, judgment or decree applicable to the Party, or (ii) conflict with the terms, conditions or provisions of the articles of incorporation or any other regulations of the Party.

SECTION 18 TERMINATION AND LIQUIDATION

18.1 Reasons for Termination

A Party shall have the right to give a written notice of termination upon the occurrence of any one of the following events:

(a) Material Breach. If the other Party materially breaches this Agreement or violates the Articles of Incorporation, and such breach or violation is not cured within sixty (60) days of written notice to the breaching Party;

(b) Bankruptcy. If the other Party becomes bankrupt, or is the subject of proceedings for liquidation or dissolution (excluding any automatic dissolution of a Party following the merger of such Party with or into its Affiliate), or ceases to carry on business or becomes unable to pay its debts as they come due, or if creditors of the other Party have taken over management of such Party;

(c) Expropriation. If all or any material part of the assets of the JVC are expropriated by any government authority;

(d) Government Action. If any government authority having authority over a Party requires any provision of this Agreement or the Articles of Incorporation to be revised in such a way as to cause significant adverse consequences to the JVC or a Party.

(e) Force Majeure. If the conditions or consequences of Force Majeure prevail for a period in excess of three (3) consecutive complete calendar months and the Parties have been unable to find an equitable solution pursuant to Section 19 hereof; or

(f) Termination of Related Agreements. If any of the Related Agreements is terminated prior to its scheduled expiration; provided, that a party whose breach under any such Related Agreement has caused termination thereof may not terminate this Agreement pursuant to this Section 18.1(f).

18.2 Notification Procedure

In the event that a Party gives notice of termination pursuant to Section 18.1 hereof, the Parties shall, within a one-month period after such notice is given, commence negotiations and endeavor to resolve the reason for notification of termination. In the event matters are not resolved to the satisfaction of the Parties within one (1) month after commencement of negotiations, or the non-notifying Party refuses to commence negotiations within the period stated above, the notifying Party may terminate this Agreement by, and effective upon, giving the other Party written notice of termination.

18.3 Automatic Termination. This Agreement shall terminate automatically:

(a) Failure to Close. If the First Closing does not occur for whatever reason on or before ________, or if the Second Closing does not occur for whatever reason on or before ___________; or

(b) Upon sale, transfer or other disposition by either Party and its Affiliates of all of their shares in the JVC in accordance with the terms hereunder.

18.4 Consequences of Termination

(a) Termination of this Agreement shall be without prejudice to the accrued rights and liabilities of the Parties at the date of termination, unless waived in writing by mutual agreement of the Parties.

(b) If this Agreement is terminated by a Party ("Terminating Party") in consequence of a material breach of this Agreement by the other party ("Breaching Party"), and the Terminating Party is not itself in material breach of this Agreement at the time notice of termination is given, then

(i) the Terminating Party shall enjoy the right to secure, at the JVC's expense, an appraisal of the fair market value of the JVC's shares from a reputable international accounting firm to be agreed between the Parties (or if the Parties fail to agree on such accounting firm within thirty (30) days, appointed by the Korean Institute of Certified Public Accountants);

(ii) the Terminating Party shall have the following rights (without prejudice to any right it may have to receive damages in consequence of breach of this Agreement) and the Breaching Party shall have corresponding obligations:

(A) the right to require the Breaching Party to sell all or a portion of its shares of the JVC to the Terminating Party or its designee at their appraised value;

(B) the right to require the Breaching Party to purchase all or a portion of the Terminating Party's shares of the JVC at their appraised value; or

(C) the right to require the Breaching Party to join with the Terminating Party to cause the JVC to go into liquidation; and

(iii) a contract for the sale and purchase of the shares shall be deemed to have been entered into upon the delivery of written notice to the Breaching Party of the decision of the Terminating Party to exercise the option given above, and payment for the shares shall be due within sixty (60) days of the completion of the appraisal.

18.5 Liquidation

(a) Option upon Termination. In the event that this Agreement has been terminated for any reason and the Parties have not agreed on an acquisition of the JVC as a going concern by a Party or by a third party, then the physical assets of the JVC shall be valued by and liquidated under the direction of the Board.

(b) Valuing and Selling Procedure. In valuing and selling physical assets, the Board shall use every effort to obtain the highest possible price for such assets, including the retention of an independent third party expert knowledgeable in assessing the value of the types of assets owned or held by the JVC to assist in such valuation. Sales of the JVC's assets shall be in Won to the fullest extent possible, and shall be deposited in a joint account.

(c) Settlement and Payment. After liquidation and the settlement of all outstanding debts of the JVC, including the payment of all Management Personnel and Working Personnel salaries, and subject to the payment of any applicable taxes, amounts remaining in the joint account shall be paid over to the Parties in proportion to their respective shares in the paid-in capital of the JVC. Any and all amounts payable to XYZ shall be paid promptly in United States Dollars or such other currency designated by XYZ and shall be freely remittable by XYZ out of Korea, subject to any Government Approvals.

SECTION 19 FORCE MAJEURE

19.1 Force Majeure

(a) Definition and Examples. "Force Majeure" shall mean all events which are beyond the control of the Parties to this Agreement, and which are unforeseen, or if foreseen, unavoidable, and which prevent total or partial performance by a Party. Such events shall include but are not limited to any strikes, lockouts, explosions, shipwrecks, acts of nature or the public enemy, fires, flood, sabotage, accidents, war, riots, interference by military authorities, insurrections, inability to obtain transportation, and any other similar or different contingencies; provided however, that the Party so prevented from complying herewith shall not have procured such Force Majeure, shall have used reasonable diligence to avoid such Force Majeure and ameliorate its effects, and shall continue to take all actions within its power to comply fully with the terms of this Agreement.

(b) Effect. If an event of Force Majeure occurs, to the extent that the contractual obligations of the Parties to this Agreement (except the obligations under Section 20 hereof) cannot be performed as a result of such event, such contractual obligations shall be suspended during the period of delay caused by the Force Majeure and shall be automatically extended, without penalty, for a period equal to such suspension, subject to the provisions of Section 18.1(e) above.

(c) Notice Required. The Party claiming Force Majeure shall inform the other Party in writing within ten (10) days after the occurrence of said Force Majeure and shall furnish appropriate proof of the claim of the Force Majeure. The Party claiming Force Majeure shall also use all reasonable endeavors to remove or remedy the Force Majeure.

(d) Consultation Required. In the event of Force Majeure, the Parties shall immediately consult with each other in order to find an equitable solution and shall use all reasonable endeavors to minimize the consequences of such Force Majeure.

SECTION 20 CONFIDENTIALITY AND NON-COMPETITION

20.1 Confidentiality

(a) Mutual Obligations. From time to time prior to and during the term of this Agreement a Party may have disclosed or may disclose Proprietary Information to the other Party. In addition, the Parties may, from time to time during the term of this Agreement, obtain Proprietary Information of the JVC in connection with the operation of the JVC. Except as otherwise provided in any agreement between the JVC and a Party or for purposes of submitting any such agreement for the necessary approval of any relevant governmental authority, the Parties receiving such information shall, during the term of this Agreement and for three (3) years thereafter or until such information properly comes into the public domain: (i) maintain the confidentiality of such information; (ii) not disclose it to any person or entity, except to their employees and advisers who need to know such information to perform their responsibilities; and (iii) not use such information except for the benefit of the JVC.

(b) Further Advice. Each Party shall advise its directors, senior staff, and other employees receiving such information of the existence of and the importance of complying with the obligations set forth in Section 20.1(a) above.

20.2 Non-Competition

As long as both Parties remain shareholders of the JVC, both Parties shall not, and shall cause their respective Affiliates not to, engage in a business in Korea or enter into any business relationship with any other entity or person in Korea, which will compete with or which will have a materially adverse effect on the Business of the JVC; provided, however, that the Parties agree that ABC and its Affiliates are not precluded from conducting their businesses as currently conducted, including, without limitation, the motor business, or from developing, manufacturing, selling, distributing, or exporting new products that are a logical or technological extension, improvement or upgrade of the products currently being developed, manufactured, sold, distributed or exported by such companies.

SECTION 21 SETTLEMENT OF DISPUTES

21.1 Consultations

In the event a dispute arises in connection with the interpretation or implementation of this Agreement, the Parties shall attempt in the first instance to resolve such dispute through friendly consultations. If the dispute is not resolved in this manner within sixty (60) days after the commencement of discussions or such longer period as the Parties agree to in writing at that time, then the Parties shall submit the dispute to the International Chamber of Commerce (the "ICC") in Seoul for final decision pursuant to the provisions of the Arbitration Rules of the ICC, with instructions that the arbitration be conducted in the manner set forth in Section 21.2 hereof.

21.2 Arbitration

Arbitration shall be conducted as follows:

(a) English Proceedings. All proceedings in any such arbitration shall be conducted in English.

(b) Three Arbitrators/Applicable Law. There shall be three (3) arbitrators, all of whom shall be fluent in English and at least one of whom shall be fluent in Korean. ABC and XYZ shall each appoint one arbitrator, and a third arbitrator shall be appointed in accordance with ICC Rules. The arbitrators shall apply the substantive laws (and not the laws pertaining to conflicts or choice of laws) of Korea.

(c) Award Binding. The arbitration award shall be final and binding on the Parties, and the Parties agree to be bound thereby and to act accordingly.

(d) Costs. The costs of arbitration shall be borne by the losing Party, unless otherwise determined by the arbitration award.

(e) Obligations to Continue. If any dispute occurs and if any dispute is under arbitration, except for the matters under dispute the Parties shall continue to exercise their remaining respective rights, and fulfill their remaining respective rights and obligations under this Agreement.

(f) Enforcement. Judgement upon any award entered through arbitration may be entered in any court having jurisdiction or application may be made to any such court for judicial acceptance of the award and an order of enforcement, as the case may be.

SECTION 22 GOVERNING LAW

22.1 Governing Law

The validity, interpretation and implementation of this Agreement shall be governed by the published and publicly available laws of Korea (excluding conflict of laws provisions).

22.2 Legal Compliance

The Parties agree to cause the JVC to comply with all applicable Korean laws, and with all applicable United States laws and regulations governing the operation of the JVC and the conduct of its employees to the extent that such compliance does not conflict with Korean laws or regulations.

SECTION 23 MISCELLANEOUS

23.1 Notices

Any notice or written communication provided for in this Agreement by one Party to the other, including, but not limited to, any and all offers, writings, or notices to be given hereunder, shall be made in English by paid-in airmail letter or by facsimile confirmed by paid-in airmail letter, promptly transmitted or addressed to the appropriate Party. The date of receipt of a notice or communication hereunder shall be deemed to be three (3) days after its postmark in the case of an airmail letter and one (1) working day after dispatch in the case of a facsimile. All notices and communications shall be sent to the appropriate address set forth in the Preamble hereof, until the same is changed by notice given in writing to the other Party or the Parties, as the case be.

23.2 Waiver

Failure or delay on the part of any Party hereto to exercise any right, power or privilege under this Agreement, or under any Related Agreement, shall not operate as a waiver thereof; nor shall any single or partial exercise of any right, power or privilege preclude any other future exercise thereof.

23.3 Amendments

This Agreement may not be changed orally, but only by a written instrument signed by the Parties and approved, if required, by the relevant authorities in Korea.

23.4 Language

This Agreement is written and executed in English.

23.5 Entire Agreement

This Agreement and the Attachments hereto constitute the entire agreement among the Parties with respect to the subject matter of this Agreement and supersede all prior discussions, negotiations and agreements including oral agreements, if any, among them.

23.6 Headings

The headings of Sections in this Agreement are for convenience only and do not substantively affect the terms this Agreement.

23.7 Assignability

This Agreement and each and every covenant, term and condition hereof shall be binding upon and inure to the benefit of the Parties hereto and their respective successors, but neither this Agreement nor any rights hereunder shall be assignable, directly or indirectly, by any Party without the prior written consent of the other Party, except for an assignment in accordance with Sections 6.7 through 6.9 hereof.

23.8 Attachments

The Attachments hereto are hereby made an integral part of this Agreement and are equally binding with these Sections 1-23. The Attachments are as follows:

Attachment 1.8:	BTA
Attachment 3.3:	Articles of Incorporation
Attachment 5:	Products
Attachment 6.7:	Option Price Formulas
Attachment 9.1A:	XYZ Trade Name and Trademark License Agreement between the JVC and XYZ
Attachment 9.1B:	ABC Trade Name and Trademark License Agreement between the JVC and ABC
Attachment 10.2:	Shareholders Resolutions Requiring Unanimous Vote
Attachment 11.2(g):	Board Resolutions Requiring Unanimous Vote

23.9 Confirmation

After formation of the JVC, the Parties agree to cause the JVC to execute a written confirmation and agreement to the terms and conditions hereof as a binding commitment of the JVC.

REMAINDER OF PAGE IS BLANK
SIGNATURE PAGE TO FOLLOW

IN WITNESS WHEREOF, each of the Parties hereto have caused this Agreement to be executed by their duly authorized representatives on the date first set forth above.

[ABC INC.]	[insert XYZ name]
______________________	______________________
By:	By:
Name:	Name:
Title:	Title:

ATTACHMENT 10.2

Shareholders' Resolutions Requiring Unanimous Vote

1. Amendment to the Articles of Incorporation;

2. Merger, liquidation, dissolution or spin-off of the JVC; and

3. Sale, transfer or other disposition of a substantial portion of the assets or business of the JVC (i.e., 10% or more of the total assets of the JVC).

ATTACHMENT 11.2(g)

Board Resolutions Requiring Unanimous Vote

1. To issue any new shares, bonds, options, bonds with warrants, calls, rights or other securities convertible into, exchangeable for, or evidencing the right to purchase or subscribe for, any shares of such stock of the JVC;

2. To borrow money in excess of ___________ Won;

3. To issue guarantee or provide security interest on the assets of the JVC for the benefit of a third party, including the Party or Parties;

4. To approve a transaction between the JVC and a shareholder of the JVC or its Affiliate;

5. To approve capital expenditure in any year exceeding 5% over the amount provided for in an approved business plan and budget;

6. To approve the JVC entering into any arrangement or incurring any liability which is not in the ordinary course of the business;

7. To approve the JVC entering into any arrangement or incurring any liability which is not on arm's length terms;

8. To create any committee of the Board or the delegation of any power of the Board;

9. To approve the business plan and budget and any material deviation from an approved business plan and budget;

10. To change the Business materially, to acquire any business or to enter into any new business; and

11. To enter into, renew or vary the terms of any contracts or agreements with a value of ___________ Won or more.

Ⅳ. 기술사용허락계약: Technical License Agreement

TECHNICAL LICENSE AGREEMENT

This TECHNICAL LICENSE AGREEMENT (the "Agreement") is entered into effective as of ____________, 1999, by and between ABC Corporation, a _________________ Company ("ABC") and XYZ, a Korean corporation ("LICENSEE"), with respect to the following facts:

RECITALS

WHEREAS, ABC, and its Affiliates have developed and are developing certain proprietary technology that may be useful in making high-speed optical computer Multibeam DVD-ROM Drives; and

WHEREAS, LICENSEE desires to obtain a license to ABC Technology so that LICENSEE may operate as an Authorized Drive Maker, and ABC desires to grant such license in exchange for the royalties and other provisions hereof, in accordance with the terms and conditions set forth in this Agreement.

AGREEMENT

NOW, THEREFORE, the parties hereby agree as follows:

1. DEFINITIONS. For the purpose of this Agreement, the following definitions apply:

   a. "Affiliates" means, as to a Party, any present or future Subsidiary or

Parent of the Party, but only for so long as the Subsidiary remains a Subsidiary of the Party. The term "Subsidiary" of a Party means any corporation or other legal entity (i) the majority (more than fifty percent (50%)) of whose shares or other securities entitled to vote for election of directors (or other managing authority) is now or hereafter owned or controlled by such Party either directly or indirectly; or (ii) which does not have outstanding shares or securities but the majority (more than fifty percent (50%)) of the equity interest in which is now or hereafter owned or controlled by such Party either directly or indirectly, but only for so long as such ownership or control exists as specified in (i) or (ii) above. The term "Parent" of a Party means any entity for whom the Party is a Subsidiary.

b. "Authorized ASIC Makers" means only those companies which have been granted a license by ABC under ABC Technology or ABC Intellectual Property to design, develop, make, have made and import, and use, or otherwise dispose of (but only for testing and in limited numbers for reference designs and marketing purposes), Multi-Beam ASICs for use by Authorized Drive Makers in making Multibeam DVD-ROM Drives, but only so long as such companies remain so licensed by ABC. As of the Effective Date, Authorized ASIC Makers include only the companies listed in Exhibit A attached hereto. ABC shall, upon written request, notify LICENSEE of additions or deletions to the list of Authorized ASIC Makers.

c. "Authorized Drive Makers" means only those companies which have been granted a license by ABC under ABC Technology or ABC Intellectual Property to design, develop, have made and make, use, Sell, offer for Sale, import or otherwise dispose of Multi-Beam DVD-ROM Drives, but only so long as such companies remain so licensed by ABC.

d. "Authorized Licensees" means any and all Authorized ASIC Makers, Authorized Optics Makers and Authorized Drive Makers.

e. "Authorized Optics Makers" means only those companies which have been granted a license by ABC under ABC Technology or ABC Intellectual Property to design, develop, make, have made and import, and use, or otherwise dispose of (but only for testing and in limited numbers for reference designs and marketing purposes),optical pickups and components for optical pickups for use by Authorized Drive Makers in making Multibeam DVD-ROM Drives, but only so long as such companies remain so licensed by ABC. As of the Effective Date, Authorized Optics Makers include only the companies listed in Exhibit A attached hereto. ABC shall, upon written request, notify LICENSEE of additions or deletions to the list of Authorized Optics Makers.

f. "Computer Programming Code" means source code (i.e., human-readable), object code (i.e., machine readable), and data structures.

g. "Computer Programming Code Documentation" means printed material relating to Computer Programming Code.

h. "Derivative Work" means a work that is based on ABC's Computer Programming Code, such as a compilation, revision, enhancement, modification, translation, abridgement, condensation, expansion, or any other form in which ABC's Computer Programming Code may be recast, transformed, or adapted, and that if prepared without ABC's authorization would constitute a copyright infringement.

i. "Effective Date" means the effective date first set forth above.

j. "Multibeam ASIC" means an integrated circuit that: (i) accepts multiple RF inputs; (ii) decodes the multiple RF inputs into data blocks; and (iii) serializes the data blocks. A chipset consisting of multiple integrated circuits that perform the function of a Multibeam ASIC for use in a single Multibeam DVD-ROM Drive shall be considered to be one Multibeam ASIC when Sold together to a single customer as a chipset and shall count as a Sale of a single Multibeam ASIC for purposes of determining the number of Multibeam ASICs Sold subject to any applicable royalty.

k. "Multibeam DVD-ROM Drive" means an optical drive that simultaneously reads multiple tracks of a read-only digital versatile disk.

l. "Multibeam Optical Pickup" means an optical pickup that simultaneously generates multiple RF inputs corresponding to information stored in a DVD medium. Multiple optical or electromagnetic components that perform the function of a Multibeam Optical Pickup for use in a single Multibeam DVD-ROM Drive shall be considered to be one Multibeam Optical Pickup when Sold together to a single customer and shall count as a Sale of a single Multibeam Optical Pickup for purposes of determining the number of Multibeam Optical Pickups Sold subject to any applicable royalty.

m. "Party" shall individually mean ABC or LICENSEE, and the term "Parties" shall collectively mean ABC and LICENSEE.

n. "Sold," "Sale," "Sell" means sold, leased or otherwise transferred by LICENSEE in normal, bonafide, commercial transaction and a sale shall be deemed to have occurred upon shipment or invoicing, whichever shall first occur, but shall not include return or redelivery of a returned sale.

o. “Trademarks” means those trademarks specified in Exhibit B, attached hereto and incorporated herein by this reference.

p. “ABC’s Intellectual Property” means (1) any and all of ABC’s Patents and its Affiliates’ Patents (including any foreign counterparts to the United States patents), relating to Multibeam ASICs, Multibeam Optical Pickups and Multi-beam DVD-ROM Drives; and (2) any and all of ABC’s Computer Programming Code and ABC’s Computer Programming Code Documentation relating to Multibeam ASICs, Multibeam Optical Pickups and Multi-beam DVD-ROM Drives, including patents and copyrights relating thereto.

q. “ABC Technology” means (i) the ABC verilog design; (ii) ABC’s Multibeam ASIC specifications; (iii) the Multibeam ASIC documentation; (iv) ABC’s Multibeam Optics specifications; (v) ABC’s Multibeam DVD-ROM Drive specifications; (vi) ABC’s Intellectual Property; and (vii) certain know how to be identified by ABC regarding the development of the Multibeam ASICs, Multibeam Optical Pickups and Multibeam DVD-ROM Drives.

r. “Intellectual Property” shall mean any trade secrets, know-how and other intellectual property and confidential information developed by a party and/or its affiliates or in its or their possession or control on, prior to or after the Effective Date which (i) such party and/or its affiliates has the right to license to the other party, and (ii) is essential to the design, manufacture, use, or sale of a Product or part thereof;

s. “Joint Intellectual Property” shall mean new Intellectual Property developed jointly by the parties, including modifications to either party’s Intellectual Property that are a “non-obvious” from the separate Intellectual Property of that party. A patent application directed to a variant of a feature described in a previously filed patent application but for which no priority claim is available shall also be deemed to be Joint Intellectual Property;

t.. A "non-obvious" modification of a patent is a patent application for a feature which does not require a priority claim to a previously filed patent application of either party to support patentability. A patent application directed to an obvious variant ("Extension") of a feature described in a previously filed patent application and which depends upon a priority claim of such previously filed application for patentability shall be owned by the party owning the priority application.

2. TERM OF AGREEMENT. This Agreement will be effective for an initial period of three (3) years from the Effective Date of the Agreement and may be extended for an additional three (3) years term upon prior written consent of the parties at least two (2) months prior to the expiration of this Agreement.

3. ABC LICENSE.

a. Grant of License From ABC.

i) Subject to the terms and conditions of this Agreement, including, but not limited to, timely payment of the royalties set forth herein, ABC hereby grants to LICENSEE as an Authorized Drive Maker, a nontransferable, worldwide and nonexclusive license (without the right to sublicense, except as provided herein) to ABC Technology, including improvements to ABC's Intellectual Property (to the extent assignable) during the term of this Agreement, solely to: (a) design, make (and have made, but only pursuant to Section 13 of this Agreement), use, Sell and offer for Sale, and use Multibeam DVD-ROM Drives; (b) use, execute, or reproduce ABC's Computer Programming Code and ABC's Computer Programming Code Documentation, and create Derivative Works thereof, solely for purposes of designing, maintaining, and providing product support for Multibeam DVD-ROM Drives; and (c) distribute, import solely in conjunction with Sales and offers for Sale of Multibeam DVD-ROM Drives, object code that is a Derivative Work of ABC's Computer Programming Code (i.e., object code compiled from ABC's source code or a Derivative Work of ABC's source code).

ii) No other, further or different license is hereby granted or implied. The license granted by ABC hereunder is for the limited scope specified herein, and shall not include any other patent rights, intellectual property, trade secrets, know-how or technical assistance.

iii) LICENSEE acknowledges that only by entering into a separate license agreement with ABC to be an Authorized ASIC Maker may LICENSEE also be an Authorized ASIC Maker, and that only by entering into a separate license agreement with ABC to be an Authorized Optics Maker may LICENSEE also be an Authorized Optics Maker.

iv) Modifications to Intellectual Property

a) Modifications to ABC Intellectual Property made either independently by ABC or jointly with ABC by LICENSEE will be owned by ABC.

b) If improvements to ABC Intellectual Property made jointly by LICENSEE and ABC are implemented in a Multibeam DVD-ROM Drive, LICENSEE will have exclusive rights within the marketplace to the implementation in a Multibeam DVD-ROM Drive for a six (6) month period after the improvement has passed final system approval from ABC. After this period of time, other ABC licensees will have the right to ship Multibeam DVD-ROM Drives which have such improvements. If improvements to ABC Intellectual Property are made by any other Authorized Drive Maker, then LICENSEE will be entitled to such improvements after six (6) months after the improvement has passed final system approval from ABC to LICENSEE, to the extent assignable by ABC, without any delay and free of any additional charge.

c) Any improvement made by LICENSEE and or ABC to LICENSEE Intellectual Property will be owned by LICENSEE.

d) Any "non obvious" improvement made that is considered "Joint Intellectual Property" will be jointly owned and any royalties collected by either party will be divided 50/50 between ABC and LICENSEE.

ⅴ) ABC shall deliver its Computer Programming Code and Computer Programming Code Documentation to LICENSEE no later than thirty (30) days after said code is completed by ABC.

ⅵ) ABC shall use reasonable commercial efforts to provide LICENSEE technical supports upon request of LICENSEE, such as dispatching its qualified engineers to LICENSEE at ABC's own expense, educating dispatched LICENSEE's engineers, and answering all the questions related to ABC Technology through phone, e-mail, and fax transmissions. Beyond an initial visit to LICENSEE by ABC engineers, if ABC'S on-site presence is requested by LICENSEE, LICENSEE agrees to compensate ABC for all reasonable travel and lodging expenses, excluding wages, subject to LICENSEE'S prior approval. Such technical support is limited to one hundred (100) working hours in any twelve (12) month period. If LICENSEE requests ABC engineers to visit for an improvement to ABC Intellectual Property, those related travel expenses will be at the expense of ABC. If an urgent request for ABC engineers to visit LICENSEE for purposes of technical support is made, ABC will use best efforts to arrive at LICENSEE offices as soon as reasonably possible.

b. Right To Sublicense Affiliates. LICENSEE shall have the right to grant sublicenses only to Affiliates of LICENSEE with respect to any rights conferred upon LICENSEE under this Agreement; provided, however, that any such sublicense shall be subject in all respects to the restrictions, exceptions, royalty and other payment obligations, reports, termination provisions, and other provisions contained in this Agreement. LICENSEE shall also pay or cause its Affiliates to pay the same royalties on all Multibeam DVD-ROM Drives Sold by its Affiliates as if LICENSEE had Sold such Multibeam DVD-ROM Drives. LICENSEE shall report to ABC the total number of, and the Selling Price for, all Multibeam DVD-ROM Drives Sold by each such Affiliate. LICENSEE, in addition to its Affiliates, shall be responsible and liable to ABC in the event that any of its Affiliates fails under any such sublicense to honor and comply with all obligations of LICENSEE as though said obligations were made expressly applicable to the Affiliate. Any sublicense by LICENSEE to an Affiliate of LICENSEE shall terminate immediately if such Affiliate ceases to be an Affiliate of LICENSEE. Except as set forth above, LICENSEE shall have no right to sublicense any of ABC Technology, or any of the rights conferred upon LICENSEE under this Agreement.

c. Royalties. In partial consideration for such license from ABC, LICENSEE shall pay to ABC or its Affiliates as directed by ABC, within thirty (30) days after the end of each calendar quarter, the royalty equivalent to ___________ percent (____%) of net selling price for each Multibeam DVD-ROM Drive Sold by LICENSEE during such calendar quarter. Notwithstanding the foregoing, LICENSEE shall not be required to pay royalties to ABC for Multibeam DVD-ROM Drives Sold by LICENSEE to ABC.

d. Duration of Royalty Obligations. In addition to the provisions of Section 11, the obligation of LICENSEE to pay royalties to ABC under Section 3.c of this Agreement shall continue until in the event all patents which are licensed hereunder by ABC and used by LICENSEE have expired or are held to be unenforceable against LICENSEE.

e. Taxes. Any taxes, duties or imposts other than income or profits taxes assessed or imposed upon the sums due hereunder in the United States, shall be borne and discharged by LICENSEE and no part thereof shall be deducted from the amounts payable to ABC under any clause of this Agreement, said amounts to be net to ABC, free of any and all deductions. Notwithstanding the foregoing, in the event sums payable to ABC under this Agreement become subject to income or profits taxes under the tax laws of the Republic of Korea or any country and applicable treaties between the United States and such country, LICENSEE may, if and to the extent required by law, withhold from each payment the amount of said income or profits taxes due and required to be withheld from each payment. LICENSEE will furnish and make available to ABC relevant receipts regarding the payment of any country taxes paid over to any country's government on behalf of ABC. Such tax receipts will clearly indicate the amounts that have been withheld from the gross amounts due to

ABC. Any and all other taxes, levies, charges or fees will be paid by LICENSEE for its own account.

f. Conversion to U.S. Dollars. Royalties shall be paid in U.S. Dollars. To the extent that the Selling Price for Multibeam DVD-ROM Drives Sold by LICENSEE outside of the United States is paid to LICENSEE other than in U.S. Dollars, LICENSEE shall convert the portion of the royalty payable to ABC from such Selling Price into U.S. Dollars at the official rate of exchange of the currency of the country from which the Selling Price was paid, as quoted by the U.S. Wall Street Journal (or the Bank of America or another agreed-upon source if not quoted in the Wall Street Journal) for the last business day of the calendar quarter in which the royalties are payable. If the transfer of or the conversion into U.S. Dollars is not lawful or possible, the payment of such part of the royalties as is necessary shall be made by the deposit thereof, in the currency of the country where the Sale was made on which the royalty was based to the credit and account of ABC or its nominee in any commercial bank or trust company of ABC's choice located in that country, prompt notice of which shall be given by LICENSEE to ABC.

g. Sales by LICENSEE to ABC. With respect to any Multibeam DVD-ROM Drives Sold by LICENSEE under the grant of the license set forth herein, LICENSEE hereby may, at ABC's option, Sell such Multibeam DVD-ROM Drives to ABC pursuant to the terms and conditions set forth in Exhibit C on an arms' length basis.

h.. Restrictions on Copying. LICENSEE shall not, directly or indirectly reverse engineer, decompile, inspect, or analyze the physical construction or otherwise copy any of ABC's Multibeam DVD-ROM Drives, ABC Technology, and/or any of ABC's imbedded software without ABC's written consent.

i. ABC understands that LICENSEE may wish to undertake the retail selling of LICENSEE branded drives in the retail market in Korea only. This retail selling would be as a separate after-market sale of a stand-alone drive sold only as an add-on to existing PCs owned by the customers who would purchase such LICENSEE drives. ABC agrees to negotiate a special license arrangement for such sales if LICENSEE decides to proceed with such a retail program.

4. LICENSEE'S LICENSE.

a. Grant by LICENSEE.

i) LICENSEE hereby grants to ABC a perpetual, royalty-free, worldwide and nonexclusive license, with the right to sublicense, under any of LICENSEE's patents and technology (including LICENSEE's Computer Programming Code and LICENSEE's Computer Programming Code Documentation) developed after the Effective Date using the ABC Technology, in accordance with the provision of Section 3 a. iv b), above, to: (a) design, make, have made, use, Sell and offer for Sale, and import Multibeam DVD-ROM Drives; (b) use, execute, or reproduce LICENSEE's Computer Programming Code and LICENSEE's Computer Programming Code Documentation, and create Derivative Works thereof, solely for purposes of designing, maintaining, and providing product support for Multibeam DVD-ROM Drives; and (c) distribute solely in conjunction with Sales and offers for Sale of Multibeam DVD-ROM Drives, object code that is a Derivative Work of LICENSEE's Computer Programming Code (i.e., object code compiled from LICENSEE's source code or a Derivative Work of LICENSEE's source code).

ii) No other, further or different license is hereby granted or implied.

b. Covenant Not to Assert. LICENSEE hereby covenants that neither it nor its Affiliates will assert any of LICENSEE's or its Affiliates' rights in patents relating to Multibeam DVD-ROM Drives or patents on inventions developed using the ABC Technology against any Authorized Licensees that: (i) use any of LICENSEE's patents to make, use and Sell Multibeam DVD-ROM Drives; and (ii) have agreed with ABC to an equivalent undertaking not to assert claims against LICENSEE and its Affiliates. Any Authorized Licensee that has agreed with ABC to an equivalent undertaking not to assert claims shall be regarded as a third-party beneficiary of this Section 4.b. LICENSEE shall be regarded as a third-party beneficiary of any agreement between Authorized Licensees and ABC similar to this Section 4.b. ABC will promptly notify LICENSEE of any Authorized Licensees that have agreed to such an equivalent undertaking and shall provide to LICENSEE a copy of the appropriate contractual language. ABC makes no representation or warranty as to any such Authorized Licensee's obligations to LICENSEE or LICENSEE's rights under any such equivalent undertaking.

c. Right To Sublicense Affiliates. ABC shall have the right to grant sublicenses only to Affiliates of ABC with respect to any rights conferred upon ABC under this Agreement; provided, however, that any such sublicense shall be subject in all respects to the restrictions, exceptions, termination provisions, and other provisions contained in this Agreement. ABC, in addition to its Affiliates, shall be responsible and liable to LICENSEE in the event that any of its Affiliates fails under any such sublicense to honor and comply with all obligations of ABC as though said obligations were made expressly applicable to the Affiliate. Except as set forth above and in Section 5.b with respect to LICENSEE's patents and technology developed after the Effective Date using ABC Technology, ABC shall have no right to sublicense any of LICENSEE's Intellectual Property.

d. Restrictions on Copying. ABC shall not, directly or indirectly, reverse engineer, decompile, inspect, or analyze the physical construction or otherwise copy any of LICENSEE's Multibeam DVD-ROM Drives and/or any of LICENSEE's imbedded software. Notwithstanding the foregoing, in the event of a dispute as to whether Multibeam DVD-ROM Drives Sold by LICENSEE incorporate ABC Technology and, therefore, are subject to the payment of royalties hereunder, ABC shall be permitted to make such determinations as are necessary in connection with such dispute. In making such determinations, ABC shall utilize one or more independent engineers whose work product shall not be disclosed to ABC's engineering or technical personnel but may be disclosed to ABC's legal department and/or outside attorneys and technical consultants, pursuant to a confidentiality agreement reasonably acceptable to LICENSEE.

e. Reporting of Errors. Notwithstanding that LICENSEE and ABC agree that ABC's Computer Programming Code and Computer Programming Code Documentation provided under this Agreement are provided "AS IS". LICENSEE shall promptly notify ABC of the discovery of errors in ABC's Computer Programming Code and Computer Programming Code Documentation or LICENSEE's Derivative Works thereof, and LICENSEE's Computer Programming Code and Computer Programming Code Documentation. ABC shall promptly notify LICENSEE of the discovery of errors in ABC's Computer Programming Code and Computer Programming Code Documentation and LICENSEE's Derivative Works thereof, and LICENSEE's Computer Programming Code and Computer Programming Code Documentation.

5. BEST EFFORTS TO MARKET AND SELL. LICENSEE shall use its

best efforts to market, promote and Sell Multibeam DVD-ROM Drives in accordance with the terms and conditions of this Agreement.

6. PATENT AND COPYRIGHT MARKINGS. Each Multibeam DVD-ROM Drive Sold by LICENSEE shall indicate appropriate ABC patent notices as reasonably requested by ABC and commercially acceptable to LICENSEE. If ABC utilizes LICENSEE's patents pursuant to Section 4.a of this Agreement, if any, each Multibeam DVD-ROM Drive utilizing any of such patents Sold by ABC shall indicate appropriate LICENSEE patent notices as reasonably requested by LICENSEE. Each copy of object code that is a Derivative Work based on ABC's Computer Programming Code that LICENSEE distributes shall include appropriate ABC copyright notices as reasonably requested by ABC and commercially acceptable to LICENSEE. If ABC distributes LICENSEE's Computer Programming Code, if any, pursuant to Section 4.a of this Agreement, each copy of any such code that ABC distributes shall include appropriate LICENSEE copyright notices as reasonably requested by LICENSEE.

7. QUALITY CONTROL. Throughout the term of this Agreement, LICENSEE shall maintain, for the Multibeam DVD-ROM Drives manufactured or Sold by it, at least the same or similar manufacturing and quality standards generally observed in the industry for similar products.

8. TRADEMARKS.

   a. LICENSEE acknowledges that ABC asserts that it is critical that the goodwill associated with the Trademark(s) to be protected and enhanced and, towards this end, LICENSEE shall not, during the terms of this Agreement or thereafter, intentionally:

      i) Attach the title or any rights of LICENSEE in or to the

Trademark(s);

ii) Apply to, register, or maintain any application or registration of the Trademark(s) or any other mark confusingly similar thereto in any jurisdiction, domestic or foreign;

iii) Use any colorable imitation of any of the Trademark(s), or any variant form, including variant design forms, logos, colors, or typestyles of the Trademark(s) not specifically approved by ABC;

iv) Misuse the Trademark;

v) Take any action that would bring the Trademark(s) into public disrepute;

vi) Use the Trademark(s), or any mark or name confusingly similar thereto, in its corporate or trade name; or

vii) Take any action that would tend to destroy or diminish the goodwill in the Trademark(s).

b. All use by LICENSEE of the Trademark(s) shall inure to the benefit of ABC.

c. LICENSEE agrees to cooperate fully with ABC in securing and maintaining the goodwill of ABC in the Trademark(s).

d. LICENSEE agrees to mark each of the Multibeam DVD-ROM Drives, or packaging therefor, with such Trademark or Trademarks, as may be reasonably specified by ABC and commercially acceptable to LICENSEE . LICENSEE agrees that it shall mark the Multibeam DVD-ROM Drives to indicate the rights of ABC in the Trademark(s), including registration status of the Trademark(s), and that the Multibeam DVD-ROM Drives are manufactured pursuant to license from ABC.

e LICENSEE agrees to enter into the Trademark License Agreement with ABC under the terms and conditions identical to Exhibit D, attached hereto and incorporated herein by this reference.

9. DISCLAIMER/ LIMITATION OF LIABILITY.

a. Limitations. Except for damages arising out of a party's use of a fabrication facility that is not an authorized fabrication facility or misuse of abc technology, neither party shall be liable to the other party for any incidental, consequential (including lost profits) or any other indirect loss or damage arising out of this agreement or any resulting obligation or the use of any patent rights received hereunder, whether in an action for or arising out of breach of contract, for tort, or any other cause of action. Abc provides abc's computer programming code and abc's computer programming code documentation "as is" to licensee. Abc makes no warranty that all errors have been or can be eliminated from abc's computer programming code and abc's computer programming code documentation, except as expressly stated above, and abc shall in no event be responsible for losses of any kind resulting from the use of the abc's computer programming code in multibeam asics.

b. Negation of Representations and Warranties. Except as expressly provided herein, nothing contained in this Agreement shall be construed as (i) requiring the filing of any patent application, the securing of any patent or the maintaining of any patent in force; (ii) a warranty or representation by either Party as to the validity or scope of any patent; (iii) a warranty or representation that any manufacture or Sale will be free from infringement of patents, copyrights or other intellectual property rights of others, and it shall be the sole responsibility of each Party to make such determination as is necessary with respect to the acquisition of licenses under patents and other intellectual property of third parties; (iv) an agreement to bring or prosecute actions or suits against third parties for infringement; (v) an obligation to furnish any manufacturing assistance; or (vi) conferring any right to use, in advertising, publicity or otherwise, any name, trade name or trademark, or any contraction, abbreviation or simulation thereof.

10. INDEMNITY FOR DAMAGE TO PERSONS, PROPERTY OR BUSINESS.

a. Indemnification by LICENSEE. LICENSEE shall indemnify, defend and hold ABC harmless from, any and all claims, judgments, liabilities, costs and expenses (including attorneys' fees) arising out of or related, directly or indirectly, to any injury, loss or damage to persons, property or business arising from, relating to, or in any way connected with, any product, including but not limited to Multibeam DVD-ROM Drives, that LICENSEE manufactures or has manufactured and Sells using ABC Technology, excepting therefrom any judgments, liabilities, costs and expenses arising out of or related to any claims by third parties regarding infringement by LICENSEE for using ABC Technology. LICENSEE agrees to indemnify and hold harmless ABC against all liability or responsibility to LICENSEE or to others for any failure in production, design, operation or otherwise of all products, including but not limited to, Mutlibeam DVD-ROM Drives, in which ABC Technology is utilized except if such liability or responsibility is due to infringement claims with respect to ABC Technology.

b. Indemnification by ABC. ABC shall indemnify, defend and hold

LICENSEE harmless from and against any and all claims, judgments, liabilities, costs, and expenses) including attorney's fees) arising out of or related, directly or indirectly, to claims that ABC Technology, standing alone infringes any patent, copy right, trademark, trade secret or other intellectual property right of third parties.

c. Notice, Defense and Cooperation. ABC shall provide LICENSEE with prompt notice of any claim within Section 10.a, shall give LICENSEE the full right to defend any such claim and shall cooperate fully in such defense. LICENSEE shall provide ABC with prompt notice of any claim within Section 10.b, and shall give ABC the full right to defend any such claim and shall cooperate fully in such defense.

d. Resolution of Third-Party Infringement Claims. In the event third party claims that it holds patents which are infringed, and ABC resolves such claims on behalf of itself and its Authorized Licensees generally, then ABC agrees that if it is able to resolve such claims as to LICENSEE without any expense and without jeopardizing or compromising ABC's ability to resolve such claims for itself or its other Authorized Licensees, then ABC shall make best efforts to include LICENSEE in the resolution of such claims as to ABC's Authorized Licensees.

11. TERMINATION.

a. Termination Without Cause by LICENSEE. LICENSEE may for any reason, at any time when it is not using any of the ABC Technology, terminate this Agreement upon sixty (60) days' prior written notice to ABC and LICENSEE's obligation to pay royalties to ABC under Section 3.c of this Agreement shall, upon the effective date of such termination, cease; provided that all fees and royalties which have accrued under the terms of the Agreement and the entirety of the

Up-Front License Fee and royalties (if not previously paid) shall be due and owing.

b. Termination For Cause by ABC. ABC may terminate this Agreement, by written notice to LICENSEE, if LICENSEE shall at any time default in the payment hereunder, including royalties, or the making of any report hereunder, or shall commit any material breach of any covenant, representation, warranty or agreement herein contained, or shall make any false report to ABC; provided, however, that in the case of any such breach which is capable of being cured, ABC shall not have a right to terminate this Agreement for cause unless and until LICENSEE shall have failed to remedy any such default, breach or report within thirty (30) days after written notice thereof by ABC. LICENSEE shall be able to effectuate such cure with respect to a default in the payment of any royalty hereunder no more than three (3) times during the term of this Agreement. Upon termination of this Agreement for cause, LICENSEE shall duly account to ABC for all royalties and other payments within thirty (30) days of such termination.

c. Termination For Cause by LICENSEE. LICENSEE may terminate this Agreement, by written notice to ABC, if ABC shall commit any material breach of any material covenant, representation, warranty or agreement herein contained; provided, however, that in the case of any such breach which is capable of being cured, LICENSEE shall not have a right to terminate this Agreement for cause unless and until ABC shall have failed to remedy any such material breach within thirty (30) days after receipt by ABC of written notice thereof by LICENSEE.

d. Termination for Infringement Actions. If, at any time during the term of this Agreement, either Party (or any of its affiliates) initiates an intellectual property infringement action against the other Party or its affiliates asserting that any product manufactured and Sold by the other Party or its affiliates infringes any intellectual property rights and the (or its affiliate) Party which initiated such infringement action does not prevail in such action, then the other Party shall have the option, exercisable for a period of sixty (60) days only, to terminate this Agreement immediately. Upon termination of this Agreement pursuant to this Section 11.d, LICENSEE shall duly account to ABC for all royalties and other payments within thirty (30) days of such termination.

e. Bankruptcy, Dissolution, Liquidation, Merger or Acquisition. Either Party shall also have the right to terminate this Agreement with immediate effect by giving written notice of termination to the other Party at any time upon or before sixty (60) days after the occurrence of any of the following events with respect to such other Party (unless such event ceases within such period): (i) insolvency, bankruptcy or liquidation or filing of any application therefor, or other commitment of an affirmative act of insolvency; (ii) attachment, execution or seizure of substantially all of the assets or filing of any application therefor; (iii) assignment or transfer of that material portion of the business to which this Agreement pertains to a trustee for the benefit of creditors; (iv) disposition, by Sale or assignment of all of its rights, of that portion of the business or the material assets to which this Agreement pertains; (v) merger, acquisition or consolidation resulting in any substantial change in its management or control; or (vi) termination of its business or dissolution.

f. Rights Upon Termination. Upon any expiration or termination of this Agreement, pursuant to Sections 11.a or 11.b, all licenses granted by ABC hereunder shall also terminate and LICENSEE shall immediately cease using any of the ABC Technology. The licenses granted by

LICENSEE hereunder shall survive the termination or expiration of this Agreement and remain in full force and effect thereafter until all of the LICENSEE's patents relating to Multibeam DVD-ROM Drives have expired; except that, upon termination of this Agreement by LICENSEE under Sections 11.c, 11.d, or 11.e, all licenses granted by LICENSEE hereunder shall also terminate and ABC shall immediately cease using any of the LICENSEE's patents. Any termination or expiration of this Agreement under this Section 11 shall not relieve LICENSEE from its obligation under Section 12 hereof to make a report or from its liability for payment of royalties on Multibeam DVD-ROM Drives Sold on or prior to the date of such termination or expiration and shall not prejudice the right to recover any royalties or other sums due or accrued at the time of such termination or expiration and shall not prejudice any cause of action or claim accrued or to accrue on account of any breach or default. Furthermore, any termination or expiration of this Agreement under this Section shall not prejudice the right of ABC to have conducted a final audit of the records of LICENSEE in accordance with the provisions of Section 12 hereof. No termination hereunder shall limit the rights of LICENSEE to Sell those Multibeam DVD-ROM Drives in inventory or in process at the time of termination or, for a period of up to six (6) months after the termination date, to make scheduled deliveries under purchase orders dated, received and accepted by LICENSEE prior to the termination date (copies of which purchase orders are to be delivered to the auditor under Section 12 hereof), subject to payment of the royalty applicable to the Sale of such Multibeam DVD-ROM Drives and continued compliance with the other provisions of this Agreement. Upon termination of this Agreement, LICENSEE shall immediately return to ABC all copies of ABC's Computer Programming Code and ABC's Computer Programming Code Documentation, and Derivative Works thereof, excluding any Derivative Works or improvement created solely by LICENSEE. Derivative Works retained by LICENSEE under this Section 11 shall continue to be governed by terms of this Agreement, and no right is granted to use, sell, lease, license, distribute or transfer the Derivative Works outside the scope of the terms of this Agreement. LICENSEE shall warrant in writing, upon request of ABC, that no copies of any such material have been retained or are within the control of LICENSEE, except the above-described Derivative Works or improvement created solely by LICENSEE.

12. RECORDS AND AUDITS.

a. Records. LICENSEE shall keep accurate and complete books and records concerning any Multibeam DVD-ROM Drives it may Sell under this Agreement. As applicable, such books and records shall include the date of transaction involving Sales of Multibeam DVD-ROM Drives, including the number of items Sold. LICENSEE shall furnish ABC within thirty (30) days after the end of each calendar quarter a certificate, in the form attached hereto as Exhibit E, signed by a responsible official of LICENSEE showing the transactions and corresponding amounts during said calendar quarter and any other information as may be reasonably requested by ABC.

b. Audits. ABC may, during normal business hours and on reasonable advance notice, have an audit conducted by a major independent international accounting firm selected by ABC and reasonably acceptable to LICENSEE, which has not served as ABC's or LICENSEE's auditors during the preceding year, of LICENSEE's applicable books and records to confirm the royalty paid or to be paid to ABC in accordance with the terms and conditions set forth in Section 3.c of this Agreement. Such independent accounting firm shall (i) maintain the confidentiality of all information of LICENSEE obtained in the course of such audit and used only for purposes of verifying compliance by LICENSEE with the provisions of this Agreement, and (ii) execute a nondisclosure agreement reasonably acceptable to LICENSEE to reflect the above. The cost of such audit shall be borne by ABC, unless such audit determines that the LICENSEE has underpaid the royalties due hereunder by the lesser of: (a) more than two percent (2%), or (b) Twenty-five Thousand Dollars ($25,000); in which case, LICENSEE shall, in addition to paying the deficiency plus late payment charges, pay the cost of such audit. LICENSEE shall preserve and maintain all such books and records required for audit for a period of four (4) years after the calendar month for which the books and records apply.

13. USE OF SUBCONTRACTORS. LICENSEE shall have the right to subcontract manufacturing of all or part of the items set forth herein, provided that:

a) Subcontractors only receive such ABC Technology as is required to manufacture the specific items requested by LICENSEE;

b) Each subcontractor agrees in writing: (i) not to use or disclose any of LICENSEE's Multibeam DVD-ROM Drive designs or ABC Technology for any purpose other than such subcontract manufacturing for LICENSEE; (ii) not to subcontract or assign its manufacturing responsibilities to another manufacturer, unless such manufacturer is approved by ABC; (iii) not to provide Multibeam DVD-ROM Drives to any third party; and (iv) to be bound by the terms of Section 13 of this Agreement; and

c) LICENSEE shall be responsible for any misuse of ABC Technology by subcontractors.

14. ASSIGNMENT. Except as provided in this Section, LICENSEE shall not

assign this Agreement or any right or interest under this Agreement, nor delegate any obligation to be performed under this Agreement (an “assignment”), without ABC’s prior written consent. For purposes of this Section 14, LICENSEE shall be deemed to have attempted to assign its rights under this Agreement in the event of any Sale of all or substantially all of its assets, or any substantial change in the management or control of LICENSEE by merger, acquisition, consolidation or other transaction. Any such attempted assignment in contravention of this Section 14 shall be void and ineffective. ABC may not assign its rights and delegate its duties hereunder to any of its Affiliates without prior written consent of LICENSEE.

15. COMPLIANCE WITH U.S. REGULATIONS. Nothing contained in this Agreement shall require or permit LICENSEE or ABC to do any act inconsistent with the requirements of: (a) the regulations of the United States Department of Commerce; (b) the foreign assets controls or foreign transactions controls regulations of the United States Treasury Department; or (c) of any similar United States law, regulation or executive order as the same may be in effect from time to time.

16. PUBLICITY. Each Party shall submit to the other proposed copy of all advertising wherein the name, trademark, code, specification or service mark of the other Party is mentioned; and neither Party shall publish or use such advertising without the other’s prior written approval. Such approval shall be granted or withheld as promptly as possible (usually within ten (10) days), and may be withheld only for good cause.

17. SURVIVAL OF OBLIGATIONS. The Parties’ rights and obligations which, by their nature, would continue beyond the termination, cancellation, or expiration of this Agreement shall survive such termination, cancellation, or expiration.

18. SEVERABILITY. If any provision in this Agreement shall be held to be invalid or unenforceable, the remaining portions shall remain in effect. In the event such invalid or unenforceable provision is considered an essential element of this Agreement, the Parties shall promptly negotiate a replacement provision.

19. NON-WAIVER. No waiver of the terms and conditions of this Agreement, or the failure of either Party strictly to enforce any such term or condition on one or more occasions shall be construed as a waiver of the same or of any other term or condition of this Agreement on any other occasion.

20. NOTICES. All notices, requests, demands, consents, agreements and other communications required or permitted to be given under this Agreement shall be in writing and shall be mailed to the Party to whom notice is to be given, by facsimile, and confirmed by first class mail, postage prepaid, and properly addressed as follow (in which case such notice shall be deemed to have been duly given on the day the notice is first received by the Party):

ABC Corporation
Attn:

Facsimile No.:
Telephone No.:

XYZ
Attn:

Facsimile No.:
Telephone No.:

With a Copy to:
ABC Corporation
Attn: Chief Financial Officer
Facsimile No.:

Telephone No.:

And With a Copy to:	And With a Copy to:
Facsimile No.:	Facsimile No.
Telephone No.:	Telephone No.:

The above addresses can be changed by providing notice to the other Party in accordance with this Section.

21. PUBLICATION OF AGREEMENT. Except as may otherwise be required by law or as reasonably necessary for performance hereunder, each Party shall keep this Agreement and its provisions confidential, and shall not disclose this Agreement or its provisions without first obtaining the written consent of the other Party, which consent shall not be unreasonably withheld. The confidentiality obligations hereunder do not apply to the existence of this Agreement or the fact that ABC and LICENSEE have executed this Agreement, but do apply to the terms and conditions of this Agreement. Any press release or other announcement by either Party concerning the entering into of this Agreement shall be subject to the prior written approval of other Party, which approval shall not be unreasonably withheld. In case a press release or other public announcement to the effect of the Parties' entering into of this Agreement is issued by either Party pursuant to the preceding sentence, (i) ABC may thereafter make a press release or other public announcement to the effect that LICENSEE is one of ABC's licensees for Multibeam DVD-ROM Drives without prior written approval of LICENSEE, and (ii) LICENSEE may thereafter make a press release or other public announcement to the effect that LICENSEE is licensed by ABC for Multibeam DVD-ROM Drives without prior written approval of ABC.

22. APPLICABLE LAW; VENUE. This Agreement shall be governed by and construed and enforced in accordance with the laws of the State of New York without regard to conflict of laws principles. Except as expressly provided in Section 14, any dispute, claim or controversy, or difference arising out of or relating to, or in connection with this Agreement, or the breach or validity hereof, shall be finally settled either in Seoul if LICENSEE is a respondent or in New York City if ABC is a respondent, by arbitration pursuant to the U.S.-Korean Commercial Arbitration Agreement of December 1, 1974, by which each party hereto is bound.

23. LATE CHARGE. ABC may charge the other a late charge, with respect to any amounts that LICENSEE owes hereunder and fails to pay on or before the due date, in an amount equal to the lesser of one and five-tenths percent (1.5%) per month, pro-rated, or the maximum amount permitted by law.

24. ATTORNEYS' FEES. In the event of any proceeding to enforce the provisions of this Agreement, the prevailing Party (as determined by the court) shall be entitled to reasonable attorneys' fees as fixed by the court.

25. HEADINGS. All headings used in this Agreement are inserted for convenience only and are not intended to affect the meaning or interpretation of this Agreement or any clause. Reference to "third party" or "third parties" shall not mean either Party.

26. ENTIRE AGREEMENT. The terms and conditions contained in this Agreement supersede all prior and contemporaneous oral or written understandings between the Parties with respect to the subject matter thereof and constitute the entire agreement of the Parties with respect to such subject matter. Such terms and conditions shall not be modified or amended except by a writing signed by authorized representatives of both Parties.

27. INDEPENDENT CONTRACTORS. The relationship between ABC and LICENSEE is that of independent contractors. ABC and LICENSEE are not joint venturers, partners, principal and agent, master and servant, employer or employee, and have no other relationship other than independent contracting parties.

28. U.S. DOLLARS. All payments to be made hereunder shall be made in Dollars of the United States of America by wire-transfer and at a bank to be designated by the payee, except as set forth in Section 4.f.

29. FORCE MAJEURE. Neither Party shall be in default or liable for any loss or damage resulting from delays in performance or from failure to perform or comply with terms of this Agreement (other than the obligation to make payments, which shall not be affected by this provision) or, in the case of LICENSEE, to cure a default within the time specified in Section 12.b hereof with respect to the making of any report hereunder due to any causes beyond its reasonable control, which causes include but are not limited to Acts of God or the public enemy; riots and insurrections; war; fire, earthquakes or storms; strikes and other labor difficulties (whether or not the Party is in a position to concede to such demands); embargoes; judicial action; lack of or inability to obtain export permits or approvals, necessary labor, materials, energy, components or machinery; and acts, regulations or laws of civil or military authorities.

30. COUNTERPARTS. This Agreement may be executed in any number of counterparts, each of which may be executed by less than all of the parties, each of which shall be enforceable against the parties actually executing such counterparts, and all of which together shall constitute one instrument.

IN WITNESS WHEREOF, the Parties hereto have caused this Agreement to be executed as of the Effective Date.

ABC Corporation	XYZ.
By:____________________	By:____________________
(Signature)	(Signature)
____________________	____________________
(Print Name & Title)	(Print Name & Title)

EXHIBIT A

Authorized ASIC Makers

1. ______________________________

2. ______________________________

3. ______________________________

4. ______________________________

5. ______________________________

Authorized Optics Makers

1. ______________________________

2. ______________________________

3. ______________________________

4. ______________________________

5. ______________________________

EXHIBIT B

Trademarks

"___________ ABC"

"________"

"________"

"___________"

EXHIBIT C

Terms of Sale of Multibeam DVD Drives to ABC

The price paid by ABC for Multibeam DVD-ROM Drives manufactured by, or for, LICENSEE, shall be a commercially reasonable price paid to such LICENSEE for such Multibeam DVD-ROM Drives, for similar quantities ordered, during the six (6) months preceding the date of Sale to ABC. Such Sale shall be made pursuant to the terms of ABC's standard purchase order for Multibeam DVD-ROM Drives. The purchase price for such Multibeam DVD-ROM Drives shall be paid no later than sixty (60) days following the delivery of the Multibeam DVD-ROM Drives to ABC.

EXHIBIT D

TRADEMARK LICENSE AGREEMENT

This TRADEMARK LICENSE AGREEMENT (the "Agreement") is made as of the 8th day of ________, 1999, by and between ABC Corporation, a ______________ corporation, located at ____________________________ (hereinafter "ABC"), and XYZ, a Korean corporation, located at __________________________Korea (hereinafter "LICENSEE").

W I T N E S S E T H

WHEREAS, ABC is the owner of Trademark Application Nos. __________ for the mark "________," filed July 24, 1997, for inter alia "optical disc drives and parts therefor;" and ___________ for the mark "POWERED BY ABC," filed June 22, 1998, for inter alia "optical disc drives and parts therefor;" and

WHEREAS, LICENSEE desires a license to use the trademarks "TRUE X" and "POWERED BY ABC" (hereinafter referred to as "the Marks") in connection with multibeam optical drives; and

WHEREAS, LICENSEE also desires to use ABC's trade name, "ABC Corporation." (hereinafter referred to as "the ABC Name") in connection with advertising and promotion of its multibeam optical drives which contain ABC's technology.

NOW, THEREFORE, the parties agree:

1. <u>**Grant of License.**</u>

   a. ABC grants LICENSEE a non-exclusive, royalty-free license to use the Marks only in connection with LICENSEE's multibeam optical drives which contain ABC's technology.

   b. ABC grants LICENSEE a non-exclusive, royalty-free license to use the ABC Name in connection with the advertising and promotion of LICENSEE's multibeam optical drives which contain ABC's technology.

   c. ABC expressly retains ownership of the Marks and the ABC Name and all other rights not expressly granted to LICENSEE herein.

   d. LICENSEE hereby acknowledges ABC's ownership of the Marks and ABC Name, and agrees that it will not, during or after this License Agreement, contest the validity of this Agreement or ABC's ownership of the Marks or the ABC Name.

   e. LICENSEE agrees that it will always use the symbol ™ in connection with the Marks and/or such other legend as may be reasonably requested by ABC to appear where appropriate in connection with LICENSEE's use of the Marks.

2. <u>**Term**</u>. The term of this Agreement shall commence on the date of execution and shall continue so long as LICENSEE sells multibeam optical drives which contain ABC's technology, or unless terminated in accordance with the termination provisions set forth in paragraph 11 (below).

3. **Sublicense and Assignment**. LICENSEE may not sublicense the rights granted herein without ABC's prior written approval.

4. **Territory**. The territory of this Agreement is the United States of America and its territories ("U.S.").

5. **Quality Control**. LICENSEE represents that it shall maintain the same high quality, standards and manufacturing specifications for the multibeam optical drives that display the Marks as it maintains for its other multibeam optical drives.

6. **Right of Inspection**.

   a. On a bi-yearly basis, upon reasonable advance notice and during normal business hours to LICENSEE, ABC shall be provided access to LICENSEE's manufacturing facilities to conduct an inspection to confirm LICENSEE's compliance with the quality standards agreed to by the parties.

   b. Upon request, LICENSEE shall provide ABC with samples of the finished product for inspection and approval.

7. **Advertising and Promotion**.

   a. Any advertising and promotional materials concerning LICENSEE's multibeam optical drives on which the Marks will be used and/or which will contain the ABC Name (which do not originate from ABC) and which LICENSEE intends to use, shall be provided to ABC prior to their use.

   b. ABC shall have the right to reasonably criticize such materials within five (5) days from their receipt. Failing criticism within this time, said materials shall be deemed approved.

c. Should ABC reasonably criticize any of the materials and should LICENSEE ignore such criticism by failing to remedy it on three separate occasions, ABC shall have the right to terminate this Agreement in accordance with the provisions of paragraph 11 hereunder.

8. **Trademark Infringement**.

a. LICENSEE shall apprise ABC as soon as practicable of any infringement of the Marks and the ABC Name that comes to its attention.

b. ABC, at its sole cost and expense and in its own name, and at its sole discretion, may prosecute any action or proceeding which it deems necessary or desirable to protect the Marks and the ABC Name, including, but not limited to, actions or proceedings involving infringement of the Marks or the ABC Name. LICENSEE shall fully cooperate with ABC's efforts to prosecute or defend any action or proceeding.

c. LICENSEE shall not commence any action or proceeding alleging infringement of the Marks or the ABC Name without the prior written consent of ABC.

d. Any and all damages recovered in any action or proceeding commenced by ABC which relate to a claim of infringement shall belong solely and exclusively to ABC.

9. **Maintenance of Trademarks**. ABC hereby represents that it shall be responsible for the prosecution of the applications for the Marks. When

necessary, LICENSEE shall cooperate and assist ABC in obtaining and maintaining the registrations of the Marks, including providing evidence of use or other necessary assistance. ABC shall be solely responsible for all costs in prosecuting, registering and maintaining the Marks.

10. **Indemnification**.

a. LICENSEE hereby indemnifies ABC, including its officers, directors, agents and employees, and shall hold the same harmless from and against any claims, suits, liabilities, causes of action, damages or expenses (including reasonable attorneys' fees) arising out of any unauthorized use by LICENSEE of the Marks and/or the ABC Name, as well as any claims, suits, liabilities, causes of action, damages or expenses (including reasonable attorneys' fees) associated with LICENSEE's manufacture of multibeam optical drives and any use of LICENSEE's multibeam optical drives on which the Marks and the ABC Name are displayed.

b. ABC shall indemnify LICENSEE, including its officers, directors, agents and employees, and shall hold the same harmless from and against any claims, suits, liabilities, causes of action, damages or expenses arising out of or in connection with any claim of trademark or trade name infringement asserted against LICENSEE by third parties relating to LICENSEE's use of the Marks and the ABC Name as authorized by this Agreement provided that LICENSEE shall give reasonably prompt notice, cooperation and assistance, other than financial assistance, to ABC relative to any claim or suit; and LICENSEE's liability for any loss, claim or damage is not covered by any insurance policy then in effect on behalf of LICENSEE or any recovery thereunder is less than the amount of LICENSEE's liability for the loss, claim or damage. It is further agreed that ABC shall have the option to undertake the conduct and defense of any suit so brought.

11. **Termination**.

a. This Agreement, and any and all rights of LICENSEE hereunder, may be terminated by ABC upon written notice to LICENSEE, if (i) LICENSEE fails to perform or breaches a material provision of this Agreement, and (ii) LICENSEE shall not commence curing the same within fifteen (15) days after written notice from ABC, and (iii) LICENSEE thereafter fails to proceed with diligence and continuity to cure such failure or breach within thirty (30) days of said notice;

b. ABC may immediately terminate this Agreement by sixty (60) days written notice to LICENSEE if LICENSEE is acquired by, merged with or acquires any entity that is a competitor of ABC. The termination date shall be sixty (60) days from the date of written notice.

c. ABC may immediately terminate this Agreement by sixty (60) days written notice to LICENSEE if LICENSEE ceases selling multibeam optical drives which contain ABC's technology. The termination date shall be sixty (60) days from the date of written notice.

d. LICENSEE shall have the right to terminate this Agreement at any time on sixty (60) days written notice to ABC. The termination date shall be sixty (60) days from the date of written notice.

e. Upon termination of this Agreement, the license and rights and privileges granted to LICENSEE under this Agreement shall immediately cease. In such event, ABC shall retain all of its rights to such damages therefor in law and equity.

f. Upon termination of this Agreement, LICENSEE shall furnish ABC with an itemized list of all literature and advertising and promotional material, labels, packaging, containers, and any other materials bearing the Marks and/or the ABC Name or otherwise incorporating, referring to or relating to the Marks and/or the ABC Name, whether located on LICENSEE's premises or at the disposal of LICENSEE at any other location.

g. Upon termination of this Agreement, except for reason of a breach by LICENSEE, LICENSEE shall be entitled for an additional period of one hundred twenty (120) days (hereinafter referred to as the "Sell-Off" period) from the termination date to dispose of the multibeam optical drives on which the Marks and/or ABC Name are displayed.

12. **Notices**.

a. All notices hereunder shall be in writing and all notices and statements to be given at the respective addresses the parties set forth below, unless notification of a change of address is given in writing:

If to ABC:
ABC Corporation
Attn:

If to LICENSEE:
XYZ
Attn:

b. Notice sent by mail, postage prepaid, or by facsimile, shall be deemed to have been given at the time of mailing or transmission, as the case may be.

13. **Choice of Law**. This Agreement shall be governed by and construed in accordance with the laws of the State of New York, without regard to conflicts of law. Any dispute, claim or controversy arising out of or relating to this Agreement, or the breach thereof, shall be finally settled either in Seoul if LICENSEE is a respondent or in New York City if ABC is a respondent, by arbitration pursuant to the U.S.-Korean Commercial Arbitration Agreement of December 1, 1974, by which each party hereto is bound.

14. **Severability of Provisions and Titles**. Any provision of this Agreement which shall be or be determined to be invalid shall be ineffective, but such invalidity shall not affect the remaining provisions hereof. The titles to the paragraphs hereof are for convenience only and have no substantive effect.

15. **Confidentiality**. Information received by LICENSEE from ABC regarding ABC's business is confidential and shall not be disclosed to any third parties.

16. **Miscellaneous**. This Agreement shall be binding upon and inure to the benefit of the parties, their related companies, and respective successors and assigns.

17. **Entire Agreement**. This Agreement constitutes the entire Agreement between the parties hereto relating to the subject matter hereof, and supersedes any prior agreement or understanding. There are no terms, obligations, covenants, representations, statements or conditions other than those contained herein. No variation or modification of this Agreement

nor waiver of any of the terms and provisions hereof shall be deemed valid unless in writing, signed by both parties hereto.

IN WITNESS WHEREOF, the parties have caused their duly authorized officers, having all requisite power and authority to enter into this Trademark License Agreement, to execute this Agreement as of the date first written above.

ABC Corporation

By:_________________

Name:

Title: President & CEO

XYZ.

By:______________

Name:

Title: Vice President

EXHIBIT E

Certificate Regarding Royalties

The undersigned, XYZ (“LICENSEE”) provides the following information to ABC Corporation (“ABC”) pursuant to the Drive License Agreement entered into between LICENSEE and ABC (“Agreement”). All capitalized terms used in this Certificate have the definitions ascribed to them in the Agreement.

This Certificate reflects the Royalties payable by LICENSEE for the calendar quarter ended __________________.

General Information Regarding Sale				Selling Price Paid	Royalties Payable
Date of Sale	Country of Sale	If Sold to Related Buyer, Identify Buyer	Number of Multibeam DVD-ROM Drives Sold		

The undersigned hereby certifies that the foregoing represents an accurate and complete record of all royalties due and payable by LICENSEE for the calendar quarter specified as required under the terms of the Agreement.

Dated: ____.

XYZ

By: ____

(Signature)

____

(Print Name and Title)

■ 참고문헌 ■

[국내문헌]

석광현, 국제물품매매계약의 법리, 박영사 (2010).

윤광운 · 박정기 · 김인유, 국제거래법, 삼영사 (2005).

이태희, 국제계약법, 법문사 (2001).

최준선, 국제거래법, 삼영사 (2005).

럭키금성, 국제계약 실무가이드 제1권 국제계약상 일반조항 (1993).

럭키금성, 국제계약 실무가이드 제2권 기술협력계약 (1993).

법무부, 국제사법 해설 (2001).

서희원, 국제사법강의, 일조각 (1998).

김 연 · 박정기 · 김인유, 국제사법, 법문사 (2002).

안춘수, "국제사법상 선결문제", 법학연구 25권 2호, 연세대학교 법학연구 (2015).

李秉和, "法律關係性質決定에 관한 國際私法的 考察", 저스티스 통권 제95호 (2006).

전연숙, "국제가사소송사건의 실태분석 및 개선방안," 국제사법연구 제12호 (2006).

[국외문헌]

Alejandro M. Garro, *Reconciliation of Legal Traditions in the U.N. Convention on Contracts for the International Sale of Goods*, 23 International Lawyer 443 (1989).

C Massimo Bianca and Michael Joachim Bonell, *Commentary on the International Sales Law*, Giuffrè: Milan (1987)

Daniel C.K. Chow and Thomas J. Schoenbaum, *International Business Transactions: Problems, Cases, and Materials*, Aspen Publishers, Inc. (2005).

John O. Honnold, *Uniform Law for International Sales under the 1980 United Nations Convention*, 3rd ed. (1999).

John O. Honnld, *Uniform Law for International Sales under the 1980 United Nations Convention* (Harry M. Flechtner ed., Klumer Law International, 4th ed. 2009).

Ralph H. Folsom et al., *International Business Transactions: a Problem-Oriented Coursebook*, 5th Ed., West Group (2002).

Ralph H. Folsom et al., *2002 Documents Supplement to International Business Transactions*, West Group (2002).

Ralph H. Folsom et al., *International Business Transactions in a Nutshell*, 7th Ed.,

West (2004).

Ralph. H. Folsom et al., *Principles of International Business Transactions, Trade an Economic Relations*, Thomson/West (2005).

Richard E. Speidel at al., *Sales*, West Group (2002).

Lawrence E. Koslow, *Business Abroad*, Gulf Publishing Company (1996).

Peter Schlechtriem, *Uniform Sales Law – The UN–Convention on Contracts for the International Sale of Goods* (Manz, Vienna, 1986).

Peter Schlechtriem & Ingeborg Schwenzer, *Commentary on the UN Convention on the International Sale of Goods (CISG)* (Ingeborg Schwenzer ed., 4th ed., 2016).

Sung–Seung Yun, *Additional Terms and Warranties under the U.N. Convention on the Contracts for the International Sale of Goods (CISG)*, Korean Yearbook of International Law vol.4 (2004).

T. W. Bennett, *Conflict of Laws– The Application of Customary Law and the Common Law in Zimbabwe*, the International and Comparative Law Quarterly Vol. 30, No. 1 (Jan. 1981).

United Nations, *United Nations Conference on Contracts for the International Sale of Goods: Official records; Documents of the Conference and summary records of the plenary meetings and of the meetings of the Main Committees*, A/CONF.97/19 (1991).

Vivica Pierre, *What Do Farmers Impliedly Warrant When They Sell Their Livestock: A Comparison of the Uniform Commercial Code, the Louisiana Civil Code, and the Vienna Convention on the Contracts for the International Sale of Goods*, 19 S.U.L.Rev. 357 (1992).

Yee Wah Chin and Kathryn E. Walsh, *Antitrust Pitfalls in Licensing*, 867 PLI/Pat 221 (2006).

■ 판례 색인 ■

■ 사항 색인 ■

[ㅈ]

[ㅊ]

[ㅌ]

[ㅍ]

[U]

윤 성 승

약 력

- 서울대학교 법학사, 법학석사, 법학박사
- University of Washington, MBA.
- Golden Gate University, LL.M.
- 미국 캘리포니아주 및 뉴욕주 변호사
- 변호사시험, 사법시험 출제위원
- 한국금융법학회 회장
- 한국상사판례학회 부회장
- 대한상사중재원 중재인
- 아주대학교 법학전문대학원 교수

저 서

- 상법판례백선(2021)
- 국제거래법(2007)
- 벤처캐피탈과 법(2007) 등 다수의 저서와 논문

국제거래법 강의

초판발행 2021년 12월 4일

지은이 윤성승
펴낸이 안종만 · 안상준

편 집 김상인
기획/마케팅 정연환
표지디자인 BEN STORY
제 작 고철민 · 조영환

펴낸곳 (주) 박영사
서울특별시 금천구 가산디지털2로 53, 210호(가산동, 한라시그마밸리)
등록 1959. 3. 11. 제300-1959-1호(倫)
전 화 02)733-6771
f a x 02)736-4818
e-mail pys@pybook.co.kr
homepage www.pybook.co.kr
ISBN 979-11-303-4026-5 93360

정 가 34,000원